Lógica
para principiantes

Filosofía / Pensamiento

El libro universitario

María Manzano
Antonia Huertas

Lógica para principiantes

Contiene CD

Alianza Editorial

Primera edición: 2004
Decimoprimera reimpresión: 2024

Reservados todos los derechos. El contenido de esta obra está protegido por la Ley, que establece penas de prisión y/o multas, además de las correspondientes indemnizaciones por daños y perjuicios, para quienes reprodujeren, plagiaren, distribuyeren o comunicaren públicamente, en todo o en parte, una obra literaria, artística o científica, o su transformación, interpretación o ejecución artística fijada en cualquier tipo de soporte o comunicada a través de cualquier medio, sin la preceptiva autorización.

© María Manzano Arjona y Antonia Huertas Sánchez, 2004
© Alianza Editorial, S. A., Madrid, 2004, 2005, 2006, 2011, 2016, 2018, 2020, 2021, 2022, 2023, 2024
  Calle Valentín Beato, 21; 28037 Madrid
  www.alianzaeditorial.es

ISBN: 978-84-206-4570-4
Depósito legal: M. 35.956-2011
Printed in Spain

SI QUIERE RECIBIR INFORMACIÓN PERIÓDICA SOBRE LAS NOVEDADES DE ALIANZA EDITORIAL, ENVÍE UN CORREO ELECTRÓNICO A LA DIRECCIÓN:
alianzaeditorial@anaya.es

Índice general

Agradecimientos ... XI

I LÓGICA PROPOSICIONAL ... 1

1. Introducción general ... 3
- 1.1. ¿Qué es la Lógica? ... 3
  - 1.1.1. Lógica o lógicas ... 3
  - 1.1.2. Ayer, hoy y mañana ... 6
- 1.2. Consistencia ... 8
- 1.3. Enunciados ... 10
  - 1.3.1. Tipos de enunciados ... 12
  - 1.3.2. Lenguaje formal ... 12
- 1.4. Consecuencia lógica ... 15
- 1.5. Nuestro "plan" ... 21
- 1.6. Ejercicios del CD ... 24

2. El lenguaje de la lógica proposicional ... 29
- 2.1. Introducción ... 29
- 2.2. Gramática ... 30
- 2.3. Inducción y recursión ... 33
- 2.4. Formalización ... 36
- 2.5. Ejercicios del CD ... 42

3. Semántica ... 47
- 3.1. Introducción ... 48
- 3.2. Tablas de verdad ... 49
- 3.3. Conceptos clave ... 58
  - 3.3.1. Interpretación de L_0 ... 58
  - 3.3.2. Satisfacibilidad e insatisfacibilidad ... 59
  - 3.3.3. Validez, consecuencia e independencia ... 61
  - 3.3.4. Equivalencia lógica ... 61
  - 3.3.5. ¿Se entienden los conceptos? ... 62
- 3.4. Metalógica ... 63

3.5. Atrapar la lógica 66
　　　3.6. Ejercicios del CD 70

4. Tableaux semánticos   **75**
　　　4.1. Introducción 76
　　　4.2. Presentación semántica de los tableaux 79
　　　　　4.2.1. Las reglas de los tableaux 80
　　　　　4.2.2. Ejemplos con una única fórmula 81
　　　　　4.2.3. Las reglas de los tableaux reflejan el significado de los conectores 82
　　　　　4.2.4. Solución al ejercicio 102 83
　　　　　4.2.5. Extraer un modelo usando una rama abierta de un tableau 84
　　　　　4.2.6. Consejos y estrategias 84
　　　　　4.2.7. Ejemplos con conjuntos de varias fórmulas 84
　　　　　4.2.8. Búsqueda de soluciones *razonables* 86
　　　　　4.2.9. Resumen: Cómo podemos usar los tableaux 89
　　　　　4.2.10. Definiciones precisas 90
　　　　　4.2.11. Los teoremas de adecuación y suficiencia de tableaux . . . 92
　　　4.3. Presentación sintáctica de los tableaux 93
　　　　　4.3.1. Refutable o irrefutable, ésa es la cuestión 94
　　　　　4.3.2. Ejemplos de teoremas 94
　　　　　4.3.3. Los teoremas de corrección y completud 95
　　　　　4.3.4. Decidibilidad algorítmica 96
　　　　　4.3.5. En los ejemplos la corrección no falla 96
　　　　　4.3.6. Ejercicios propuestos con solución 97
　　　4.4. Ejercicios del CD 99
　　　4.5. MAFIA 100

5. Otros cálculos proposicionales   **109**
　　　5.1. Resolución proposicional 110
　　　　　5.1.1. Introducción 110
　　　　　5.1.2. Árbol de expansión clausular 111
　　　　　5.1.3. Definiciones precisas 117
　　　　　5.1.4. Cálculo de resolución 118
　　　　　5.1.5. Esquemas de resolución 119
　　　　　5.1.6. Definiciones formales 120
　　　　　5.1.7. Estrategia del conjunto de apoyo 123
　　　　　5.1.8. Estrategia de resolución lineal 125
　　　　　5.1.9. Extraer un modelo con resolución 128
　　　　　5.1.10. Teoremas de corrección y completud 129
　　　　　5.1.11. Resumen: Uso semántico de la resolución 130
　　　　　5.1.12. Ejercicios propuestos con solución 131
　　　　　5.1.13. Ejercicios del CD 133
　　　5.2. Deducción natural 137
　　　　　5.2.1. Introducción 138
　　　　　5.2.2. Pruebas y subpruebas con deducción natural 139

- 5.2.3. Un cálculo de deducción natural 141
- 5.2.4. Las reglas básicas del cálculo 141
- 5.2.5. Estrategias de demostración 147
- 5.2.6. Definiciones formales 152
- 5.2.7. Reglas derivadas 154
- 5.2.8. Teoremas de corrección y completud 155
- 5.2.9. Ejercicios propuestos con solución 156
- 5.2.10. Otro cálculo de deducción natural 159
- 5.2.11. Ejercicios del CD 161

II CONJUNTOS Y DIAGRAMAS 165

6. Teoría básica de conjuntos 167
- 6.1. Introducción 167
- 6.2. Conjuntos 168
  - 6.2.1. Nociones básicas 168
  - 6.2.2. Álgebra de conjuntos 170
  - 6.2.3. Universo de individuos 172
  - 6.2.4. Teoremas fundamentales del álgebra de conjuntos 172
- 6.3. Español en teoría de conjuntos 173
- 6.4. Ejercicios del CD 175

7. Diagramas de Venn 181
- 7.1. Introducción 182
- 7.2. Conjuntos y diagramas de Venn 184
- 7.3. Razonamiento diagramático 192
  - 7.3.1. Usar un diagrama para hallar la conclusión 203
- 7.4. Lógica y diagramas de Venn 204
  - 7.4.1. Español en lógica de predicados monarios 206
  - 7.4.2. Semántica 208
  - 7.4.3. Conceptos clave 211
- 7.5. Diagramas, fórmulas y conjuntos 211
- 7.6. Argumentos resueltos con diagramas 212
- 7.7. Silogística 216
- 7.8. Ejercicios del CD 219
- 7.9. SILOGÍSTICA AVENTURERA 227

8. Relaciones y funciones 231
- 8.1. Par ordenado y producto cartesiano 231
- 8.2. Relaciones 232
  - 8.2.1. Definiciones básicas 232
  - 8.2.2. Relación inversa y restricción 233
  - 8.2.3. Propiedades de las relaciones binarias 233
  - 8.2.4. Diagrama de flechas 235
  - 8.2.5. Relaciones de equivalencia 236

		8.2.6.	Relaciones de orden	237
	8.2.7.	Diagrama de Hasse	239
8.3.	Funciones	240
	8.3.1.	Definiciones básicas	241
	8.3.2.	Conjuntos finitos y conjuntos infinitos	243
8.4.	Ejercicios del CD	244

III LÓGICA DE PRIMER ORDEN   253

9. El lenguaje de la lógica de primer orden   255
- 9.1. Introducción 255
  - 9.1.1. Análisis lógico del lenguaje natural 256
  - 9.1.2. ¿Por qué necesitamos la lógica de primer orden? 261
  - 9.1.3. Lenguajes de orden cero, de primero y de segundo orden . 262
- 9.2. Gramática de L_1 265
  - 9.2.1. Subfórmulas 268
  - 9.2.2. Convenciones sobre notación 269
- 9.3. Inducción y recursión 270
- 9.4. Formalización 272
- 9.5. Variables, parámetros y términos 276
  - 9.5.1. Variables libres y ligadas 276
  - 9.5.2. Parámetros 277
  - 9.5.3. Sustitución de una variable por un término 278
- 9.6. Ejercicios del CD 280

10. Semántica   285
- 10.1. Introducción 285
- 10.2. Estructuras de primer orden 287
- 10.3. Conceptos clave 291
  - 10.3.1. Interpretación de L_1 291
  - 10.3.2. Satisfacibilidad e insatisfacibilidad 295
  - 10.3.3. Definibilidad en una estructura 301
  - 10.3.4. Validez, consecuencia e independencia 304
  - 10.3.5. Equivalencia lógica 305
- 10.4. Metalógica 307
- 10.5. Teorías 308
- 10.6. Ejercicios del CD 313

11. Tableaux para lógica de primer orden   319
- 11.1. Introducción 320
- 11.2. Reglas de tableaux para los cuantificadores 321
  - 11.2.1. Ejemplos con una única fórmula 322
  - 11.2.2. ⊢ para la lógica de predicados 323
  - 11.2.3. Las γ−reglas son más difíciles de aplicar que las δ−reglas 324
- 11.3. Reglas de tableaux para la igualdad 326

- 11.4. Corrección y completud 328
- 11.5. Ejercicios propuestos con solución 330
- 11.6. Ejercicios del CD 338
- 11.7. ACERTIJOS FANTÁSTICOS 339

12. Otros cálculos de primer orden — 349
- 12.1. Resolución 349
  - 12.1.1. Introducción 349
  - 12.1.2. Cálculo de resolución 350
  - 12.1.3. Árbol de expansión clausular con parámetros ... 350
  - 12.1.4. Unificación con parámetros 352
  - 12.1.5. Esquemas de resolución con parámetros 354
  - 12.1.6. Cálculo de resolución con variables libres 356
  - 12.1.7. Unificación con variables libres 358
  - 12.1.8. Skolemización y forma normal de Skolem 361
  - 12.1.9. Igualdad 362
  - 12.1.10. Ejercicios propuestos con solución 364
  - 12.1.11. Ejercicios del CD 366
- 12.2. Deducción natural 368
  - 12.2.1. Introducción 368
  - 12.2.2. Un cálculo de deducción natural de primer orden . 369
  - 12.2.3. Las reglas básicas para cuantificadores 369
  - 12.2.4. Estrategias de demostración 371
  - 12.2.5. Definiciones formales 374
  - 12.2.6. Reglas derivadas 376
  - 12.2.7. Ejercicios propuestos con solución 377
  - 12.2.8. Otro cálculo de deducción natural de primer orden . 381
  - 12.2.9. Ejercicios del CD 382

IV APÉNDICES — 387

A. Fundamentos de la Lógica en el siglo XX — 389

B. Glosario e Índice alfabético — 393

C. Metateoremas semánticos — 417

D. Corrección y completud — 419

Bibliografía — 421

Índice de figuras

1.1. *Summa Logicae* 6
1.2. *Balanza* 24

2.1. *Las cartas "sobre la mesa"* 36

3.1. *Clasificación de fórmulas* 60
3.2. *Teoría de un modelo* 67
3.3. *Núcleo duro: fórmulas válidas* 68

7.1. *Hoja de trébol* 184
7.2. *Hasta cuatro curvas* 186
7.3. $\mathbf{Q} \subseteq \mathbf{P}$ 187
7.4. $\sim (\mathbf{P} \cap \mathbf{Q}) \neq \emptyset$ 187
7.5. $\sim \mathbf{P} \subseteq \mathbf{Q}$ 188
7.6. $\mathbf{P} \cap \mathbf{Q} = \emptyset$ 188
7.7. *Sólo contiene áreas sombreadas* 196
7.8. *Áreas sombreadas y cruces entrelazadas* 197
7.9. *Sólo contiene cruces entrelazadas* 198
7.10. $\mathbf{C} \subseteq \mathbf{A} \cup \mathbf{B}$ 199
7.11. *Cuadro de Boecio* 217
7.12. *Ejercicios del CD: Diagrama de Venn 1* 220
7.13. *Ejercicios del CD: Diagrama de Venn 2* 222
7.14. *Ejercicios de CD: Hoja de trébol* 224

8.1. *Diagrama de flechas* 235
8.2. *Diagrama de Hasse 1* 239
8.3. *Diagrama de Hasse de la relación de "ser subconjunto"* 240
8.4. *Diagrama de Hasse de la relación "divide a"* 240

10.1. *La verdad es el Puente (¿sobre el Drina?)* 286
10.2. *Primer diagrama de flechas* 289
10.3. *Segundo diagrama de flechas* 290
10.4. *Primer diagrama de Hasse* 298
10.5. *Segundo diagrama de Hasse* 300

ÍNDICE DE FIGURAS

11.1. *Dos métodos de selección* 330
11.2. *Cálculo correcto y completo* 331

Agradecimientos

Damos las gracias anticipadas a nuestros comentaristas, incluso a aquellos cuyos elogios no sean de este tipo:

> "Éste es un libro escrito con entusiasmo para fomentar la adicción a la lógica en todos aquellos que aún no la han probado. Sus autoras han conseguido mantener el difícil equilibrio entre la amenidad y el rigor."

> "Este libro proporciona una hermosa, elegante e ingeniosa introducción a la lógica, matemáticamente impecable, esperamos que resulte atractivo y sumamente útil tanto a los que se acercan a la lógica por vez primera como a los profesores de esta disciplina."

> "¡Qué guay!, mejor que el *counter-strike*."

> "Si el libro es bueno, el CD es aún mejor."

Este texto lo hemos escrito Antonia Huertas y María Manzano, y nos congratulamos de haberlo hecho. La distribución de los capítulos fue ésta:

- Capítulos 1 al 4 y 9 al 11, María Manzano
- Capítulos 5 y 12, Antonia Huertas
- Capítulos 6 al 8, María Manzano y Antonia Huertas

Nuestra primera deuda de gratitud es con Aitor Mata, que implementó el CD, sin él no podríamos haber recopilado los más de 2.000 ejercicios y sus soluciones, *¡Alianza no nos habría publicado un libro de más de 1.500 páginas!*

Además de nosotros tres, otras personas han contribuido eficazmente al resultado final: Pepe Tindón confeccionó gran parte del glosario, Gustavo Santos y Enrico Marchioni resolvieron algunos ejercicios del CD, David Herrera y Elena Vicente dibujaron y mecanografiaron eficientemente.

Lo hemos hecho pensando en nuestros alumnos de Lógica de las facultades de Filosofía e Informática. A todos ellos, tanto a los que lo fueron como a los que lo serán, les agradecemos los buenos ratos compartidos en las aulas (reales o virtuales). A aquellos que colaboraron enviando ejercicios les debemos un reconocimiento especial; los lectores veréis en MAFIA que su imaginación para "el crimen" es notable, en SILOGÍSTICA AVENTURERA que con diagramas de Venn y unas aventurillas esta antidiluviana disciplina se torna fácil y divertida y en ACERTIJOS FANTÁSTICOS constataréis que sabemos más de lo que podemos demostrar.

Observaréis que como autor de muchos de los ejercicios del CD aparece ARACNE; obviamente no se trata del desgraciado personaje mitológico, sino de una red ALFA (América Latina Formación Académica: proyecto de la Unión Europea) de innovación y sistematización de la tarea educativa. De hecho, este libro se basa en unas páginas que escribimos Antonia y María junto a Ian Hodkinson para el METABOOK de ARACNE. Podéis visitar la página del proyecto TOOLS FOR TEACHING:

http://aracne.usal.es

y utilizar el software de lógica allí depositado. Estamos en deuda con los integrantes del proyecto ALFA, y en especial con Ian. También con todos los profesores que impartieron con María Manzano el curso *De Pura Lógica*, propuesto por la UNED, por haberle permitido participar en esta tarea fascinante que es la enseñanza de la lógica, incluso en su versión *distante*. Deseamos corresponder a quienes han contribuido con sus aportaciones a nuestra biblioteca digital

http://logicae.usal.es

tanto a los integrantes del proyecto *Summa Logicae en el siglo XXI* como al resto. Os recomendamos consultar periódicamente dicha biblioteca digital donde podréis encontrar la posible fe de erratas de este libro y actualizaciones del CD que lo acompaña.

Enrique Alonso, Huberto Marraud, Gustavo Santos, Pepe Tindón, Julián Huertas y Ana Cuevas leyeron y comentaron parte de este libro, les estamos sumamente agradecidas porque nos han ayudado a eliminar algunos errores. No los hacemos responsables de los muchos que todavía queden.

Finalmente, una mención a nuestros profesores de Lógica por habernos sabido transmitir la pasión por ella, y muy especialmente a Leon Henkin, a quien le dedicamos este libro.

A Leon Henkin, con afecto y gratitud

Parte I
LÓGICA PROPOSICIONAL

Capítulo 1

Introducción general

1.1. ¿Qué es la Lógica?

El objetivo de este capítulo es el de introducir de manera intuitiva los conceptos fundamentales de la lógica, y muy particularmente el concepto de consecuencia, ya que la lógica puede ser definida como el *estudio de la consecuencia*; o lo que es lo mismo, como el estudio de los razonamientos válidos o correctos. Yo la caracterizo como el *estudio de los conjuntos de creencias consistentes* porque pienso que de esta forma es más fácil al comienzo y porque se sabe que los dos planteamientos son equivalentes, como veremos en este libro.

1.1.1. Lógica o lógicas

En sentido amplio

La *Lógica* es lo que tienen en común ciencias tan dispares como:

$$\begin{array}{c} MATEMÁTICAS \\ FILOSOFÍA \\ LINGÜÍSTICA \\ INFORMÁTICA \\ DERECHO \\ FÍSICA \\ SOCIOLOGÍA \\ \vdots \end{array}$$

Tratándose de disciplinas tan diferentes, lo que comparten no puede ser *el tema de estudio*, tampoco *la metodología*.

¿Será tal vez el uso de la **racionalidad**, la **coherencia**, la búsqueda de la **consistencia** o compatibilidad de las creencias en cada una de estas ciencias?

La respuesta es que sí, pero también que la *Lógica* es más que eso: todos nosotros, supuestos seres racionales, empleamos la lógica cuando razonamos, asimilamos o procesamos la información que recibimos del entorno, cualquier tipo de información —somos lógicos porque somos seres humanos—. Tradicionalmente se definía

$$Hombre = Animal + Racional$$

y sabemos que el comportamiento racional implica el uso de la lógica como herramienta. Mas allá de las etimologías, atendiendo a los usos presentes de las palabras,

$$Racionalidad \implies Lógica$$

En sentido coloquial se usa el adjetivo lógico no sólo para describir las reglas del razonamiento correcto, sino en una gran variedad de casos, más en concordancia con el uso original del *"logos"* de los griegos, relacionándolo con el lenguaje, la doctrina, la estructura del conocimiento, la razón, etc.

Comentario 1 *Durante el siglo XX la lógica fue retomando su extensión y amplitud originales estudiándose en ella no sólo el razonamiento matemático sino también fenómenos de gestión y transmisión de información, de toma de decisiones y de la acción, y en general en casi todos los contextos gobernados por reglas. Siguiendo esta línea de extensión del concepto de lógica, nosotros en el capítulo 7 nos beneficiamos de las ventajas del razonamiento diagramático, visual. Utilizamos para ello varias aplicaciones informáticas, tanto propias como ajenas*[1].

En sentido estricto

La *Lógica* es también una disciplina en sí misma, una de las grandes ramas del conocimiento.

$$Lógica = \text{estudio de la } consecuencia$$

—esto es, la que se ocupa de los razonamientos válidos o correctos—

$$Lógica = \text{estudio de la } consistencia$$

—a saber, los conjuntos de creencias coherentes, *consistentes, satisfacibles*—

Puesto que en el campo de la lógica se cifra no sólo el razonamiento atemporal y estático de la matemática, sino también el temporal del razonamiento aplicado al mundo real, el metateórico de nuestra reflexión sobre la lógica misma, el filosófico de nuestra reflexión sobre el pensamiento y el dinámico sobre los resultados de la ejecución de acciones, o los procesos de transmisión de información, no hay una única lógica, sino multitud de ellas.

---

[1] Ver la dirección

$$http://aracne.usal.es$$

1.1. ¿QUÉ ES LA LÓGICA?

Comentario 2 *En un curso introductorio sólo nos ocupamos de la lógica clásica, tanto de la proposicional como de la de primer orden; el tránsito de una a otra será pausado, haciendo una parada en la lógica de primer orden de predicados monarios y con una sola variable, usando como cálculo los diagramas de Venn.*

En sentido funcional

Para definir *"una" Lógica* se introduce un lenguaje artificial; con alfabeto y reglas *gramaticales* de formación de fórmulas y se atribuye significado a las expresiones del lenguaje mediante interpretaciones *semánticas o modelos*. Dichas interpretaciones nos permiten afirmar, en algunos casos, que de ciertos conjuntos de fórmulas —que se toman como hipótesis— se siguen ciertas fórmulas como conclusión. Es decir, que son consecuencia semántica de las hipótesis consideradas.

$$Lógica \ = \ Gramática + Semántica$$

En algunas ocasiones se puede definir un *cálculo deductivo* para simplificar el proceso de extraer conclusiones a partir de hipótesis. Por supuesto, se desea que el cálculo sea una réplica mecanizable de dicho proceso; es decir, equivalente —con los mismos resultados—.

$$Semántica \ \Longleftrightarrow \ Cálculo$$

Comentario 3 *El proceso puede ser el inverso: Introducir primero el lenguaje y las reglas del cálculo, y posteriormente las interpretaciones o modelos. La historia de la lógica está plagada de ejemplos de las dos clases. Simplificando, la visión de la lógica clásica, especialmente la que anima la* **Teoría de Modelos** *es la que aquí se ha expuesto: el planteamiento sintáctico alternativo es el que se usó en el pasado para introducir los* **Sistemas de Lógica Modal** *y se sigue usando actualmente en algunas lógicas para la informática, la filosofía y la* **I.A.**

Metalógica

Una *Lógica* es una *herramienta* que nos sirve para computar razonamientos, especialmente cuando el rigor y la precisión son imprescindibles. Esto sucede en matemáticas, filosofía, informática, etc. Pero es también un *objeto de estudio*; podemos ver qué propiedades tiene el lenguaje, si el concepto de consecuencia se puede retener mediante las reglas de un cálculo, si hay cálculos más efectivos, incluso si existen algoritmos capaces de suplirlos. Estudiaremos las denominadas metapropiedades de: *corrección, completud* y *decidibilidad*. Por supuesto, para hacerlo necesitamos tomar cierta distancia, observar los lenguajes formales desde la atalaya del metalenguaje. Estos estudios se conocen con el nombre genérico de *Metalógica*; aquí los he distribuido en los apéndices C y D, que están en el CD que acompaña a este libro —je, je—; consultad regularmente la biblioteca digital

$$http://logicae.usal.es$$

del proyecto Summa Logicae por si se producen novedades y actualizaciones.

1.1.2. Ayer, hoy y mañana

Pasado

El estudio de la lógica se remonta a los filósofos griegos; en el *Organon* de Aristóteles se estudian los principios del silogismo. A mediados del siglo XIX Boole (1815-1864) creó el primer cálculo lógico para la lógica proposicional. La lógica en sentido moderno nace a finales del siglo XIX y principios del XX.

Dentro de la lógica se distinguen tres grandes ramas y una rama externa que incluye los estudios sobre ella. Se puede resumir en un cuadro como el que sigue (figura 1.1).

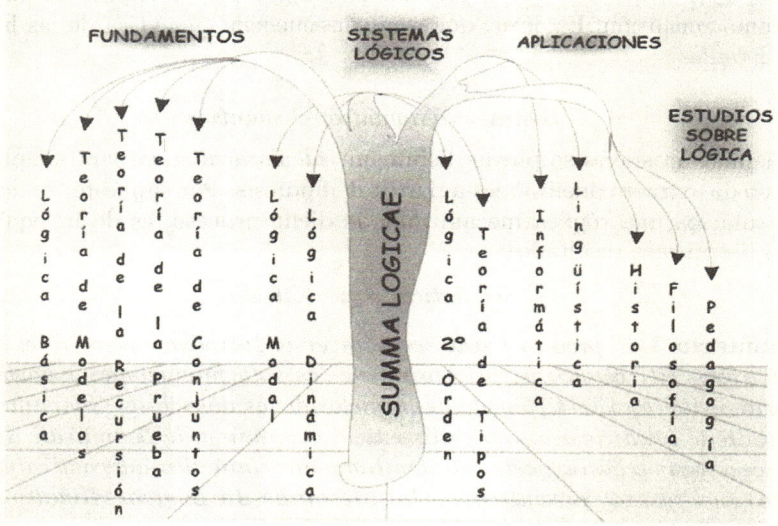

Figura 1.1: *Summa Logicae*

En el apéndice A trazo muy brevemente el arranque de la historia de lo que se podría englobar bajo el epígrafe de *Lógica matemática* —yo he elegido un nombre más neutro, *Fundamentos*, pero podría haberlo llamado *lógica* a secas.

Presente

En la primera mitad del siglo XX la lógica se aplicó mayormente a la fundamentación de la matemática. En la segunda mitad jugó un papel decisivo en la creación y desarrollo de la informática y de los lenguajes de programación, hasta el extremo de poderse caracterizar a la informática así:

$$Informática = Lógica + Ingeniería\ electrónica$$

1.1. ¿QUÉ ES LA LÓGICA?

La *Lógica* proporciona los fundamentos para las diversas —cada vez más abundantes— *aplicaciones de la lógica en la informática: verificación de hardware y software, inteligencia artificial, programación lógica, deducción automática, etc.*

Futuro

Pero, como dijimos anteriormente, durante el siglo XX la lógica fue retomando su extensión y amplitud originales estudiándose en ella no sólo el razonamiento matemático sino también fenómenos de gestión y transmisión de información, de toma de decisiones y de la acción, y en general en casi todos los contextos gobernados por reglas. Siguiendo esta línea de extensión del concepto de lógica, hay varias líneas de investigación abiertas entre las que cabe destacar: razonamiento con diagramas, lógica dinámica, teoría de juegos.

La *Lógica* es la materia interdisciplinar por excelencia y actúa como núcleo de una ciencia que emerge: la *ciencia de la transmisión de la información*. Pensando en que los investigadores se pierden al adentrarse en sus procelosos mares, uso la metáfora:

Lógica, Lenguaje e Informática = Triángulo de las Bermudas

Por consiguiente, concentrarnos en estudiar los principios que gobiernan la lógica tiene un carácter ejemplificador, pues en ella se funden disciplinas en las que son determinantes los aspectos simbólicos del proceso de transmisión de información; esto es, en todas aquellas en las que es conveniente usar lenguajes artificiales.

En este libro

Empezaremos estudiando la denominada *lógica clásica*, tanto proposicional como de primer orden. Ello será imprescindible tanto si queremos profundizar después en cualquiera de los campos mencionados, como si la usamos como mera herramienta.

Comentario 4 *La **lógica clásica** se distingue por su rigor y precisión, pero carece de matices: la verdad es absoluta, el tiempo está ausente, no existe la ambigüedad. Está especialmente diseñada para caracterizar el razonamiento de las matemáticas, y cuando se aplica a ámbitos no matemáticos, se matematizan previamente.*

Comentario 5 *Hay otras lógicas[2]: temporal, modal, dinámica, epistémica, deóntica, multivariada, de orden superior, intuicionista, borrosa, no-monotónica...*

Resumen 6 *Hemos definido a la lógica de tres maneras diferentes:*

---

[2] De la mayoría se puede encontrar información en la biblioteca digital

http://logicae.usal.es

1. Lógica = *estudio de la* consecuencia *(razonamientos válidos o correctos)*
2. Lógica = *estudio de los conjuntos de creencias* **consistentes**
3. Lógica = **Gramática + Semántica (+ Cálculo)**

1.2. Consistencia

La *consistencia lógica* o coherencia interna de un conjunto de creencias significa para nosotros *compatibilidad de creencias*.

Hay que distinguir la consistencia lógica, que es una cualidad formal, abstracta, de ciertas virtudes, por otra parte muy estimables, como la lealtad, la justicia o la sinceridad. Por su parte, la inconsistencia no hay que confundirla con la estupidez o la irracionalidad, aunque estén próximas. Hay que distinguirla también, y esto es más difícil, del desacuerdo con la realidad.

$$\text{Consistencia} \neq \text{lealtad}$$
$$\text{Consistencia} \neq \text{justicia}$$
$$\text{Consistencia} \neq \text{sinceridad}$$
$$\text{Inconsistencia} \neq \text{estupidez}$$
$$\text{Inconsistencia} \neq \text{irracionalidad}$$
$$\text{Inconsistencia} \neq \text{desacuerdo con la realidad}$$

Comentario 7 *Un conjunto de creencias puede muy bien estar en desacuerdo con la realidad y no ser inconsistente, pues no existe incompatibilidad de creencias. Los conjuntos consistentes de creencias se caracterizan porque es siempre posible imaginar una situación (un modelo) en la que todas ellas sean verdaderas, pero puede no ser la del mundo real.*

Comentario 8 *Nadie sostiene a sabiendas creencias inconsistentes, a menos que lo haga de mala fe. Las leyes lógicas ¿son naturales?, ¿convencionales?, ¿se adquieren?, etc. Estas preguntas han obtenido respuestas muy variadas a lo largo de la historia. Algunos consideran que las leyes de la lógica son puramente convencionales y que se pueden cambiar, pero la intuición abrumadora y generalizada es que son más fundamentales y estables que las leyes de tráfico e incluso que las de la física.*

La *consistencia* también se puede predicar de una creencia aislada; en tal caso ser consistente es poder ser verdadero en una situación, no necesariamente en todas; ni tan siquiera se exige que lo sea así en la realidad. La *inconsistencia o contradicción* es mucho más fuerte: no puede ser verdadero en ninguna situación.

Ejemplo 9 *¡Políticos!*

Uno de nuestros insignes políticos manifiesta:

- *"Es un error censurar, por violentas, la retransmisión de las corridas de toros porque lo que vemos en la televisión no afecta en absoluto el comportamiento; ni siquiera el de los jóvenes."*

1.2. CONSISTENCIA

- *"Debería haber más programas y documentales que mostraran nuestras costumbres nacionales (bailes típicos, corridas de toros, concursos de cortar troncos, etc.) para así fomentar estas costumbres entre los jóvenes."*

*Suponiendo que dice lo que cree, ¿**son consistentes sus creencias**?*

Ejemplo 10 *El barbero de Las Batuecas*

Hace pocos días me contaron el caso de un hombre llamado Roque, barbero en Las Batuecas. Sólo me habían dicho dos frases cuando exclamé: ¡Imposible!

- *"Roque vive en Las Batuecas."*

- *"Roque afeita a los habitantes de Las Batuecas que no se afeitan a sí mismos y sólo a ellos."*

*¿**Me precipité al no creerme lo que me contaban**?*

Para verificar la consistencia de un conjunto de creencias lo que necesitamos es ser capaces de describir una situación en la que todas sean verdaderas. En el capítulo 4 introduciremos con detalle los tableaux semánticos: se trata de colocar las condiciones requeridas en las ramas de un árbol: las abrimos para expresar alternativas y en la misma rama situamos las que deban ser satisfechas simultáneamente. Aunque se explicará allí con detalle, vamos a intentar contarlo aquí de manera informal, *en chándal*.

Ejemplo 11 *Régimen para una larga vida*

Un periodista entrevista a un anciano centenario y éste le revela el secreto de su longevidad, que reside, según él, en su alimentación. El anciano dice:

- *"Si no bebo cerveza, entonces como pescado."*

- *"No como pescado, si tomo helado o no bebo cerveza."*

*¿**Se puede seguir un régimen así**?*

Vamos a representar estas reglas de la dieta del anciano en un árbol. Intuitivamente una regla se obedece cuando no actuamos en su contra, lo que significaría que dándose las circunstancias que la ley marca dejamos de realizar lo que la ley estipula. Por consiguiente, actuamos conforme a la ley (no la infringimos) cuando o bien las circunstancias marcadas no se producen o cuando hacemos lo que la ley prescribe. Indicamos con una flecha los condicionales. Abriremos ramas para indagar todas las posibilidades. Usamos también el compromiso de que negar dos veces es afirmar y que cuando una disyuntiva es falsa, son falsos todos sus extremos.

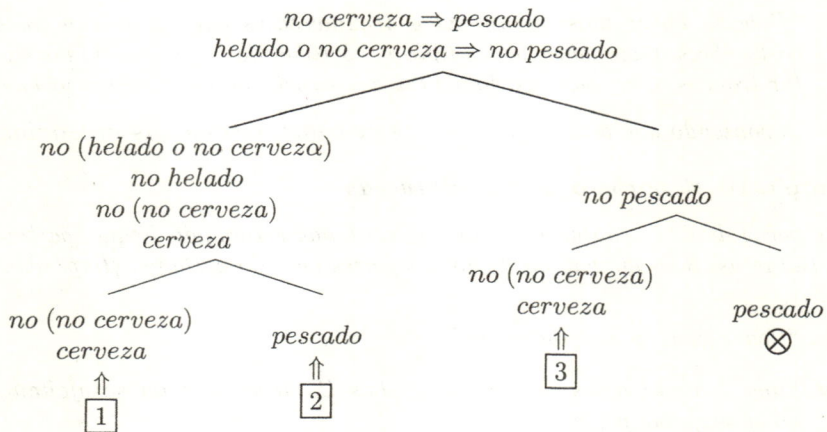

Comentario 12 *Veamos las ramas* ⬜1⬜, ⬜2⬜ *y* ⬜3⬜. *En* ⬜1⬜ *sabemos que el menú debe incluir cerveza pero no helado y el resto se deja al* **"gusto del consumidor"**; *en* ⬜2⬜ *debe comer pescado, cerveza y prescindir del helado y en* ⬜3⬜ *toma cerveza pero no pescado. ¡Menudo amante del lúpulo!* **¿Será éste su secreto?**

1.3. Enunciados

Puesto que las creencias son inmateriales, intangibles, nos hemos ocupado de su expresión mediante el lenguaje, y mejor aún, como las palabras se las lleva el viento, mediante el lenguaje escrito. Los enunciados que sirven para expresar creencias son los que son susceptibles de ser verdaderos o falsos, aunque no sepamos en un momento dado su valor de verdad.

Por ejemplo, el enunciado

"Pernambuco es un estado de Brasil, cuya capital fue Olinda"

es un enunciado de creencia, que es verdadero en el mundo real, aunque algunos tal vez no lo sepan. Se comprueba consultando una enciclopedia. Sin embargo, lo que lo hace apropiado para expresar creencias es su modalidad enunciativa.

El siguiente enunciado

"Todo entero par mayor que dos es igual a la suma de dos primos"

expresa una creencia, ¡es la famosa conjetura de Goldbach! Pero aunque ha de ser verdadero o falso, no sabemos exactamente cual de los dos valores adoptará si finalmente alguien consigue demostrar el enunciado o su negación. Se trata de un enunciado, aunque quizá nunca descubramos su valor de verdad[3].

Para nosotros lo importante es que sea un enunciado capaz de expresar una creencia.

---

[3] Tal vez hagamos como el protagonista de *El tío Petrus y la conjetura de Goldbach*: consolarnos pensando que hemos tenido mala suerte y hemos dado con una de esas verdades indemostrables sobre las que Gödel nos había prevenido.

1.3. ENUNCIADOS

Es de todos sabido que la relación entre pensamiento y lenguaje plantea muchos problemas, incluso cuando dejamos de lado cuestiones fundamentales tales como la hipótesis del *determinismo lingüístico*[4].

1. En primer lugar, hay enunciados, tales como las preguntas, las órdenes, las exclamaciones o las dudas, que no expresan creencias. Estos enunciados no los emplearemos. Por consiguiente, nos limitaremos al *uso aseverativo* —declarativo o enunciativo— del lenguaje.

2. Por otra parte, un enunciado puede tener más de un significado; la lengua natural está plagada de *ambigüedades léxicas, estructurales, de referencias cruzadas*, etc. No deseamos —ni podríamos— cambiar el lenguaje natural, pues gracias a estas propiedades el lenguaje natural es flexible, con él se puede desde contar chistes hasta hacer *filosofía de la tecnología*. Sin embargo, en lógica necesitamos un lenguaje riguroso, preciso, y habrá que solventar estos problemas creando un lenguaje artificial.

3. Los enunciados precisan ser contextualizados y así el mismo enunciado puede expresar distintas creencias al recibir *distintas contextualizaciones.*

4. En ocasiones no está claro qué pensamiento o creencia expresa una determinada oración; hay *expresiones engañosas*, incluso deliberadamente engañosas.

5. Hay enunciados paradójicos, contradictorios, a los que no puede asignárseles ni el valor verdadero ni el falso. El más antiguo que se conoce es la paradoja de Epiménides el cretense, quien decía que todos los cretenses son mentirosos y que todas sus afirmaciones son mentiras.

Comentario 13 *Introduciremos un lenguaje formal para eludir los problemas de ambigüedad e imprecisiones diversas que caracterizan a la lengua natural. En este lenguaje formal las paradojas serán evitadas; veremos que distinguiendo, como haremos, entre* **lenguaje** *y* **metalenguaje** *muchas de ellas no pueden reproducirse.*

Ejemplo 14 *Con frecuencia los chistes ocurren porque la frase contiene ambigüedades: léxicas, estructurales, de referencias cruzadas; así ocurre en los siguientes casos:*

1. *Si nos encuentran, estamos perdidos. (Groucho)*

2. *En una panadería: "**Por favor, una barra de pan, y si tiene huevos, una docena**". (Sale con 12 barras de pan)*

Ejemplo 15 *En la mayor parte de las paradojas hay un problema de autorreferencia*[5]*.*

---

[4] Que en el caso que nos ocupa se plantearía si no fue determinante la estructura de las lenguas europeas para el diseño final del lenguaje lógico.

[5] Un tratamiento más detallado de algunas paradojas se encuentra en el CD que acompaña este libro, tanto en los ejercicios de este capítulo primero como en el de *Acertijos fantásticos*.

1. ¿Qué sucede con los enunciados del recuadro?

   > Barcelona está en China
   > 3+2=7
   > Hay tres errores en este recuadro

2. Sócrates, en Troya, dice: "Lo que está ahora diciendo Platón en Atenas es falso". Platón en Atenas dice: "Lo que está ahora diciendo Sócrates en Troya es falso".
   ¿Son consistentes los dos enunciados?

3. Protágoras, maestro de abogados, hizo firmar a sus alumnos el siguiente contrato: "Pagaré por mis clases a Protágoras si y sólo si gano mi primer caso".
   ¿Favorece a Protágoras o al alumno semejante contrato?

1.3.1. Tipos de enunciados

Los enunciados que expresan creencias pueden ser *consistentes* cuando la creencia expresada lo es; es decir, cuando es verdadera en alguna situación. En el lenguaje formal que se introducirá después la palabra técnica empleada es *satisfacible* para la propiedad semántica, y *consistente* para la sintáctica de imposibilidad de derivarse una contradicción; evidentemente la una es la contrapartida de la otra.

Por otra parte, un enunciado que no es verdadero en ninguna situación es *contradictorio*. Los enunciados que son verdaderos en cualquier situación son *tautologías* y los que son verdaderos en algunas situaciones y falsos en otras son *contingentes*.

Los enunciados capaces de describir una situación, y de distinguirla de otras, son contingentes. De esta clase son los enunciados que describen nuestra experiencia, que conforman la mayoría de las ciencias. Las tautologías, al ser verdaderas en toda situación, no pueden describir a ninguna en particular.

¿Describen algo?

La respuesta es que sí, que *describen a la propia lógica*. Veremos que esta idea puede ser convenientemente explotada, ya que captar el funcionamiento y naturaleza de las tautologías es captar la esencia de la lógica[6].

Comentario 16 *Esta tipología se reproduce en el lenguaje formal y tendremos fórmulas* **satisfacibles, contingentes, contradicciones** *y* **tautologías**.

1.3.2. Lenguaje formal

Para obtener el rigor y precisión deseados, se introduce un *lenguaje formal (lógico)*. Se tratará de un lenguaje artificial, con una reglas gramaticales explícitas que nos dicen qué sucesiones de signos del alfabeto son fórmulas, y unas

---
[6] Se explica convenientemente en la sección 3.5.

1.3. ENUNCIADOS

reglas semánticas también explícitas que determinan cuando una fórmula es verdadera bajo una determinada interpretación —en un modelo matemático—. Dependiendo del nivel de abstracción que vayamos a necesitar, de la realidad a tratar y de la naturaleza de dicha realidad en estudio, hay diversos lenguajes posibles.

En el siguiente capítulo introduciremos el lenguaje de la lógica proposicional, que tendrá las letras $p, q, r, \ldots$ etc. como letras proposicionales; los signos $\bot, \top$ como constantes proposicionales y $\neg, \wedge, \vee, \rightarrow$ y $\leftrightarrow$ como conectores. Las fórmulas del lenguaje formal se construyen siguiendo unas sencillas reglas de formación —en la sección 2.2.

Lenguaje y metalenguaje

En el lenguaje natural utilizamos una serie de recursos para establecer niveles de uso del lenguaje y está claro cuando hablamos del mundo o del lenguaje empleado para hablar de él. La situación se plantea cuando hablamos *de* un lenguaje *en* otro lenguaje; en especial, para distinguir el lenguaje *del* que se habla —lenguaje *objeto*— del lenguaje *en* el que se habla —*metalenguaje*.

Ejemplo 17 *Estos son ejemplos del libro de Deaño [7]:*

1. *⟨"'Un famoso poeta es menos inventor que descubridor', dijo Averroes", escribe Jorge Luis Borges⟩, destaca Deaño.*

2. *⟨Dice Hipólito en su obra* **Refutatio omnium haereseum**: *"la frase 'el bien y el mal son uno' fue escrita por Heráclito"⟩, asegura Deaño.*

Y también las comillas nos sirven para indicar cuando usamos o mencionamos una palabra; esto es, cuando nos referimos a un objeto extralingüístico o a la palabra misma.

Ejemplo 18 *Uso y mención*

1. *Ponemos comillas para distinguir uso y mención.*
   Salamanca está bañada por el Tormes.
   "Salamanca" tiene nueve letras.

2. *Aquí, sin comillas, no se entiende nada:*
   Madrid empieza por m,
   termina con t
   pero generalmente se escribe con g.

3. *¿Sabes cómo hacer para que un lápiz de mina negra escriba rojo y azul?*
   Escribo: "rojo" y "azul".

El lenguaje formal será nuestro lenguaje objeto y el metalenguaje será el castellano. En este último expresaremos propiedades del primero.

Ejemplo 19 *Las fórmulas*

$$p \vee \neg p \qquad p \to q \qquad (q \to \neg q) \wedge q$$

pertenecen al lenguaje objeto. En el metalenguaje indicamos que la primera es una tautología, la segunda una fórmula contingente y la tercera una contradicción. Podemos introducir signos en el metalenguaje para expresar propiedades de esta índole, pero no serán signos del lenguaje objeto, sino abreviaturas del metalenguaje. Esto quiere decir que no intervienen en la formación de fórmulas. Así la expresión

$$\vDash p \vee \neg p$$

no es una fórmula del lenguaje objeto, sino un enunciado metalingüístico que dice abreviadamente

$$p \vee \neg p \quad \text{es una tautología}$$

Paradojas

Volvamos a la paradoja del mentiroso. La contradicción aparece cuando uno se pregunta sobre la propia afirmación de Epiménides.

¿Es también esta afirmación una mentira?

Una forma fácil de comprobarlo es la siguiente:

Sea p el enunciado: *"Estoy mintiendo"*. Naturalmente, esto es lo mismo que decir: *"No es verdad p"*, que podríamos formalizar así: $\neg Verdad(p)$. Es decir,

$$p := \neg Verdad(p) \qquad (1.1)$$

Pero la propiedad semántica de verdad debería ser definida de forma que para cualquier x,

$$x \text{ es verdadera si y sólo si } x$$

es decir,

$$\forall x (Verdad(x) \leftrightarrow x)$$

¿Qué sucede cuando consideramos la propia fórmula p?

En primer lugar,

$$Verdad(p) \leftrightarrow p \qquad (1.2)$$

Ahora podemos usar las fórmulas (1.1) y (1.2), reemplazar en (1.2) la fórmula p por su formalización, obteniendo:

$$Verdad(p) \leftrightarrow \neg Verdad(p)$$

Naturalmente, esto es una contradicción.

Conclusión 20 *Nosotros distinguiremos entre* **lenguaje** *y* **metalenguaje**; *la fórmula* $\forall x(Verdad(x) \leftrightarrow x)$ *con el significado que se pretende que tenga no puede ser una fórmula del lenguaje objeto. La verdad de un enunciado se expresa en el metalenguaje, nunca en el lenguaje objeto*[7].

1.4. Consecuencia lógica

Dijimos que se podía caracterizar a la lógica como el estudio de los conjuntos consistentes de creencias, tanto como el estudio de los razonamientos —o *argumentos*— válidos o correctos. Un argumento es un conjunto de sentencias tales que una de ellas —la *conclusión*— se sigue del resto —las *premisas* o hipótesis—. Lo típico es decir que la misión de la lógica es analizar los conceptos generales, patrones y procedimientos que se usan en los argumentos válidos, y que éstos son, hasta cierto punto, independientes de los razonamientos concretos —puesto que aceptamos que hay infinitos razonamientos correctos que siguen el mismo esquema lógico.

¿Qué intuición queremos captar con este concepto?, ¿cómo lo distinguimos de otros conceptos próximos?

Habría que distinguir entre:

1. El proceso de la prueba, la argumentación
2. El resultado final, el argumento

El concepto intuitivo, que tendremos que precisar, es que un razonamiento es correcto cuando no se puede imaginar ninguna situación en la que las hipótesis del razonamiento sean verdaderas y la conclusión sea falsa; esto es, cuando el conjunto formado por las hipótesis y la negación de la conclusión es insatisfacible, inconsistente. De esta manera no se modeliza el concepto dinámico de prueba, sino el estático de resultado. Sin embargo, se complementa con un cálculo deductivo, que capta mejor el concepto de transformación, de ejecución.

Llamamos relación de consecuencia a la que existe entre la hipótesis y la conclusión de un razonamiento correcto.

Una forma sencilla de verlo es utilizar traducciones del lenguaje natural al formal y, desde éste, retrotraducciones al lenguaje natural. La idea es que si traducimos al lenguaje formal un razonamiento correcto y obtenemos un conjunto de hipótesis Γ una conclusión A —abreviadamente $\Gamma \models A$— no importa cómo retrotraduzcamos Γ y A al español; el resultado será siempre un razonamiento correcto. Esto es, $p \wedge q \models p$ signifiquen lo que signifiquen p y q. Vamos a verlo con algunos ejemplos:

---

[7]Esto no deja de ser una *verdad* a medias, pues en la lógica modal formalizamos el metalenguaje y en lógica de la reflexión también permitimos la autorreferencia. Pero la verdad de estas nuevas fórmulas se establece desde un nuevo nivel metalingüístico, o se crean mecanismos para evitar paradojas.

En nuestro caso podríamos distinguir entre el enunciado y la proposición.

Ejemplo 21 *Picasso*

Considerad el siguiente argumento (falaz):

- *Si Picasso nació en Málaga (p), entonces no es cierto que naciera en Francia (¬q).*

- *Picasso no nació en Francia.*

  LUEGO

- *Picasso nació en Málaga.*

En este argumento todas las sentencias, tanto las de las hipótesis como la conclusión, son verdaderas, conforme a los hechos; Picasso nació en Málaga y Málaga está en España (que no es Francia, para nada). Pero el argumento no parece correcto.

Ejemplo 22 *Retrotraducción*

Si el esquema lógico anterior fuera correcto; esto es, si

$$\{(p \to \neg q), \neg q\} \vDash p$$

obtendríamos otro argumento correcto retrotraduciendo al español p y q. Usemos la siguiente:

- *Si Picasso nació en Londres (p), entonces no es cierto que naciera en Francia. (¬q)*

- *Picasso no nació en Francia.*

  LUEGO

- *Picasso nació en Londres.*

¿Está claro por qué dudábamos del esquema argumental seguido?

Ejemplo 23 *La oscuridad de la noche: Una prueba de la Teoría del Big Bang* [8]

El gran descubrimiento de este siglo es que el universo no es inmóvil ni eterno, como supuso la mayoría de los científicos del pasado. El universo tiene una historia, no ha cesado de evolucionar, enrareciéndose, enfriándose, estructurándose. Esta evolución sucede desde un pasado distante que se sitúa, según las estimaciones, hace diez o quince mil millones de años, cuando el universo está completamente desorganizado, no posee galaxias, ni estrellas, ni moléculas, ni tan siquiera núcleos de átomos... Es lo que se ha llamado el BIG BANG. Una de las pruebas indirectas de esta teoría se puede plantear así:

---

[8] Este ejemplo está sacado del libro: *La historia más bella del mundo*. Hubert Reeves y otros. Anagrama: 1997.

1.4. CONSECUENCIA LÓGICA

- *Si **las estrellas fueran eternas** (p), entonces **la cantidad de luz emitida sería infinita** (q).*

- *Si la cantidad de luz emitida fuera infinita, entonces **el cielo debería ser extremadamente luminoso** (r).*

- *El cielo es oscuro.*

  LUEGO

- *Las estrellas no existieron siempre.*

Las sentencias anteriores las formalizamos así:

$$(p \to q) \qquad (q \to r) \qquad \neg r \qquad \neg p$$

Para expresar que la última es una consecuencia de las otras tres escribimos:

$$\{(p \to q), (q \to r), \neg r\} \vDash \neg p$$

Comentario 24 *En este caso el esquema argumental no levanta sospechas, otra cosa es si aceptáis como verdaderas en el mundo real las hipótesis. Obviamente, el determinarlo no es misión de la lógica. En el presente ejemplo lo sería de la Cosmología.*

Si el esquema anterior corresponde a un razonamiento correcto; es decir, si

$$\{(p \to q), (q \to r), \neg r\} \vDash \neg p$$

lo seguirá siendo cuando retrotraduzcamos al castellano p, q y r. Vamos a verlo con otro ejemplo.

Ejemplo 25 *Lucrecio, filósofo romano; siglo I antes de Cristo.*

Lucrecio afirmaba que el universo aún estaba en su juventud. Razonó así: He comprobado desde mi infancia, se dijo, que las técnicas se han ido perfeccionando. Han mejorado el velamen de nuestros barcos, inventado armas más y más eficaces, fabricado instrumentos musicales más refinados... ¡Si el universo fuera eterno, todos estos progresos habrían tenido tiempo de realizarse cien, mil, un millón de veces!

- *Si el **universo fuera eterno** (p), entonces **todos los progresos se habrían realizado ya** (q).*

- *Si todos los progresos se hubieran producido ya, **el mundo estaría acabado, no cambiaría** (r).*

- *El mundo cambia.*

  LUEGO

- *El mundo no existe desde siempre.*

Comentario 26 *En este caso el esquema argumental es el mismo, incluso es similar el tema. La lógica nos garantiza que este esquema, al corresponder a un razonamiento válido, seguirá produciéndolos al retrotraducir p, q y r, y ni siquiera tienen que guardar relación con el tema del argumento original. Esto es, si aceptamos las hipótesis como creencias, debemos aceptar la conclusión. En una prueba mediante tableaux lo que hacemos es comprobar la imposibilidad de que se den simultáneamente las hipótesis y la negación de la conclusión. Esto es, comprobamos la incompatibilidad* [9] *de*

$$\{(p \to q), (q \to r), \neg r, \neg\neg p\}$$

Razonamiento concluyente

En la vida cotidiana nuestros razonamientos versan, frecuentemente, sobre hechos: partimos de unas premisas o hipótesis, que pueden ser verdaderas o falsas, y llegamos a una conclusión, que también puede ser verdadera o falsa. Esto es, a diferencia del lógico no estamos aparentemente interesados en todas las realizaciones o modelos de las hipótesis de nuestros razonamientos, sino solamente en lo que acaece en la realidad, en un solo modelo, o en una colección limitada de modelos. Esto enmascara tanto los razonamientos válidos con hipótesis falsas como los razonamientos incorrectos con hipótesis y conclusiones verdaderas. Para situar el problema resulta útil la siguiente tabla de doble entrada:

Tipología de razonamientos correctos, clasificados por los valores de verdad de sus hipótesis y conclusión en la realidad

		Conclusión	
		Verdadera	Falsa
Hipótesis	Verdadera	1	2
	Falsa	3	4

Tipología de razonamientos incorrectos, clasificados por los valores de verdad de sus hipótesis y conclusión en la realidad

		Conclusión	
		Verdadera	Falsa
Hipótesis	Verdadera	5	6
	Falsa	7	8

Ejemplo 27 *"¿Estás proponiendo que guardemos el dinero en casa?", preguntó ella, y luego, sin darle tiempo a contestar, le llamó puritano. Entonces Carlos la abrazó rogándole que lo olvidara. Porque en la palabra "puritano" se condensaba un argumento que él ya conocía: "Para querer hay que mancharse. Los puritanos no se manchan. Luego, tú no me quieres". Era lo que Carlos llamaba el Silogismo*

---

[9] El cálculo de tableaux para la lógica proposicional se define con precisión en la sección 4.2.10.

1.4. CONSECUENCIA LÓGICA

del reproche[10].

Reformulemos levemente el argumento para explicitar sus extremos:

Carlos es un puritano.
Para querer hay que mancharse.
Los puritanos no se manchan.
Luego,
Carlos no ama a Ana.

Comentario 28 *Se trata de un razonamiento correcto de hipótesis falsas y conclusión verdadera en el microcosmos planteado por la novela.*

Ejemplo 29 *Este razonamiento no sólo es válido (o correcto), sino también concluyente.*

Treinta días tiene noviembre con abril, junio y septiembre. Veintiocho tiene uno y los demás treinta y uno.
Por lo tanto,
abril tiene treinta días si y sólo si no los tiene mayo, y si mayo los tuviera, también los tendría noviembre.

El común de los mortales está interesado mayormente en los razonamientos de tipo 1, que son válidos pero además sus hipótesis son verdaderas, los llamamos *razonamientos concluyentes*. La racionalidad que como humanos se nos supone nos obliga, en principio, a aceptar las conclusiones de estos razonamientos entre nuestras creencias. Por supuesto, para adquirir nuevas creencias precisamos aceptar las conclusiones de los razonamientos cuyas hipótesis aceptamos como creencias; sin embargo, el contrastar dichas hipótesis cae fuera del alcance de la lógica.

¿Hay algo que la lógica pueda hacer al respecto?

Razonamientos válidos con hipótesis compatibles

En lógica nos interesamos por los razonamientos válidos y éstos pueden ser del tipo 1, 3 y 4. Razonamientos de tipo 2 no hay, porque justamente lo que caracteriza a un razonamiento válido es la imposibilidad de que su conclusión sea falsa cuando sus hipótesis son verdaderas. No se trata tanto de que la conclusión sea verdad sino de que el paso entre premisa y conclusión esté justificado.

Sin embargo, aun cuando desde el punto de vista lógico admitimos como válidos algunos razonamientos, nuestra aceptación de las conclusiones de un razonamiento no será la misma si sabemos que las hipótesis son incompatibles. De hecho, nos cuidaremos muy mucho de aceptar entre nuestras creencias un conjunto de hipótesis tal, pues sabemos que de él se sigue como consecuencia lógica todo enunciado, que a su vez tendrá que ser admitido también[11].

---

[10] Belén Gopegui, 1998: *La conquista del aire.*

[11] Como se demuestra en el ejemplo 86.

Así que siempre que sea posible verificaremos la compatibilidad de nuestras hipótesis[12]; y aunque tal vez no esté en nuestra mano establecer su verdad en el mundo real, al menos sabremos si son consistentes.

Revisión de creencias

Hemos dicho que el principio general de racionalidad nos obliga a aceptar entre nuestras creencias a todas las conclusiones obtenidas mediante razonamientos concluyentes, a todas las consecuencias de nuestras creencias. Se supone que éstas han sido admitidas tras un proceso de evaluación racional. Sin embargo, hay conclusiones que por su inverosimilitud nos hacen revisar nuestras creencias. En los sistemas expertos se suelen implementar mecanismos para el *mantenimiento de la verdad* diciéndose que la lógica usada es *no monotónica* porque al aumentar las hipótesis disminuyen, en vez de aumentar, las conclusiones. Es una forma de hablar, las hipótesis se reducen como resultado de la revisión de creencias y de ahí que también lo hagan las consecuencias.

Falacias

Los razonamientos incorrectos los descartamos; no garantizan la verdad de la conclusión, ni siquiera cuando sabemos que las hipótesis son verdaderas. Algunos razonamientos falaces pueden extraerse de la nutrida colección clásica: *Ad Baculum* (apelar a la fuerza), *ad hominem* (contra la persona), *ad populum* (usando en su favor los prejuicios del grupo), *ad verecundiam* (recurriendo al principio de autoridad), *petitio principii* (en círculo), *ignoratio elenchii* (cambiar de tema), etc.

Ejemplo 30 Ignoratio elenchii
"Salamanca es una ciudad muy provinciana."
"No, no es cierto. Salamanca tiene monumentos preciosos y tiene mucha marcha por las noches."

Comentario 31 *Aunque se pueda recurrir a los clásicos como fuente de ejemplos interesantes, no defiendo un planteamiento de **lógica informal** —se suelen limitar a presentar un catálogo de falacias— en un primer acercamiento a la disciplina, sino un planteamiento riguroso, pero con ejemplos bien preparados, interesantes, o al menos divertidos.*

¿Lo hemos conseguido?

---

[12] Puede ser inmediato si están expresadas en lógica proposicional, pero tal vez no sea factible en otros casos. Cuanto más potente es la teoría, más complicado es establecer su consistencia; por ejemplo, la consistencia de la *teoría de conjuntos* no está demostrada. Para demostrarla necesitaríamos un marco extraordinariamente potente cuya consistencia sería aún más difícil de probar.

1.5. NUESTRO "PLAN"

Cómo encontrar soluciones "razonables"

Con frecuencia la situación que se nos plantea no es tanto la de comprobar si un enunciado se sigue de un conjunto de hipótesis, sino más bien la siguiente: dado un conjunto de hipótesis, queremos extraer conclusiones. En el caso de la lógica proposicional el árbol de las hipótesis nos ayuda a encontrarla. De hecho, para que sea más convincente, lo que hacemos primero es comprobar la compatibilidad de las hipótesis —pues en caso contrario cualquier conclusión es derivable—, para luego usar las ramas abiertas y establecer las coincidencias —se explica con mayor detalle en la página 86—. Por supuesto, para que el conjunto de conclusiones tenga un tamaño manejable[13] sólo nos interesamos por las fórmulas atómicas y sus negaciones. Hay muchos ejemplos en el CD, en los *espeluznantes* archivos de *MAFIA*.

Ejemplo 32 *Robo de archivos*[14]

Al llegar el Padrino a su despacho notó que alguien había entrado en él, ¡incluso había revuelto sus archivos! Pudo comprobar que faltaban algunos documentos comprometedores.
La investigación del caso arroja estos datos:

$A :=$ *Nadie más que P, Q y R están bajo sospecha y al menos uno es traidor.*
$B :=$ *P nunca trabaja sin llevar al menos un cómplice.*
$C :=$ *R es leal.*

1. *Formaliza los enunciados anteriores usando las claves siguientes: p, q y r, que significan, respectivamente, P es un traidor, Q es un traidor y R es un traidor.*

2. *Comprueba si los datos son compatibles.*

3. *Extrae consecuencias de los datos y demuestra que son válidas.*

1.5. Nuestro "plan"

Hacer lógica formal a partir de un planteamiento intuitivo e informal significa ir soltando lastre. Se eliminarán los enunciados del castellano introduciendo un lenguaje riguroso[15], después, el concepto intuitivo de consistencia como compatibilidad de enunciados, que hace referencia a situaciones posibles, lo sustituiremos por el de satisfacibilidad[16], en donde las situaciones se reemplazan por las interpretaciones, matemáticamente definidas. A continuación se abandonará el concepto intuitivo de consecuencia y se definirá matemáticamente, en términos

---

[13] Este conjunto es de hecho infinito, como puede demostrarse fácilmente, pues si A es una conclusión, también lo son: $A \wedge A$, $(A \wedge A) \wedge A$, $((A \wedge A) \wedge A) \wedge A$, etc.
[14] La solución está en el capítulo de tableaux semánticos, es el ejemplo 113.
[15] En el capítulo 2, en la página 30.
[16] Véase la sección 3.3.

semánticos. Habremos presentado así la *lógica proposicional* de manera completamente rigurosa, formal. En los capítulos 4 y 5 nos desharemos incluso del concepto de verdad, ligado al de interpretaciones o modelos, e introduciremos la noción de cálculo deductivo como manipulación meramente sintáctica de las fórmulas del lenguaje formal. El objetivo es que al concepto intuitivo le correspondan uno semántico y otro sintáctico, siendo estos últimos equivalentes. Estas son las equivalencias:

INTUITIVO	SEMÁNTICO	SINTÁCTICO
Consistencia	*Satisfacibilidad*	Consistencia
Consecuencia	*Consecuencia*	Deducibilidad

Comentario 33 *La elección terminológica es bastante desafortunada, pero la mantengo por ser la estándar. Digo que es desacertada porque la idea intuitiva de consistencia como compatibilidad la recoge mejor la semántica, aunque el término se lo haya quedado la sintáctica. En esta última, la consistencia significa la imposibilidad de derivar en el cálculo una contradicción. Como cabría esperar, percibimos como muy próximos estos conceptos, ¡faltaría más, de hecho son equivalentes! Hay quienes llaman consistencia a ambas, añadiendo si es semántica o sintáctica[17].*
Por otra parte, el proceso de extraer conclusiones a partir de hipótesis queda mejor reflejado en la noción dinámica de prueba que en la estática de consecuencia, de nuevo la elección no es excelente.

Con estos cinco capítulos daremos por terminada la presentación de la lógica proposicional, sólo al final reaparecerá en los apéndices C y D, pero no como herramienta de trabajo, sino como tema de reflexión.

Limitaciones de la lógica proposicional

Pese al buen comportamiento de su cálculo deductivo, al ser la capacidad expresiva de la lógica proposicional extraordinariamente limitada, no nos resulta útil en muchos casos.

Ejemplo 34 *Considerad el siguiente razonamiento:*
$A :=$ *Sólo los viejos y los niños dicen la verdad*
$B :=$ *María Manzano no es una vieja ni es una niña*
LUEGO:
$C :=$ *María Manzano miente*

En lógica proposicional A, B y C se formalizan como letras proposicionales — por ejemplo, p, q y r — y por lo tanto $\{p,q\} \not\models r$. Sin embargo, el razonamiento es claramente correcto. En el lenguaje de primer orden, que se presenta en la

---

[17] Hay quienes reservan el vocablo "consistente" para el cálculo deductivo, significando la propiedad que nosotros llamaremos de "corrección"; esto es, que como teoremas lógicos sólo se deriven en él tautologías.

1.5. NUESTRO "PLAN"

sección 9.2, se podría formalizar así:

$Mx := x \text{ miente}$ \qquad $A := \forall x(\neg Mx \to (Vx \lor Nx))$
$Vx := x \text{ es viejo}$ \qquad $B := \neg Va \land \neg Na$
$Nx := x \text{ es niño}$ \qquad $C := Ma$
$a := \text{María Manzano}$

En primer orden será fácil demostrar la validez del razonamiento.

La lógica de primer orden contiene a la proposicional, pero es más potente. A esta lógica dedicaremos la tercera parte de este libro. En la segunda se introducen algunos conceptos de teoría de conjuntos que son necesarios para definir adecuadamente la semántica de los lenguajes de primer orden y estudiamos los razonamientos lógicos con diagramas de Venn, que nos servirán para analizar argumentos expresados en un lenguaje cuya complejidad se sitúa entre la proposicional y la de primer orden. En este contexto se presentarán los silogismos.

Lenguajes de orden cero, de primero y de segundo orden

En la lógica clásica hay varias categorías de lenguajes: proposicional, de primer orden, de segundo orden, etc. El de primer orden añade al proposicional la capacidad de analizar las fórmulas atómicas mediante relatores, functores y constantes y la cuantificación sobre individuos. El de segundo orden añade al anterior la facultad de cuantificar sobre conjuntos y relaciones.

¿Qué lenguaje necesitamos?

Depende de para qué, lo veremos más adelante en la página 262.

¿Se pueden expresar en primer orden todas las propiedades imaginables de las estructuras matemáticas?

¿Sirve la lógica de primer orden para axiomatizar toda la matemática?

La respuesta es que no. El lenguaje de la lógica de segundo orden es más expresivo que el de primer orden y éste que el de orden cero. Sin embargo, las propiedades lógicas de estos lenguajes van decreciendo: mientras que la lógica proposicional posee un cálculo deductivo correcto, completo y es decidible, la de primer orden posee un cálculo correcto y completo, pero ya no es decidible, y la de segundo orden ni es decidible ni posee un cálculo completo.

Conclusión 35 *Una lógica es como una balanza (figura 1.2): en un platillo se pone el poder expresivo de la lógica y en el otro las propiedades lógicas. En la lógica proposicional pesan más las propiedades lógicas, en la de segundo orden la capacidad expresiva, mientras que la de primer orden está más equilibrada. Sabiendo esto somos nosotros los que decidiremos qué lógica necesitamos, qué virtudes nos interesa conservar. En este libro introductorio nos hemos quedado en la de primer orden y consideramos que es la opción acertada*[18].

---

[18] La lógica de segundo orden, así como otras extensiones de la de primer orden, se estudian en [14].

Figura 1.2: *Balanza*

1.6. Ejercicios del CD

Los ejercicios siguientes están todos resueltos en el CD que acompaña a este libro[19], en el capítulo 1. Por limitación de espacio no hemos incluido en el libro ni tan siquiera los enunciados de todos los ejercicios que allí recogemos. En el CD hay tres bloques como el que sigue, dos de ellos vienen con solución y del otro sólo se suministra el enunciado.

INTRODUCCION GENERAL: CONSISTENCIA (1)

1. **Consistencia e inconsistencia**
   En cada uno de los siguientes ejemplos decidid cuál de los siguientes conjuntos de enunciados son consistentes y cuáles inconsistentes.

   a) Andrés es más joven que Antonio. Luis es mayor que Calixto. Calixto es más joven que Antonio. Luis es mayor que Antonio.

   b) Esta oración contiene cinco palabras. Esta oración contiene tres palabras. Una de las oraciones de este ejercicio es verdadera, y sólo una.

   c) La mecánica newtoniana no puede ser correcta, si la mecánica einsteniana es correcta. La mecánica einsteniana es correcta si y sólo si el espacio es no-euclideano. El espacio es no-euclideano, o la mecánica newtoniana es correcta.

---

[19]En este momento, puesto que los temas que se tratarán con detalle en el libro están sólo esbozados, los ejercicios podrían resultar difíciles. Si así fuera, dejadlos, volved a ellos al acabar el cuarto capítulo.

1.6. EJERCICIOS DEL CD

　　d)　Régimen para una larga vida. Un periodista entrevista a un anciano centenario y éste le revela el secreto de su longevidad, que reside, según él, en su alimentación. El anciano dice:

　　Si no bebo cerveza, entonces como pescado.

　　Siempre que tomo cerveza y pescado, me abstengo de tomar helado.

　　No como pescado, si tomo helado o no bebo cerveza.

　　¿Se puede seguir un régimen así? ¿Podrías hacer el menú de un par de días? ¿Podrías hacer el menú de la semana?

　　e)　La paradoja más antigua que se conoce es la de Epiménides, el cretense. Decía que todos los cretenses son mentirosos y que todas sus afirmaciones son mentiras. La contradicción aparece cuando uno se pregunta sobre la propia afirmación de Epiménides. ¿Es también esta afirmación una mentira?
　　Una forma fácil de verlo es así: Sea p el enunciado: "Estoy mintiendo". ¿Es consistente o inconsistente dicho enunciado?

2. **Enunciados tautológicos, contradictorios y contingentes**
Clasificad los siguientes enunciados según sean tautologías, contradicciones o contingentes.

　　a)　Dos más dos es igual a cuatro.

　　b)　Hoy es jueves o no es jueves.

　　c)　El agua hierve a la temperatura de cien grados centígrados.

　　d)　Todo cuerpo sometido a la influencia de una fuerza constante adquiere un movimiento uniformemente acelerado.

　　e)　Me compro un coche y me voy de vacaciones equivale a decir que no es el caso que si me compro el coche no me voy de vacaciones.

3. **Consecuencia**
En cada uno de los siguientes ejemplos decidid si el razonamiento consignado es o no correcto.

　　a)　Si tú estás en Salamanca, no te encuentras en Andalucía. Tú estás en Castilla.
　　Por lo tanto,
　　Tú estás en Salamanca.

　　b)　Todos los casos examinados de caída libre de objetos siguen las leyes de Newton. Se ha examinado un extenso y variado grupo de casos de caída libre de cuerpos.
　　Por consiguiente,
　　Probablemente todos los casos de caída libre de objetos siguen las leyes de Newton.

c) Todos los juicios morales influyen en nuestras acciones y sentimientos. Ningún producto de la razón influye sobre nuestras acciones y sentimientos.
Entonces,
Ningún juicio moral es producto de la razón.

d) La ciencia explica adecuadamente nuestra experiencia. Si la ciencia explica adecuadamente nuestra experiencia, la creencia en la existencia de un dios es innecesaria para explicar nuestra experiencia.
Luego,
La creencia en la existencia de un dios es innecesaria para explicar nuestra experiencia.

e) Al lógico Ceferino le preguntaron: ¿amas a Queta, a Petra o a Rosana?
Él pensó: los hechos son:
Amo al menos a una de las tres. Si amo a Petra pero no a Queta, entonces amo a Rosana. O bien amo a Queta y a Rosana, o no amo a ninguna de las tres. Si amo a Queta, entonces también amo a Petra.
Contestó:
Amo a las tres.

4. Clasificad los siguientes argumentos según este esquema; los valores de las hipótesis y la conclusión son los que corresponden a la realidad, a los hechos conocidos.

Tipología de razonamientos correctos

		Conclusión	
		Verdadera	Falsa
Hipótesis	Verdadera	1	2
	Falsa	3	4

Tipología de razonamientos incorrectos

		Conclusión	
		Verdadera	Falsa
Hipótesis	Verdadera	5	6
	Falsa	7	8

es decir, según sean correctos o no, y según el valor de verdad de las premisas y la conclusión en el mundo real.

a) Platón escribió la *Ética a Nicómaco* o Aristóteles escribió *El Banquete*. Platón escribió la *Ética a Nicómaco*.
Entonces,
Aristóteles escribió *El Banquete*.

b) Todo número natural que termine en cero es múltiplo de 5. 10 es un número natural terminado en cero.
Luego,
10 es múltiplo de 5.

c) Si Newton propuso la mecánica cuántica, entonces Einstein propuso la mecánica clásica. Einstein no propuso la mecánica cuántica.
Entonces,
Einstein propuso la mecánica clásica.

d) Todos los números impares son primos. (Demostraciones del chiste...)

e) *Ignoratio elenchii*
"Salamanca es una ciudad muy provinciana."
"No, no es cierto. Salamanca tiene monumentos preciosos y tiene mucha marcha por las noches."

f) Si Einstein era completamente calvo, entonces era un científico de origen judío. Einstein no era un científico de origen judío.
Por tanto,
Einstein no era completamente calvo.

g) Juan come en exceso o engorda fácilmente. Juan engorda fácilmente.
Por lo tanto,
Juan no come en exceso.

h) Si yo soy el Papa de Roma, entonces tú eres Papa Nöel. Yo soy el Papa de Roma.
Luego,
Tú eres Papa Nöel.

i) Sócrates no murió envenenado o Platón escribió *El Banquete*. Platón escribió *El Banquete*.
Entonces,
Sócrates murió envenenado y Platón escribió *El Banquete*.

j) O ningún diputado del Congreso vive en Madrid o Felipe González vive en Madrid. Felipe González vive en Madrid.
Por lo tanto,
Felipe González es un diputado del Congreso.

k) Algunos políticos son también filósofos. José María Aznar es un político.
Luego,
José María Aznar es un filósofo.

l) Si Einstein sobrepasaba el metro ochenta de estatura entonces Einstein fue un famoso científico. Einstein fue un famoso científico.
Por lo tanto,
Einstein sobrepasaba el metro ochenta de estatura.

m) Los mamíferos tienen cuatro patas. El jabalí tiene cuatro patas. Entonces,
El jabalí es un mamífero.

n) Respuesta de un político a la pregunta de cuál fue la causa de que perdiera su escaño: "No tuve suficientes votos."

Capítulo 2

El lenguaje de la lógica proposicional

El objetivo de este capítulo es doble: la adquisición de un lenguaje artificial y la formalización en él de los enunciados del español. A diferencia de las lenguas naturales (como el castellano, el inglés, el catalán o el chino), será éste un lenguaje formal que contará con unas reglas de formación precisas. Lo usaremos en adelante como vehículo de razonamiento. El que vamos a introducir ahora es el lenguaje de la lógica proposicional —abreviadamente, LP—, también llamado *de conectores*, y el análisis que se llevará a cabo con él será de un nivel muy abstracto, en donde sólo intervienen y se estudian unas pocas combinaciones de enunciados simples para formar enunciados complejos.

De manera que ahora se cumple el primer acto de nuestro plan, nos situamos en el primer estadio del *análisis lógico* que a lo largo de todos estos capítulos llevaremos a efecto.

2.1. Introducción

Características del lenguaje de la lógica proposicional

1. Sólo nos interesarán las expresiones lingüísticas que describan un estado o expresen un pensamiento completo; es decir, nos limitaremos al *uso declarativo* del lenguaje. Nuestro lenguaje formal es muy pobre; no se puede traducir a él las preguntas, las exclamaciones, las dudas ni los chistes (bueno, tal vez mi amigo John Paulos[1] sea capaz de hacerlo).

2. Como contrapartida a su falta de riqueza, será muy *preciso*, carente por completo de ambigüedad o de doblez.

---

[1] ¿Habeis leído sus libros: *Mathematics and Humor, I Think Therefore I Laugh, Innumeracy* y *A Mathematician reads the Newspaper*?

3. Es llamado *de conectores* porque el análisis que se lleva a cabo con él se reduce a las combinaciones de enunciados simples para formar enunciados complejos. El valor de verdad de un enunciado dependerá exclusivamente de los valores de verdad de los enunciados simples que lo componen y de la interpretación de sus conectores, que está fijada de antemano.

4. Por tratarse de lógica proposicional, los átomos son los enunciados simples que, consecuentemente, no se analizan. Tampoco usaremos cuantificadores. El enunciado

   Todos los árboles son pinos

   es en lógica proposicional un enunciado atómico.

5. Los conectores se interpretarán como *funciones veritativas*; es decir, como funciones que a valores de verdad les asignan valores de verdad (o a pares de valores de verdad les asignan valores de verdad).

6. Podemos precisar que para nosotros *falso* significa *no verdadero* y tomar *verdadero* en el sentido en el que se usa normalmente. Comprendemos que hay muchas formas distintas de no ser verdadero, pero en la lógica clásica no las distinguimos.

7. Otra de las peculiaridades de nuestro lenguaje formal es que será *bivalente*; el motivo es que nosotros aceptamos que en cada situación cada sentencia que consideremos será verdadera o falsa, nunca las dos cosas a la vez. Por otra parte, podemos considerar que las situaciones que nos incumben son tales que las sentencias relevantes son o verdaderas o falsas, pero no las dos cosas.

Comentario 36 *Con todo esto no quiero decir que la lógica tenga que ser bivalente (la lógica polivalente tiene aplicaciones, especialmente la trivalente, pues a menudo resulta útil contar con el valor* **indefinido***), ni que no se pueda expresar en ella proposiciones modales (necesariamente, posiblemente) o temporales (siempre, alguna vez), ni que no se deba dar juego a la ambigüedad semántica (conjuntos difusos). En este libro expongo el punto de vista clásico, que es el que adoptaremos, obviamente, en toda la lógica clásica.*

2.2. Gramática

El lenguaje L_0

¿Cómo se construye un lenguaje formal?

Un lenguaje formal consta de un alfabeto básico y de unas reglas precisas de formación de fórmulas.

2.2. GRAMÁTICA

Alfabeto El alfabeto del lenguaje L_0 de la lógica proposicional —abreviadamente LP— contiene dos tipos de signos: los conectores y las letras proposicionales. Nosotros usamos $\neg, \vee, \wedge, \rightarrow, \leftrightarrow$ como conectores y las letras $p, q, r, s, ...,$ $p_1, p_2, ...$ como letras sentenciales (también llamadas letras proposicionales). También, como signos impropios, utilizaremos paréntesis.

Fórmulas Las fórmulas de L_0 se construyen siguiendo unas sencillas reglas de formación. Dichas reglas extraen del conjunto de filas de signos del alfabeto a aquellas a las que llamamos fórmulas.

Definición 37 *El conjunto de las fórmulas de L_0 —al que llamamos $FORM(L_0)$ o simplemente FORM, cuando esté claro por el contexto— es el menor conjunto que se puede generar con su ayuda a partir de las letras proposicionales.*

- *Paso Básico: F1. Las letras proposicionales son fórmulas.*

- *Pasos Inductivos: F2. Si A y B son fórmulas, también lo son: $\neg A$, $(A \wedge B)$, $(A \vee B)$, $(A \rightarrow B)$, $(A \leftrightarrow B)$.*

Notación 38 *Introduciremos como abreviaturas los signos $\bot$ y $\top$ para "lo falso" y "lo verdadero":*

$$\bot \; : \; = p \wedge \neg p$$
$$\top \; : \; = p \vee \neg p$$

Comentario 39 *Importante*

*Entre las reglas de formación de fórmulas tenemos la siguiente: Si A y B son fórmulas, también lo es $(A \wedge B)$. ¿Qué pintan A y B aquí? Entre los signos de nuestro lenguaje no aparecían las primeras letras mayúsculas del alfabeto latino, se nos podría decir. Son **metavariables** para referirnos a fórmulas cualesquiera.*

¿Son fórmulas todas las sucesiones de signos del alfabeto?

Por supuesto que no. Demostrar que una sucesión de signos del alfabeto L_0 es una fórmula consiste en mostrar que se construyó conforme a las reglas del cálculo de fórmulas; es decir, conforme a las reglas **F1** y **F2**.

Ejemplo 40 *¿Es una fórmula $(((p \wedge \neg p) \vee r) \rightarrow r)$?*

$\boxed{VERDADERO}$

La demostración es como sigue:

1. $p \in FORM$ $F1$
2. $r \in FORM$ $F1$
3. $\neg p \in FORM$ $F2$ en 1
4. $(p \wedge \neg p) \in FORM$ $F2$ en 1 y 3
5. $((p \wedge \neg p) \vee r) \in FORM$ $F2$ en 2 y 4
6. $(((p \wedge \neg p) \vee r) \rightarrow r) \in FORM$ $F2$ en 5 y 2

Forma lógica

Las fórmulas de nuestro lenguaje L_0 que no son atómicas tienen cinco formas lógicas posibles: negaciones, conjunciones, disyunciones, condicionales y bicondicionales. El saber identificar la *forma lógica* de una fórmula dada es fundamental para manipular el cálculo deductivo correctamente.

Notación 41 *A las fórmulas que son simplemente letras proposicionales las llamamos **fórmulas atómicas**. Llamamos **literales** a las fórmulas atómicas o sus negaciones. Las fórmulas obtenidas mediante la regla **F2** reciben las denominaciones siguientes:*

Forma lógica	Denominación
$\neg A$	negación
$(A \land B)$	conjunción
$(A \lor B)$	disyunción
$(A \to B)$	condicional
$(A \leftrightarrow B)$	bicondicional

En un condicional
$$(A \to B)$$
la fórmula A es el antecedente y B el consecuente.

Ejemplo 42 *Sin alterar el orden de los signos, transformad las sucesiones de signos siguientes en fórmulas cuya forma lógica sea un condicional, utilizando paréntesis cuando sea necesario.*

1. $p \to r \leftrightarrow q$ CONDICIONAL: $(p \to (r \leftrightarrow q))$
2. $p \lor r \to q \lor r$ CONDICIONAL: $((p \lor r) \to (q \lor r))$

Subfórmulas

Llamamos *subfórmulas* de una fórmula a todas aquellas partes de una fórmula que son también fórmulas (generadas por **F1** y **F2**). Descomponer una fórmula en subfórmulas es una manera de demostrar que efectivamente se trata de una fórmula. La manera más sencilla de hacerlo es mediante árboles genealógicos, que todo el mundo entiende con facilidad. Para no confundirlos con los árboles lógicos, que se verán después, yo los hago de abajo a arriba, con aspecto de auténtico árbol genealógico.

2.3. INDUCCIÓN Y RECURSIÓN

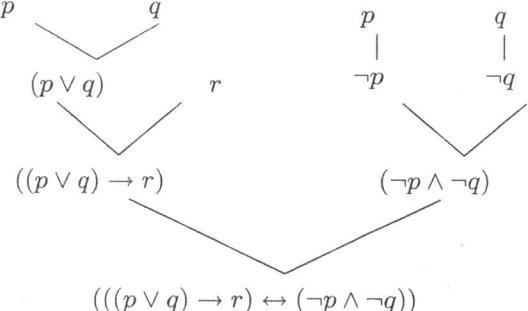

El conjunto de las subfórmulas de

$$(((p \vee q) \to r) \leftrightarrow (\neg p \wedge \neg q))$$

es

$$\{(((p \vee q) \to r) \leftrightarrow (\neg p \wedge \neg q)), ((p \vee q) \to r), (\neg p \wedge \neg q), (p \vee q), r, \neg p, \neg q, p, q\}$$

Convenciones sobre notación

Entre estas convenciones de notación se suele incluir la supresión de paréntesis. Nosotros no las emplearemos al principio, pues considero que los paréntesis, aunque engorrosos, ayudan mucho a entender las fórmulas. Es frecuente asignar prioridad a los conectores.

Las reglas para eliminación de paréntesis que usaremos más adelante son las más comunes:

1. Los paréntesis externos pueden suprimirse

2. Conyuntor y disyuntor unen más que condicionador y bicondicionador

3. Una conjunción o disyunción iterada puede escribirse sin paréntesis

Por supuesto, la apariencia gráfica de los conectores es puramente convencional. Los que nosotros usamos son los más frecuentes, pero también se usan:

$\neg$	$\wedge$	$\vee$	$\to$	$\leftrightarrow$
$\sim$	$\&$	Y	$\supset$	$\equiv$
$-$	$\cdot$			$=$

2.3. Inducción y recursión

El conjunto de las fórmulas del lenguaje proposicional es infinito, *¿cómo manejar un conjunto así?*

En esta sección se introducen los métodos de inducción y recursión que se usarán, respectivamente, para demostrar que todas las fórmulas tienen una

34   CAPÍTULO 2. EL LENGUAJE DE LA LÓGICA PROPOSICIONAL

determinada propiedad o para definir un concepto para todas ellas. El método parece razonable.

¿Además de razonable, se puede justificar matemáticamente?

Ésta es la pregunta a la que se responde afirmativamente en la sección C.3 del apéndice C que está en el CD que acompaña a este libro, en donde también se exponen los fundamentos matemáticos del principio de inducción matemática[2].

Demostraciones por inducción semiótica

Si queremos demostrar que todas las fórmulas tienen la propiedad $\mathcal{P}$, tenemos que hacerlo en dos pasos:

- Paso Básico: (1) Todas las letras proposicionales tienen la propiedad $\mathcal{P}$.

- Pasos Inductivos: (2) Si A y B tienen la propiedad $\mathcal{P}$, entonces: $\neg A$, $(A \wedge B)$, $(A \vee B)$, $(A \to B)$ y $(A \leftrightarrow B)$ tienen la propiedad $\mathcal{P}$.

Comentario 43 *A las demostraciones de este tipo las llamamos demostraciones mediante inducción semiótica, o simplemente, demostraciones mediante inducción. La inducción semiótica se basa en la definición recursiva de términos y fórmulas. La inducción aritmética directa, basada en la longitud de las fórmulas, así como otros procedimientos inductivos son también aplicables*[3].

Comentario 44 *En realidad, nuestra definición de fórmulas, como el menor conjunto de expresiones generadas mediante **F1** y **F2**, lleva incluido un principio de inducción para fórmulas; es decir, una regla que dice: todo conjunto de expresiones que contenga las letras proposicionales (regla F1) y esté cerrado bajo formación de fórmulas (regla F2) contiene al de todas las fórmulas. Esto es, si un conjunto $\mathbf{Q}$ cumple las mencionadas reglas, entonces $FORM(L_0) \subseteq \mathbf{Q}$, lo que significa que todas las fórmulas están en dicho conjunto.*

Definiciones recursivas

Si queremos definir un concepto $\mathcal{C}$ para todas las fórmulas tenemos que definirlo en dos pasos:

- Paso Básico: (1) Definimos $\mathcal{C}$ para todas las letras proposicionales.

- Pasos Inductivos: (2) Supuesto definido $\mathcal{C}$ para fórmulas cualesquiera A y B se define $\mathcal{C}$ para: $\neg A$, $(A \wedge B)$, $(A \vee B)$, $(A \to B)$ y $(A \leftrightarrow B)$.

---

[2] Concretamente veremos que la inducción aritmética funciona gracias al principio del *buen orden*.

[3] Consultad en el CD la sección C.3.

2.3. INDUCCIÓN Y RECURSIÓN

Notación uniforme

Smullyan [15] ideó la denominada *notación uniforme*, que nos permite trabajar con un gran número de conectores[4] sin tener que considerar un número de casos tan elevado al demostrar metateoremas o al introducir técnicas de demostración. El método funciona bien para nuestros conectores, excepto para el bicondicional, que lo tomaremos como signo definido mediante la conjunción de condicionales

$$A \leftrightarrow B := (A \to B) \land (B \to A)$$

Todas las fórmulas proposicionales de la forma $(A \circ B)$ y $\neg(A \circ B)$ donde

$$\circ \in \{\lor, \land, \to\}$$

pueden ser agrupadas en dos categorías: fórmulas α y fórmulas β —las primeras actúan como conjunciones y las segundas como disyunciones—. Para cada fórmula de tipo α se definen dos componentes α_1 y α_2; para cada fórmula de tipo β se definen dos componentes β_1 y β_2. Hay otro tipo σ de fórmulas denominadas simplificables. Las definiciones son las de la tabla.

Conjuntiva			Disyuntiva			Simplificables	
α	α_1	α_2	β	β_1	β_2	σ	σ_1
$A \land B$	A	B	$\neg(A \land B)$	$\neg A$	$\neg B$	$\neg\top$	$\bot$
$\neg(A \lor B)$	$\neg A$	$\neg B$	$A \lor B$	A	B	$\neg\bot$	$\top$
$\neg(A \to B)$	A	$\neg B$	$A \to B$	$\neg A$	B	$\neg\neg A$	A

Tanto la inducción como la recursión que usamos, respectivamente, para probar que todas las fórmulas tienen una determinada propiedad $\mathcal{P}$ o para definir un concepto $\mathcal{C}$ para todas las fórmulas pueden ser aplicadas en notación uniforme; se demostrará en la sección C.5.3 del apéndice C del CD la equivalencia entre este nuevo procedimiento y el anterior. A continuación los enunciamos.

Principio de inducción estructural proposicional Todas las fórmulas tienen la propiedad $\mathcal{P}$ si

- Paso Básico: Todos los literales tienen la propiedad $\mathcal{P}$.

- Pasos Inductivos:

    - Si σ_1 tiene la propiedad $\mathcal{P}$, σ también
    - Si α_1 y α_2 tienen la propiedad $\mathcal{P}$, α también
    - Si β_1 y β_2 tienen la propiedad $\mathcal{P}$, β también

---

[4]En la sección C.5.4 del CD se introducen otros conectores en esta forma unificada.

Principio de recursión estructural proposicional Existe una única función **F** definida en el conjunto de fórmulas proposicionales tal que

- Paso Básico: El valor de **F** se indica explícitamente para todos los literales
- Pasos Inductivos:
    - El valor de σ se define en términos de σ_1
    - El valor de α se indica en términos de α_1 y α_2
    - El valor de β se especifica en términos de β_1 y β_2

2.4. Formalización

Ahora iniciamos el proceso de traducción del lenguaje natural al formal: el de la *formalización*. Este tema tiene una vertiente práctica en la que me gusta insistir, pues considero que es fundamental que se adquiera mucha soltura en el uso del lenguaje simbólico. El que la formalización preceda a la interpretación semántica tiene una justificación: permite una introducción intuitiva de los conectores. Esto no resulta tan sencillo en el caso del condicional, que funciona como lo hacen las leyes: marca unas circunstancias y estipula lo que en ellas debe suceder. Por consiguiente, actuamos conforme a la ley (no la infringimos) cuando o bien las circunstancias marcadas no se producen o cuando hacemos lo que la ley prescribe.

Ejemplo 45 *Cartas (ver la figura 2.1)*

*Tenemos cuatro cartas sobre la mesa. Sabemos que todas ellas tienen una letra por un lado y un número por el otro. Queremos comprobar que la siguiente ley se cumple para todas las cartas: "Si hay una vocal por una cara, por la otra hay un número par". ¿**A cuántas cartas tengo que darle la vuelta para estar completamente segura de que la ley se cumple?***

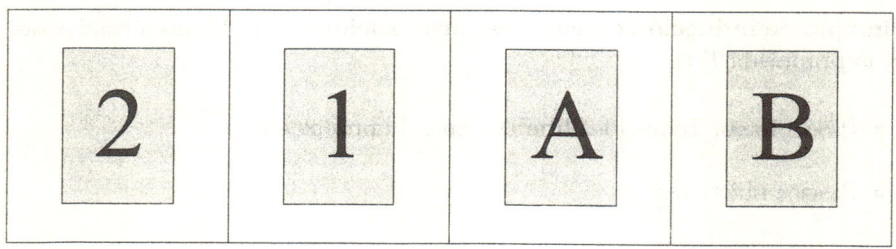

Figura 2.1: *Las cartas "sobre la mesa"*

Otra circunstancia que hace difícil el condicional es cuando tiene antecedente falso, pero se pueden poner ejemplos pertinentes (por ejemplo, con una fuerte

2.4. FORMALIZACIÓN

relación de causalidad entre antecedente y consecuente) para convencernos, al menos, de que es preciso adoptar una convención al respecto. Es así como ironizamos en castellano. Mi anécdota predilecta para condicionales con antecedente y consecuente falso es la siguiente.

Ejemplo 46 *Pepito Ruiz*

Dos periodistas que no se podían ver. El primero publica en el diario local una foto de su hijito disfrazado de rociero, con el siguiente pie:
Fotografía del simpático rociero Pepito Ruiz, hijo del brillante escritor D. José Ruiz.
Al día siguiente aparece, en la misma página, el siguiente insulto rimado:
Si tu hijo es rociero y tú un escritor brillante, yo soy Felipe III, Genoveva de Brabante y el hijo del Espartero.

La formalización es la parte más difícil de la lógica ya que no existen reglas de oro de la traducción y la lengua natural es muy rica, suministrándonos una gran variedad de enunciados de significado equivalente. Al hacerlo pretendemos:

1. Proporcionar unas claves de formalización de enunciados atómicos; esto es, asignarles letras p, q, r, etc. a los enunciados que vayan a ser formalizados.

2. Encontrar una fórmula del lenguaje formal cuya *retrotraducción* al castellano, usando las mismas claves de formalización, sea verdadera en los mismos casos que la original.

En algunos casos se quiere también:

3. Reflejar, en lo posible, la estructura del enunciado que se formaliza.

Los apartados que trataremos son los que siguen:

1. **Negación**
   Negamos la verdad de un enunciado afirmando su negación. La negación recoge el uso de la partícula "no" del castellano (o cualquiera de sus equivalentes: "no es cierto que", "no es verdad que", "nunca", "jamás"). La interpretación que le daremos será la siguiente:

   La negación de un enunciado verdadero será falsa y la de uno falso será verdadera.

2. **Conjunción**
   Cuando utilizamos una conjunción entre dos enunciados queremos indicar que ambos son verdaderos. Normalmente usamos la conjunción copulativa, "y" para indicar conjunción; "pero", "aunque", "sin embargo" se usan también. Hay un ligero matiz que diferencia estos usos, que se pierde en el lenguaje formal. La interpretación que le daremos será la siguiente:

   La conjunción de dos enunciados es verdadera si y sólo si ambos lo son.

3. **Disyunción**
La disyunción que recoge nuestra conectiva es la llamada *incluyente (o no excluyente)*, como la del anuncio

SE SOLICITA SECRETARIA/O QUE SEPA RUSO O PORTUGUÉS

que evidentemente no excluye a los que sepan los dos idiomas. Normalmente se expresa mediante "o", "a menos que", "a no ser que", "y/o". La interpretación que le daremos será la siguiente:

La disyunción de dos enunciados es verdadera si al menos uno de ellos lo es.

4. **Condicional**
Formalizamos $(A \to B)$ para indicar un enunciado condicional. En este caso A es el antecedente y B el consecuente. En castellano usamos normalmente la expresión "si A entonces B". Se usan también "si A, B", "B, si A", "A es condición suficiente para B", "B es condición necesaria para A", "sólo si B, A". La interpretación que le daremos será la siguiente:

Un enunciado condicional es falso cuando el antecedente es verdadero y el consecuente falso, en el resto de los casos es verdadero.

5. **Bicondicional**
Cuando queremos indicar que "A es condición suficiente para B" y que "B es condición necesaria para A" lo formalizamos así: $(A \leftrightarrow B)$. Es importante observar que la condición suficiente aparece como antecedente del condicional y la condición necesaria como consecuente, no se debe formalizar ningún enunciado como bicondicional a menos que se den *ambas* condiciones: necesaria y suficiente. La interpretación que le daremos será la siguiente:

Un enunciado bicondicional es verdadero cuando y sólo cuando sus dos miembros son simultáneamente verdaderos o falsos.

6. Formalizaciones complejas.
Se trata de combinar varios conectores.

Resumen 47 *Lo dicho anteriormente queda resumido en las siguientes tablas, en donde se entiende que los conectores son funciones veritativas (esto es, funciones que asignan valores de verdad a pares de valores de verdad) y que 1 y 0 corresponden a "Verdadero" y "Falso", respectivamente.*

Conectores binarios

C	D	$(C \land D)$	$(C \lor D)$	$(C \to D)$	$(C \leftrightarrow D)$
0	0	0	0	1	1
0	1	0	1	1	0
1	0	0	1	0	0
1	1	1	1	1	1

2.4. FORMALIZACIÓN

(Tabla de los conectores binarios usados en nuestro lenguaje formal; los conectores binarios se interpretan como funciones binarias sobre el conjunto de los valores de verdad $\{1, 0\}$.)

Conector monario

C	$\neg C$
0	1
1	0

(Tabla del conector monario de negación. Este conector es una función monaria sobre el conjunto de valores de verdad.)

Tabla de verdad de una fórmula cualquiera, C

Usando la definición de los conectores que aparecen en las tablas precedentes, construimos la tabla de verdad de una fórmula cualquiera, C. A la izquierda pondremos las letras proposicionales de la fórmula C y bajo ellas todas las combinaciones de valores de verdad. Si en la fórmula C hay n letras proposicionales distintas, habrá 2^n combinaciones de valores de verdad. Una manera de evitar que se olviden combinaciones es hacerlo como aparece en la tabla siguiente:

p	q	r	$(p \to (q \to r))$	$\to$	$((p \land q) \to r)$	$(p \lor r) \to \neg q$
0	0	0	1	1	1	1
0	0	1	1	1	1	1
0	1	0	1	1	1	1
0	1	1	1	1	1	0
1	0	0	1	1	1	1
1	0	1	1	1	1	1
1	1	0	0	1	0	0
1	1	1	1	1	1	0

Ejemplo 48 *Elegid la formalización adecuada (y/o sus equivalentes, si las hubiera).*

1. *Piensa mal* (p) *y acertarás* (q).

2. *Maui es un perro* (p), *no un peluche* (q).

3. *El SIDA es menos contagioso que la gripe* (p), *pero mucho más peligroso* (q).

4. *Sólo si tienen las alas en buen estado* (p) *pueden las mariposas volar* (q).

CAPÍTULO 2. EL LENGUAJE DE LA LÓGICA PROPOSICIONAL

5. **Julia canta con Alba** (p), *sólo si* **tiene un público entusiasta** (q).

	$p \to q$	$q \to p$	$p \wedge \neg q$	$q \to \neg p$	$\neg p \to \neg q$	$\neg(p \wedge \neg q)$	*
1	★					★	
2			★				
3							★
4		★			★		
5	★					★	

* = *Ninguna de éstas*
Nota: *La formalización de (3) es* $(p \wedge q)$.

Ejemplo 49 *Elegid la formalización adecuada (y/o sus equivalentes, si las hubiera).*

1. **Te regalaré el cuadro que te gusta** (r) **y viajaremos juntos a Ithamaracá** (q) *cuando* **me toque la lotería** (s), *o dejaré de* **llamarme Ernesto** (p).

2. **Yo trabajo** (p) *y* **me desvelo** (q), *por parecer que* **tengo de poeta** (r) **la gracia que no quiso darme el cielo** (s).

3. **Si eres tan listo como dices** (p), **sabrás traducir correctamente al lenguaje formal esta frase** (q), *pues* **te resultará sencillo** (r) *y* **disfrutarás haciéndolo** (s).

	$p \to (q \wedge (r \wedge s))$	$(s \to (r \wedge q)) \vee \neg p$	$(r \wedge \neg s) \to (p \wedge q)$
1		★	
2			★
3	★		

Ejemplo 50 *Dada la fórmula*

$$((p \wedge q) \to r)$$

y las claves de formalización siguientes:

$p :=$ **Noemí estudia piano**
$q :=$ **Daniel toca el trombón**
$r :=$ **su madre sale de compras**
elegid su (o sus) adecuada expresión en castellano.

	1	2	3	4	5
ADECUADA	★	★	★		

1. **Sólo si sale su madre de compras toca Noemí el piano y Daniel el trombón.**

2. **Es suficiente que Noemí estudie piano y Daniel toque el trombón para que su madre salga de compras.**

2.4. FORMALIZACIÓN

3. *Siempre que Noemí estudia piano y Daniel toca el trombón, su madre sale de compras.*

4. *Noemí toca el piano y Daniel el trombón sólo si su madre sale de compras.*

5. *Es necesario que Noemí estudie piano y Daniel toque el trombón para que su madre salga de compras.*

Explicación de la primera *Queremos formalizar*

"Sólo si su madre sale de compras toca Noemí el piano y Daniel el trombón"

Observemos la tabla de verdad de las siguientes fórmulas:

p	q	r	$((p \wedge q) \to r)$	$(\neg r \to \neg (p \wedge q))$	$\neg ((p \wedge q) \wedge \neg r)$
0	0	0	1	1	1
0	0	1	1	1	1
0	1	0	1	1	1
0	1	1	1	1	1
1	0	0	1	1	1
1	0	1	1	1	1
1	1	0	0	0	$\Longrightarrow$ 0 $\Longleftarrow$
1	1	1	1	1	1

*Cualquiera de estas fórmulas —entre sí equivalentes— sería una buena formalización, ya que **sólo son falsas** cuando p y q son verdaderas y r falsa. Esto es:*

1. *Noemí estudia piano.*

2. *Daniel toca el trombón.*

3. *Su madre **no** sale de compras.*

*Esto es justamente **lo contrario** de lo expresado mediante:*

"Sólo si su madre sale de compras toca Noemí el piano y Daniel el trombón."

Conclusión 51 *Una buena forma de comprobar si una formalización es adecuada es hacer su tabla de verdad para determinar SI las condiciones impuestas a la fórmula coinciden con las de la frase original.*

Comentario 52 *¿**Capta este condicional el sentido de la implicación?***

La respuesta es que no, pero que tampoco es necesario que lo haga. Si así fuera, sorprende en todos los casos la debilidad del vínculo entre antecedente y consecuente de una implicación, ya que sería de desear una relación mucho más fuerte, de imposibilidad de que se dé el antecedente sin el consecuente —o tal vez más constructiva: indicando cómo q se obtiene de p al operarlo de una cierta manera—. Esta objeción está en el origen de muchas de las denominadas **lógicas no clásicas**, concretándose en las denominadas **paradojas de la implicación material** a las que se responsabiliza del nacimiento de la lógica modal.

Consultad la biblioteca digital de la *Summa Logicae*, donde encontraréis información sobre algunas de estas lógicas.

El mundo de Tarski

Cuando se aprende una segunda lengua se pueden seguir dos métodos muy diferentes:

- Utilizar la lengua propia y hacer traducciones directas e inversas hacia la nueva.

- Aprender a usarla sin mediación de la lengua natural.

El primero es el método tradicional y ha sido el predominante en la enseñanza de la lógica; sin embargo, este método plantea diversos problemas. En el caso de la formalización la dificultad principal estriba en que el lenguaje natural es mucho más complejo que el formal, y con frecuencia las dudas radican en el lenguaje natural. Sin pretenderlo transferimos al lenguaje formal una complejidad que no le es propia. Otro problema es que para ser un buen traductor hace falta conocer y dominar bien las dos lenguas, mientras que en nuestro caso se supone que estamos justamente aprendiendo el lenguaje formal.

Estas consideraciones llevaron a los autores de *El mundo de Tarski*, Barwise y Etchemendy [4], a concebir el mencionado programa, en el que el aprendizaje del lenguaje formal es "directo". Aunque el programa es fundamentalmente para enseñar el lenguaje de la lógica de primer orden y es más interesante en ese caso, hay algunos ejercicios que pueden hacerse en proposicional. Es especialmente recomendable cuando el estudio de la lógica proposicional sea el preámbulo del de la de primer orden.

2.5. Ejercicios del CD

Los ejercicios siguientes están todos resueltos en el CD que acompaña a este libro, en el capítulo 2. Por limitación de espacio no hemos incluido en el libro ni tan siquiera los enunciados de todos los ejercicios que allí recogemos. En el CD hay tres bloques de cada uno de estos tres tipos:

- *EL LENGUAJE DE LA LÓGICA PROPOSICIONAL: FÓRMULAS*

- *EL LENGUAJE DE LA LÓGICA PROPOSICIONAL: FORMALIZACIÓN*

- *EL LENGUAJE DE LA LÓGICA PROPOSICIONAL: FORMALIZACIÓN INVERSA*

2.5. EJERCICIOS DEL CD

Dos de ellos vienen con solución y del otro sólo se suministra el enunciado.

EL LENGUAJE DE LA LÓGICA PROPOSICIONAL: FÓRMULAS (1)

1. Sin alterar el orden de los signos, transformad las sucesiones de signos siguientes en fórmulas cuya forma lógica sea un condicional, utilizando paréntesis cuando sea necesario.

    a) $p \rightarrow r \land \neg p \leftrightarrow q$

    b) $p \lor \neg r \rightarrow r$

    c) $p \land q \rightarrow \neg p \land \neg\neg p$

    d) $q \rightarrow \neg s \land p \land r$

    e) $p \rightarrow r \leftrightarrow q \rightarrow r$

2. ¿Son fórmulas las siguientes filas de signos?

    a) $(p \lor \neg\neg\neg p)$

    b) $(p \land q) \rightarrow p) \vdash q$

    c) $(((p \land \neg p) \lor r) \rightarrow r)$

    d) $(((p \land q) \lor r \rightarrow\rightarrow r)$

    e) $p \land q \lor r \leftrightarrow p \lor r \land (q \lor r)$

3. Construid el árbol genealógico de las fórmulas siguientes:

    a) $((p \land (p \rightarrow r)) \rightarrow (q \rightarrow r))$

    b) $(p \land (p \rightarrow (p \lor (q \land \neg q))))$

    c) $(p \lor q)$

    d) $(((p \land (\neg p \lor r)) \rightarrow \neg r) \rightarrow q)$

    e) $(((p \lor q) \rightarrow r) \leftrightarrow (\neg p \land \neg q))$

4. Añadid paréntesis a la siguiente expresión:

    $$\neg\neg p \land \neg q \rightarrow s \leftrightarrow \neg s \rightarrow \neg p \lor q$$

    para que se convierta en una fórmula cuya forma lógica sea:

    a) la negación de un condicional

    b) un bicondicional

    c) la negación de una conjunción

    d) una disyunción

e) la negación de una disyunción

EL LENGUAJE DE LA LÓGICA PROPOSICIONAL
FORMALIZACIÓN (1)

1. **Elegid la formalización adecuada (y/o sus equivalentes, si las hubiera).**

   a) Si **Pedro juega al badminton** (p), **Quiteria también** (q).

   b) **Pienso** (p), luego **existo** (q).

   c) No pienso, luego existo.

   d) **El fuego** (p) es la causa del **humo** (q).

   e) El fuego siempre produce humo.

   f) Sólo si Pedro juega al badminton, juega Quiteria.

   | $p \to q$ | $q \to p$ | $p \to \neg q$ | $q \to \neg p$ | $\neg p \to \neg q$ | $\neg q \to \neg p$ | * |

   * = Ninguna

2. **Elegid la formalización adecuada (y/o sus equivalentes, si las hubiera).**

   a) **Pedro irá al dentista** (p), tanto si **quiere** (q) como si no quiere.

   b) **La magia del cuento se revela** (p) sólo cuando **Pinocho miente** (q) o **Blancanieves muerde la manzana** (r).

   c) **El certificado tiene validez** (p), **si está firmado por el director del departamento** (q), o **por el tutor del proyecto** (r).

   d) **La inflación aumentará** (p), a menos que **baje la emisión de moneda** (q) u **ocurra un milagro** (r).

   e) Aristóteles, que **era un filósofo genial** (p), sostiene que si **el mundo es eterno** (q), entonces **el sol gira** (r).

   f) **Leeré a Proust** (p), si **me voy de vacaciones** (q) y **encuentro sus libros en oferta** (r).

   | $(q \vee r) \to p$ | $p \to (q \vee r)$ | $p \to (q \vee \neg q)$ | $p \wedge (q \to r)$ |

   | $(q \wedge r) \to p$ | $p \to (q \wedge r)$ | $\neg p \to \neg(q \vee r)$ | *Ninguna |

2.5. EJERCICIOS DEL CD

3. **Elegid la formalización adecuada (y/o sus equivalentes, si las hubiera).**

   a) Excepto cuando **llueve** (p), siempre que **hay nubes** (q) la **temperatura sube** (r) cuando **sopla el levante** (s).

   b) Si **la enseñanza de la religión en la escuela** (p) fuera esencial para **mantener la salud moral de la sociedad** (q), entonces **la tasa de criminalidad aumentaría** (r) si se suprimiese la enseñanza de la religión y no **se enseñase ética** (s).

   c) Si **el mal existe en el mundo** (p) y no **se origina en las acciones de los seres humanos** (q), entonces Dios no **quiere** (r) o no **puede** (s) impedirlo.

   d) Solamente P, Q y R estuvieron en la tienda de Mc Gregor el día del robo y al menos uno es culpable.
   Usa p, q, r para indicar, respectivamente, P es culpable, Q es culpable, etc.

   e) Si hay al menos dos culpables, entonces P es uno de ellos. (Los sospechosos son P, Q y R.)

   f) Hay exactamente dos culpables. (Los sospechosos son P, Q y R.)

$((p \vee q) \vee r)$	$q \rightarrow ((s \wedge \neg p) \rightarrow r)$	$(p \wedge q) \wedge \neg r$
$(p \wedge q) \vee (q \wedge r) \vee (p \wedge r)$	*Ninguna	

EL LENGUAJE DE LA LÓGICA PROPOSICIONAL
FORMALIZACIÓN INVERSA (1)

1. Dada la fórmula
$$((p \vee q) \rightarrow r)$$
y las claves de formalización siguientes:
$p :=$ llueve
$q :=$ hace viento
$r :=$ la contaminación disminuye
elegid su (o sus) adecuada expresión en castellano.

	a	b	c	d	e
ADECUADA					

   a) Sólo cuando llueve o hace viento la contaminación disminuye.

b) Es necesario que llueva o haga viento para que disminuya la contaminación.

c) Si llueve y hace viento disminuye la contaminación.

d) Si llueve o hace viento la contaminación disminuye.

e) La contaminación aumenta con el buen tiempo (sin lluvia ni viento).

2. Usando las siguientes claves de formalización, expresad en español lo consignado en las fórmulas:
$p :=$ Te han dicho que salgas a la pizarra.
$q :=$ Has tenido que salir a la pizarra.
$r :=$ Pedro ha salido a la pizarra.
$s :=$ Pedro ha sacado un diez en su examen de lógica.
$t :=$ Debes presentarte al examen.

a) $(\neg p \to \neg q)$

b) $(r \land s)$

c) $((p \land q) \to \neg t)$

d) $(q \to (\neg s \land t))$

e) $(p \to (q \to r))$

1) Pedro ha salido a la pizarra y ha sacado un diez en su examen de lógica.

2) Si te han dicho que salgas a la pizarra y has tenido que hacerlo, no debes presentarte a examen.

3) Sólo si te han dicho que salgas a la pizarra tienes que hacerlo.

4) Si tuvieras que salir a la pizarra, Pedro no sacaría un diez en lógica y tú deberías presentarte al examen.

5) Aunque te digan que salgas a la pizarra, sólo si Pedro lo hace, tienes tú que hacerlo.

	a	b	c	d	e
i					
ii					
iii					
iv					
iv					

Capítulo 3

Semántica

Contamos con un lenguaje formal L_0 que nos sirve para formalizar en él las sentencias del castellano. Pero la lógica, definida como la ciencia de la consistencia o de la consecuencia —o del razonamiento válido—, necesita precisar qué queremos decir cuando afirmamos que una fórmula C es una consecuencia de un conjunto de fórmulas Γ (o, lo que es lo mismo, que el razonamiento que toma como hipótesis a las fórmulas de Γ y cuya conclusión es C es un razonamiento válido, correcto, no falaz). En la sección 1.4 lo planteamos utilizando la formalización y vimos que lo que caracteriza a un razonamiento válido es que si retrotraducimos las hipótesis y la conclusión formalizadas a una lengua natural, el resultado seguirá siendo válido. *Un razonamiento válido nos da la pauta de muchos otros*. Afortunadamente no necesitaremos recurrir a traducciones y retrotraducciones para definir con precisión el concepto de consecuencia.

¿Cómo vamos a hacerlo?

En varias etapas:

Primera etapa: En la primera se utiliza el *método de las tablas de verdad* como algoritmo para determinar las propiedades semánticas de satisfacibilidad, validez y consecuencia.

Al finalizar esa sección nos asaltan dudas terribles: nos damos cuenta de que no hemos definido los conceptos de manera completamente general y vemos también las limitaciones, incluso prácticas, del procedimiento. De todas formas, nos ha servido como introducción intuitiva a las nociones que se fijarán con rigor matemático en la siguiente sección.

Segunda etapa: En ella definimos los conceptos de *satisfacibilidad* de una fórmula y de un conjunto de fórmulas, introducimos la relación de *consecuencia* y su negación (la de *independencia*) y terminamos con la de *equivalencia* entre fórmulas. El concepto de *validez* se reducirá al de consecuencia (del conjunto vacío de fórmulas). Todas estas nociones se definen basándolas en la de *interpretación*, que a cada fórmula le da el valor verdadero o falso. También, como cuestión terminológica, diremos que una interpretación $\Im$ es un *modelo* de una fórmula (o de un conjunto de fórmulas) en el caso en que la interpretación satisfaga a la fórmula (o a cada una de las fórmulas, si se trata de un conjunto).

Tercera etapa: Planteamos la necesaria equivalencia entre el método de la primera y las definiciones precisas de la segunda. Formulamos los teoremas de *coincidencia* y *equivalencia* que dan respaldo teórico a muchos de los resultados semánticos más importantes de la lógica proposicional y remitimos al apéndice C.4 de *metateoremas semánticos* en donde serán demostrados. Se destacan algunas de las propiedades de la relación de consecuencia y de la de equivalencia.

Cuarta etapa: Como era de temer, no estamos completamente satisfechos, tenemos unas definiciones impecables pero nos gustaría tener también un método eficaz para demostrarlas. *¡Añoramos las tablas de verdad!*

3.1. Introducción

¿Para qué sirve una tabla de verdad?

1. Nos dice si la fórmula es *satisfacible*. En cada fila obtenemos el valor de verdad de la fórmula para la combinación de valores de verdad de sus letras proposicionales.

2. Para clasificar a las fórmulas en *tautologías, contradicciones* y *fórmulas contingentes*.

3. Para determinar si un *conjunto* es *satisfacible* o insatisfacible.

4. Y si un *razonamiento* es *válido* o no.

5. Constituyen un *procedimiento de decisión*, que en un número finito de pasos nos dice si una fórmula es tautología o no lo es.

¿Por qué las tablas de verdad determinan un único valor de verdad para cada fórmula en función del valor de verdad de sus letras proposicionales?

Conceptos clave

Para responder afirmativamente a la pregunta anterior necesitamos una definición recursiva precisa del concepto de verdad bajo una interpretación. Puesto que la lectura de cada fórmula es única —esto es, no hay ambigüedad respecto de su forma lógica—, la definición recursiva arroja un valor único para cada fórmula. Las interpretaciones serán la generalización de las filas de tablas de verdad, dando valores a las fórmulas en base a los valores de sus átomos pero contemplando la posibilidad de que el lenguaje posea infinitas letras proposicionales.

3.2. TABLAS DE VERDAD

Con esta asociación intuitiva de interpretación —llamada también *modelo*— como fila de una tabla de verdad potencialmente infinita se entenderán perfectamente las definiciones de:

1. Fórmulas satisfacibles, contingentes, tautologías y contradicciones.
2. Consecuencia e independencia.
3. Equivalencia.

Atrapar la lógica

Ya hemos identificado a *"la lógica"* como lo que es común a todas las descripciones de modelos —el conjunto de las fórmulas válidas— y quisiéramos ser capaces de generarlas mecánicamente. Damos así paso a los capítulos venideros.

3.2. Tablas de verdad

En el capítulo anterior se definieron —en la página 38— las tablas de verdad de los conectores y también para fórmulas cualesquiera, y aquí se aprenderá a interpretar el significado de las filas y de las columnas de la tabla de una fórmula o de un conjunto de ellas.

Tablas de verdad de una fórmula cualquiera

Ya hemos construido la tabla de verdad de algunas fórmulas, se trata de empezar por sus componentes atómicas e ir hallando los valores de la fórmula compleja *"de dentro afuera"*.

La idea intuitiva es que *las filas representan las situaciones posibles*; el que la fórmula sea verdadera en todas o en algunas la clasifica automáticamente, como veremos a continuación.

Ejemplo 53 *Hallemos las tablas de verdad de las siguientes fórmulas:*

$$p \to (p \lor q) \qquad (p \lor \neg q) \to p \qquad (p \lor \neg p) \to (q \land \neg q)$$

en las que sólo intervienen dos letras proposicionales y por lo tanto sólo hay $2^2 = 4$ combinaciones de valores de verdad a comprobar:

p	q	$p \to (p \lor q)$			$(p \lor \neg q) \to p$			$(p \lor \neg p) \to (q \land \neg q)$		
0	0	0	**1**	0	1	**0**	0	1	**0**	0
0	1	0	**1**	1	0	**1**	0	1	**0**	0
1	0	1	**1**	1	1	**1**	1	1	**0**	0
1	1	1	**1**	1	1	**1**	1	1	**0**	0

Ejemplo 54 *Hallemos las tablas de verdad de las siguientes fórmulas:*

$$(p \to (q \to r)) \to ((p \land q) \to r) \qquad (p \lor r) \to \neg q$$

en las que sólo intervienen tres letras proposicionales y por lo tanto sólo hay $2^3 = 8$ combinaciones de valores de verdad a comprobar

p	q	r	$(p \to (q \to r))$	$\to$	$((p \land q) \to r)$	$(p \lor r)$	$\to$	$\neg q$
0	0	0	1	**1**	1	0	**1**	1
0	0	1	1	**1**	1	1	**1**	1
0	1	0	1	**1**	1	0	**1**	1
0	1	1	1	**1**	1	1	**0**	0
1	0	0	1	**1**	1	1	**1**	1
1	0	1	1	**1**	1	1	**1**	1
1	1	0	0	**1**	0	1	**0**	0
1	1	1	1	**1**	1	1	**0**	0

Clasificación de fórmulas

Hay tres grandes categorías: *tautologías, contingentes* y *contradicciones*. Basta *analizar la columna principal* de la fórmula; esto es, la última que se hizo, determinada por la forma lógica de la fórmula. Por supuesto, para expresar que una fórmula cae bajo alguna de estas categorías se usa el metalenguaje.

Tautologías (o válidas)   son las fórmulas cuya tabla de verdad tiene como columna principal una formada exclusivamente de 1's.

p	q	...	C
0	0		**1**
⋮			⋮
			1
⋮			⋮

Las fórmulas $p \to (p \lor q)$ y $(p \to (q \to r)) \to ((p \land q) \to r)$ de los ejemplos 53 y 54 anteriores lo son.

Contingentes   son las fórmulas cuya tabla de verdad tiene como columna principal una formada por 1's y 0's.

p	q	...	C
0	0	...	⋮
		...	**1**
⋮	⋮	⋮	⋮
			0
⋮	⋮		⋮

Las fórmulas $(p \lor \neg q) \to p$ y $(p \lor r) \to \neg q$ de los ejemplos 53 y 54 anteriores lo son.

3.2. TABLAS DE VERDAD

Contradicciones (o antilogías) son las fórmulas cuya tabla de verdad tiene como columna principal una formada exclusivamente de 0's.

p	q	...	C
0	0		0
⋮			⋮
			0
⋮			⋮

La fórmula $(p \vee \neg p) \to (q \wedge \neg q)$ del ejemplo 53 lo es.

Satisfacibles son las fórmulas cuya tabla de verdad tiene como columna principal una formada por al menos un 1.

p	q	...	C
0	0		⋮
⋮			⋮
			1
⋮			⋮

Las fórmulas $p \to (p \vee q)$, $(p \to (q \to r)) \to ((p \wedge q) \to r)$, $(p \vee \neg q) \to p$ y $(p \vee r) \to \neg q$ de los ejemplos anteriores lo son. Esta categoría abarca a las tautologías y a las fórmulas contingentes.

Tablas de verdad para conjuntos de fórmulas

Las *filas* de una tabla de verdad nos permiten determinar si un conjunto de fórmulas es satisfacible.

Satisfacibilidad Sea Γ un conjunto de fórmulas. Γ es satisfacible si la tabla de verdad del conjunto Γ contiene una fila formada exclusivamente por 1's.

Sea
$$\Gamma = \{G_1, G_2, ..., G_n\}$$
satisfacible. Así es su tabla:

p	q	...	G_1	G_2	...	G_n
1	1					
⋮						
			1	1	...1...	1
⋮						

Comentario 55 *Obviamente, esto equivale a hacer la conjunción*

$$G_1 \wedge G_2 \wedge ... \wedge G_n$$

y comprobar que dicha fórmula es satisfacible; esto es, que su tabla de verdad contiene al menos un 1.

En el ejemplo 54 el conjunto de fórmulas

$$\{(p \to (q \to r)) \to ((p \wedge q) \to r),\ (p \vee r) \to \neg q\}$$

es satisfacible, puesto que hay al menos una fila —varias, cinco de las ocho filas— en donde las dos fórmulas son verdaderas, tienen el valor 1.

Insatisfacibilidad (obvio) Basta con ver si la tabla de verdad del conjunto Γ contiene en cada fila al menos un 0

Sea
$$\Gamma = \{G_1, G_2, ..., G_n\}$$
insatisfacible. Así es su tabla:

p	q	$\cdots$	G_1	G_2	$\cdots$	G_n
1	1					0
$\vdots$				0		
				0	$\cdots$	
$\vdots$			0			

Comentario 56 *Podemos, como antes, reducir el problema a una sola fórmula. Haces la conjunción, $G_1 \wedge G_2 \wedge ... \wedge G_n$ y... ¿qué tipo de fórmula debe darte?*

En el ejemplo 53 el conjunto de fórmulas

$$\{p \to (p \vee q),\ (p \vee \neg q) \to p,\ (p \vee \neg p) \to (q \wedge \neg q)\}$$

es insatisfacible, puesto que no hay ninguna fila en donde las tres fórmulas sean verdaderas, tengan el valor 1.

Consecuencia e independencia Ahora tenemos un conjunto de fórmulas Γ y una fórmula C y queremos determinar consecuencia e independencia. Esto es, saber si C es consecuencia de Γ o independiente de él, en signos:

$$\Gamma \vDash C \quad \text{o} \quad \Gamma \nvDash C$$

Lo que hacemos es ver si en la tabla de verdad del conjunto Γ y de C siempre que las fórmulas de Γ sean verdaderas, C también. Esto es, no hay ninguna fila cuyas hipótesis sean todas verdaderas y falsa la conclusión.

Sea
$$\Gamma = \{G_1, G_2, ..., G_n\}$$

3.2. TABLAS DE VERDAD

Si efectivamente

$$\Gamma \vDash C$$

la tabla *nunca* debe tener una fila así, cualquier otra posibilidad está permitida:

p	q	...	G_1	...	G_n	C
0	0					
⋮			**1**	**1**	**1**	**0**
				...		
⋮						

Ejercicio 57 *¿Sabrías reducir el problema a una sola fórmula?*

Ejemplo 58 *Veremos que*

$$\{(p \to (q \to r)) \to ((p \land q) \to r)\} \nvDash (p \lor r) \to \neg q$$

al comprobar que hay una situación en la que la hipótesis es verdadera y la conclusión es falsa.

p	q	r	$(p \to (q \to r)) \to ((p \land q) \to r)$			$(p \lor r) \to \neg q$		
0	0	0	1	1	1	0	1	1
0	0	1	1	1	1	1	1	1
0	1	0	1	1	1	0	1	1
0	**1**	**1**	**1**	**1**	**1**	**1**	**0**	**0**
1	0	0	1	1	1	1	1	1
1	0	1	1	1	1	1	1	1
1	1	0	0	1	0	1	0	0
1	1	1	1	1	1	1	0	0

En particular, cuando q y r son verdaderas y p falsa.

Ejemplo 59 *Para ver si*

$$\{(p \to (q \to r)) \land ((p \land q) \to r)\} \vDash \neg r \to (\neg p \lor \neg q)$$

hacemos la tabla.

p	q	r	$(p \to (q \to r)) \land ((p \land q) \to r)$			$\neg r \to (\neg p \lor \neg q)$		
0	0	0	1	1	1	1	1	1
0	0	1	1	1	1	0	1	1
0	1	0	1	1	1	1	1	1
0	1	1	1	1	1	0	1	1
1	0	0	1	1	1	1	1	1
1	0	1	1	1	1	0	1	1
1	**1**	**0**	**0**	**0**	**0**	**1**	**0**	**0**
1	1	1	1	1	1	0	1	0

y comprobamos que no hay ninguna situación en la que las hipótesis sean verdaderas y falsa la conclusión, ya que el único caso en el que la conclusión es falsa la hipótesis también lo es.

Ejemplo 60 *Amores del lógico Ceferino*

Al lógico Ceferino le preguntaron: ¿amas a Queta, a Petra o a Rosana? Él pensó que los hechos eran:

$A :=$ *Amo al menos a una de las tres.*
$B :=$ *Si amo a Petra, pero no a Queta, entonces amo a Rosana.*
$C :=$ *O bien amo a Queta y a Rosana, o no amo a ninguna de las tres.*
$D :=$ *Si amo a Queta, entonces también amo a Petra.*
Contestó: $E :=$ *Amo a las tres.*

Vamos a formalizar en lógica proposicional el argumento del lógico Ceferino. Para ello usamos las claves siguientes y obtenemos:

Claves	Hipótesis
	$A := (p \vee q) \vee r$
	$B := (p \wedge \neg q) \rightarrow r$
$p :=$ **Amo a Petra**	$C := (q \wedge r) \vee \neg((p \vee q) \vee r)$
$q :=$ **Amo a Queta**	$D := q \rightarrow p$
$r :=$ **Amo a Rosana**	Conclusión
	$E := (p \wedge q) \wedge r$

Llevamos todo esto a una tabla:

p	q	r	$(p \vee q) \vee r$	$(p \wedge \neg q) \rightarrow r$	$(q \wedge r) \vee \neg((p \vee q) \vee r)$
0	0	0	0	1	1
0	0	1	1	1	0
0	1	0	1	1	0
0	1	1	1	1	1
1	0	0	1	0	0
1	0	1	1	1	0
1	1	0	1	1	0
1	**1**	**1**	**1**	**1**	**1**

p	q	r	$q \rightarrow p$	$(p \wedge q) \wedge r$
0	0	0	1	0
0	0	1	1	0
0	1	0	0	0
0	1	1	0	0
1	0	0	1	0
1	0	1	1	0
1	1	0	1	0
1	**1**	**1**	**1**	**1**

Conclusión: *El razonamiento de Ceferino es correcto, ya que el único caso en el que todas las hipótesis son verdaderas la conclusión también lo es. En signos:*

$$\{(p \vee q) \vee r,\ (p \wedge \neg q) \rightarrow r,\ (q \wedge r) \vee \neg((p \vee q) \vee r),\ q \rightarrow p\} \vDash (p \wedge q) \wedge r$$

3.2. TABLAS DE VERDAD

Ejemplo 61 *La paradoja de los tres peluqueros (Lewis Carroll)*

Al cabo de un rato, cuando avistábamos la barbería, tío Jim empezó de nuevo. "Mi única esperanza es que esté Carr —dijo—, ¡Brown es tan torpe! Y la mano de Allen tiembla constantemente desde que tuvo aquel acceso de fiebre."
"Seguro que Carr está", —dijo tío Joe. Y razonó de la siguiente manera:

*Si **Allen** no está (p), **Brown** no está (q). (Desde que estuvo enfermo, no se atreve a salir solo y se hace acompañar por el aprendiz, Brown.)*
*Si **Carr** no está (r), entonces si Allen no está, Brown debe de estar. (Porque la barbería no puede quedar desatendida.)*

LUEGO: Carr debe estar. (El motivo que aduce es que si Carr no estuviera, deberían ser verdaderas dos proposiciones hipotéticas incompatibles.)

Con lo que obtenemos las hipótesis

$$\{\neg p \rightarrow \neg q,\ r \rightarrow (\neg p \rightarrow q)\}$$

y la conclusión r

Llevamos todo esto a una tabla

p	q	r	$\neg p \rightarrow \neg q$	$r \rightarrow (\neg p \rightarrow q)$	r
0	0	0	**1**	**1**	**0**
0	0	1	1	0	1
0	1	0	0	1	0
0	1	1	0	1	1
1	0	0	1	1	0
1	0	1	1	1	1
1	1	0	1	1	0
1	1	1	1	1	1

y concluimos que el razonamiento es incorrecto, ya que hemos encontrado un contraejemplo: una situación en la que las hipótesis son verdaderas y falsa la conclusión, cuando todas las letras son falsas. En signos

$$\{\neg p \rightarrow \neg q,\ r \rightarrow (\neg p \rightarrow q)\} \not\models r$$

Ejemplo 62 *Arquímides y la corona del rey Hierón II de Siracusa.*

Cuenta la leyenda que el rey Hierón de Siracusa había encargado una corona de oro macizo al orfebre real y que cuando éste se la entregó dudó seriamente de su honestidad, pidiéndole a Arquímedes que comprobara si efectivamente la corona era de oro puro. Naturalmente, no podía dañar la corona para hacerlo. Arquímedes andaba dándole vueltas al asunto hasta que un día, al entrar en la bañera, observó el agua que rebosaba y se le ocurrió una forma de medir el volumen. Cuentan que se puso tan contento, que salió desnudo por las calles de Siracusa gritando ¡eureka! (lo encontré).

Lo que Arquímedes pensó fue:

Pesaría la corona y mediría su volumen midiendo el del agua que desplazara. Tomaría un lingote de oro macizo que pesara lo mismo y mediría también su volumen. Cuando lo hizo y comprobó que el lingote de oro y la corona no desplazaban la misma cantidad de agua supo que habían engañado al rey.

Vamos a usar las siguientes claves de formalización:

$p :=$ **El peso de la corona y el lingote es el mismo.**
$q :=$ **La corona y el lingote están hechos del mismo material.**
$r :=$ **La corona y el lingote tienen el mismo volumen.**
$s :=$ **La corona y el lingote desplazan la misma cantidad de agua.**

Reconstruyamos el razonamiento de Arquímides:

$$\{A, B, C, D\} \vDash E$$

Hechos:
$A := p$ *(porque tomó un lingote que pesaba lo mismo que la corona)*
$B := \neg s$ *(porque lo comprobó experimentalmente)*
Leyes físicas:
$C := r \leftrightarrow s$ *(es el principio que se le ocurrió al entrar en la bañera, el volumen es el del agua que desplaza)*
$D := p \to (q \to r)$ *(basado en que "masa es igual a volumen por densidad")*
Conclusión:
$E := \neg q$

p	q	r	s	p	$\neg s$	$r \leftrightarrow s$	$p \to (q \to r)$	$\neg q$
0	0	0	0	0	1	1	1	1
0	0	0	1	0	0	0	1	1
0	0	1	0	0	1	0	1	1
0	0	1	1	0	0	1	1	1
0	1	0	0	0	1	1	1	0
0	1	0	1	0	0	0	1	0
0	1	1	0	0	1	0	1	0
0	1	1	1	0	0	1	1	0
1	0	0	0	**1**	**1**	**1**	**1**	**1**
1	0	0	1	1	0	0	1	1
1	0	1	0	1	1	0	1	1
1	0	1	1	1	0	1	1	1
1	1	0	0	1	1	1	0	0
1	1	0	1	1	0	0	0	0
1	1	1	0	1	1	0	1	0
1	1	1	1	1	0	1	1	0

Vemos en la tabla de verdad que el único caso en el que las hipótesis son verdaderas la conclusión también. En signos

$$\{p,\ \neg s,\ p \to (q \to r),\ r \leftrightarrow s\} \vDash \neg q$$

3.2. TABLAS DE VERDAD

Una forma alternativa de plantearlo Para introducir consecuencia e independencia a partir de satisfacibilidad podríamos haber usado el

MÉTODO MATEMÁTICO

¿Queréis conocerlo?

Bueno, lo llamo así por el chiste[1], porque lo que hacemos es

REDUCCIÓN AL CASO ANTERIOR

Es decir, aplicaremos:

$$\Gamma \models C \quad \text{syss} \quad \Gamma \cup \{\neg C\} \text{ es insatisfacible}$$

Por supuesto,

$$\Gamma \not\models C \quad \text{syss} \quad \Gamma \cup \{\neg C\} \text{ es satisfacible}$$

Comentario 63 *El método de las tablas de verdad tiene sus limitaciones, tanto prácticas como teóricas:*

1. *No hemos definido los conceptos, simplemente hemos dado un método para hallarlos que parecía funcionar en los ejemplos, ¿ es suficiente?*

2. *No sabemos con certeza si este método nos garantiza un único valor para cada fórmula.*

3. *El tamaño de la tabla crece exponencialmente, construir una tabla de 16 o más filas es engorroso y se producen errores frecuentes.*

4. *No se puede extender ni a la lógica de primer orden ni a otras lógicas no clásicas.*

5. *No sabemos qué se puede hacer cuando el lenguaje tenga un número infinito de letras proposicionales.*

6. *No refleja el proceso de extraer conclusiones a partir de datos que nosotros empleamos cuando lo hacemos informalmente.*

Calculus ratiocinator

Podéis comprobar los resultados con *Calculus ratiocinator*, un programa para realizar tablas de verdad. El programa clasifica fórmulas (*tautologías, contingentes* y *contradicciones*) y también determina si una fórmula es o no *consecuencia* de un conjunto de fórmulas. En cualquiera de los casos nos puede mostrar la tabla. El programa está disponible en

$$\text{http://logicae.usal.es}$$

en el apartado de *software*.

---

[1] Hace referencia al chiste de cómo fríe un huevo un físico y un matemático.

3.3. Conceptos clave

3.3.1. Interpretación de L_0

Las fórmulas de L_0 se interpretan en un universo de dos valores, $\{1,0\}$. Para establecer el valor de verdad de una fórmula cualquiera necesitamos previamente asignar valores a las letras proposicionales. Basada en esa asignación se establece el valor de verdad de cualquier otra. Así introducimos la *semántica* de nuestras fórmulas de manera rigurosa, formal.

Asignación Una asignación es una función f que otorga un valor de verdad a cada letra proposicional —el conjunto ATOM; es decir,

$$f : \text{ATOM} \longrightarrow \{1,0\}$$

Interpretación Dada una asignación f, definimos una interpretación $\Im$ extendiendo la función f de forma que otorgue un valor de verdad a cada fórmula del lenguaje formal L_0; es decir,

$$\Im : \text{FORM}(L_0) \longrightarrow \{1,0\}$$

La definición de $\Im$ se hará siguiendo el procedimiento de recursión, así:

- $\Im(p) = f(p)$

- Una fórmula negada es verdadera cuando la fórmula es falsa y falsa cuando es verdadera:
$$\Im(\neg C) = 1 \quad syss \quad \Im(C) = 0$$

Una conjunción es verdadera cuando ambas fórmulas lo son:
$$\Im(C \wedge D) = 1 \quad syss \quad \Im(C) = 1 \quad y \quad \Im(D) = 1$$

Una disyunción es verdadera si al menos una de las fórmulas lo es:
$$\Im(C \vee D) = 1 \quad syss \quad \Im(C) = 1 \quad o \quad \Im(D) = 1$$

Un condicional sólo es falso cuando el antecedente es verdadero y el consecuente falso, es verdadero en todos los demás casos:
$$\Im(C \to D) = 1 \quad syss \quad \Im(C) = 0 \quad o \quad \Im(D) = 1$$

Un bicondicional es verdadero cuando las dos fórmulas son simultáneamente verdaderas o falsas:
$$\Im(C \leftrightarrow D) = 1 \quad syss \quad \Im(C) = \Im(D)$$

3.3. CONCEPTOS CLAVE

Notación 64 *Modelo de una fórmula*

1. Dada una interpretación $\Im$ tal que $\Im(C) = 1$, decimos que $\Im$ satisface a la fórmula C o que C **es verdad en** $\Im$; o también, que $\Im$ **es modelo** de la fórmula C.

2. Escribiremos $\Im \Vdash C$ para indicar que $\Im$ es modelo de C.

Comentario 65 *Comprobaréis que además de seguir un proceso explícitamente recursivo en la definición de interpretación, se la identifica intuitivamente con fila de una tabla de verdad.*

3.3.2. Satisfacibilidad e insatisfacibilidad

Satisfacibilidad [2] es el concepto matemático preciso que corresponde al intuitivo de consistencia, que se predica tanto de conjuntos de fórmulas como de fórmulas.

Definición 66 *Una fórmula C es **satisfacible** syss hay una interpretación $\Im$ tal que $\Im(C) = 1$.*

Notación 67 *Modelo de una fórmula*

1. Dada una interpretación $\Im$ tal que $\Im(C) = 1$, decimos que $\Im$ **satisface a la fórmula** C; o también, que $\Im$ **es modelo** de la fórmula C.

2. Vamos a escribir $\Im \Vdash C$ para indicar que $\Im$ es modelo de C.

Definición 68 *Un conjunto de fórmulas Γ es **satisfacible** syss hay una interpretación $\Im$ tal que $\Im(G) = 1$ para cada fórmula $G \in \Gamma$.*

Notación 69 *Modelo de un conjunto de fórmulas*

1. Dada una interpretación $\Im$ tal que $\Im(G) = 1$, para cada $G \in \Gamma$ decimos que $\Im$ satisface al conjunto Γ; o también, que $\Im$ **es modelo de** Γ.

2. Vamos a escribir $\Im \Vdash \Gamma$ para indicar que $\Im$ es modelo de Γ.

Sabemos 70 *Si el conjunto de fórmulas es finito*

$$\Gamma = \{G_1, G_2, ..., G_n\}$$

Γ *es satisfacible syss $G_1 \wedge G_2 \wedge ... \wedge G_n$ es satisfacible.*

Definición 71 *Una fórmula C es **insatisfacible** syss no es satisfacible; es decir, no hay ninguna interpretación $\Im$ tal que $\Im(C) = 1$. A las fórmulas insatisfacibles las llamamos también contradicciones.*

---

[2] Hay quienes la llaman consistencia semántica, nosotros reservamos el vocablo *consistencia* para su contrapartida sintáctica indicando que de él no se deriva ninguna contradicción.

Definición 72 *Un conjunto de fórmulas Γ es **insatisfacible** syss no hay ninguna interpretación $\Im$ tal que $\Im(G) = 1$ para cada fórmula $G \in \Gamma$.*

Comentario 73 *Cada modelo $\mathcal{A}$ selecciona del conjunto de todas las fórmulas al de las que son verdaderas en él. Llamaremos $Th(\mathcal{A})$ a ese conjunto que describe con toda extensión lo que el modelo $\mathcal{A}$ implica. Esto es*

$$Th(\mathcal{A}) = \{C \in FORM(L_0) \mid \mathcal{A} \Vdash C\}$$

Definición 74 *Una fórmula C es una **tautología** syss para cada interpretación $\Im : \Im \Vdash C$*

Definición 75 *Una fórmula C es **contingente** syss hay interpretaciones $\Im$ e $\Im^* : \Im \Vdash C$ y $\Im^* \nVdash C$*

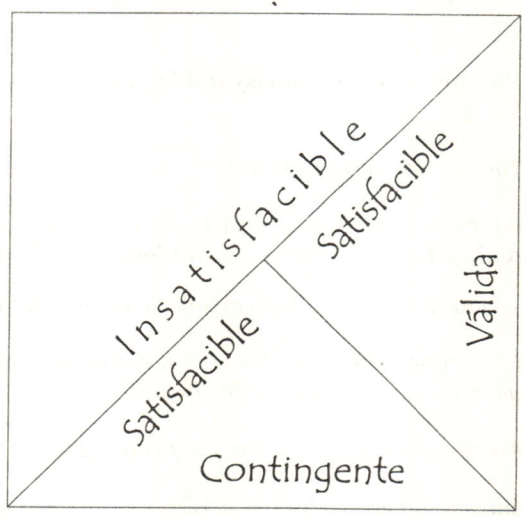

Figura 3.1: *Clasificación de fórmulas*

Comentario 76 *La clasificación de fórmulas (ver figura 3.1) se efectúa en el metalenguaje, sin embargo, hemos introducido el signo $\vDash$ para expresarlo. No es un signo del alfabeto de la lógica proposicional, es una abreviatura usada en el metalenguaje. $\vDash A$ no es una fórmula de L_0, es una expresión que afirma que la fórmula A es válida.*

METALENGUAJE

C es válida $\quad$ C es una tautología	$\vDash C$
C no es válida	$\nvDash C$
C es una contradicción $\quad$ C es insatisfacible	$\vDash \neg C$
C es satisfacible $\quad$ $\neg C$ no es válida	$\nvDash \neg C$
C es contingente	$\nvDash C$ y $\nvDash \neg C$

3.3.3. Validez, consecuencia e independencia

Definición 77 *Una fórmula C es **consecuencia** de un conjunto de fórmulas Γ —y escribimos $\Gamma \vDash C$— syss todo modelo de Γ lo es también de C; es decir, toda interpretación que hace verdadera a cada fórmula de Γ, hace verdadera a C.*

Definición 78 *Una fórmula C es **válida** —y escribimos $\vDash C$— syss $\emptyset \vDash C$; es decir, toda interpretación hace verdadera a C. De manera que las fórmulas válidas son las tautologías.*

Comentario 79 *Por ser verdaderas en todas las interpretaciones las fórmulas válidas no describen a ningún modelo en particular, en ellas está lo que es común a todos los modelos. ¿**Describen algo estas fórmulas?***

Definición 80 *Una fórmula C es **independiente** de un conjunto de fórmulas Γ —y escribimos $\Gamma \nvDash C$— syss C no es consecuencia de Γ; es decir, hay modelos de Γ que no lo son de C.*

Definición 81 *Un conjunto de fórmulas Δ es **independiente** syss para cada fórmula $C \in \Delta : \Delta - \{C\} \nvDash C$; es decir, cada fórmula de Δ es independiente del resto.*

3.3.4. Equivalencia lógica

Definición 82 *Dos fórmulas C y D son **lógicamente equivalentes** si y sólo si*

$$C \vDash D \text{ y } D \vDash C$$

Notación 83 *Usaremos el signo $\equiv$ para expresar este **metaconcepto**, escribiremos $C \equiv D$.*

Comentario 84 *$\equiv$ no es el bicondicional del lenguaje L_0, que sigue siendo $\leftrightarrow$, es una relación binaria entre fórmulas establecida en el metalenguaje.*

3.3.5. ¿Se entienden los conceptos?

Algunos de los ejercicios que aparecen en el CD requieren una comprensión cabal de las definiciones de los conceptos utilizados. Como en los siguientes ejemplos.

Ejemplo 85 *Sean A y B fórmulas de la lógica proposicional. Decid si los enunciados siguientes son verdaderos o falsos. (Justificad la respuesta.)*

1. *Si A y B son fórmulas contingentes, entonces $\{A, B\}$ es satisfacible.*

2. *Si A es una tautología y B es una fórmula contingente, entonces $\{A, B\}$ es satisfacible.*

3. *Si $A \not\models B$ entonces $A \models \neg B$.*

Demostración. En el primer caso la respuesta es $\boxed{\text{FALSO}}$

Para $A := p$, $B := \neg p$ tanto A como B son contingentes, pero $\{p, \neg p\}$ es insatisfacible.

En el segundo caso la respuesta es $\boxed{\text{VERDADERO}}$

Para que $\{A, B\}$ sea satisfacible basta con que haya una interpretación $\Im$ tal que
$$\Im(A) = \Im(B) = 1$$
Al ser B una fórmula contingente, habrá al menos una interpretación que haga verdadera a B. Por ser A tautología, todas la harán; en especial, la que hacía a B verdadera.

En el tercer caso la respuesta es $\boxed{\text{FALSO}}$

¿Por qué? ■

Ejemplo 86 *Decid si los enunciados siguientes son verdaderos o falsos. (Justificad la respuesta.)*

1. *A es una tautología syss $B \models A$, para cada B.*

2. *A es una contradicción syss $A \models B$, para cada B.*

3. *A es contingente syss hay alguna fórmula B que no es consecuencia de A —esto es, $A \not\models B$—, y alguna fórmula C de la que ella no es consecuencia —esto es, $C \not\models A$—.*

Demostración. Para demostrar que el apartado 1 es verdadero basta observar que para cada $\Im : \Im \Vdash A$ y, por lo tanto, en particular las que cumplan que $\Im \Vdash B$. Además, si $B \models A$ para cada fórmula B, tendremos que $\top \models A$. De manera que toda interpretación $\Im : \Im \Vdash A$, dado que toda interpretación $\Im : \Im \Vdash \top$.

Para demostrar que el apartado 2 es verdadero basta observar que para cada

3.4. METALÓGICA

$\Im : \Im \not\Vdash A$ y por lo tanto ninguna puede haber que $\Im \Vdash A$, pero $\Im \not\Vdash B$. Además, si $A \vDash B$ para cada B, tendremos que $A \vDash \bot$. De manera que para toda interpretación $\Im : \Im \not\Vdash A$, dado que para toda interpretación $\Im : \Im \not\Vdash \bot$.

Para demostrar que el apartado 3 es verdadero basta observar que una fórmula es contingente syss no es ni tautología ni contradicción. Al no ser tautología, por el apartado 1 sabemos que debe haber una fórmula B tal que $B \nvDash A$ y, al no ser contradicción, por el apartado 2 debe haber una fórmula C tal que $A \nvDash C$.

∎

3.4. Metalógica

En el apéndice C —que está en el CD— la lógica dejará de ser una herramienta y se convertirá en objeto de estudio, destacaremos aquí los aspectos más importantes que son tratados allí con detalle.

Propiedades de la relación de consecuencia

Cuando se reflexiona sobre la naturaleza de la lógica, la relación de consecuencia que la caracteriza es el principal objeto de estudio. En el caso de la lógica clásica sus propiedades más importantes son las de monotonía, reflexividad y corte. Tanto éstas como otras semejantes se demuestran en la sección C.4.1 del CD.

Teorema 87 *Monotonía*
Si $\Gamma \vDash C$, *entonces* $\Gamma \cup \Delta \vDash C$

Teorema 88 *Reflexividad (Introducción de hipótesis)*
$\Gamma \vDash C$ *para cada* $C \in \Gamma$

Teorema 89 *Corte*
Si $\Gamma \vDash C$ *y* $\Gamma \cup \{C\} \vDash D$, *entonces* $\Gamma \vDash D$

Teorema 90 *Básico*
$\Gamma \vDash C$ *syss* $\Gamma \cup \{\neg C\}$ *es insatisfacible*

Equivalencia y coincidencia

Aunque la equivalencia entre fórmulas no es el bicondicional ya que es un concepto de metalógica, como lo son los de validez y consecuencia, se demuestra fácilmente —su demostración está en el apéndice C que está en el CD— que dos fórmulas son equivalentes cuando el bicondicional entre ellas es válido.

Proposición 91 $C \equiv D$ *syss* $\vDash C \leftrightarrow D$

De donde se sigue el corolario siguiente:

Corolario 92 $C \equiv D$ *syss* $\Im(C) = \Im(D)$, *para cada* $\Im$

En la sección 3.2 usábamos el procedimiento de las tablas de verdad para clasificar fórmulas y para demostrar consecuencia e independencia. Sin embargo, las definiciones de satisfacibilidad y consecuencia de la sección 3.3 utilizan las interpretaciones.

¿Son equivalentes? ¿Si demuestro mediante tablas que una fórmula es satisfacible o un razonamiento válido lo es también conforme a la definición matemática mediante interpretaciones?

Hay una diferencia de índole práctica bastante notable: si nuestro lenguaje formal tiene seis letras sentenciales, el número de posibles interpretaciones es de $2^6 = 64$. Por consiguiente, para establecer la validez de una fórmula deberíamos investigarlas todas. ¿Qué sucede cuando la fórmula tiene tan sólo tres letras distintas? ¿Analizamos las 64 interpretaciones o nos limitamos a las $2^3 = 8$ combinaciones de valores de verdad de las letras que aparecen en la fórmula? ¿Qué hacer cuando el lenguaje formal tiene un número infinito de letras sentenciales?

Responde a estas preguntas el lema de coincidencia que enuncio a continuación, permitiéndonos desentendernos de los valores que la asignación otorgue a las letras que no aparezcan en las fórmulas que estemos investigando y por ende de todas aquellas interpretaciones que no afecten a las letras sentenciales en uso. Ya lo hacíamos bien con las tablas de verdad, ocupándonos solamente de las letras de nuestras fórmulas. Lo cito a continuación, y su demostración se encuentra en el CD, en el apéndice C.

Lema 93 *Coincidencia en lógica proposicional*

Si $\Im_1$ y $\Im_2$ son dos interpretaciones que coinciden en los valores que asignan a las letras proposicionales de la fórmula C, entonces

$$\Im_1 \Vdash C \text{ si y sólo si } \Im_2 \vDash C.$$

Propiedades algebraicas de los conectores booleanos

Ahora, con *"todas las de la ley"* —esto es, usando la proposición de intercambiabilidad entre equivalencia y validez del bicondicional y el mencionado lema de coincidencia—, podéis usar las tablas de verdad para probar las equivalencias que siguen.

Teorema 94 *Álgebras de Boole*

Las siguientes propiedades son características de la relación de equivalencia entre fórmulas

- *Asociatividad:*
  $((A \wedge B) \wedge C) \equiv (A \wedge (B \wedge C))$
  $((A \vee B) \vee C) \equiv (A \vee (B \vee C))$

- *Conmutatividad:*
  $(A \wedge B) \equiv (B \wedge A)$
  $(A \vee B) \equiv (B \vee A)$

3.4. METALÓGICA

- **Distributividad:**
  $((A \land B) \lor C) \equiv ((A \lor C) \land (B \lor C))$
  $((A \lor B) \land C) \equiv ((A \land C) \lor (B \land C))$

- **Leyes de De Morgan:**
  $\neg(A \land B) \equiv (\neg A \lor \neg B)$
  $\neg(A \lor B) \equiv (\neg A \land \neg B)$

- **Idempotencia:**
  $(A \land A) \equiv A$
  $(A \lor A) \equiv A$

- **Absorción:**
  $((A \land B) \lor A) \equiv A$
  $((A \lor B) \land A) \equiv A$

- **Doble negación:**
  $\neg\neg A \equiv A$

- **Cero y Uno**
  $(A \land \top) \equiv A$ $\quad (A \land \bot) \equiv \bot$ $\quad (A \lor \top) \equiv \top$ $\quad (A \lor \bot) \equiv A$

Forma normal

La elección de conectores que hemos hecho no es la más económica, pudiéndose prescindir de parte de ellos dadas las equivalencias que pueden establecerse[3]. La más interesante, teniendo en cuenta la presentación que vamos a hacer de los cálculos deductivos, es la de tomar como signos

$$\{\neg, \lor, \land\}$$

prescindiendo del condicional y del bicondicional.

Una clase especial de fórmulas escritas en este lenguaje es el de las denominadas en forma normal disyuntiva; otra la de las fórmulas en forma normal conjuntiva[4].

Definición 95 *Una fórmula está en **forma normal disyuntiva** syss es de la forma*

$$A_1 \lor A_2 \lor ... \lor A_n$$

con $n \geq 1$, donde cada A_i (para cada $i \in \{1,...,n\}$) es una conjunción de literales.

Definición 96 *Una fórmula está en **forma normal conjuntiva** syss es de la forma*

$$A_1 \land A_2 \land ... \land A_n$$

con $n \geq 1$, donde cada A_i (para cada $i \in \{1,...,n\}$) es una disyunción de literales.

---
[3] En la sección C.5.1 del CD se demuestran.
[4] Su estudio se desarrolla a lo largo de la sección C.5.3 del apéndice C del CD.

Notación uniforme

En la página 35 presentamos la denominada *notación uniforme* que nos permite mantener e incluso extender el conjunto de conectores, pero tratarlos como conjunciones o disyunciones, eventualmente negadas, pudiéndose demostrar la siguiente proposición y su corolario[5].

Proposición 97 *Para cada interpretación $\Im$ y para cada fórmula α o β*

$$\Im(\alpha) = \Im(\alpha_1 \wedge \alpha_2)$$
$$\Im(\beta) = \Im(\beta_1 \vee \beta_2)$$

Corolario 98 *Para cada fórmula α o β*

$$\alpha \equiv (\alpha_1 \wedge \alpha_2)$$
$$\beta \equiv (\beta_1 \vee \beta_2)$$

O, lo que es lo mismo, son tautologías las fórmulas

$$\alpha \leftrightarrow (\alpha_1 \wedge \alpha_2)$$
$$\beta \leftrightarrow (\beta_1 \vee \beta_2)$$

3.5. Atrapar la lógica

En el comentario 73 destacamos que cada modelo $\mathcal{A}$ selecciona del conjunto de todas las fórmulas a las que son verdaderas en él, siendo $Th(\mathcal{A})$ una descripción de $\mathcal{A}$ —como aparece en la figura 3.2.

En el comentario 79 dijimos que las fórmulas válidas, al ser comunes a todas las descripciones de modelos, no describen a ninguno en particular. La pregunta planteada allí fue:

¿Describen algo estas fórmulas?

Imaginad que pudiéramos construir una tabla de verdad infinita en donde situar a todas las fórmulas y a todos los modelos —ver la figura 3.3.

Vemos que todas las teorías comparten un núcleo, el de las fórmulas válidas. Dichas fórmulas describen a lo que es común a todas las teorías, *describen a la lógica*.

Por consiguiente, captar la esencia de la lógica será lo mismo que atrapar el conjunto de las fórmulas válidas.

¿Cómo lo haremos?

---

[5] Se hace en el apéndice C del CD. También demostramos allí un nuevo principio de inducción estructural basado en la notación uniforme.

3.5. ATRAPAR LA LÓGICA

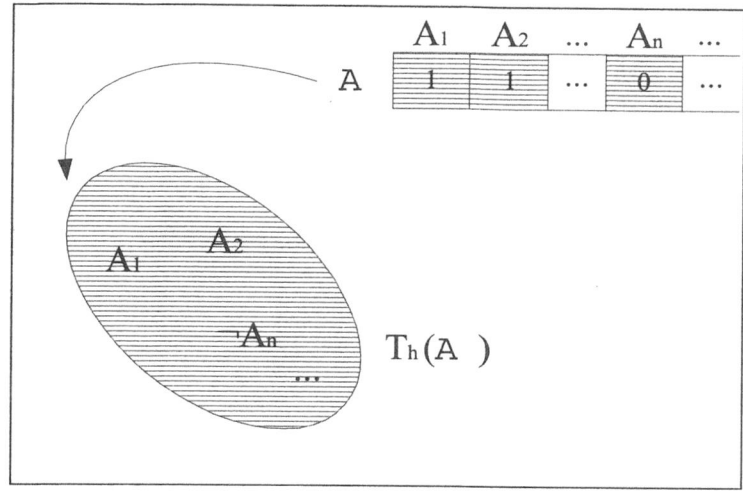

Figura 3.2: *Teoría de un modelo*

Métodos para determinar propiedades semánticas

De momento contamos con la definición de fórmula válida pero hemos abandonado el método de las tablas de verdad por ser pobre a nivel teórico, engorroso en sentido práctico y estar muy alejado del procedimiento que intuitivamente seguiríamos para determinar consecuencia.

¿Hay procedimientos más intuitivos y más potentes?

Veamos con algunos ejemplos cómo razonaríamos para demostrar consecuencia usando tan sólo las definiciones formales, pero razonando informalmente.

Ejemplo 99 *Caiga quien caiga (CQC)*

En uno de los cursos de Etica periodística de Álvaro de la Iglesia se analizaba el siguiente titular de periódico:

$A :=$ *La recuperación económica causa del incremento de accidentes de tráfico.*
En el curso se decía que si este titular fuera correcto también lo sería el siguiente:
$B :=$ *La Grecia clásica causa del incremento de accidentes de tráfico.*
El argumento usado es que B es consecuencia de A, habida cuenta de que:
$C :=$ *Hay recuperación económica si y sólo si se fabrican más coches*
$D :=$ *La revolución industrial es la causa de la fabricación de coches*
$E :=$ *La Grecia clásica es la causa de la revolución industrial.*

El argumento diría
$$\{A, C, D, E\} \vDash B$$

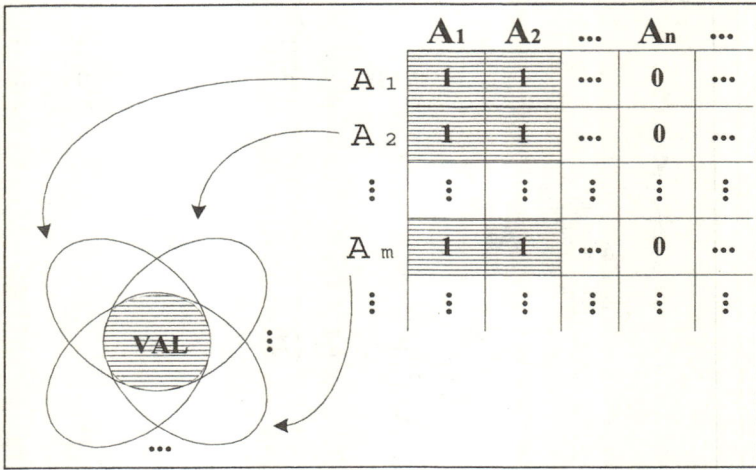

Figura 3.3: *Núcleo duro: fórmulas válidas*

Vamos a formalizar en lógica proposicional el argumento de Álvaro de la Iglesia.

Claves	Hipótesis
$p :=$ Hay recuperación económica $q :=$ Ha habido un incremento de accidentes de tráfico $r :=$ La Grecia clásica existió $s :=$ La revolución industrial existió $t :=$ Se fabrican coches	$A := q \to p$ $C := p \leftrightarrow t$ $D := t \to s$ $E := s \to r$
	Conclusión
	$B := q \to r$

Intentemos demostrar esto sólo con las definiciones. Queremos probar que en toda interpretación $\Im$ en la que todas las hipótesis sean verdaderas, B también lo será. Sea $\Im \Vdash \{q \to p,\ p \leftrightarrow t,\ t \to s,\ s \to r\}$
Si $\Im \nVdash q$, entonces $\Im \Vdash q \to r$ y estaría demostrado.
Si $\Im \Vdash q$, entonces $\Im \Vdash p$ (pues $\Im \Vdash q \to p$)
entonces $\Im \Vdash t$ (pues $\Im(p) = \Im(t)$ al ser $\Im \Vdash p \leftrightarrow t$)
entonces $\Im \Vdash s$ (pues $\Im \Vdash t \to s$)
entonces $\Im \Vdash r$ (pues $\Im \Vdash s \to r$)
Así que $\Im \Vdash q \to r$.

Aquí lo que hemos hecho es suponer que todas las hipótesis son verdaderas y ver que en ese caso la conclusión también, analizando y transformando las hipótesis.

Ejemplo 100 *El péndulo de Foucault*

Mediante este experimento, Foucault pretende demostrar la rotación de la Tierra.

3.5. ATRAPAR LA LÓGICA

Parte de una serie de observaciones experimentales, utiliza sus conocimientos de física y llega a la conclusión de que efectivamente la Tierra rota.

*El experimento consta de un péndulo colgado de un punto fijo (idealmente, el del **"plano de las estrellas fijas"**) al que se le hace oscilar libremente. Alrededor del péndulo, en el plano de la Tierra, se dibuja un círculo formado por pivotes (perfectamente calculado según las coordenadas geográficas del lugar). Foucault observó que en su oscilación el péndulo iba derribando sucesivamente todos los pivotes. Él sabía que el plano de oscilación del péndulo se mantenía fijo respecto del **"plano de las estrellas fijas"**. (La física establece que el plano de oscilación de cualquier péndulo se mantiene fijo respecto al plano sobre el que oscila.) Vamos a formalizar en lógica proposicional el argumento que posiblemente utilizó Foucault usando las claves siguientes:*

$p :=$ *gira el plano del péndulo respecto del plano de la Tierra*
$q :=$ *gira el plano del péndulo respecto del plano de las estrellas fijas*
$t :=$ *gira el plano de la Tierra respecto del de las estrellas fijas*
$s :=$ *caen más de dos pivotes.*

Reconstruyamos el razonamiento de Foucault:

$$\{A, B, C, D\} \vDash E$$

Hechos:
$A := s$ *(porque observa que derriba más de dos pivotes)*
Leyes físicas:
$B := \neg q$ *(porque el plano de oscilación del péndulo se mantiene fijo)*
$C := s \leftrightarrow p$ *(se descartan otras posibilidades, el experimento está "vigilado")*
$D := p \to (q \vee t)$ *(porque los tres planos están así relacionados)*
Conclusión:
$E := t$

Queremos demostrar que no existe ninguna interpretación $\Im$ en la que todas las hipótesis sean verdaderas sin que lo sea t también. Sea

$$\Delta = \{s,\ \neg q,\ s \leftrightarrow p,\ p \to (q \vee t),\ \neg t\}$$

veremos que es insatisfacible. Supongamos que exista una interpretación $\Im$ tal que $\Im \Vdash \Delta$. Por ser modelo de $s \leftrightarrow p$ hay dos posibilidades: ($\Im \Vdash s$ y $\Im \Vdash p$) o ($\Im \nVdash s$ Y $\Im \nVdash p$). La segunda se descarta, pues $\Im \Vdash s$. Por ser $\Im \Vdash p \to (q \vee t)$ hay dos posibilidades: $\Im \nVdash p$ o $\Im \Vdash q \vee t$. La primera se elimina pues $\Im \Vdash p$. Luego $\Im \Vdash q \vee t$, es decir, o bien $\Im \Vdash q$ o $\Im \Vdash t$. Ninguna de las dos puede darse ya que $\Im \Vdash \neg q$ y $\Im \Vdash \neg t$.

En este caso hemos utilizado un *procedimiento refutativo*: Intentábamos encontrar un contraejemplo y hemos comprobado que era imposible. Hemos supuesto que tanto las hipótesis como la negación de la conclusión son verdaderas y hemos llegado a una contradicción. La bondad del método radica en la seguridad de haber contemplado todas las posibilidades.

En el capítulo siguiente introduciremos un método —el de los tableaux semánticos— para demostrar que una fórmula es consecuencia de un conjunto de fórmulas directamente inspirado en la semántica de las fórmulas y en la búsqueda exhaustiva de contraejemplos. Con su ayuda seremos capaces de seleccionar al conjunto de las fórmulas válidas; serán aquellas para las que seamos incapaces de construir un modelo de su negación.

En el capítulo 5 introduciremos otros dos métodos que hacen exactamente lo mismo: generar el conjunto de las fórmulas válidas y mecanizar el proceso de extraer conclusiones a partir de hipótesis. El cálculo de resolución es también refutativo, pero está basado en la forma normal conjuntiva, a diferencia del de tableaux que lo hace en la disyuntiva. Ambos son aptos para la implementación informática. El procedimiento de deducción natural se asemeja al procedimiento usado por nosotros en el ejemplo de CQC (99), manipula las hipótesis para obtener la conclusión.

Como era esperable, no descansaremos hasta haber demostrado que el procedimiento ideado consigue su propósito, generar al conjunto de fórmulas válidas. Esto es justamente lo que haremos en el apéndice D de este trabajo, que está en el CD que acompaña a este libro.

3.6. Ejercicios del CD

Los ejercicios siguientes están todos resueltos en el CD que acompaña a este libro, en el capítulo 3. Por limitación de espacio no hemos incluido en el libro ni tan siquiera los enunciados de todos los ejercicios que allí recogemos. En el CD hay tres bloques de cada uno de estos dos tipos:

- *SEMÁNTICA: CALCULUS RATIOCINATOR*
- *SEMÁNTICA: CONCEPTOS CLAVE*

Dos de ellos vienen con solución y del otro sólo se suministra el enunciado.

SEMÁNTICA: CALCULUS RATIOCINATOR (1)

Nota: Podéis comprobar los resultados usando el programa *Calculus*.

1. Clasificad las fórmulas siguientes: (Tautologías, etc.)

    a) $(p \wedge (p \to r)) \to (q \to r)$
    b) $p \vee q$
    c) $((p \vee q) \to r) \leftrightarrow (\neg p \wedge \neg q)$
    d) $(p \wedge (q \vee r)) \leftrightarrow ((p \vee q) \wedge (p \vee r))$

3.6. EJERCICIOS DEL CD

e) $\neg(p \vee q) \leftrightarrow \neg(\neg p \to q)$

2. Demostrad que los esquemas axiomáticos siguientes lo son de tautologías:

   a) $A \vee \neg A$
   b) $(A \wedge A) \leftrightarrow A$
   c) $A \to (B \to A)$
   d) $A \to (A \vee B)$
   e) $(A \to (A \to B)) \to (A \to B)$
   f) $A \to A$
   g) $A \to \neg\neg A$
   h) $\neg(A \wedge \neg A)$
   i) $(A \vee B) \leftrightarrow \neg(\neg A \wedge \neg B)$
   j) $A \to (B \to (A \wedge B))$
   k) $(B \to C) \to ((A \to B) \to (A \to C))$
   l) $((A \to B) \to C) \to (B \to C)$
   m) $(A \to B) \to (\neg B \to \neg A)$
   n) $(\neg A \to (B \wedge \neg B)) \to A$
   ñ) $(A \to \neg B) \to (B \to \neg A)$
   o) $(A \to \neg B) \leftrightarrow (B \to \neg A)$
   p) $(\neg A \to B) \to ((A \to B) \to B)$
   q) $(A \leftrightarrow B) \to (A \to B)$
   r) $(A \to B) \leftrightarrow (\neg B \to \neg A)$
   s) $(A \to \neg A) \leftrightarrow \neg A$
   t) $(A \to (B \to C)) \leftrightarrow ((A \wedge B) \to C)$
   u) $(A \to B) \to ((A \wedge C) \to (B \wedge C))$
   v) $(A \wedge B) \leftrightarrow \neg(A \to \neg B)$
   w) $(A \vee B) \leftrightarrow (\neg A \to B)$
   x) $(A \wedge \top) \leftrightarrow A$
   y) $(A \wedge \bot) \leftrightarrow \bot$

3. En los siguientes casos, determinad si Γ es satisfacible o insatisfacible:

   a) $\Gamma = \{(\neg q \wedge r) \vee (p \vee q),\ p \wedge r\}$
   b) $\Gamma = \{p \wedge \neg q,\ \neg(q \vee \neg p),\ (q \wedge p) \vee (q \vee \neg p)\}$
   c) $\Gamma = \{q \vee (r \vee s), \neg(q \vee r), \neg(r \vee s),\ \neg(s \vee q)\}$
   d) $\Gamma = \{\neg(p \wedge q) \wedge \neg(p \wedge r),\ (q \vee r),\ \neg(p \vee \neg r)\}$
   e) $\Gamma = \{p \leftrightarrow q,\ q \leftrightarrow s,\ p,\ \neg s\}$

4. En cada caso determinad si la fórmula es consecuencia de las hipótesis:

   a) $\{\neg q \to \neg r,\ \neg r \to \neg p,\ \neg p \to \neg q\} \vDash q \leftrightarrow r$
   b) $\{\neg p \wedge \neg q,\ \neg p \wedge \neg r,\ (s \wedge t) \to p\} \vDash \neg s \vee \neg t$
   c) $\{(p \wedge q) \vee (r \wedge \neg s),\ s \to \neg(p \wedge t)\} \vDash s \to \neg t$
   d) $\{p \to (\neg q \vee r),\ p \to q,\ \neg(r \vee s)\} \vDash p \to t$
   e) $\{p \to (q \to r),\ \neg s \to (p \vee r),\ p \to q\} \vDash s \vee r$

SEMÁNTICA: CONCEPTOS CLAVE (1)

1. Sean A y B fórmulas de la lógica proposicional. Decid si los enunciados siguientes son verdaderos o falsos. (Justificad la respuesta.)

   a) Si A y B son fórmulas contingentes, entonces $\{A, B\}$ es satisfacible.
   b) Si A es una tautología y B es una fórmula contingente, entonces $\{A, B\}$ es satisfacible.
   c) A es satisfacible si y sólo si A no es una contradicción.
   d) A es una tautología si y sólo si $\neg A$ es contradictoria.
   e) A es una fórmula contingente si y sólo si $\neg A$ lo es también.

   | VERDADERO | FALSO |

2. Si A es una fórmula contingente y B una contradicción, ¿a qué tipo (o tipos) de fórmulas pertenecerán las siguientes?

   a) $(A \vee B)$
   b) $(A \to B)$
   c) $(A \wedge B)$
   d) $(A \leftrightarrow B)$

e) $(B \to (\neg B \land A))$

| TAUTOLOGÍA | CONTRADICCIÓN | CONTINGENTE |

| SATISFACIBLE | NO SE SABE |

3. En cada uno de los ejercicios siguientes, elegid pares de fórmulas A y B tales que:

   a) $(A \lor B)$ sea una fórmula contingente.
   b) $(A \to B)$ sea una tautología.
   c) $(A \land B)$ sea una fórmula contingente.
   d) $(\neg A \leftrightarrow B)$ sea una tautología.
   e) $(\neg B \to A)$ sea una contradicción.
   f) $(B \to (B \lor A))$ sea una fórmula contingente.

   | $A = p$, $B = p$ | $A = B$ | $A = p \land \neg p$, $B = q \land \neg q$ |

   | $A = p$, $B = \neg p$ | Imposible |

4. De los pares de fórmulas siguientes, ¿en cuáles la fórmula B es consecuencia de A?, ¿en cuáles A es consecuencia de B?, y ¿en cuáles las fórmulas A y B son equivalentes?

   a) $A = (p \land q)$, $B = (p \lor q)$
   b) $A = (p \to q)$, $B = (q \to p)$
   c) $A = ((p \lor q) \to r))$, $B = (p \to r)$
   d) $A = ((p \to q) \to r))$, $B = ((p \lor q) \to r)$
   e) $A = (p \to q)$, $B = (p \leftrightarrow q)$

   | $A \models B$ | $B \models A$ | $A \equiv B$ | NINGUNA DE ESTAS |

5. Sean A, B y C fórmulas cualesquiera de la lógica proposicional. Decid si es verdadero o falso. (Justificad la respuesta.)

   a) Si $\{A, B\}$ fuera un conjunto insatisfacible, entonces $\{A\} \models B$.
   b) Si A fuera una fórmula contingente y $\{B, C\}$ fuera un conjunto satisfacible, entonces $\{B, C\} \not\models A$.
   c) $\{A, B\}$ es satisfacible si y sólo si $\{\neg A, \neg B\}$ es insatisfacible.
   d) Si A fuera independiente de $\{B, C\}$, entonces A sería necesariamente una fórmula contingente.
   e) Si A es una fórmula contingente, entonces A es independiente de $\{\neg A, B, C\}$.

   | VERDADERO | FALSO |

Capítulo 4

Tableaux semánticos

Comentamos en la introducción —en la sección 1.5— que hacer lógica formal a partir de un planteamiento intuitivo e informal significa ir soltando lastre. Se eliminaron los enunciados del castellano introduciendo un lenguaje riguroso[1], y lo hicimos sin mencionar las traducciones, aunque éstas siguieran siendo importantes en las aplicaciones y en los ejercicios. Después, el concepto intuitivo de consistencia como compatibilidad de enunciados —que introdujimos en la página 8—, que hacía referencia a situaciones posibles, lo sustituimos por el de satisfacibilidad[2], en donde las situaciones se reemplazan por las interpretaciones, matemáticamente definidas. De manera semejante, se abandonó el concepto intuitivo de consecuencia[3] y se definió matemáticamente, en términos semánticos. Hemos presentado así la *lógica proposicional* de manera completamente rigurosa, formal. En este capítulo estamos a punto de deshacernos incluso del concepto de verdad, ligado al de interpretaciones o modelos y ahora vamos a introducir la noción de cálculo deductivo como manipulación meramente sintáctica de las fórmulas del lenguaje formal. *¡Estamos locos, vamos a convertir la lógica en un juego intrascendente de reglas!*

Pero además resulta que el concepto semántico de consecuencia no nos terminaba de gustar, no se correspondía demasiado bien con el concepto intuitivo: nosotros para mostrar que un enunciado es consecuencia de un conjunto de hipótesis no pasamos revista a todas las situaciones posibles, no recurrimos a las interpretaciones o modelos, lo que hacemos es quedarnos sentados en una silla —sin salir al "mundo" en busca de modelos— y manipular, transformar, las hipótesis hasta llegar a la conclusión. Por fortuna, hay otro modo de establecer el valor de verdad de una fórmula y de determinar si es consecuencia de otras que no es la mera verificación directa de sus especificaciones semánticas, se trata de inferir o deducir la fórmula en un cálculo deductivo utilizando las otras fórmulas como hipótesis; esto es, de establecer una cadena de razonamiento entre premisas y conclusión. Veremos que al sustituir consecuencia por derivabilidad

---

[1] En el capítulo 2, en la página 30.
[2] Véase la sección 3.3.
[3] Consultad la página 15.

no perdemos nada y ganamos mucho, nuestro barco navegará a toda velocidad. De hecho, esta forma de definir el concepto de consecuencia es incluso más adecuada, ya que refleja el carácter discursivo del razonamiento. Si el cálculo deductivo nos va a resultar útil es porque nos ayudará a no equivocarnos; no nos conducirá de hipótesis verdaderas a conclusiones falsas: será un *cálculo correcto*. Además, sus reglas permitirán obtener como teoremas a todas las consecuencias de un conjunto dado de hipótesis; esto es, será de aplicabilidad general, lo que denominamos un *cálculo completo*.

De manera que la idea de demostración en un cálculo está mucho más próxima a la noción intuitiva de consecuencia. Por otra parte, definiremos el concepto de consistencia de manera sintáctica, como la imposibilidad de derivar una contradicción.

La equivalencia entre consistencia y satisfacibilidad, las contrapartidas sintáctica y semántica del concepto intuitivo de consistencia, se demostrará en el apéndice C que está en el CD. Así como que consecuencia y derivabilidad en nuestro cálculo son extensionalmente la misma cosa.

Por tratarse de un capítulo de transición entre semántica y sintaxis, la haremos en dos fases, soltaremos el lastre poco a poco...

4.1. Introducción

En primer lugar responderé a la pregunta:

¿Qué es un tableau?

- **Respuesta 1**   Un procedimiento semántico, pero sistemático, de búsqueda de un modelo que cumpla ciertos requisitos.

- **Respuesta 2**   Un procedimiento sintáctico de prueba de teoremas, esto es, un cálculo deductivo.

Ambas respuestas son acertadas: la primera permite un tratamiento más intuitivo y es la que usamos en principio —en la sección 4.2—, la segunda es evidente, se apreciará en cuanto los definamos, y precisemos qué se entiende por procedimiento sintáctico —será la empleada en la sección 4.3—. Sin embargo, el que parezca convincente que los tableaux demuestran satisfacibilidad/insatisfacibilidad no garantiza por sí solo que sea así en efecto. Los teoremas de *adecuación* y *suficiencia* lo prueban —se enuncian en la sección 4.2.11.

Características más sobresalientes de los tableaux

1. Consisten básicamente en el despliegue sistemático de las *condiciones de verdad* de la fórmula —o fórmulas— en estudio.

2. Tienen el *aspecto de árboles* —y por eso se les conoce también por ese nombre— cuyas ramas representan las distintas posibilidades; sus ramas son exhaustivas, no necesariamente excluyentes.

4.1. INTRODUCCIÓN

3. Las ramas se cierran cuando en ellas aparecen contradicciones explícitas, entendiéndose que se trata de una posibilidad frustrada. Un árbol completamente desarrollado y con todas las *ramas cerradas* muestra que la fórmula es insatisfacible.

4. Una *rama abierta y completa* permite definir una interpretación que satisface a la fórmula (o fórmulas) del árbol.

5. Muestra *consecuencia* mediante un *procedimiento refutativo*; se basa en que
$$\text{"}\Gamma \vDash C \text{ syss } \Gamma \cup \{\neg C\} \text{ es insatisfacible"}$$

De esta forma empleamos los tableaux para verificar la corrección de un razonamiento, entendiendo que lo es cuando no se puede imaginar ninguna situación en la que las hipótesis del razonamiento sean verdaderas y la conclusión sea falsa; esto es, cuando el conjunto formado por las hipótesis y la negación de la conclusión es insatisfacible, semánticamente inconsistente. En apartados anteriores hemos insistido en que una forma de demostrar que un enunciado es consecuencia de un conjunto de hipótesis $\Gamma \vDash C$ es demostrar que el conjunto $\Gamma \cup \{\neg C\}$ es insatisfacible, que no tiene modelo alguno. Los tableaux semánticos se pueden ver como un *procedimiento sistemático de búsqueda de contraejemplo*; es decir de una interpretación que sea modelo de Γ pero que no lo sea de C. Es un procedimiento refutativo.

¿Para qué usamos los tableaux?

Para demostrar que nuestras fórmulas poseen algunas de las propiedades semánticas definidas en el capítulo anterior —en la sección 3.3— podemos sistematizar el procedimiento de los tableaux que ya usábamos informalmente, de manera que sirvan para:

1. Establecer la *satisfacibilidad* —en su defecto, la *insatisfacibilidad*— de una fórmula o conjunto de fórmulas. Al acabar el tableau sabemos si tiene algún modelo o carece de ellos, y en el primer caso nos permite definirlo. Es éste el uso principal, al que todos los demás se subordinan.

2. Establecer la *validez* de una fórmula; se demuestra que su negación es insatisfacible.

3. Para demostrar *consecuencia* a partir de hipótesis; mostramos que el conjunto formado por las hipótesis y la negación de la conclusión es insatisfacible.

4. Para demostrar la *independencia* de una fórmula respecto de un conjunto de fórmulas; en realidad vemos que no es consecuencia hallando un contraejemplo.

5. Como procedimiento de *búsqueda de solución* a un problema, si la tiene.

Como cálculo deductivo posee ciertas ventajas

1. Son *automáticos* para la lógica proposicional; esto es, proporcionan un procedimiento de decisión que en un número finito de pasos nos dice si la fórmula es válida o no lo es[4].

2. Son más eficientes que las tablas de verdad, cuya complejidad crece exponencialmente con el número de letras proposicionales —2^n filas para un conjunto de fórmulas con n letras—.

3. Pueden ser fácilmente implementados en el ordenador —aunque, a menudo, la eficiencia es pobre en comparación con otros sistemas de prueba.

4. Son fácilmente generalizables a la lógica de primer orden y a otras lógicas (modal, temporal, etc.). No sucede así con las tablas de verdad.

5. Su aprendizaje es extraordinariamente sencillo. Ya lo veréis.

¿Quién da más?

Ejemplo 101 *Nos preguntamos, ¿es satisfacible el conjunto Δ de fórmulas?*

$$\Delta = \{\neg p \wedge q,\ r, \neg(r \wedge \neg p)\}$$

La forma de planteárselo es así:

$$\begin{aligned}
\Delta &= \{\neg p \wedge q,\ r,\ \neg(r \wedge \neg p)\} \text{ es satisfacible} \\
&\quad syss \\
\Delta_1 &= \{\neg p \wedge q,\ r,\ \neg(r \wedge \neg p),\ \neg p,\ q\} \text{ es satisfacible} \\
&\quad syss \\
\Delta_{11} &= \{\neg p \wedge q,\ r,\ \neg(r \vee \neg p),\ \neg p,\ q,\ \neg r\} \text{ es satisfacible} \\
&\quad o \\
\Delta_{12} &= \{\neg p \wedge q,\ r,\ \neg(r \vee \neg p),\ \neg p,\ q,\ \neg\neg p\} \text{ es satisfacible}
\end{aligned}$$

que representamos abreviadamente mediante conjuntos anidados, llegando al final a:

$$\left\{ \left\{ \begin{array}{c} \neg p \wedge q \\ r \\ \neg(r \wedge \neg p) \\ \neg p \\ q \\ \neg r \end{array} \right\} = \Delta \right\} = \Delta_1 \right\} = \Delta_{11} \text{ es satisfacible}$$

---

[4] A diferencia de lo que sucede en los cálculos axiomáticos o de deducción natural que sólo nos sirven para los casos positivos.

$$\left\{\left\{\left\{\begin{array}{c}\neg p \wedge q \\ \neg(r \wedge \neg p) \\ r \\ \neg p \\ q \\ \neg\neg p\end{array}\right\} = \Delta\right\} \overset{o}{=} \Delta_1\right\} = \Delta_{12} \text{ es satisfacible}$$

Puesto que ambos conjuntos —Δ_{11} y Δ_{12}— contienen una fórmula y su negación, ambos son insatisfacibles. En el tableau se denotará cerrando con una marca, una línea o el signo $\otimes$.

Todo esto se expresa de manera bastante visual en un tableau, así:

$$\begin{array}{c}\neg p \wedge q \\ \neg(r \wedge \neg p) \\ r \\ \\ \neg p \\ q\end{array}$$

$$\neg r \qquad \neg\neg p$$
$$\otimes \qquad \otimes$$

4.2. Presentación semántica de los tableaux

Sea
$$\Gamma = \{A_1, ..., A_n\}$$

un conjunto de fórmulas de la lógica proposicional. Construiremos un *tableau* para Γ empezando con $\{A_1, ..., A_n\}$ y aplicando las reglas de los *tableaux*.

Un tableau para Γ será un árbol invertido que puede contener ramas cerradas mediante $\otimes$ y que verifica lo siguiente:

1. Cada fórmula que ocurre en una rama del árbol está en Γ o se ha obtenido a partir de otra fórmula de la misma rama mediante alguna de las reglas de expansión.

2. Una rama está cerrada sólo cuando en ella aparecen contradicciones explícitas: o bien una fórmula B y su negación $\neg B$, o bien $\bot$ o $\neg\top$.

3. Las fórmulas iniciales del árbol son las de la lista $A_1, ..., A_n$.

Las reglas de expansión nos permiten descomponer sistemáticamente a las fórmulas, obteniendo como resultado otras más simples, y están diseñadas para que la fórmula *input* y la (o las) fórmula *output* signifiquen lo mismo.

La descomposición finaliza cuando o bien se obtienen contradicciones explícitas o no se pueden aplicar más reglas, pues todas las fórmulas han sido transformadas.

4.2.1. Las reglas de los tableaux

Hay reglas de *inicio* y de *expansión* para cada conectiva y para su negación, y una regla especial para *terminar* (*'cerrar'*) una rama contradictoria.

- Regla de inicio:

    Empezad por

    $$A_1$$
    $$\vdots$$
    $$A_n$$

    al construir un tableau para $\Gamma = \{A_1, ..., A_n\}$.

- α-reglas:

    1. De $A \wedge B$, se deduce A y B.
    2. De $\neg(A \vee B)$ se deduce $\neg A$ y $\neg B$.
    3. De $\neg(A \rightarrow B)$, se deduce A y $\neg B$.

- β-reglas:

    1. De $A \vee B$, se deduce A y, *en una rama nueva, separada*, B.
    2. De $\neg(A \wedge B)$, se deduce $\neg A$ y, *en una rama nueva, separada*, $\neg B$.
    3. De $A \rightarrow B$, se deduce $\neg A$ y, *en una rama nueva, separada*, B.

- σ-reglas:

    1. De $\neg\neg A$, se deduce A.
    2. De $\neg\bot$, se deduce $\top$.
    3. De $\neg\top$, se deduce $\bot$.

- Regla de cierre:

    Cerrar una rama que tenga A y $\neg A$ (para cualquier A), o $\neg\top$, o $\bot$. (¡No continuar trabajando con ramas cerradas!)

Ejercicio 102 *¿Podéis encontrar una regla adecuada para el bicondicional, $\leftrightarrow$? ¿Y para la negación del bicondicional? (La solución se dará más tarde.)*

4.2. PRESENTACIÓN SEMÁNTICA DE LOS TABLEAUX

4.2.2. Ejemplos con una única fórmula

Ejemplo 103 *Empezamos con $A := (\neg p \wedge \neg\neg q) \wedge \neg q$ y llegamos a una contradicción.*

1. $(\neg p \wedge \neg\neg q) \wedge \neg q$

2. $\neg p \wedge \neg\neg q$ *por la α-regla de $\wedge$ en 1*
3. $\neg q$

4. $\neg p$ *por la α-regla de $\wedge$ en 2*
5. $\neg\neg q$

6. q *por la σ-regla de $\neg\neg$ en 5*
   cerrar la rama (3,6)

Éste es un tableau *cerrado para A, ya que todas sus ramas están cerradas.*
Nota: *Podríamos haber parado en la línea 5, ya que las líneas 3 y 5 son contradictorias.*

Ejemplo 104 *Empezamos con $B := (p \vee \neg q) \wedge q$. Esta vez no obtenemos una contradicción.*

1. $(p \vee \neg q) \wedge q$

2. $p \vee \neg q$ *por la α-regla de $\wedge$ en 1*
3. q

4. p 5. $\neg q$ *por la β-regla de $\vee$ en 2*

rama   **rama**
abierta   **cerrada**

No se puede desarrollar más la rama izquierda. Este tableau no está cerrado.

Ejemplo 105 *Empezamos con $C := \neg(((p \to q) \to p) \to p)$.*

1. $\neg(((p \to q) \to p) \to p)$

2. $(p \to q) \to p$ α-*regla de* $\neg \ldots \to$ *en 1*
3. $\neg p$

4. $\neg(p \to q)$ 5. p β-*regla de* $\to$ *en 2*

6. p α-*regla de*   **rama**
7. $\neg q$ $\neg \ldots \to$ *en 4*   **cerrada (3, 5)**

rama
cerrada(3, 6)

Todas las ramas se cierran. Por lo tanto, este tableau está cerrado.

Comentario 106 *Si una rama no se cierra, ¿cuando paramos? En la misma rama del árbol nunca descomponemos repetidamente la misma fórmula (¡No serviría para nada, pues obtendríamos nuevamente las mismas fórmulas!)*

4.2.3. Las reglas de los tableaux reflejan el significado de los conectores

Regla para la conjunción

Vamos a comentar el ejemplo 103.

Las líneas 4 y 5 ($\neg p$ y $\neg\neg q$) se obtienen aplicando una α-regla de conjunción a la fórmula $\neg p \wedge \neg\neg q$ situada en la línea 2. La idea es que si el *input* de la regla, la fórmula $\neg p \wedge \neg\neg q$, es verdadera (en algún modelo), entonces las fórmulas obtenidas como *output*, $\neg p$ y $\neg\neg q$, deben ser también verdaderas y viceversa.

Del mismo modo obtenemos las líneas 2 y 3 a partir de la línea 1 suministrando la conjunción $(\neg p \wedge \neg\neg q) \wedge \neg q$ como *input* y dejando actuar a la α-regla de $\wedge$. Como *output* obtenemos las dos fórmulas $\neg p \wedge \neg\neg q$ y $\neg q$. Observamos que son ambas verdaderas syss la fórmula *input* es verdadera.

La línea 6 se obtuvo a partir de la 5 aplicando una α-regla a la fórmula $\neg\neg q$. El resultado es la fórmula q, y ésta es verdadera syss la fórmula *input* $\neg\neg q$ es verdadera.

Regla para la disyunción

Consideremos el ejemplo 104.

La *única* regla aplicable en la línea 1 es una α-regla, para tratar la $\wedge$. Esto se debe a que $\wedge$ es la conectiva dominante en $(p \vee \neg q) \wedge q$. Esta fórmula tiene la forma lógica de una conjunción; es decir, es de la forma $A \wedge B$.

De la misma manera, la fórmula $p \vee \neg q$ en la línea 2 tiene la forma de una disyunción $(A \vee B)$ y por lo tanto *sólo* puede ser tratada con una β-regla de $\vee$.

Aplicamos una β-regla a la fórmula $p \vee \neg q$ en la línea 2. El *output* de la regla son las fórmulas p, $\neg q$, *pero en ramas separadas. ¿Por qué?*

La fórmula *input* $p \vee \neg q$ es verdadera (en un modelo dado) syss *una (o ambas) de* las fórmulas *output* p, $\neg q$ son verdaderas. Pero podría ser cualquiera de ellas, dependiendo del modelo. No podemos (de momento) eliminar ninguna de las posibilidades. Por lo tanto ponemos la p y la $\neg q$ en *ramas separadas* del tableau, representando las *dos situaciones o casos posibles*.

La verdad de $p \vee \neg q$ implica la verdad de (por lo menos) una de las fórmulas en las ramas y viceversa.

Usamos las ramas en un tableau para analizar la situación por casos.

El estudio de los casos debe ser exhaustivo, pero los casos no son necesariamente mutuamente excluyentes.

Reglas para el condicional

Fijaos en el ejemplo 105.

4.2. PRESENTACIÓN SEMÁNTICA DE LOS TABLEAUX

Obtenemos las líneas 6 y 7 (p y $\neg q$) aplicando una α-regla a la fórmula $\neg(p \rightarrow q)$ de la línea 4. Esta fórmula *input* es verdadera (en un modelo) syss las fórmulas resultantes, el *output* p y $\neg q$ son ambas verdaderas. Por tanto, la regla concuerda con el significado de $\neg(\cdots \rightarrow \cdots)$.

Las líneas 4 y 5, $\neg(p \rightarrow q)$ y p, se obtuvieron aplicando una β-regla a la fórmula $(p \rightarrow q) \rightarrow p$ de la línea 2. Esta fórmula es verdadera (en un modelo dado) syss al menos una de las fórmulas $\neg(p \rightarrow q)$ o p es verdadera. De nuevo, no sabemos cuál. Por lo tanto, el tableau se abre, teniendo en cada rama una de las posibilidades.

4.2.4. Solución al ejercicio 102

Solución: $A \leftrightarrow B$ es verdadera syss o bien A y B son ambas verdaderas o bien $\neg A$ y $\neg B$ son ambas verdaderas. $\neg(A \leftrightarrow B)$ es verdadera syss o bien A y $\neg B$ son ambas verdaderas o bien $\neg A$ y B son ambas verdaderas. Usamos una β-regla:
- De $A \leftrightarrow B$, deducimos A y B y, *en una nueva rama separada*, $\neg A$ y $\neg B$.
- De $\neg(A \leftrightarrow B)$, deducimos A y $\neg B$ y, *en una nueva rama separada*, $\neg A$ y B.

Comentario 107 *La solución que se adopta se basa en la reducción del bicondicional a la conjunción de los dos condicionales. En su forma originaria diría:*
- *De $A \leftrightarrow B$, deducimos $A \rightarrow B$ y $B \rightarrow A$.*
- *De $\neg(A \leftrightarrow B)$, deducimos $\neg(A \rightarrow B)$ y, en una nueva rama separada, $\neg(B \rightarrow A)$*

Ejemplo 108 *Empezamos con:*

$$D = \neg([(p \land q) \rightarrow r] \leftrightarrow [(p \rightarrow r) \lor (q \rightarrow r)])$$

$(p \land q) \rightarrow r$
$\neg[(p \rightarrow r) \lor (q \rightarrow r)]$

$\neg(p \rightarrow r)$
$\neg(q \rightarrow r)$

p
q
$\neg r$

$\neg(p \land q) \qquad r$

$\neg p \quad \neg q$

$\neg[(p \land q) \rightarrow r]$
$(p \rightarrow r) \lor (q \rightarrow r)$

$p \land q$
$\neg r$

p
q

$p \rightarrow r \qquad q \rightarrow r$

$\neg p \quad r \qquad \neg q \quad r$

El tableau está cerrado.

Ejercicio 109 *Indicad qué reglas se utilizaron y en qué líneas en el tableau precedente.*

4.2.5. Extraer un modelo usando una rama abierta de un tableau

Vimos en el ejemplo 104 un tableau para
$$A := (p \vee \neg q) \wedge q$$
con una rama abierta.

Este tableau está *completo* —no se pueden aplicar más reglas. Podemos extraer un modelo $\Im$ de A a partir de una rama abierta: la rama contiene p y q; por lo tanto $\Im(p) = \Im(q) = 1$. Luego, como se puede comprobar fácilmente, $\Im \Vdash A$.

4.2.6. Consejos y estrategias

Las reglas de los tableaux no son deterministas; nos dicen qué *podemos hacer*, pero no lo que *debemos hacer*. Nos permiten elegir qué fórmula transformamos primero, incluso dejar algunas sin transformar si vemos que la rama se puede cerrar sin ellas. Nos permite cerrar ramas al hallar contradicciones, sin necesidad de convertir las fórmulas en literales. Así las cosas, con una elección adecuada se pueden simplificar los tableaux. Esto es importante tanto al hacer los tableaux manualmente como al diseñar un programa para que lo haga el ordenador. Estos son mis consejos:

1. Descomponer primero las fórmulas que no abran ramas; es decir, usar las α-reglas y las σ-reglas antes que las β-reglas.

2. Dar prioridad a la descomposición de fórmulas que cierren ramas.

3. Parar cuando el problema esté resuelto (para demostrar satisfacibilidad basta con encontrar una rama abierta completa).

4. Cuando no sirvan las estrategias anteriores, empezad por las fórmulas más complejas (habrá luego menos ramas en las que desarrollar la fórmula compleja).

4.2.7. Ejemplos con conjuntos de varias fórmulas

Conjunto de fórmulas satisfacible

Ejemplo 110 *Mostraremos que*
$$\{r \to \neg(p \wedge \neg q),\ ((p \to r) \to (\neg q \leftrightarrow r)) \wedge \neg r,\ \neg(q \wedge q)\}$$
es satisfacible:

4.2. PRESENTACIÓN SEMÁNTICA DE LOS TABLEAUX

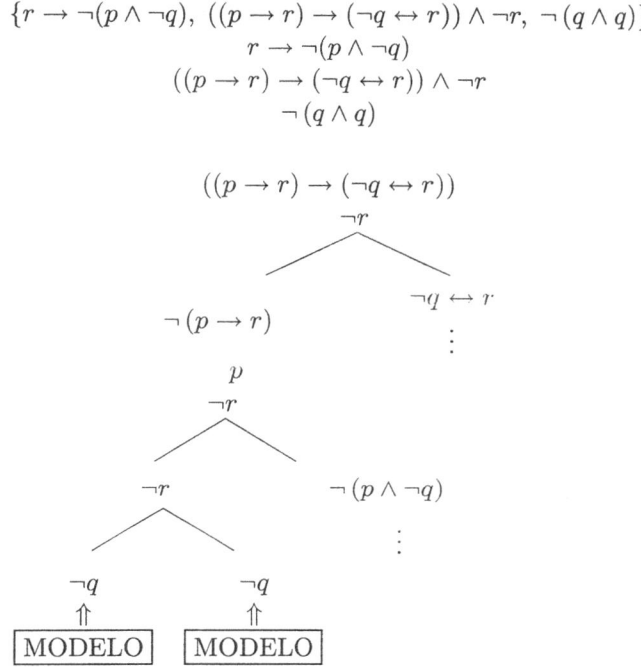

Por ser un árbol abierto, el conjunto de fórmulas es satisfacible (sintácticamente: *consistente*).

MODELO
$\Im(q) = \Im(r) = 0$
$\Im(p) = 1$

Es fácil comprobar que en este modelo todas las fórmulas son verdaderas:

$$\Im(r \to \neg(p \land \neg q)) = \Im(((p \to r) \to (\neg q \leftrightarrow r)) \land \neg r) = \Im(\neg(q \land q)) = 1$$

Conjunto de fórmulas insatisfacible

Ejemplo 111 *Mostraremos que*

$$\{(p \land \neg q) \to \neg r, \ (\neg p \to \neg q) \land \neg r, \ (r \land \neg r) \land q\}$$

es insatisfacible:

$$\{(p \wedge \neg q) \rightarrow \neg r, \ (\neg p \rightarrow \neg q) \wedge \neg r, \ (r \wedge \neg r) \wedge q\}$$
$$(p \wedge \neg q) \rightarrow \neg r$$
$$(\neg p \rightarrow \neg q) \wedge \neg r$$
$$(r \wedge \neg r) \wedge q$$

$$r \wedge \neg r$$
$$q$$
$$r$$
$$\neg r$$
$$\otimes$$

Consecuencia

Ejemplo 112 *Mostraremos que*
$$p \wedge (p \rightarrow q) \vDash q$$

1. $p \wedge (p \rightarrow q)$
2. $\neg q$

3. p $\alpha 1$
4. $p \rightarrow q$ $\alpha 1$

5. $\neg p$ $\beta 4$ 6. q $\beta 4$
cerrado(3,5)   *cerrado(2,6)*

4.2.8. Búsqueda de soluciones *razonables*

Aquí no se trata de comprobar si un enunciado es consecuencia de un conjunto de hipótesis, sino de encontrar una solución *"razonable"* a un problema. Contamos sólo con las hipótesis. Lo primero que hacemos es comprobar si el conjunto es satisfacible, ya que en caso contrario cualquier fórmula se seguiría de él y ésas no serían soluciones razonables.

¿Recordáis lo que demostramos en el ejemplo 86?

Cuando el conjunto de hipótesis encierra contradicciones, para cualquier fórmula F: tanto F como $\neg F$ sería consecuencia del conjunto. En el caso del problema que planteamos a continuación, si el conjunto de hipótesis fuera insatisfacible, se podría demostrar para cada uno de los implicados en el *Robo de Archivos de la MAFIA* que es culpable. E incluso también la culpabilidad de cualquier otra persona, aunque no haya aparecido en el enunciado del problema. Más dramático aún, se demostraría que *tú* eres culpable. Bien es verdad que también se puede demostrar que todos somos inocentes como pajarillos...

¡Descartamos por lo tanto las consecuencias de los conjuntos insatisfacibles!

Si el conjunto es satisfacible usaremos las ramas abiertas del tableau para hallar la solución: tomaremos los literales de dichas ramas y haremos la intersección; esto es, tomaremos los que están en todas las ramas, sólo esos. La

4.2. PRESENTACIÓN SEMÁNTICA DE LOS TABLEAUX

conjunción de las fórmulas así obtenidas será la solución. Por supuesto, habrá otras muchas fórmulas que también serán consecuencia de las hipótesis, de hecho, infinitas. Hemos elegido ésta por ser la más simple. En los casos en los que la intersección de estos conjuntos de literales sea vacía, sigue habiendo fórmulas que son consecuencia de las hipótesis; nosotros hemos decidido descartarlas por no ser suficientemente contundentes.

Ejemplo 113 *Robo de archivos*

Éste es el caso planteado en el ejemplo 32.
Partimos del conjunto de hipótesis

$$\{(p \vee q) \vee r,\ p \to (q \vee r),\ \neg r\}$$

y queremos obtener una solución **razonable.**

Sea
$A := (p \vee q) \vee r$
$B := p \to (q \vee r)$
$C := \neg r$

Para comprobar que son compatibles hacemos un árbol.

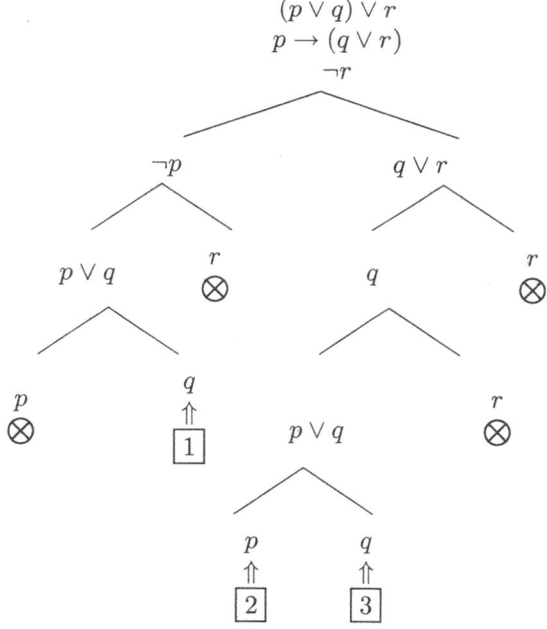

$\{A, B, C\}$ es satisfacible, pues hay 3 interpretaciones que hacen a A, B y C simultáneamente verdaderas, basadas en los conjuntos

$\boxed{1} = \{\neg p, \neg r, q\}$
$\boxed{2} = \{p, q, \neg r\}$
$\boxed{3} = \{q, \neg r\}$

Éstas son: $\Im_1, \Im_2, \Im_3$, cuyos valores son:

$$\Im_1(p) = 0 \quad \Im_1(r) = 0 \quad \Im_1(q) = 1$$

$$\Im_2(p) = 1 \quad \Im_2(q) = 1 \quad \Im_2(r) = 0$$

$$\Im_3(p) = \begin{cases} 0 \\ 1 \end{cases} \quad \Im_3(q) = 1 \quad \Im_3(r) = 0$$

Para hallar la conclusión hacemos la intersección de los literales de las ramas abiertas.

$$\boxed{1} \cap \boxed{2} \cap \boxed{3} = \{q, \neg r\}$$

La fórmula resultante es:
$$q \wedge \neg r$$

Veremos que $\{A, B, C\} \vDash q \wedge \neg r$

Para demostrarlo hacemos el árbol de $\{A, B, C, \neg (q \wedge \neg r)\}$

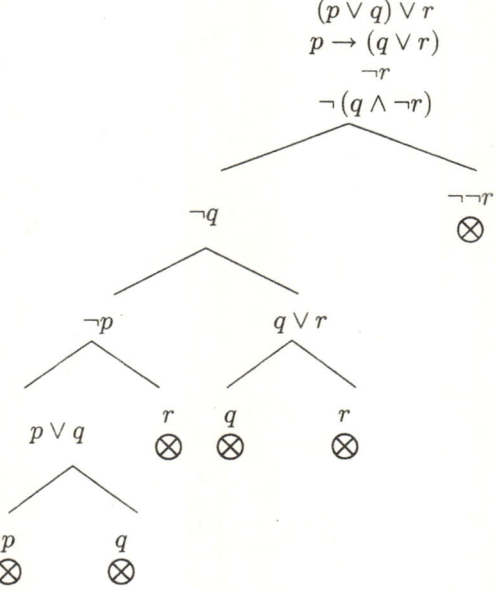

Comentario 114 *En el CD que acompaña a este libro encontraréis muchos más ejercicios resueltos de este tipo.*

4.2. PRESENTACIÓN SEMÁNTICA DE LOS TABLEAUX

4.2.9. Resumen: Cómo podemos usar los tableaux

Hemos dicho que podemos usar los tableaux para determinar propiedades semánticas, resumo la situación.

Para determinar satisfacibilidad e insatisfacibilidad

Problema planteado: Tenemos un conjunto Γ de fórmulas y queremos saber si es satisfacible o insatisfacible.
Ejecución: Construimos un tableau para Γ.
Respuesta:

- *Satisfacible:* Hay al menos una rama abierta y completa que permite definir una interpretación $\Im$ tal que $\Im(G) = 1$ para cada $G \in \Gamma$.

- *Insatisfacible:* Todas las ramas están cerradas.

Para determinar consecuencia e independencia

Problema planteado: Tenemos un conjunto de fórmulas Γ y una fórmula C y queremos saber si C es consecuencia de Γ o si, por el contrario, es independiente del conjunto.
Ejecución: Construimos un tableau de $\Gamma \cup \{\neg C\}$ para buscar un contraejemplo.
Respuesta:

- *Consecuencia:* El tableau de $\Gamma \cup \{\neg C\}$ tiene todas las ramas cerradas.

- *Independencia:* El tableau de $\Gamma \cup \{\neg C\}$ tiene al menos una rama abierta que nos permite hallar un contraejemplo. Lo construimos usando la rama abierta.

Para clasificar fórmulas

Los tableaux lógicos sirven en principio para determinar si una fórmula es o no satisfacible. Pero si al hacer el tableau de C resulta que queda al menos una rama abierta —siendo por tanto satisfacible—, para determinar si se trata de una tautología o de una fórmula contingente hemos de hacer el tableau de $\neg C$.
Problema planteado: Tenemos una fórmula C y queremos clasificarla.
Ejecución: Construimos un tableau para C.
Respuesta:

- *Contradicción:* En el tableau de C se comprueba que todas sus ramas están cerradas.

- *Satisfacible:* En el tableau de C se comprueba que al menos una rama está abierta y completamente desarrollada.

Para saber si es tautología o contingente, el proceso continúa:

Nueva ejecución: Se construye el tableau de $\neg C$.

Respuesta:

- *Tautología.* El tableau de $\neg C$ tiene todas sus ramas cerradas.
- *Contingente:* Tanto el tableau de C como el de $\neg C$ tienen al menos una rama abierta.

Para hallar la solución *razonable* de un problema

Problema planteado: Tenemos un conjunto de fórmulas Γ y queremos extraer una solución *razonable* a partir de Γ.

Ejecución:

1. Construimos un tableau para Γ para comprobar que el conjunto de hipótesis es satisfacible.

    a) Si el conjunto es insatisfacible, no hay solución razonable, pues en ese caso cualquier fórmula C es consecuencia de Γ. El tableau de $\Gamma \cup \{\neg C\}$ tiene todas las ramas cerradas, puesto que bastaban las fórmulas de Γ para cerrarlo.

    Respuesta: No hay solución razonable.

    b) Si el conjunto es satisfacible, la ejecución continúa:

2. Tomamos las ramas abiertas —por ejemplo, $R_1, ..., R_n$ y para cada R_i formamos el conjunto $\{C_{i1}, ..., C_{ip}\}$ de sus literales —las fórmulas atómicas y negación de atómicas que en ella aparezcan—. Hacemos la intersección de estos conjuntos y obtenemos el conjunto $\{A_1, ..., A_m\}$.

    a) Si el conjunto es vacío:

    Respuesta: No hay solución razonable.

    b) Si el conjunto no es vacío:

    Respuesta: La solución es la conjunción de las fórmulas anteriores:

    $$A_1 \wedge ... \wedge A_m$$

4.2.10. Definiciones precisas

Definición 115 *Tableau*

Sea $\{A_1, ..., A_m\}$ un conjunto finito de fórmulas proposicionales.

1. *El siguiente árbol monobranco es un **tableau inicial** para $\{A_1, ..., A_m\}$:*

$$A_1$$
$$\vdots$$
$$A_m$$

4.2. PRESENTACIÓN SEMÁNTICA DE LOS TABLEAUX

2. Si T es un tableau para $\{A_1, ..., A_m\}$ y T^* se obtiene de T mediante la aplicación de alguna regla de expansión, entonces T^* es un tableau para $\{A_1, ..., A_m\}$. Decimos que T^* es una **extensión directa** de T.

Definición 116 **Reglas de expansión**

- α-reglas ($\alpha = \alpha_1 \wedge \alpha_2$): Conjuntivas

α	α_1	α_2
$A \wedge B$	A	B
$\neg(A \vee B)$	$\neg A$	$\neg B$
$\neg(A \to B)$	A	$\neg B$
$A \leftrightarrow B$	$A \to B$	$B \to A$

- β-reglas ($\beta = \beta_1 \vee \beta_2$): Disyuntivas

β	β_1	β_2
$A \vee B$	A	B
$\neg(A \wedge B)$	$\neg A$	$\neg B$
$A \to B$	$\neg A$	B
$\neg(A \leftrightarrow B)$	$\neg(A \to B)$	$\neg(B \to A)$

- σ-reglas ($\sigma = \sigma_1$): Negaciones

σ	σ_1
$\neg\neg A$	A
$\neg\bot$	$\top$
$\neg\top$	$\bot$

Definición 117 *Regla de cierre:*
Cerrar una rama que tenga A y $\neg A$ —para cualquier A—, o $\neg\top$, o $\bot$.

Definición 118 *Una rama θ de un tableau está cerrada si contiene una contradicción: A y $\neg A$ (para cualquier A), o $\neg\top$, o $\bot$.*

Definición 119 *Una rama θ de un tableau está completa syss:*

1. Si $\alpha \in \theta$ entonces $\alpha_1 \in \theta$ y $\alpha_2 \in \theta$.
2. Si $\beta \in \theta$ entonces $\beta_1 \in \theta$ o $\beta_2 \in \theta$.
3. Si $\sigma \in \theta$ entonces $\sigma_1 \in \theta$.

Definición 120 *Un tableau está cerrado, si todas sus ramas lo están.*

Definición 121 *Un tableau está acabado si todas sus ramas están cerradas o completas; esto es, cada fórmula es o bien un literal —atómica o negación de atómica— o ha sido ya descompuesta, no resultando la rama cerrada.*

Definición 122 *Una rama θ de un tableau es satisfacible syss existe una interpretación $\Im$ que satisface las fórmulas de θ. Identificando la rama con sus fórmulas, escribimos $\Im \Vdash \theta$.*

Definición 123 *Un tableau T es satisfacible syss existe una interpretación $\Im$ que satisface alguna de sus ramas, y escribimos $\Im \Vdash T$.*

Comentario 124 *Nosotros siempre utilizamos conjuntos finitos de hipótesis. Las definiciones precedentes podrían extenderse para conjuntos infinitos, esto complicaría la demostración de completud del cálculo. Dado el carácter introductorio de este curso, hemos decidido dejarlo así. Para extenderlo a conjuntos de hipótesis infinitos puede consultarse el libro de Fitting [9, sección 3.9].*

4.2.11. Los teoremas de adecuación y suficiencia de tableaux

En lo anterior hemos dado por supuesto que el procedimiento de los tableaux nos determina las propiedades semánticas; esto es, la satisfacibilidad o insatisfacibilidad de los conjuntos de fórmulas finitos de la lógica proposicional. Sin embargo, aunque intuitivamente parezca claro y todos los ejemplos presentados lo evidencien, nada nos garantiza que así lo sea siempre. Nosotros hemos estado identificando tableau abierto con conjunto satisfacible y cerrado con insatisfacible.

¿Es así en efecto? ¿Os he estado ocultando información? ¿Engañando?

Nuestra definición de satisfacibilidad es semántica, relativa a la existencia de interpretación que haga verdaderas a las fórmulas del conjunto en consideración. Nada tiene que ver con la definición de los tableaux. Deberíamos demostrar que la correspondencia que hemos establecido intuitivamente es válida. Concretamente:

1. Que si Γ posee un tableau para Γ que está cerrado, el conjunto Γ es insatisfacible. En particular, que no puede existir ningún otro tableau para Γ con ramas abiertas que nos permitan definir un modelo. Esto es, que el procedimiento es sistemático, indaga todas las posibilidades y es de fiar.

2. Que si Γ es insatisfacible, habrá siempre un tableau para Γ que esté cerrado. En especial que para todo tableau abierto podemos producir un modelo de sus fórmulas. Esto es, que el procedimiento es de aplicabilidad general.

Llamaremos a estos teoremas de *Adecuación* y *Auficiencia*. Su formulación es la que sigue:

Teorema 125 *Adecuación: Si hay un tableau cerrado para Γ, entonces Γ es insatisfacible.*

Teorema 126 *Suficiencia:* Si Γ es insatisfacible, entonces hay un tableau cerrado para Γ.

Del primero se sigue como corolario el denominado *Teorema de corrección* y del segundo el *Teorema de completud*. Lo único que haría falta sería extender el concepto de prueba —por refutación— de A a partir de cualquier Γ, esto es $\Gamma \vdash A$ mediante un tableau cerrado para $\Gamma \cup \{\neg A\}$. Por supuesto, en los casos en que Γ sea infinito en el tableau inicial no podríamos escribir todas las fórmulas de Γ.

Comentario 127 *Como dije antes, en este libro sólo contemplamos el caso de conjuntos finitos de hipótesis. Siendo así, las consecuencias de los teoremas de* adecuación *y* suficiencia *son los de* corrección *y* completud débil. *Para demostrarlos lo único que haría falta sería introducir el concepto de prueba por refutación de A —esto es, $\vdash A$— mediante un tableau cerrado para $\{\neg A\}$ y tomar el conjunto $\Gamma = \{\neg A\}$.*

Solución 128 *Respondo a las preguntas y acusaciones. Los tableaux semánticos funcionan de maravilla, pero yo os he ocultado información, os he engañado. Deberíamos demostrar que así es en efecto y no darlo todo por supuesto. Os pido disculpas, hemos estado asumiendo sin demostrarlos los teoremas de adecuación y suficiencia —o sus equivalentes de corrección y completud—. Os aseguro que el procedimiento de los tableaux es de fiar y así será demostrado en el apéndice D del CD. De momento, lo asumimos.*

4.3. Presentación sintáctica de los tableaux

El último paso en este proceso de soltar lastre será el de presentar los tableaux de manera sintáctica. Los hemos estado usando para demostrar satisfacibilidad y observado cómo se relacionan sus mecanismos con la verdad de las fórmulas procesadas. Sin embargo, si nos fijamos bien en la formulación de las reglas, advertimos que en ningún momento se mencionan conceptos semánticos y que sólo aparecen en nuestras aclaraciones, explicaciones y aplicaciones de los tableaux.

Naturaleza sintáctica de las reglas

Las reglas están expresadas y se usan de forma puramente sintáctica. Véase de nuevo la sección 4.2.10, página 90 y comprobaréis que están expresadas:

- En términos de la forma lógica de las fórmulas; es decir, analizando filas de signos.

- Sin hacer referencia al significado de las fórmulas.

Esto es lo característico (de hecho, lo necesario) en un sistema formal de prueba. Debe ser 'mecánico' —un ordenador debería ser capaz de *reconocer* una prueba correcta, aunque *construir* una prueba pudiera ser muy complicado para él.

En los ejercicios anteriores hemos visto (véase el ejemplo 104) que a cada fórmula sólo se puede aplicar una regla; todo depende de su forma lógica. Así funcionan todas las reglas de los tableaux. Por lo tanto, los tableaux —en lógica proposicional— pueden implementarse determinísticamente en un ordenador, aunque la eficiencia puede ser pobre.

4.3.1. Refutable o irrefutable, ésa es la cuestión

Definición 129 *Prueba: Una secuencia finita de tableaux —conforme a las definiciones de la sección 4.2.10— $T_0, ..., T_n$ es una **refutación** del conjunto Γ de enunciados si:*

1. *T_0 es un tableau inicial para Γ.*

2. *Cada T_i donde $0 \neq i \leq n$ es una extensión directa de T_{i-1}.*

3. *T_n es un tableau cerrado.*

Comentario 130 *De nuevo sólo lo defino para conjuntos finitos.*

Definición 131 *Una **prueba** de A a partir de Γ es una **refutación** de $\Gamma \cup \{\neg A\}$. Decimos que A se deriva de Γ en el cálculo de tableaux y escribimos $\Gamma \vdash A$ para indicarlo.*
$\Gamma \vdash_{tab} A$ expresa lo mismo, explicitando que el cálculo es el de tableaux proposicionales, sólo se usa cuando haya que distinguirlo de otros cálculos.

Definición 132 *Una **prueba** de A es una **refutación** de $\{\neg A\}$. Decimos que A es un **teorema del cálculo** de tableaux y escribimos $\vdash A$ para indicarlo.*

Comentario 133 *Fijaos bien en la $\neg$ aquí. No olvidéis jamás esta $\neg$. ¡Los tableaux prueban validez y consecuencia por refutación!*
Una rama de un tableau es un subconjunto maximal y lineal del tableau. Los ejemplos deberían dejar claro lo que queremos decir. E.g., en el ejemplo 105, las dos ramas son (a) líneas 1, 2, 3, 4, 6, 7, y (b) líneas 1, 2, 3, 5.

Definición 134 *Un conjunto de fórmulas Γ es **tableau-consistente** si es irrefutable; esto es, no hay ningún tableau cerrado para Γ. Lo indicamos $\Gamma \nvdash \bot$.*

Definición 135 *Una fórmula A es **tableau-consistente** si no hay un tableau cerrado para A (syss $\nvdash \neg A$).*

4.3.2. Ejemplos de teoremas

- Mostramos en el ejemplo 103 que

$$\vdash \neg((\neg p \land \neg \neg q) \land \neg q)$$

4.3. PRESENTACIÓN SINTÁCTICA DE LOS TABLEAUX

- Mostramos en el ejemplo 105 que
$$\vdash ((p \to q) \to p) \to p$$

- Mostramos en el ejemplo 108 que
$$\vdash [(p \land q) \to r] \leftrightarrow [(p \to r) \lor (q \to r)]$$

- Mostramos en el ejemplo 112 que
$$p \land (p \to q) \vdash q$$

4.3.3. Los teoremas de corrección y completud

Ahora hemos definido los tableau sintácticamente, ¡estupendo! Uno puede pasar muchas horas haciendo tableaux, incluso puede resultar divertido, más fácil que los crucigramas y menos cruento que *"counter strike"*.

Pero esto sería inútil a menos que los tableaux se correspondieran con la semántica.

Queremos usar tableaux para determinar propiedades semánticas: validez, satisfacibilidad, consecuencia e independencia.

Los ejemplos sugieren, y en la presentación semántica lo aceptamos así, que si hacemos un tableau que empiece con una fórmula $\neg A$, y todas las ramas se cierran, entonces todos los modos posibles en que $\neg A$ es verdadero son eliminados. Por tanto, A debe ser válida.

Resulta que con este procedimiento podemos probar (y lo indicamos con este signo $\vdash$) todas las fórmulas válidas, pero sólo ellas.

Teorema 136 *Equivalencia entre semántica y cálculo*

Sea A una fórmula proposicional cualquiera. Entonces A es válida syss A es un teorema del cálculo de tableaux, en signos: $\vDash A$ syss $\vdash A$.

La dirección $\Leftarrow$ se llama *corrección*: el sistema de prueba (tableaux) puede *sólo* probar fórmulas que sean válidas. El cálculo es de fiar, no nos conducirá a error.

La dirección $\Rightarrow$ se llama *completud débil:* podemos probar *cada* fórmula válida. El cálculo es de aplicabilidad general, siempre lo podremos usar.

No probaremos ahora este importante teorema, pero diremos algo sobre ello.

¿Por qué el teorema 136 es verdadero?

Corrección *Si hay una prueba mediante refutación de A —esto es, un tableau cerrado para $\{\neg A\}$—, entonces A es una fórmula válida o tautología.*

Ya hemos dicho que en las ramas de un tableau para A se exploran todas las maneras en las que A puede ser verdad en un modelo.

Por lo tanto, si $\vdash A$, entonces hay un tableau cerrado para $\neg A$. Por consiguiente, todas las posibilidades han sido indagadas y todas se han cerrado; ninguna nos ha permitido encontrar un modelo de $\neg A$; es decir, $\neg A$ *no puede* ser verdad nunca. Por lo tanto, A debe ser siempre verdadera; es decir, válida.

Completud débil *Si A es una fórmula válida o tautología, entonces hay una prueba mediante refutación de A —esto es, un tableau cerrado para $\{\neg A\}$.*

Si $\nvdash A$, hagamos un tableau *completo* para $\neg A$ aplicando *todas las reglas posibles*.

Como $\nvdash A$, este tableau debe tener una rama abierta. Esta rama es una descripción completa de un modelo en el que $\neg A$ será verdadera. Podemos usar la descripción para construir un modelo de $\neg A$.

Por lo tanto, A no es válida.

Comentario 137 *En la sección 11.4 del capítulo 11 dedicado a los tableaux de primer orden volvemos a plantear la completud y corrección de los cálculos deductivos, podríais echarle un vistazo ahora. Su demostración rigurosa se hará en el apéndice D.*

4.3.4. Decidibilidad algorítmica

Debido a que hay sólo una regla aplicable a cada línea dada de un tableau (la exigida por la forma lógica de la fórmula que está en la línea) y a que siempre las fórmulas *output* de cualquier regla son más simples que las fórmulas *input*, se puede programar un ordenador para construir un tableau para cualquier fórmula dada $\neg A$.

El programa terminará en un tiempo finito o bien porque el tableau se cierra, o porque se ha completado (no se pueden aplicar más reglas).

Si el tableau se cierra, sabemos que $\vdash A$.

Si no, podemos extraer un modelo de $\neg A$ a partir de una rama abierta, por tanto $\nvdash A$.

Por lo tanto, se puede programar un ordenador para decidir en un tiempo finito si se da $\vdash A$ (o no), para cualquier fórmula proposicional A.

Veremos que éste no es el caso para la lógica de primer orden.

4.3.5. En los ejemplos la corrección no falla

Ejemplo 138 *Sea $B := \neg((\neg p \land \neg\neg q) \land \neg q)$. En el ejemplo 103, mostramos que $\vdash B$. Por el teorema de corrección —la dirección $\Leftarrow$ del teorema 136— sabemos que B es válida. Veámoslo en este caso.*

Una manera de hacerlo sería usando las tablas de verdad. Vamos a comprobarlo con interpretaciones: tomemos una cualquiera $\Im$ y veamos que B es verdadera en ella.

Queremos ver que $\Im \Vdash B$. Por lo tanto, queremos mostrar que $\neg p \land \neg\neg q$ y $\neg q$ no son verdaderas simultáneamente en $\Im$.

Por lo tanto, tenemos que ver que las tres $\neg p$, $\neg\neg q$, y $\neg q$ no sean verdaderas simultáneamente en $\Im$.

Pero no podemos ni tan siquiera hacer que las dos últimas lo sean: una de ellas debe fallar; o bien $\Im \Vdash \neg\neg q$ o bien $\Im \Vdash \neg q$, nunca ambas. Puesto que la interpretación $\Im$ es arbitraria, B es válida, tal y como dice la dirección $\Leftarrow$ del teorema 136 de equivalencia.

4.3.6. Ejercicios propuestos con solución

Demostrad lo siguiente construyendo tableaux cerrados:

1. $\vdash p \to p$.

    1. $\neg(p \to p)$

    2. p $\alpha 1$
    3. $\neg p$ $\alpha 1$

    cerrado(2,3)

2. $\vdash p \vee \neg p$.

    1. $\neg(p \vee \neg p)$

    2. p
    3. $\neg p$

    cerrado(2,3)

3. $\vdash ((p \to q) \to p) \to p$.

    1. $\neg(((p \to q) \to p) \to p)$
    2. $(p \to q) \to p$ $\alpha 1$
    3. $\neg p$ $\alpha 1$

4. $\neg(p \to q)$ $\beta 2$	7. p $\beta 2$
5. p $\alpha 4$	cerrado(3,7)
6. $\neg q$ $\alpha 4$	
cerrado(3,5)	

4. $\vdash (p \to q) \to (p \to (q \vee r))$.

    1. $\neg((p \to q) \to (p \to (q \vee r)))$
    2. $p \to q$ $\alpha 1$
    3. $\neg(p \to (q \vee r))$ $\alpha 1$
    4. p $\alpha 3$
    5. $\neg(q \vee r)$ $\alpha 3$
    6. $\neg q$ $\alpha 5$
    7. $\neg r$ $\alpha 5$

8. $\neg p$ $\beta 2$	9. q $\beta 2$
cerrado(4,8)	cerrado(6,9)

5. $\vdash p \wedge q \leftrightarrow q \wedge p$.

$$1. \quad \neg(p \wedge q \leftrightarrow q \wedge p)$$

2. $p \wedge q$	$\beta 1$		8. $\neg(p \wedge q)$	$\beta 1$
3. $\neg(q \wedge p)$	$\beta 1$		9. $q \wedge p$	$\beta 1$
4. p	$\alpha 2$		10. q	$\alpha 9$
5. q	$\alpha 2$		11. p	$\alpha 9$

| 6. $\neg q$ $\beta 3$ | 7. $\neg p$ $\beta 3$ | 12. $\neg p$ $\beta 8$ | 13. $\neg q$ $\beta 8$ |
| cerrado(5,6) | cerrado(4,7) | cerrado(11,12) | cerrado(10,13) |

6. $\vdash ((p \to r) \wedge (q \to r)) \to ((p \vee q) \to r)$.

$$1. \quad \neg(((p \to r) \wedge (q \to r)) \to ((p \vee q) \to r))$$

2. $(p \to r) \wedge (q \to r)$	$\alpha 1$
3. $\neg((p \vee q) \to r)$	$\alpha 1$
4. $p \to r$	$\alpha 2$
5. $q \to r$	$\alpha 2$
6. $p \vee q$	$\alpha 3$
7. $\neg r$	$\alpha 3$

| 8. p $\beta 6$ | | 11. q $\beta 6$ |

| 9. $\neg p$ $\beta 4$ | 10. r $\beta 4$ | 12. $\neg q$ $\beta 5$ | 13. r $\beta 5$ |
| cerrado(8,9) | cerrado(7,10) | cerrado(11,12) | cerrado(7,13) |

7. $\vdash ((p \vee q) \to r) \to ((p \to r) \wedge (q \to r))$.

$$1. \quad \neg(((p \vee q) \to r) \to ((p \to r) \wedge (q \to r)))$$

| 2. $(p \vee q) \to r$ | $\alpha 1$ |
| 3. $\neg((p \to r) \wedge (q \to r))$ | $\alpha 1$ |

4. $\neg(p \to r)$ $\beta 3$		11. $\neg(q \to r)$ $\beta 3$
5. p $\alpha 4$		12. q $\alpha 11$
6. $\neg r$ $\alpha 4$		13. $\neg r$ $\alpha 11$

7. $\neg(p \vee q)$ $\beta 2$	10. r $\beta 2$	14. $\neg(p \vee q)$ $\beta 2$	17. r $\beta 2$
8. $\neg p$ $\alpha 7$	cerrado(6,10)	15. $\neg p$ $\alpha 14$	cerrado(13,17)
9. $\neg q$ $\alpha 7$		16. $\neg q$ $\alpha 14$	
cerrado(5,8)		cerrado(12,16)	

8. $\vdash (p \to q) \to ((q \to r) \to (p \to r))$.

    1. $\neg((p \to q) \to ((q \to r) \to (p \to r)))$

        2. $p \to q$ $\alpha 1$
        3. $\neg((q \to r) \to (p \to r))$ $\alpha 1$
        4. $q \to r$ $\alpha 3$
        5. $\neg(p \to r)$ $\alpha 3$
        6. p $\alpha 5$
        7. $\neg r$ $\alpha 5$

    8. $\neg p$ $\beta 2$ 9. q $\beta 2$
    cerrado(6,8)

                       10. $\neg q$ $\beta 4$ 11. r $\beta 4$
                       cerrado(9,10)   cerrado(7,11)

9. Construye un tableau completo para $A := \neg((p \to q) \to (q \to p))$. Ulilízalo para encontrar un modelo de A.

    1. $\neg((p \to q) \to (q \to p))$

        2. $p \to q$ $\alpha 1$
        3. $\neg(q \to p)$ $\alpha 1$
        4. q $\alpha 3$
        5. $\neg p$ $\alpha 3$

6. $\neg p$ $\beta 2$ 7. q $\beta 2$

Este tableau no se cierra. No se puede descomponer más, luego está completo. Cada rama abierta proporciona un modelo de

$$A = \neg((p \to q) \to (q \to p))$$

—de hecho, el mismo modelo en las dos ramas—. Tomad la rama izquierda (líneas 1–6). Hacemos verdadera a q, puesto que q está sin negar en la rama, y p falsa, puesto que p está negada. Esta interpretación hace verdadera a A (¡compruébalo!).

4.4. Ejercicios del CD

Los ejercicios siguientes están todos resueltos en el CD que acompaña a este libro, en el capítulo 4. Hay tres bloques de cada tipo, dos de ellos vienen con solución y del otro sólo se suministra el enunciado.

TABLEAUX SEMÁNTICOS (1)

1. Determinad si los siguientes conjuntos son satisfacibles o insatisfacibles y definid un modelo, en el primer caso:

a) $\{\neg p \wedge q, ((r \to p) \leftrightarrow \neg q) \vee \neg r, \neg(r \vee \neg p)\}$

b) $\{r \to \neg(p \wedge \neg q), ((p \to r) \to (\neg q \leftrightarrow r)) \wedge \neg r, \neg(q \wedge q)\}$

c) $\{(p \wedge r) \vee (\neg r \to q), (q \leftrightarrow r) \to (\neg q \to r), (\neg p \wedge q) \wedge \neg r\}$

d) $\{(p \wedge \neg q) \to \neg r, (\neg p \to \neg q) \wedge \neg r, (r \wedge \neg r) \wedge q\}$

e) $\{\neg q \to \neg r, p, (\neg q \to p) \to q, \neg r \wedge p, s \to q, r \vee p\}$

2. ¿Son tautologías las fórmulas siguientes?

   a) p
   b) $p \leftrightarrow (p \wedge q)$
   c) $(r \leftrightarrow s) \to ((r \wedge s) \vee (\neg r \wedge \neg s))$
   d) $((p \to q) \to r) \to (q \to r)$
   e) $(p \to q) \vee \neg(q \to p)$

3. Clasificad las siguientes fórmulas (tautología, contradicción, contingente, satisfacible):

   a) $p \wedge q$
   b) $((p \to (\neg p \wedge r)) \vee \neg r) \to q$
   c) $((p \wedge q) \to r) \leftrightarrow ((p \to r) \vee (q \to r))$
   d) $((p \vee q) \to r) \leftrightarrow ((p \wedge \neg r) \vee (q \wedge \neg r))$
   e) $(p \to (q \to r)) \leftrightarrow (p \wedge (q \wedge \neg r))$

4. Determinad si la conclusión se sigue de las hipótesis utilizando árboles lógicos. En los casos oportunos, construid un contraejemplo.

   a) $\{\neg(p \to (q \wedge r)), r \to (p \wedge q)\} \vDash \neg r$
   b) $\{p \to (q \vee r), \neg((p \vee q) \to r)\} \vDash p$
   c) $\{p \to q, p \to r\} \vDash q \leftrightarrow r$
   d) $\{p \to q, r \to s, p \vee r, \neg(q \wedge s)\} \vDash (q \to p) \wedge (s \to r)$
   e) $\{q \wedge r\} \vDash (p \vee q) \wedge r$

4.5. MAFIA

Los siguientes ejercicios están *"ambientados"* en el mundo de la Mafia[5]. En todos ellos se han producido hechos delictivos que es preciso esclarecer. Normalmente se trata de descubrir a los culpables —traidores a *La Familia*—. Éstos son los tres apartados que hay que resolver en casi todos los problemas:

---

[5] Muchos de estos ejercicios fueron propuestos por mis alumnos de Salamanca, tanto los de *filosofía* como los de *informática*. El tema era *MAFIA*, y se requería que la situación se plantease en un contexto delirante de operaciones fraudulentas, extorsiones y traiciones. Les estoy muy agradecida.

4.5. MAFIA

1. Formalizar los enunciados usando las iniciales de los nombres de los implicados: p, q, r y s pueden significar, respectivamente, *Pedro* es el culpable, *Quiteria* es el culpable, *Ramón* es el culpable y *Sebastián* es el culpable.

2. Comprobar si los datos son compatibles.

3. Extraer consecuencias de los datos y demostrar que son válidas.

Hay treinta ejercicios de este tipo en el CD, la parte interesante es la de búsqueda de soluciones, son casos similares a los de la página 86, que pueden resolverse mediante un razonamiento lógico-deductivo con la ayuda de *tableaux semánticos*. A continuación pongo la lista de títulos, enuncio algunos y resuelvo el tercero.

MAFIA (1). Sacas de cocaína

De los almacenes del Padrino han desaparecido unas sacas de cocaína. Puesto que no se ha forzado ninguna puerta, se teme que haya traidores en La Familia. La investigación del caso arroja estos datos:

$A :=$ Nadie más que P, Q, R y S están bajo sospecha y al menos uno es traidor.
$B :=$ Q es leal a La Familia
$C :=$ Si P es traidor, entonces tiene exactamente un cómplice, que no es Q.
$D :=$ Si R es traidor, entonces tiene exactamente dos cómplices, ninguno de los cuales es Q.

MAFIA (2). Robo de archivos

Al llegar el Padrino a su despacho notó que alguien había entrado en él, ¡incluso había revuelto sus archivos! Pudo comprobar que faltaban algunos documentos comprometedores.
La investigación del caso arroja estos datos:

$A :=$ Nadie más que P, Q y R están bajo sospecha y al menos uno es traidor.
$B :=$ P nunca trabaja sin llevar al menos un cómplice.
$C :=$ R es leal.

MAFIA (3). Los gemelos

Este caso es de extrema gravedad y requiere que se resuelva de una sola vez para evitar que se ejecute al hijo del Padrino, quien acaba de recibir un besugo con una tarjeta en la que aparece el nombre de su hijo. Como es bien sabido, ésta es una amenaza seria de muerte.

$A :=$ Sólo hay tres sospechosos de haber enviado la "misiva" al Padrino, P, Q y R.

$B :=$ Sucede que P y R son gemelos idénticos, nadie es capaz de distinguirlos. Ambos son terriblemente tímidos, por lo que todas las acciones importantes las tienen que hacer en comandita.

$C :=$ Justamente el opuesto es el caso de Q, que es tan hosco que jamás realiza misión alguna acompañado.

$D :=$ Pero el día de marras uno de los gemelos lo pasó completo en el bar, muchos testigos así lo manifestaron.

1. Formaliza los enunciados anteriores usando las claves siguientes: p, q, r y s significan, respectivamente, P es un traidor, Q es un traidor, R es un traidor y S es un traidor.

2. Comprueba si los datos son compatibles.

3. Extrae consecuencias de los datos y demuestra que son válidas.

Respuestas y explicaciones de las preguntas

- La formalización es:

$$A := (p \vee q) \vee r$$
$$B := p \leftrightarrow r$$
$$C := q \rightarrow \neg (p \vee r)$$
$$D := \neg p \vee \neg r$$

- Para comprobar si son compatibles vemos si $\{A, B, C, D\}$ es satisfacible.

4.5. MAFIA

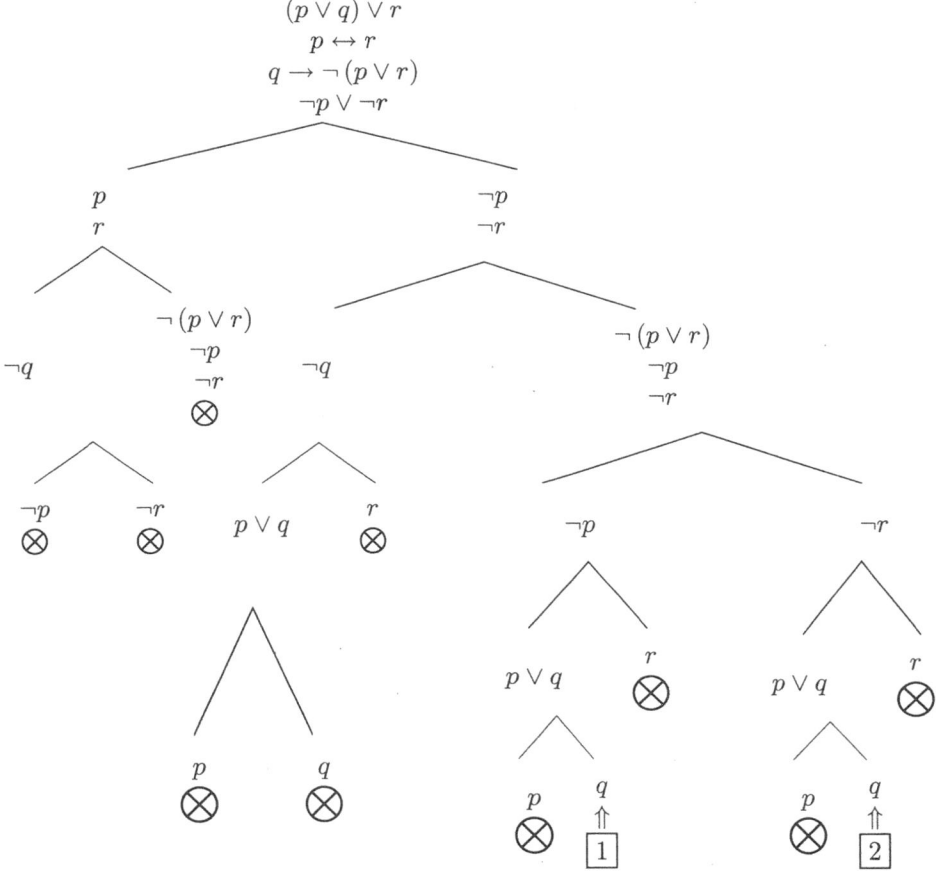

Observamos que son compatibles, hay dos interpretaciones en las que las fórmulas $A, ..., D$ son simultáneamente verdaderas.

$$\boxed{1} = \{\neg p, q, \ \neg r\}$$
$$\boxed{2} = \{\neg p, q, \ \neg r\}$$

- Para extraer conclusiones hacemos la intersección

$$\boxed{1} \cap \boxed{2} = \{\neg p, q, \neg r\}$$

La fórmula resultante es:
$$\neg p \wedge (q \wedge \neg r)$$

Concluimos que
$$\{A, ..., D\} \vDash \neg p \wedge (q \wedge \neg r)$$

para comprobarlo hacemos un árbol:

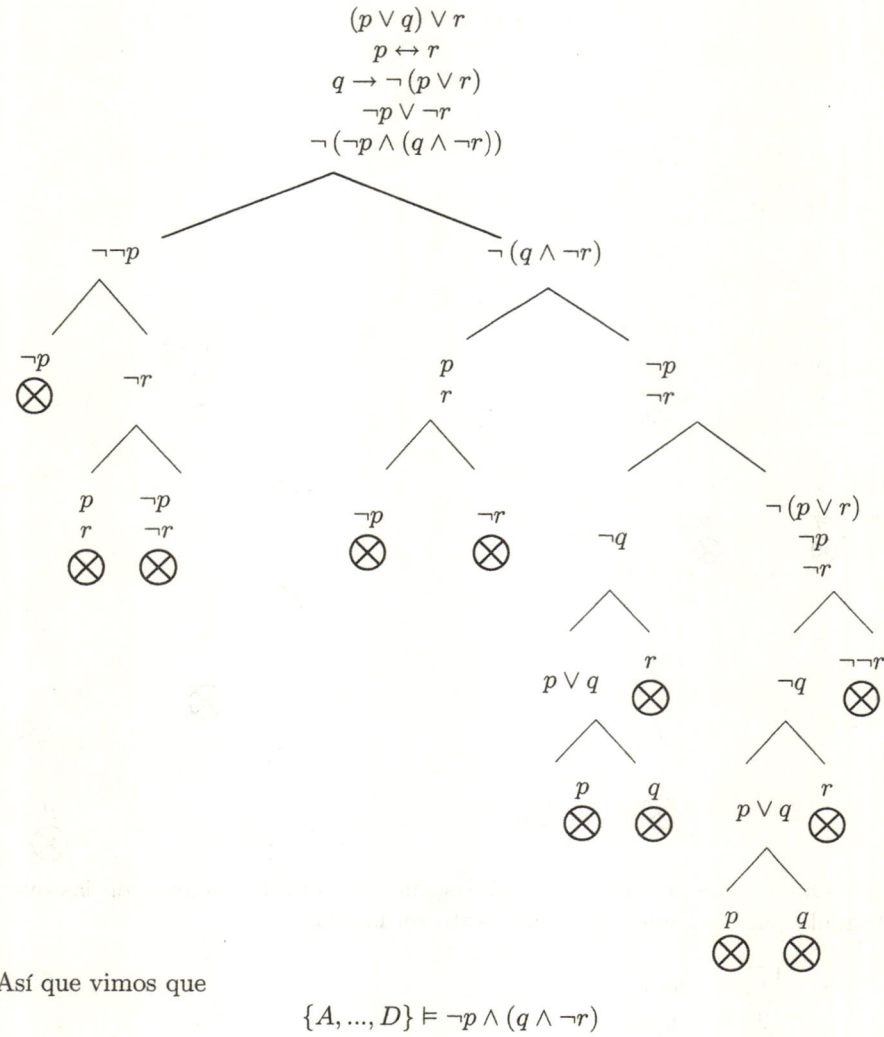

Así que vimos que
$$\{A, ..., D\} \models \neg p \land (q \land \neg r)$$

Puesto que
$$\{A, ..., D, \neg [\neg p \land (q \land \neg r)]\}$$

es insatisfacible.

MAFIA (4). *Solitario del Padrino*

El Padrino está muy orgulloso de su solitario, un brillante gigantesco que adorna su anillo de bodas (con la Mafia), pero hoy, al levantarse de la siesta, no lo encuentra en el lugar habitual.

$A :=$ S es inocente.
$B :=$ Si P fuera culpable, tendría exactamente un cómplice, que no es S.
$C :=$ Si Q es inocente, R también lo es.

4.5. MAFIA

$D :=$ Si hay al menos dos culpables, uno de ellos es P. (Excluimos a S.)
$E :=$ Si Q es culpable, R también lo es.
$F :=$ Sólo han entrado cuatro personas en la alcoba del Padrino, P, Q, R y S.

MAFIA (5). Cajas de bombones
(José Luis González)

MAFIA (6). Mafia rusa: Blanqueo de dinero
(Luis Alberto)

MAFIA (7). Robos en la casa de campo
(Mónica Rodríguez)

MAFIA (8). Cajas de whisky
(Rubén Brunna)

MAFIA (9). Un viaje en tren: asesinato del viajero
(Sergio San Victoriano)

MAFIA (10). Colección de armas
(Nuria Martín)

MAFIA (11). Ruleta trucada
(Raquel Rodríguez)

MAFIA (12). Robo en la mansión del Padrino
(Raquel Caño)

MAFIA (13). Asesinar a la Familia
(Mónica Ramón)

MAFIA (14). El sobrino de Don Vito
(Alberto Sánchez)

MAFIA (15). Reunión en el despacho del Padrino
(Mercedes Sánchez)

MAFIA (16). Albert, Bill y Casey
(Ian Hodkinson)

El Padrino llama a Albert, Bill y Casey, sospechosos de traición a su persona e intereses, y los entrevista por separado. Éstas son sus declaraciones:

ALBERT Bill es culpable y Casey inocente.

BILL Si Albert es culpable, Casey también.

CASEY Yo soy inocente, pero al menos uno de los otros dos es culpable.

1. Formaliza las declaraciones de los sospechosos usando las letras a, b y c para, respectivamente, Albert es inocente, Bill es inocente y Casey es inocente.

2. ¿Son consistentes los testimonios de los tres? Es decir, ¿hay alguna situación en la que lo que dicen los tres sea verdadero?

3. El testimonio de uno de los sospechosos se sigue lógicamente ($\vDash$) del de los otros dos. ¿Cuál?, ¿de cuáles?

4. Suponiendo que todos sean inocentes, ¿quién cometió perjurio en su declaración?

5. Suponiendo que todas las declaraciones sean ciertas, ¿quién es inocente y quién es culpable de traición?

6. Apoyándote en el resultado del ejercicio anterior: Si los culpables fueran mentirosos y veraces los inocentes, ¿quién es inocente y quién es culpable?

MAFIA (17). *El secreto de Rafaella*

(Elías García)

MAFIA (18). *La lámpara de diamantes*

(Almudena Sardón)

MAFIA (19). *Traición en el viejo caserón*

(Juan María Fiz)

MAFIA (20). *Hachís*

(José Luis Carrera)

MAFIA (21). *Atún noruego*

(José Luis Carrera)

MAFIA (22). *Reyertas sicilianas*

(Alberto Muñoz)

4.5. MAFIA

MAFIA (23). La familia Corleone
(Inma González)

MAFIA (24). La hija de los Bianco
(Oscar Tellechea)

MAFIA (25). Boda en Sicilia
(Ricardo Manzano)

MAFIA (26). Asesinato en la Mafia discográfica
(José Sarrión)

MAFIA (27). El secuestro de Randy Jones
(Silvina Merino)

MAFIA (28). Lógica y Expediente X
(Alfonso Antolín)

MAFIA (29). La tía Pepa
(Alejandra Ocaña)

MAFIA (30). La esfinge
(Mª José Zapatero)

Capítulo 5

Otros cálculos proposicionales

En el capítulo anterior se ha mostrado la transición entre el tratamiento semántico y el sintáctico de la lógica formal. Desde el punto de vista sintáctico la noción de derivabilidad (deducción en el cálculo deductivo) ha sustituido al concepto semántico de consecuencia.

Con el concepto sintáctico de cálculo deductivo y de prueba en el cálculo deductivo estamos más cerca del concepto intuitivo de consecuencia como una cadena de razonamiento entre las premisas y la conclusión. El cálculo de los tableaux utiliza la regla intuitiva de refutación pero no siempre se razona así. Hay muchos otros procedimientos formales de prueba, basados en diferentes estrategias, por las cuales se puede reconocer o aceptar que una fórmula es un teorema o que una fórmula se deriva de un conjunto de premisas. En este capítulo vamos a ver con detalle dos de estos procedimientos: el cálculo de resolución y el cálculo de deducción natural.

El cálculo de resolución es un procedimiento de prueba de la validez de un razonamiento basado en la estrategia de refutación. Nos recordará mucho el cálculo de tableaux, pero tiene diferencias importantes, como el uso de la regla de resolución. Este cálculo es fácilmente automatizable y por ello es muy utilizado para la deducción automática.

El cálculo de deducción natural utiliza la regla de refutación pero también muchas otras reglas que reflejan muy bien principios del razonamiento informal. El procedimiento de prueba en este cálculo consiste en construir una cadena de razonamiento desde las premisas a la conclusión utilizando únicamente las reglas de deducción para pasar de un nodo al siguiente. Este cálculo es el que mejor refleja la forma de razonar intuitiva y por ello es uno de los más estudiados y utilizados.

Otros procedimientos muy utilizados en diferentes contextos son los cálculos axiomáticos (también llamados sistemas de Hilbert) y el cálculo de secuentes de Gentzen.

El cálculo axiomático tiene como característica el contar con ciertas fórmulas, llamadas axiomas, que son tautologías conocidas. Una prueba consiste en una cadena de razonamiento a partir de los axiomas y se construye utilizando algunas reglas de inferencia que capturan el principio intuitivo de que algunas fórmulas "se siguen de otras".

El cálculo de secuentes de Gentsen es un cálculo intermedio entre el cálculo de tableaux y el de deducción natural. En su origen, el cálculo de deducción natural se consideraba un cálculo de secuentes y es posible que en muchos textos aún haya esta confusión. Actualmente se consideran cálculos diferentes.

Aunque aquí no vamos a explicar estos otros dos tipos de cálculos, hemos querido advertir de su existencia y su no confusión con el de deducción natural.

5.1. Resolución proposicional

En un cálculo refutativo, para demostrar que C se deriva de Γ, se demuestra que $\Gamma \cup \{\neg C\}$ es insatisfacible. El cálculo de resolución que vamos a presentar es de este tipo, en él se trata de derivar una contradicción a partir de $\Gamma \cup \{\neg C\}$, construyendo una cadena de razonamiento donde el paso de una fórmula a otra se hace aplicando una regla deductiva, llamada regla de resolución.

Este cálculo tendrá las ventajas y desventajas de un cálculo refutativo como el visto en el capítulo 4, pero introduce el concepto de esquema deductivo por aplicación de una regla de deducción. La regla de resolución refleja un principio de razonamiento informal y para obtener la contradicción habremos de construir una cadena o esquema de razonamiento usando esa regla.

El precio a pagar para poder tener sólo una regla o principio de razonamiento es que las fórmulas que usemos se habrán de convertir a una forma especial, apta para aplicar la regla de resolución. Por tanto, antes de hacer cualquier prueba, deberemos modificar las fórmulas de $\Gamma \cup \{\neg C\}$ con unas reglas de conversión.

Optaré por dar una presentación sintáctica del cálculo, poniendo el acento en el mecanismo de construcción de las pruebas lógicas. Al final, sin embargo, se enunciarán los teoremas de corrección y completud sobre el cálculo que relacionan los conceptos sintácticos de derivabilidad con los semánticos de satisfacibilidad y validez.

5.1.1. Introducción

En la presentación más convencional del *cálculo de resolución*, la que encontraréis en la mayoría de libros introductorios de lógica, para construir una prueba se hace primero una conversión de las fórmulas a la llamada *forma normal conjuntiva* (ver definición en la página 65), en un proceso llamado *de expansión clausular*, y después se aplica la única regla de deducción, *la regla de resolución*, al resultado de ese proceso.

La versión que vamos a presentar aquí no es la convencional, ya que permitiremos la aplicación de la regla de resolución antes de que la fórmula haya sido completamente convertida. Esta versión es más apropiada para construir

5.1. RESOLUCIÓN PROPOSICIONAL

pruebas de forma "manual". En la última sección veremos el *método de resolución lineal*, que es la versión convencional adaptada para un eficiente uso automatizable de este cálculo.

Características del cálculo de resolución

- Proporciona un procedimiento simple y mecanizable para probar la validez de una fórmula.

- Permite probar la inconsistencia de un conjunto de fórmulas.

- Sirve para verificar que una fórmula C es consecuencia de un conjunto de premisas Γ.

- Es automatizable para la lógica proposicional, fácilmente implementable.

- Es fácilmente generalizable a la lógica de primer orden.

5.1.2. Árbol de expansión clausular

A continuación vamos a mostrar el proceso para descomponer una fórmula en lo que llamaremos *cláusulas*.

Antes de continuar conviene aclarar una cuestión de notación.

Notación 139 *Una disyunción $A \vee B$ se escribirá también $[A, B]$, para indicar claramente las dos componentes de la disyunción. En general, una disyunción $A_1 \vee ... \vee A_n$ se escribe $[A_1, ..., A_n]$. Tenemos el caso especial $[A]$, que significa una disyunción con una única componente:*

$$[A, B] := A \vee B$$

Recordemos que un **literal** es una letra proposicional o la negación de una letra proposicional.

Definición 140 *Una **cláusula** es una fórmula con forma lógica de disyunción y donde sus componentes son **literales**, esto es, son letras proposicionales o negación de letras proposicionales. La cláusula $[\bot]$ se llama contradicción o **cláusula vacía**.*

Definición 141 *Se dice que una fórmula A descompone en las cláusulas $C_1, ..., C_n$ si $A \equiv C_1 \wedge ... \wedge C_n$.*

Veremos que una fórmula siempre descompone en cláusulas. La conjunción de esas cláusulas se llama *forma normal conjuntiva de la fórmula* (FNC).

El proceso para la descomposición de una fórmula en cláusulas se llama *expansión clausular*. Las reglas de expansión clausular reflejan equivalencias lógicas de los conectores (encontraréis un estudio en profundidad de éstas en la sección **??** del apéndice que está en el CD que acompaña a este libro) y con ellas construiremos un *árbol de expansión clausular de una fórmula*.

Reglas de expansión clausular

- α-reglas:

    1. De $A \wedge B$, se deduce A y, *en una rama nueva, separada*, B.
    2. De $\neg(A \vee B)$, se deduce $\neg A$ y, *en una rama nueva, separada*, $\neg B$.
    3. De $\neg(A \to B)$, se deduce A y, *en una rama nueva, separada*, $\neg B$.

    Lo representaremos:

    $$[A \wedge B] \qquad [\neg(A \vee B)] \qquad [\neg(A \to B)]$$
    $$[A] \quad [B] \qquad [\neg A] \quad [\neg B] \qquad [A] \quad [\neg B]$$

- β-reglas:

    1. De $A \vee B$, se deduce $[A, B]$.
    2. De $A \to B$ se deduce $[\neg A, B]$.
    3. De $\neg(A \wedge B)$, se deduce $[\neg A, \neg B]$.

    Lo representaremos:

    $$[A \vee B] \qquad [A \to B] \qquad [\neg(A \wedge B)]$$
    $$[A, B] \qquad [\neg A, B] \qquad [\neg A, \neg B]$$

- σ-reglas:

    1. De $\neg\neg A$, se deduce A.
    2. De $\neg\bot$, se deduce $\top$.
    3. De $\neg\top$, se deduce $\bot$.

    Lo representaremos:

    $$[\neg\neg A] \qquad [\neg\bot] \qquad [\neg\top]$$
    $$[A] \qquad [\top] \qquad [\bot]$$

Comentario 142 *Los que habéis estudiado ya los árboles para los tableaux (página 80), veréis que las reglas recuerdan las de los tableaux, pero debéis **poner mucha atención** porque aquí las reglas que producen ramificación son **las de tipo** α, mientras que todas las demás mantienen una misma rama, así el árbol de expansión clausular de resolución es **dual** del árbol de expansión de los tableaux.*

Comentario 143 *Observad que no hay regla para el bicondicional. El lenguaje para lógica proposicional que se ha presentado en la sección 2.2 incluye el conector $\leftrightarrow$ como signo primitivo, pero en todo este capítulo lo vamos a considerar un conector definido a partir del condicional y el conjuntor*

$$A \leftrightarrow B := (A \to B) \wedge (B \to A)$$

De esta forma no necesitaremos una regla para este conector.

5.1. RESOLUCIÓN PROPOSICIONAL

Árbol de expansión clausular y forma normal conjuntiva

Es el esquema gráfico de descomposición de una fórmula en cláusulas aplicando las reglas de expansión. El procedimiento de construcción del árbol de expansión de una fórmula A es el siguiente:

1. El árbol clausular comienza con $[A]$, el primer nodo o disyunción.

2. Según la forma lógica de A, se aplica la regla de expansión clausular (página 112) adecuada.

3. Supongamos construido el árbol clausular de una fórmula hasta un número finito de nodos (cada nodo es una disyunción, posiblemente con una única fórmula) y que uno de estos nodos o disyunciones es de la forma $[\ldots, C, \ldots]$, conteniendo alguna fórmula proposicional C que no es un *literal* (letra proposicional o negación de una letra proposicional). Según qué forma tenga C, se aplica la regla de expansión clausular correspondiente.

4. El árbol es *completado* cuando los *nodos finales* de cada rama son disyunciones compuestas de *literales*. Entonces se llaman *nodos terminales* y las disyunciones finales se llaman *cláusulas*.

Comentario 144 *En general será una **buena estrategia** elegir C de manera que le corresponda la aplicación de una β-regla o σ-regla, ya que éstas mantienen una única rama.*

Cuando se completa el árbol de expansión clausular (llamado también árbol clausular), se llama *árbol clausular completado*. La conjunción de todas las cláusulas del árbol completado de la fórmula A es la *forma normal conjuntiva* o *forma clausular* de A —lo indicamos mediante $FNC(A)$.

Cuando el árbol clausular no se completa porque alguna rama no llega a descomponer en cláusulas, la conjunción de los *nodos finales* (no terminales) de ese árbol nos da *una forma conjuntiva,* pero no es la FNC.

El siguiente teorema asegura que la FNC de una fórmula es lógicamente equivalente a la fórmula dada. Es muy intuitivo, y se basa en las equivalencias lógicas entre conectores. Su demostración la dejamos como un ejercicio, pero en el apéndice que está en el CD encontraréis definiciones y resultados que os ayudarán a demostrarlo.

Teorema 145 *Para toda fórmula A se verifica que $A \equiv FNC(A)$.*

Ejemplos de árbol de expansión clausular de una fórmula

Ejemplo 146 *El árbol clausular completado para la fórmula*

$$(A \to B) \land (A \land C)$$

es:

$$[(A \to B) \land (A \land C)]$$

$$[A \to B] \qquad [A \land C]$$

$$\boxed{[\neg A, B]} \qquad \boxed{[A]} \quad \boxed{[C]}$$

Hemos resaltado con un recuadro las cláusulas que se obtienen al completar el árbol clausular.
Como consecuencia la forma clausular o forma normal conjuntiva de la fórmula del enunciado es $[\neg A, B] \land [A] \land [C]$ *o, lo que es igual,* $(\neg A \lor B) \land A \land C$.

Ejemplo 147 *Construimos un árbol clausular de la fórmula*

$$\neg((A \land B) \lor D) \to ((A \lor C) \to \neg D)$$

hasta nodos finales inmediatamente previos a los nodos terminales (cláusulas). Después escribimos su expresión en forma conjuntiva no normal.

$$[\neg((A \land B) \lor D) \to ((A \lor C) \to \neg D)]$$
$$|$$
$$[\neg\neg((A \land B) \lor D), (A \lor C) \to \neg D]$$
$$|$$
$$[(A \land B) \lor D, (A \lor C) \to \neg D]$$
$$|$$
$$[A \land B, D, (A \lor C) \to \neg D]$$
$$|$$
$$[A \land B, D, \neg(A \lor C), \neg D]$$

$$[A \land B, D, \neg A, \neg D] \qquad [A \land B, D, \neg C, \neg D]$$

Hasta la quinta línea, el árbol se desarrolla usando β-reglas y σ-reglas, lo cual no es obligatorio, pero sí una buena estrategia inicial. El árbol no es completado porque $A \land B$ *no es un literal.*
Así, **una** *posible escritura de la fórmula original en forma conjuntiva (conjunción de disyunciones no todas cláusulas) es:*

$$((A \land B) \lor D \lor \neg A \lor \neg D) \land ((A \land B) \lor \land D \lor \neg C \lor \neg D)$$

Lo que obtenemos es una forma conjuntiva equivalente a la fórmula inicial como conjunción de las dos disyunciones de los nodos finales (no terminales), pero no la FNC.

5.1. RESOLUCIÓN PROPOSICIONAL

Ejemplo 148 *Completamos ahora el árbol de expansión del ejemplo anterior para obtener su FNC.*
Seguimos el árbol anterior descomponiendo con la fórmula $A \wedge B$:

$$[A \wedge B, D, \neg A, \neg D] \qquad\qquad [A \wedge B, D, \neg C, \neg D]$$

$[A, D, \neg A, \neg D] \quad [B, D, \neg A, \neg D] \qquad [A, D, \neg C, \neg D] \quad [B, D, \neg C, \neg D]$

La FNC es:

$(A \vee D \vee \neg A \vee \neg D) \wedge (B \vee D \vee \neg A \vee \neg D) \wedge (A \vee D \vee \neg C \vee \neg D) \wedge (B \vee D \vee \neg A \vee \neg D)$

Teniendo en cuenta las propiedades de álgebra de Boole de la lógica proposicional (ver teorema 94), se podrían simplificar mucho las cláusulas. Así, aplicando las propiedades $A \vee \neg A \equiv \top$, $A \vee \top \equiv \top$ y $\top \wedge \top \equiv \top$, junto a la conmutatividad y la asociatividad, obtenemos que la FNC de este ejercicio es: $\top$. Pensando un poco: ¡cuánto trabajo nos podríamos ahorrar simplificando en cada disyunción antes de continuar cada paso del desarrollo del árbol!

En el ejemplo anterior hemos visto que la aplicación de las reglas de expansión clausular nos pueden dar cláusulas redundantes o equivalentes a otras mucho más simples. A continuación vamos a añadir unas reglas de simplificación de las disyunciones a las reglas de expansión clausular, de manera que en cada nodo podamos aplicar unas u otras. El proceso de construcción del árbol clausular explicado en 5.1.2 se ampliará, permitiendo aplicar las reglas de simplificación y las de expansión conjuntamente. Una consecuencia inmediata es que la *FNC* de una fórmula no es única, aunque se mantiene el teorema 145 que afirma que la *FNC* de una fórmula es lógicamente equivalente a dicha fórmula.

Reglas de simplificación clausular

- *Reglas de simplificación de las disyunciones o nodos:*

    1. El orden de las componentes de una disyunción es irrelevante (por la propiedad conmutativa y asociativa).
    2. De $[A, A]$ se deduce $[A]$. $\quad (A \vee A \equiv A)$
    3. De $[A, \neg A]$ se deduce $[\top]$. $\quad (A \vee \neg A \equiv \top)$
    4. De $[A, \bot]$ se deduce $[A]$. $\quad (A \vee \bot \equiv A)$
    5. De $[A, \top]$ se deduce $[\top]$. $\quad (A \vee \top \equiv \top)$

- *Reglas de eliminación de las disyunciones o nodos* (lo indicaremos con $\times$ en el árbol clausular):

    1. Cuando el nodo final de una rama es $[\top]$, este nodo (y su rama) se puede eliminar (en la conjunción de las disyunciones finales tendríamos $D \wedge \top \equiv D$).

2. Si se obtienen dos nodos iguales en dos ramas diferentes, uno de los dos (y su rama) se puede eliminar $(D \land D \equiv D)$.

3. Si una rama tiene nodo final $[A]$ y hay otra rama con nodo final $[A, B]$, este segundo nodo se puede eliminar (en la conjunción final de estas disyunciones tendríamos $A \land (A \lor B) \equiv A$).

Ejemplo 149 *El árbol clausular de la fórmula* $(A \to B) \to (A \land B)$ *es:*

$$[(A \to B) \to (A \land B)]$$
$$|$$
$$[\neg(A \to B), A \land B]$$

$[A, A \land B] \qquad [\neg B, A \land B]$

$[A, A] \qquad [A, B] \qquad [\neg B, A] \qquad [\neg B, B]$
$\mid simpl \qquad \times \qquad \times \qquad \mid simpl$
$[A] \qquad (por\ [A]) \qquad (por\ [A]) \qquad [\top]$
$\qquad \qquad \qquad \qquad \qquad \qquad \qquad \qquad \times$

$[\top]$ *se puede eliminar, la segunda y tercera ramas se pueden eliminar por la regla 3 de eliminación de disyunciones, ya que tenemos* $[A]$ *en la primera rama. Finalmente se obtiene que*

$$FNC((A \to B) \to (A \land B)) = A$$

Árbol de expansión clausular de un conjunto de fórmulas

Cuando tenemos un conjunto Γ de fórmulas, se llama *árbol de expansión clausular para* Γ a un árbol construido como en 5.1.2 añadiendo el uso de las reglas de simplificación, salvo que el árbol comienza con un nodo o disyunción para cada fórmula:

Ejemplo 150 *El árbol de expansión clausular del conjunto*

$$\Gamma = \{\neg B \to (A \land C), \neg(B \lor C)\}$$

es:

$[\neg B \to (A \land C)] \qquad [\neg(B \lor C)]$
$\mid \qquad \qquad \qquad \qquad$
$[\neg\neg B, A \land C] \qquad [\neg B] \qquad [\neg C]$
$\mid$
$[B, A \land C]$

$[B, A] \qquad [B, C]$

El conjunto de cláusulas obtenidas es $\{[B, A], [B, C], [\neg B], [\neg C]\}$

5.1. RESOLUCIÓN PROPOSICIONAL

La conjunción de las cláusulas que derivan de la misma fórmula proporcionan la *FNC* de cada fórmula. La conjunción de todas las cláusulas es equivalente a la conjunción de todas las fórmulas del conjunto.

5.1.3. Definiciones precisas

Definición 151 *Reglas de expansión clausular*

- α-reglas ($\alpha = \alpha_1 \wedge \alpha_2$): *Conjuntivas*

α	α_1	α_2
$A \wedge B$	A	B
$\neg(A \vee B)$	$\neg A$	$\neg B$
$\neg(A \rightarrow B)$	A	$\neg B$

- β-reglas ($\beta = \beta_1 \vee \beta_2$): *Disyuntivas*

β	β_1	β_2
$A \vee B$	A	B
$\neg(A \wedge B)$	$\neg A$	$\neg B$
$A \rightarrow B$	$\neg A$	B

- σ-reglas ($\sigma = \sigma_1$): *Negaciones*

σ	σ_1
$\neg\neg A$	A
$\neg\bot$	$\top$
$\neg\top$	$\bot$

Definición 152 *Reglas de simplificación clausular*

Reglas de simplificación:

1. De $[A, A]$ se deduce $[A]$.
2. De $[A, \neg A]$ se deduce $[\top]$.
3. De $[A, \bot]$ se deduce $[A]$.
4. De $[A, \top]$ se deduce $[\top]$.

Reglas de eliminación:

1. $[\top]$ se elimina.
2. Si hay dos disyunciones finales iguales o equivalentes, una de ellas se elimina (dos disyunciones son equivalentes si sus componentes son iguales).
3. Si hay una disyunción final $[A]$, toda disyunción final con componente A se elimina.

Definición 153 *Árbol de expansión clausular.* Sea $\Gamma = \{A_1, \cdots, A_m\}$ un conjunto finito de fórmulas proposicionales.

1. *El siguiente árbol de **m** ramas es un árbol de expansión clausular para* Γ:

$$[A_1] \quad \cdots \quad [A_m]$$

2. *Si E es un árbol de expansión clausular para Γ y E^* se obtiene de E mediante aplicación de alguna regla de expansión clausular o alguna regla de simplificación clausular, entonces E^* es un árbol de expansión clausular para Γ. Se dice que E^* es **una extensión directa** de E.*

3. *Si E es un árbol de expansión clausular donde todos los nodos o disyunciones finales están compuestos de **literales** (letra proposicional o negación de una letra proposicional), estos nodos finales se llaman **cláusulas** y se dice que el árbol de expansión clausular está **completado**.*

Definición 154 *Forma normal conjuntiva de una fórmula A. Es una fórmula que resulta de la conjunción de las cláusulas de un árbol de extensión clausular completado de $\{A\}$.*

5.1.4. Cálculo de resolución

En el cálculo de resolución, para probar que una fórmula C se deriva de un conjunto de premisas Γ (que se escribe $\Gamma \vdash C$), construiremos una prueba donde se deduce una contradicción a partir de las fórmulas de $\Gamma \cup \{\neg C\}$. La particularidad del cálculo de resolución es que sólo tiene una regla de deducción para derivar unas fórmulas de otras. Esa única regla ha de ser capaz de producir una contradicción $\bot$ cuando el conjunto $\Gamma \cup \{\neg C\}$ es insatisfacible.

Regla del cálculo

Regla de resolución: de $A \vee B$ y $\neg A \vee C$ se deduce $B \vee C$.

Comentario 155 *La regla sólo se aplica a disyunciones. Por ello normalmente será necesario hacer un árbol de expansión clausular, completado o no, antes de poder aplicar la regla.*

El uso de esta regla en una prueba por resolución se representa con un gráfico del tipo:

$$[A, B] \quad [\neg A, C]$$
$$\searrow \swarrow$$
$$[B, C]$$

Se dice que las disyunciones $[A, B]$ y $[\neg A, C]$ *se han resuelto con A* y se ha obtenido *el resolvente* $[B, C]$.

5.1. RESOLUCIÓN PROPOSICIONAL

Comentario 156 *Fijaos bien* en estos dos casos especiales:

(1)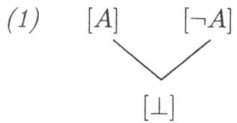

(2)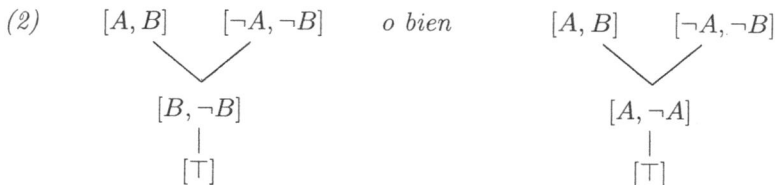

En (1) porque $A \wedge \neg A \equiv \bot$. En (2) porque la regla utiliza una única fórmula cada vez (A o B) para resolver.

Por tanto, la aplicación de la regla donde se utilizasen las dos fórmulas para resolver:

$$[A,B] \quad [\neg A, \neg B] \qquad \textit{¡es incorrecta!}$$
$$\searrow \swarrow$$
$$[\bot]$$

Comentario 157 *La regla de resolución refleja un principio de razonamiento intuitivo informal: de "A o B" y de "no A o C" se deduce "B o C".*

5.1.5. Esquemas de resolución

La regla de resolución sólo se puede aplicar a disyunciones, por ello, para probar que $\Gamma \vdash C$ se aplicarán reglas de expansión clausular a las fórmulas de $\Gamma \cup \{\neg C\}$, a no ser que todas las fórmulas sean ya disyunciones. El resultado de aplicar las reglas (resolución, expansión clausular y simplificación) hasta producir la cláusula $[\bot]$ se llama *esquema de resolución cerrado*.

Más adelante veremos con detalle la definición de este concepto y ejemplos de él. Pero antes de seguir con esta idea debemos formularnos la pregunta siguiente:

¿Es equivalente derivar una contradicción $\bot$ a partir de las fórmulas de $\Gamma \cup \{\neg C\}$ que derivarla del conjunto de disyunciones de un árbol de expansión?, es decir, ¿qué garantía tenemos de la legitimidad del uso de las disyunciones del árbol de expansión clausular, en lugar de las fórmulas originales, como las nuevas "premisas" del razonamiento?

La respuesta es que tenemos todas las garantías por los teoremas de adecuación (número 179) y suficiencia (número 180), que se enuncian en la sección 5.1.10 y se demostrarán en la sección D.3.3 que está en el CD que acompaña a este libro.

Ejemplo 158 *Mostrad que* $\{A \to B, B \to C\} \vdash A \to C$.

Construimos el árbol de expansión clausular del conjunto

$$\{A \to B, B \to C, \neg(A \to C)\}$$

$$
\begin{array}{cccc}
[A \to B] & [B \to C] & [\neg(A \to C)] & \\
| & | & \diagup \diagdown & \\
[\neg A, B] & [\neg B, C] & [A] & [\neg C]
\end{array}
$$

Y ahora construimos una sucesión de aplicaciones de la regla de resolución utilizando las cláusulas del árbol de expansión y las que se van generando en el proceso (esquema de resolución) hasta obtener la cláusula $[\bot]$:

$$
\begin{array}{cc}
[\neg A, B] \quad [A] & \\
[B] \quad [\neg B, C] & \\
[C] \quad [\neg C] & \\
[\bot] &
\end{array}
$$

5.1.6. Definiciones formales

Definición 159 *Esquema de resolución para un conjunto de fórmulas*

Sea $\Gamma = \{A_1, \cdots, A_m\}$ *un conjunto finito de fórmulas proposicionales.*

1. La siguiente secuencia de **m** *disyunciones es un esquema de resolución para el conjunto* Γ

$$[A_1] \quad \cdots \quad [A_m]$$

2. Si E es un esquema de resolución para Γ *y* E^* *se obtiene de E mediante aplicación de alguna regla de expansión clausular, alguna regla de simplificación clausular o la regla de resolución a una o varias líneas anteriores de la secuencia, entonces* E^* *es un esquema de resolución para* Γ*. Se dice que* E^* *es* **una extensión directa** *de E.*

3. Cuando en un esquema de resolución para Γ *se obtiene la cláusula* $[\bot]$*, se dice que es un* **esquema de resolución cerrado** *para* Γ*.*

Comentario 160 *Aunque en la definición de esquema de resolución para* Γ *se permite combinar las reglas de expansión clausular y la de resolución, la construcción más convencional de un esquema de resolución (es la que podéis encontrar en muchos libros introductorios de lógica) consiste en construir primero un árbol de expansión clausular para* Γ *y después aplicar la regla de resolución*

5.1. RESOLUCIÓN PROPOSICIONAL

a partir de las disyunciones obtenidas en ese árbol.

Es decir:

Primero *se construye un árbol de expansión clausular (completado o no) para el conjunto* Γ*.*

Después *se construye una secuencia de aplicaciones de la regla de resolución del tipo*

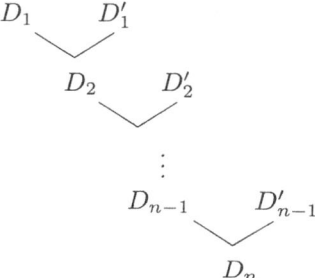

1. D_1, D_1' y D_2' *son siempre disyunciones finales del árbol de expansión clausular.*
2. D_i' $(3 \leq i \leq n-1)$ *es una disyunción final del árbol de expansión clausular o bien* $D_i' = D_j$ $(1 \leq j < i)$ *obtenido previamente, de manera que la regla de resolución se puede aplicar a* D_i *y* D_i'.

El esquema de resolución es cerrado *cuando se obtiene* $D_n := [\bot]$ *para algún* n.

En los ejemplos que vamos a mostrar más adelante y en casi todos los ejercicios del CD hemos preferido usar esta construcción más convencional (que es un caso particular de la definición formal anterior), pero en las demostraciones de los teoremas de corrección y de completud del cálculo de resolución (apéndice D del CD que acompaña a este libro) usaremos la definición formal anterior.

Definición 161 *Un esquema de resolución para una fórmula* A *es un esquema de resolución para* $\{A\}$.

Definición 162 *Una prueba por resolución de una fórmula* A *es un esquema de resolución cerrado para* $\{\neg A\}$.
Notaremos $\vdash_{res} A$ *y diremos que* A **es un teorema del sistema de resolución proposicional.** *Cuando no haya confusión con el cálculo que se está utilizando notaremos* $\vdash A$.

Definición 163 *Una prueba por resolución de una fórmula* A **a partir de un conjunto de premisas** Γ *es un esquema de resolución cerrado para* $\Gamma \cup \{\neg A\}$.
Se escribe $\Gamma \vdash_{res} A$ *y se dice que* A **se deriva** *(o demuestra a partir) de* Γ.
Aunque se escribirá simplemente $\Gamma \vdash A$ *cuando no hayan otros cálculos que puedan inducir a confusión.*

Definición 164 *Un conjunto de fórmulas finito* Γ *es* **resolución-consistente** *si no existe ningún esquema de resolución cerrado para* Γ. *Lo indicamos* $\Gamma \nvdash \bot$.

Definición 165 *Una fórmula A es **resolución-consistente** si no existe ningún esquema de resolución cerrado para A (si $\nvdash \neg A$).*

Comentario 166 *Una **prueba por resolución de la inconsistencia de un conjunto de fórmulas** es un esquema de resolución cerrado para el conjunto Γ.*

Ejemplos de pruebas en el cálculo de resolución

Ejemplo 167 *Para probar que el conjunto de fórmulas*

$$\Gamma = \{\neg B \to (A \wedge C), \neg(B \vee C)\}$$

es inconsistente (insatisfacible) es necesario construir un esquema de resolución cerrado para ese conjunto.
Primero se construye un árbol de expansión clausular para ese conjunto. Es el que ya vimos en el ejemplo número 150.
El conjunto de cláusulas es $\{[B,A], [B,C], [\neg B], [\neg C]\}$.

Entonces se obtiene un esquema de resolución cerrado para este conjunto de cláusulas aplicando la regla de resolución a partir de las cláusulas obtenidas:

$$[B,C] \quad [\neg B]$$
$$[C] \quad [\neg C]$$
$$[\bot]$$

Comentario 168 *Fijaos que no es necesario utilizar todas las cláusulas del árbol de expansión clausular. De hecho, lo que queremos es obtener la cláusula $[\bot]$ con el menor número de aplicaciones de la regla de resolución, es decir, usando el menor número de cláusulas posibles. El esquema de resolución de una prueba no es determinista, puede haber muchos, pero normalmente intentamos escribir el más corto posible.*

Ejemplo 169 *Para probar por resolución que $\neg(A \to B)$ se deriva de $A \wedge \neg B$ (esto es, que $A \wedge \neg B \vdash \neg(A \to B)$) se construye una refutación para*

$$\{A \wedge \neg B, \neg\neg(A \to B)\}$$

Por las equivalencias de fórmulas es suficiente construirla para

$$\{A \wedge \neg B, A \to B\}$$

$$[(A \wedge \neg B)] \qquad [A \to B]$$
$$[A] \quad [\neg B] \qquad [\neg A, B]$$

5.1. RESOLUCIÓN PROPOSICIONAL

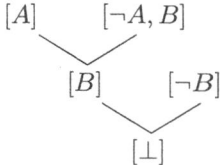

Aquí se ha resuelto primero con A y después con B, pero a la inversa se hubiera obtenido el mismo resultado.

Ejemplo 170 *Veremos ahora un ejemplo de prueba por resolución que no necesita partir de un árbol clausular completado, probando que*

$$(A \to B) \vee C \vdash ((A \to B) \to C) \to C$$

Se comienza con un árbol clausular:

$$
\begin{array}{cc}
[(A \to B) \vee C] & \quad [\neg(((A \to B) \to C) \to C)] \\
| & \\
& [(A \to B) \to C] \quad [\neg C] \\
[(A \to B), C] & | \\
& [\neg(A \to B), C]
\end{array}
$$

Como se ve que es posible aplicar la regla de resolución, resolviendo con $A \to B$, y obtener un esquema de resolución cerrado, no es necesario continuar:

$$
\begin{array}{cc}
[(A \to B), C] & [\neg(A \to B), C] \\
& \searrow \swarrow \\
& [C] \quad [\neg C] \\
& \searrow \swarrow \\
& [\bot]
\end{array}
$$

5.1.7. Estrategia del conjunto de apoyo

Esta estrategia se utiliza cuando el esquema de resolución consiste en construir primero un árbol clausular completado y después una secuencia de aplicaciones de la regla de resolución (método convencional). Así, para probar que $\Gamma \vdash C$ es necesario construir un esquema de resolución cerrado a partir de disyunciones de un árbol clausular de $\Gamma \cup \{\neg C\}$.

La aplicación de la regla de resolución no es determinista. Podemos comenzar un esquema con cada una de las cláusulas. La contradicción, de existir, proviene de la "incompatibilidad" de unas cláusulas con otras. Pero ¿por cuál comenzar? o ¿qué estrategia seguir para encontrar esa contradicción?

Una estrategia eficaz para encontrar un esquema de resolución cerrado, si existe, es la conocida como *técnica del conjunto de apoyo*.

Se llama *conjunto de apoyo* al conjunto de cláusulas del árbol clausular formado por las cláusulas que resultan de la negación de la conclusión.

La estrategia del conjunto de apoyo se basa en suponer primero que las premisas de Γ son consistentes y que, por tanto, la inconsistencia (insatisfacibilidad) de $\Gamma \cup \{\neg C\}$ proviene de añadir la fórmula $\neg C$ a las fórmulas de Γ. Para asegurarnos usar $\neg C$ se buscará un esquema de resolución cerrado sólo entre los posibles esquemas de resolución que comienzan con una cláusula del conjunto de apoyo. Si estábamos en lo cierto, uno de estos esquemas se cerrará. Si ninguno de ellos se cierra, tendremos que revisar nuestra suposición de la consistencia de Γ. Si finalmente resultase que Γ es inconsistente, concluimos igualmente que $\Gamma \cup \{\neg C\}$ es inconsistente. Pero si se demuestra que Γ es consistente y ninguno de los esquemas de resolución que comenzaba con una cláusula del conjunto de apoyo se cierra, entonces lo que podremos concluir es que C no se deriva de Γ. Con más detalle:

1. Encontramos un esquema de resolución cerrado buscando sólo entre los que comienzan por una cláusula del conjunto de apoyo. Concluimos que $\Gamma \vdash C$.

2. Ninguno de los esquemas de resolución que comienza con una cláusula del conjunto de apoyo se cierra. Entonces debemos estudiar la consistencia de Γ. Consideramos sólo las cláusulas que provienen de Γ.

    a) Si existe un esquema de resolución cerrado para Γ, entonces Γ es inconsistente y, en particular, $\Gamma \vdash C$.

    b) Si no existe ningún esquema de resolución cerrado para Γ, entonces Γ es consistente y no se verifica que $\Gamma \vdash C$.

Ejemplo 171 *Veremos que* $\{\neg A \rightarrow C, \neg(A \vee C), B\} \vdash \neg((A \vee C) \rightarrow B)$.
Se comienza con un árbol clausular completado:

$$[\neg A \rightarrow C] \qquad [\neg(A \vee C)] \qquad [B] \qquad [\neg\neg((A \vee C) \rightarrow B)]$$
$$[\neg\neg A, C] \qquad [\neg A] \quad [\neg C] \qquad\qquad [(A \vee C) \rightarrow B]$$
$$[A, C] \qquad\qquad\qquad\qquad\qquad\qquad [\neg(A \vee C), B]$$
$$\qquad\qquad\qquad\qquad\qquad\qquad\qquad [\neg A, B] \quad [\neg C, B]$$

El conjunto de apoyo es $\{[\neg A, B], [\neg C, B]\}$. *Para encontrar un esquema de resolución cerrado usando la estrategia del conjunto de apoyo hemos de buscar sólo entre los esquemas de aplicación de la regla de resolución que comienzan por una de sus cláusulas.*

$$[\neg A, B] \qquad [A, C]*$$
$$[B, C] \qquad [\neg C]*$$
$$[B]$$

5.1. RESOLUCIÓN PROPOSICIONAL

Las cláusulas marcadas con ∗ son las únicas posibles para resolver en cada caso. Como llegamos a [B] y no hay ninguna cláusula con componente ¬B, no podremos derivar ⊥. Si probamos ahora con la otra cláusula del conjunto de apoyo, [¬C, B], tenemos exactamente la misma situación. Por tanto, ninguno de los esquemas comenzando por cláusulas del conjunto de apoyo se puede cerrar.

Entonces tenemos que estudiar la consistencia del conjunto de las premisas. Para ello sólo hay que considerar las cláusulas que derivan de sus fórmulas $\{[A, C], [\neg A], [\neg C], [B]\}$ y buscar un esquema de resolución cerrado a partir de ellas:

$$
\begin{array}{ccc}
[A,C] & & [\neg A] \\
& \searrow \swarrow & \\
& [C] & [\neg C] \\
& & \searrow \swarrow \\
& & [\bot]
\end{array}
$$

Como tal esquema existe, el conjunto de las premisas es inconsistente. Por tanto, el razonamiento es válido (en caso que el conjunto de las premisas hubiera sido consistente, el razonamiento no sería válido).

El cálculo de resolución es eficaz cuando hay que construir una prueba de un razonamiento válido; la cuestión entonces es cuánto tardaremos en encontrarla. Pero si el razonamiento no es válido, para demostrarlo debemos comprobar que ninguno de los posibles esquemas de resolución es cerrado. Cuando las fórmulas involucradas son muchas o muy complejas, probar todos los posibles esquemas, incluso si aplicamos la estrategia del conjunto de apoyo, puede ser un trabajo inabordable manualmente. Es entonces cuando la automatización del cálculo se hace necesaria y la implementación computacional puede hacer este ingente trabajo por nosotros. El método de resolución lineal es una estrategia que permitirá la automatización del cálculo.

5.1.8. Estrategia de resolución lineal

La aplicación más convencional del cálculo de resolución consiste en construir un árbol de expansión clausular completado antes del esquema de resolución. Esto es, sólo se aplica la regla de resolución a cláusulas.

Una versión particular de esta aplicación convencional es el *método de resolución lineal*, donde la motivación es reducir el número de aplicaciones de la regla de resolución en un esquema de resolución y facilitar la automatización del mismo.

Definición 172 *Un esquema de resolución lineal de un conjunto de fórmulas* Γ *es una secuencia de aplicaciones de la regla de resolución del tipo*

$$
\begin{array}{c}
C_1 \quad C_1' \\
\searrow \swarrow \\
C_2 \quad C_2' \\
\searrow \swarrow \\
\vdots \\
C_{n-1} \quad C_{n-1}' \\
\searrow \swarrow \\
C_n
\end{array}
$$

construida a partir de **un árbol de expansión clausular completado** *para* Γ *de manera que:*

1. C_1 *es una cláusula del árbol de expansión clausular completado.*
2. C_1' *es una cláusula del árbol de expansión clausular completado elegida de manera que aplicando la regla de resolución se elimine el literal más a la derecha de* C_1. *De la misma manera se elige* C_2' *para poder eliminar el literal más a la derecha de* C_2.
3. C_i' $(2 \leq i \leq n-1)$ *son cláusulas elegidas entre las del árbol de expansión completado o bien entre las* C_j $(2 \leq j < i)$ *de manera que se elimine el literal más a la derecha de* C_i'.

El esquema de resolución lineal es cerrado *cuando se obtiene* $C_n := [\bot]$.

Definición 173 *Un esquema de resolución lineal para una fórmula* A *es un esquema de resolución lineal para* $\{A\}$.

Definición 174 *Una prueba por el método de resolución lineal de una fórmula* A *es un esquema de resolución lineal cerrado para* $\{\neg A\}$.

Definición 175 *Una prueba por el método de resolución lineal de una fórmula* A *a partir de un conjunto de premisas* Γ *es un esquema de resolución lineal cerrado para* $\Gamma \cup \{\neg A\}$.

Ejemplo 176 *Vamos a probar con el método de resolución lineal que*

$$\{A \vee B, (A \vee B) \to \neg C, B \to C\} \vdash A \wedge \neg C$$

Se comienza construyendo un árbol de expansión clausular completado del conjunto

$$\{A \vee B, (A \vee B) \to \neg C, B \to C, \neg(A \wedge \neg C)\}$$

$$
\begin{array}{cccc}
[A \vee B] & [(A \vee B) \to \neg C] & [B \to C] & [\neg(A \wedge \neg C)] \\
| & | & | & | \\
[A,\,B] & [\neg(A \vee B),\,\neg C] & [\neg B,\,C] & [\neg A,\,\neg\neg C] \\
 & \swarrow \searrow & & | \\
 & [\neg A,\,\neg C] \quad [\neg B,\,\neg C] & & [\neg A,\,C]
\end{array}
$$

5.1. RESOLUCIÓN PROPOSICIONAL

El conjunto de cláusulas es:

$$\{[A,B], [\neg A, \neg C], [\neg B, \neg C], [\neg B, C], [\neg A, C]\}$$

Ahora se construye un esquema de resolución lineal:

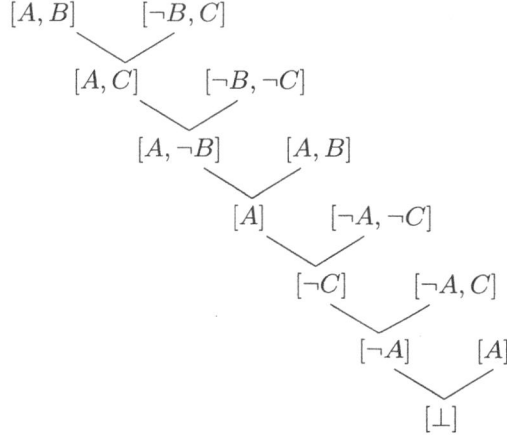

Estrategia de revisión de la última decisión

Cuando se utiliza el método de resolución lineal, además de la técnica *del conjunto de apoyo* (5.1.7), se puede utilizar otra estrategia para garantizar la sistematización y efectividad del método, la técnica de *la revisión de la última decisión*. Esta estrategia consiste en:

1. Se anotan todas las decisiones que vamos tomando en cada nivel (la cláusula C_1 y la cláusula C'_k elegida para eliminar la cláusula C_k correspondiente).

2. Para cada decisión tomada se anotan todas las alternativas posibles.

3. Cuando se llega a un punto en que no se puede continuar, se revisa la última decisión que tenga alguna alternativa no utilizada. Se continúa sustituyendo la última decisión tomada por su alternativa.

Con este procedimiento, o bien se encuentra un esquema de resolución que acaba con la cláusula $[\bot]$, o bien se agotan, de una manera sistemática, todas las opciones posibles.

Ejemplo 177 *Veamos cómo se resuelve el ejemplo anterior utilizando el método de resolución lineal y la técnica de revisión de la última decisión.*
El conjunto de cláusulas era:

$$\{[A,B], [\neg A, \neg C], [\neg B, \neg C], [\neg B, C], [\neg A, C]\}$$

El esquema de resolución es ahora:

$$[A,B] \quad [\neg B, C]^{1}$$
$$[A,C] \quad [\neg B, \neg C]^{2}$$
$$[A, \neg B] \quad [A, B]$$
$$[A] \quad [\neg A, C]^{3}$$
$$[C] \quad [\neg B, \neg C]^{4}$$
$$[\neg B] \quad [A, B]$$
$$[A]$$

Como se vuelve a obtener la cláusula $[A]$, y tendríamos un bucle, no se puede continuar; volviendo a la última decisión y tomando la cláusula alternativa, $[\neg A, \neg C]$ en lugar de $[\neg B, \neg C]$ tenemos el esquema siguiente:

$$[C] \quad [\neg A, \neg C]$$
$$[\neg A] \quad [A]$$
$$[\bot]$$

5.1.9. Extraer un modelo con resolución

Cuando un esquema de resolución no se puede cerrar, podemos intentar extraer un modelo a partir de él. Si lo conseguimos, habremos demostrado que el conjunto inicial de fórmulas es satisfacible, y en consecuencia, no será posible encontrar ningún esquema de resolución cerrado para ese conjunto inicial.

La forma de extraer un modelo es la siguiente:

- Consideramos las cláusulas terminales de un árbol clausular.

- Se busca una interpretación que haga simultáneamente verdaderas a esas cláusulas. (Si una tal interpretación existe, hará verdaderas a todas las fórmulas del conjunto inicial.)

Ejemplo 178 *Vamos a mostrar que el conjunto siguiente es satisfacible, tiene un modelo:*

$$\{(p \wedge r) \vee (\neg r \to q), (q \to r) \to (\neg q \to r), (\neg p \wedge q) \wedge \neg r\}$$

---
[1] La alternativa es $[\neg B, \neg C]$.
[2] La alternativa es $[\neg A, \neg C]$.
[3] La alternativa es $[\neg A, \neg C]$.
[4] La alternativa es $[\neg A, \neg C]$.

5.1. RESOLUCIÓN PROPOSICIONAL

Primero se construye un árbol clausular:

$$[(p \wedge r) \vee (\neg r \to q)] \quad [(q \to r) \to (\neg q \to r)] \quad [(\neg p \wedge q) \wedge \neg r]$$

$$[p \wedge r, \neg r \to q] \quad\quad [\neg(q \to r), \neg q \to r] \quad\quad [\neg p \wedge q] \quad [\neg r]$$

$$[p \wedge r, \neg\neg r, q] \quad\quad [\neg(q \to r), \neg\neg q, r] \quad\quad [\neg p] \quad [q]$$
$$\times$$

$$[\neg(q \to r), q, r]$$

$$[q, q, r] \quad [\neg r, q, r]$$
$$\times \quad\quad\; [\top]$$

Resolviendo con la regla de resolución, no se podrá obtener la cláusula $[\bot]$ *a partir de las cláusulas:*

$$\{[\neg p], [q], [\neg r]\}$$

Se intenta, entonces, extraer un modelo a partir del árbol clausular, de manera que haga simultáneamente verdaderas a todas las cláusulas finales:

MODELO
$\Im(p) = \Im(r) = 0$
$\Im(q) = 1$

Es fácil comprobar que en este modelo todas las fórmulas son verdaderas:

$$\Im((p \wedge r) \vee (\neg r \to q)) = \Im((q \to r) \to (\neg q \to r)) = \Im((\neg p \wedge q) \wedge \neg r) = 1$$

5.1.10. Teoremas de corrección y completud

Aunque la equivalencia entre los conceptos sintácticos y los semánticos es muy intuitiva, ésta debe demostrarse. Los teoremas que la garantizan son:

Teorema 179 *Adecuación. Si existe un esquema de resolución cerrado para un conjunto de fórmulas* Δ, *entonces* Δ *es insatisfacible.*

Teorema 180 *Suficiencia. Si* Δ *es un conjunto de fórmulas insatisfacible, entonces existe un esquema de resolución cerrado para* Δ.

Del primero de estos dos teoremas se sigue como corolario el teorema de corrección (débil), y del segundo el teorema de completud (débil).

Teorema 181 *Corrección débil. Si* $\vdash A$ —*esto es, si existe un esquema de resolución cerrado para* $\{\neg A\}$—, *entonces* $\vDash A$ —*esto es, A es una fórmula válida o tautología.*

Teorema 182 *Completud débil.* *Si* $\models A$ *—esto es, A es una fórmula válida o tautología—, entonces* $\vdash A$ *—esto es, existe un esquema de resolución cerrado para* $\{\neg A\}$.

En realidad se puede demostrar un resultado más general, los teoremas de corrección y completud fuerte, que son esencialmente los teoremas de adecuación y suficiencia para el conjunto especial $\Gamma \cup \{\neg C\}$.

Teorema 183 *Corrección.* *Si* $\Gamma \vdash C$, *entonces* $\Gamma \models C$ *(esto es, $\Gamma \cup \{\neg C\}$ es insatisfacible).*

Teorema 184 *Completud.* *Si* $\Gamma \models C$, *entonces* $\Gamma \vdash C$ *(esto es, existe un esquema de resolución cerrado para* $\Gamma \cup \{\neg C\}$*).*

La demostración de estos teoremas está fuera del alcance de los objetivos de este capítulo. En el apéndice que está en el CD que acompaña a este libro, en la sección D.3.3, podéis ver una demostración del teorema de corrección para el cálculo de resolución y en la sección D.5.1 una demostración del teorema de completud para el cálculo de resolución proposicional.

5.1.11. Resumen: Uso semántico de la resolución

Haciendo uso de los teoremas de completud y corrección podemos mediante resolución determinar propiedades semánticas, resumo la situación.

Para determinar satisfacibilidad e insatisfacibilidad

Problema planteado: Tenemos un conjunto Γ de fórmulas y queremos saber si es satisfacible o insatisfacible.
Ejecución: Construimos un esquema de resolución para Γ.
Respuesta:

- *Satisfacible:* No conseguimos cerrar el esquema. Entonces podemos intentar extraer un modelo, definiendo una interpretación que haga verdaderas a todas las cláusulas terminales del árbol.

- *Insatisfacible:* El esquema de resolución se cierra.

Para determinar consecuencia e independencia

Problema planteado: Tenemos un conjunto de fórmulas Γ y una fórmula C y queremos saber si C es consecuencia de Γ o si, por el contrario, es independiente del conjunto.
Ejecución: Construimos un esquema de resolución para $\Gamma \cup \{\neg C\}$.
Respuesta:

- *Consecuencia:* El esquema de resolución de $\Gamma \cup \{\neg C\}$ se cierra.

- *Independencia:* El esquema de resolución de $\Gamma \cup \{\neg C\}$ no se cierra y las cláusulas finales nos permiten hallar un contraejemplo.

5.1. RESOLUCIÓN PROPOSICIONAL

Para clasificar fórmulas

Problema planteado: Tenemos una fórmula C y queremos clasificarla.
Ejecución: Se construye un esquema de resolución para $\neg C$.

Respuesta:

- *Tautología:* El esquema de resolución de $\neg C$ se cierra.

- *No es tautología:* El esquema de resolución de $\neg C$ no se cierra y las cláusulas finales nos permiten hallar un contraejemplo.

5.1.12. Ejercicios propuestos con solución

Ejercicio 185 *Escribid la FNC de la fórmula:*

$$(\neg(A \to B) \land (C \to D)) \lor \neg(\neg E \lor C)$$

$$[(\neg(A \to B) \land (C \to D)) \lor \neg(\neg E \lor C)]$$
$$|$$
$$[(\neg(A \to B) \land (C \to D)), \neg(\neg E \lor C)]$$

$[\neg(A \to B), \neg(\neg E \lor C)]$ $[C \to D, \neg(\neg E \lor C)]$
$$|$$
$[A, \neg(\neg E \lor C)]$ $[\neg B, \neg(\neg E \lor C)]$ $[\neg C, D, \neg(\neg E \lor C)]$

$[A, \neg\neg E]$ $[A, \neg C]$ $[\neg B, \neg\neg E]$ $[\neg B, \neg C]$ $[\neg C, D, \neg\neg E]$ $[\neg C, D, \neg C]$
$|$ $|$ $|$ $|$
$[A, E]$ $[\neg B, E]$ $[\neg C, D, E]$ $[\neg C, D]$

$FNC := (A \lor E) \land (A \lor \neg C) \land (\neg B \lor E) \land (\neg B \lor \neg C) \land (\neg C \lor D \lor E) \land (\neg C \lor D)$

Ejercicio 186 *Probad por resolución que*

$$((A \to B) \to A) \to A$$

es un teorema (y por tanto, una tautología).
Se debe construir un esquema de resolución para

$$\neg(((A \to B) \to A) \to A)$$

Para ello se comienza construyendo un árbol clausular, y a continuación se construye un esquema de resolución:

$$[\neg(((A \to B) \to A) \to A)]$$

```
           [(A → B) → A)]            [¬A]
                 |
           [¬(A → B) , A)]
           /           \
       [A , A]       [¬B , A]
          |             ×
         [A]         (por [A])
```

El conjunto de cláusulas obtenido es $\{[A], [\neg A]\}$. *La aplicación de la regla de resolución es inmediata:*

```
    [A]    [¬A]
      \   /
      [⊥]
```

Ejercicio 187 *Ved si se cumple que*

$$\{\neg A \lor C,\ A \lor \neg B,\ B \lor \neg D\} \vdash \neg C \lor D$$

Se intenta construir un esquema de resolución cerrado para

$$\{\neg A \lor C,\ A \lor \neg B,\ B \lor \neg D,\ \neg(\neg C \lor D)\}$$

El árbol clausular es:

```
[¬A ∨ C]   [A ∨ ¬B]   [B ∨ ¬D]        [¬(¬C ∨ D)]
    |          |          |             /      \
 [¬A, C]    [A, ¬B]    [B, ¬D]       [¬¬C]    [¬D]
    ×                     ×             |
                                       [C]
```

Se han resaltado las cláusulas del conjunto de apoyo. Utilizaremos la estrategia del conjunto de apoyo. Probamos el esquema que comienza con [C], *como* ¬C *no es componente de ninguna cláusula del árbol, no se puede resolver. Probamos ahora el esquema que comienza con* [¬D]; *como tampoco aparece la componente* D, *no se podrá cerrar. Por tanto, ninguno de los esquemas que comienzan con cláusulas del conjunto de apoyo se pueden cerrar.*

Veamos entonces si las premisas son inconsistentes o consistentes. Como sólo hay una cláusula que se deriva, $[A, \neg B]$, *no es posible derivar* [⊥].

Para acabar de demostrar la independencia de las premisas y la conclusión, construimos un contraejemplo (modelo) a partir del árbol clausular, de manera que haga simultáneamente verdaderas a todas las cláusulas finales:

MODELO
$\Im(D) = 0$
$\Im(A) = \Im(B) = \Im(C) = 1$

5.1. RESOLUCIÓN PROPOSICIONAL

Es fácil comprobar que en este modelo todas las hipótesis son verdaderas:

$$\Im(\neg A \vee C) = \Im(A \vee \neg B)\Im(C) = \Im(B \vee \neg D) = 1$$

pero la conclusión es falsa

$$\Im(\neg C \vee D) = 0$$

Ejercicio 188 *Ved si se verifica que*

$$\{B \vee (A \wedge C), \neg(B \vee C)\} \vdash \neg A$$

Se construye un esquema de resolución cerrado para

$$\{B \vee (A \wedge C), \neg(B \vee C), \neg\neg A\}$$

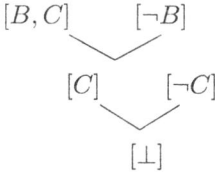

Utilizando la estrategia del conjunto de apoyo, sólo es necesario probar si el esquema de resolución que comienza con $[A]$ *es cerrado. Éste no es cerrado porque no hay ninguna cláusula que contenga* $\neg A$. *Para poder concluir que el razonamiento no es correcto es necesario probar que el conjunto de las premisas es consistente, ya que en caso contrario el razonamiento es siempre correcto. Pero es fácil ver que las cláusulas que provienen de las premisas:* $[B, C], [\neg B], [\neg C]$ *producen un esquema de resolución cerrado:*

Por tanto, las premisas son inconsistentes y el razonamiento es válido.

5.1.13. Ejercicios del CD

Los ejercicios siguientes están todos resueltos en el CD que acompaña a este libro, en el capítulo 5. Por limitación de espacio no hemos incluido en el libro ni tan siquiera los enunciados de todos los ejercicios que allí recogemos. En el CD hay tres bloques de cada uno de estos dos tipos:

- *RESOLUCIÓN PROPOSICIONAL*
- *PRUEBAS CON RESOLUCIÓN PROPOSICIONAL*

Dos de ellos vienen con solución y del otro sólo se suministra el enunciado.

RESOLUCIÓN PROPOSICIONAL (1)

Nota: en estos ejercicios aceptamos los teoremas de completud y corrección del cálculo de resolución.

1. Determinad si los siguientes conjuntos son satisfacibles o insatisfacibles:

    a) $\{\neg p \wedge q,\ ((r \rightarrow p) \rightarrow \neg q) \vee \neg r,\ \neg(r \vee \neg p)\}$
    b) $\{r \rightarrow \neg(p \wedge \neg q),\ ((p \rightarrow r) \rightarrow (\neg q \rightarrow r)) \wedge \neg r,\ \neg(q \wedge q)\}$
    c) $\{(p \wedge r) \vee (\neg r \rightarrow q),\ (q \rightarrow r) \rightarrow (\neg q \rightarrow r),\ (\neg p \wedge q) \wedge \neg r\}$
    d) $\{(p \wedge \neg q) \rightarrow \neg r,\ (\neg p \rightarrow \neg q) \wedge \neg r,\ (r \wedge \neg r) \wedge q\}$
    e) $\{\neg q \rightarrow \neg r,\ p,\ (\neg q \rightarrow p) \rightarrow q,\ \neg r \wedge p,\ s \rightarrow q,\ r \vee p\}$

2. ¿Son tautologías las fórmulas siguientes?

    a) p
    b) $p \rightarrow (p \wedge q)$
    c) $((r \wedge s) \vee (\neg r \wedge \neg s)) \rightarrow (r \rightarrow s)$
    d) $((p \rightarrow q) \rightarrow r) \rightarrow (q \rightarrow r)$
    e) $(p \rightarrow q) \vee \neg(q \rightarrow p)$

3. ¿Son tautologías las fórmulas siguientes?

    a) $(p \vee q) \vee (\neg p \vee \neg q)$
    b) $((p \rightarrow (\neg p \wedge r)) \vee \neg r) \rightarrow q$
    c) $((p \wedge q) \rightarrow r) \rightarrow ((p \rightarrow r) \vee (q \rightarrow r))$
    d) $((p \vee q) \rightarrow r) \rightarrow ((p \wedge \neg r) \vee (q \wedge \neg r))$
    e) $(p \rightarrow (q \rightarrow r)) \rightarrow (p \wedge (q \wedge \neg r))$

4 Determinad si la conclusión se sigue de las hipótesis utilizando el método de resolución. En los casos oportunos, construid un contraejemplo.

    a) $\{\neg(p \rightarrow (q \wedge r)),\ r \rightarrow (p \wedge q)\} \models \neg r$
    b) $\{p \rightarrow (q \vee r),\ \neg((p \vee q) \rightarrow r)\} \models p$
    c) $\{p \rightarrow q,\ p \rightarrow r\} \models q \rightarrow r$
    d) $\{p \rightarrow q,\ r \rightarrow s,\ p \vee r,\ \neg(q \wedge s)\} \models (q \rightarrow p) \wedge (s \rightarrow r)$

5.1. RESOLUCIÓN PROPOSICIONAL

e) $\{q \wedge r\} \vDash (p \vee q) \wedge r$

PRUEBAS CON RESOLUCIÓN PROPOSICIONAL (1)

1. En cada uno de los siguientes casos mostrad lo enunciado mediante una prueba en el cálculo de resolución:

    a) $\{p \wedge q,\ s \wedge r\} \vdash r \wedge p$
    b) $\{p \wedge q,\ s \wedge r\} \vdash r \vee p$
    c) $\{p \rightarrow q,\ p\} \vdash p \wedge q$
    d) $\{p \rightarrow q,\ p \rightarrow \neg q\} \vdash \neg p$

2. En cada uno de los siguientes casos mostrad lo enunciado mediante una prueba en el cálculo de resolución:

    a) $p \vee q \vdash \neg p \rightarrow q$
    b) $\{p \vee q,\ (q \vee r) \rightarrow s,\ \neg r \rightarrow \neg p\} \vdash s$
    c) $\{p \rightarrow \neg q,\ (r \vee s) \rightarrow t,\ t \rightarrow q\} \vdash p \rightarrow (\neg r \wedge \neg s)$
    d) $\neg(p \wedge q) \vdash \neg p \vee \neg q$

3. Encontrad los posibles errores que hay en cada una de las siguientes pruebas en el cálculo de resolución (los razonamientos enunciados pueden o no ser correctos).

    a. $\{p \rightarrow q,\ \neg p \rightarrow r\} \vdash p \rightarrow (q \wedge r)$

    Árbol clausular del conjunto $\{p \rightarrow q,\ \neg p \rightarrow r,\ \neg(p \rightarrow (q \wedge r))\}$

    $$
    \begin{array}{ccc}
    [p \rightarrow q] & [\neg p \rightarrow r] & [\neg(p \rightarrow (q \wedge r))] \\
    | & | & \diagup \diagdown \\
    [\neg p, q] & [\neg\neg p, r] & [p] \quad [\neg(q \wedge r)] \\
    & | & | \\
    & [p, r] & [\neg q, \neg r]
    \end{array}
    $$

    Prueba por resolución:

    $$
    \begin{array}{cc}
    [\neg p, q] & [p, r] \\
    \diagdown & \diagup \\
    [q, r] & [\neg q, \neg r] \\
    & \diagdown \diagup \\
    & [\bot]
    \end{array}
    $$

b. $p \wedge q \vdash p \vee q$

Árbol clausular del conjunto $\{p \wedge q,\ \neg(p \vee q)\}$

```
        [p ∧ q]              [¬(p ∨ q)]
        /    \                   |
      [p]   [q]              [¬p, ¬q]
```

Prueba por resolución:

```
    [¬p, q]    [p, r]
         \    /
         [q, r]    [¬q, ¬r]
              \    /
               [⊥]
```

c. $\{p \to q,\ (s \wedge q) \to t,\ \} \vdash \neg(r \to (p \to t))$

Árbol clausular del conjunto $\{p \to q,\ (s \wedge q) \to t,\ \neg(s \to (p \to t))\}$

```
  [p → q]      [(s ∧ q) → t]        [¬(s → (p → t))]
     |              |                    /      \
  [¬p, q]      [¬(s ∧ q), t]         [s]      [¬(p → t)]
                    |                          /     \
              [¬s, ¬q, t]                   [p]     [¬t]
```

Prueba por resolución:

```
    [¬p, q]    [p]
         \    /
          [q]    [¬s, ¬q, t]
              \    /
              [¬s, t]    [¬t]
                   \     /
                   [¬s]    [s]
                       \   /
                        [⊥]
```

d. $\{p \vee q,\ p \to r,\ q \to \neg(r \to p)\} \vdash r$

Árbol clausular del conjunto $\{p \vee q,\ p \to r,\ q \to \neg(r \to p),\ \neg r\}$

```
  [p ∧ q]    [p → r]    [q → ¬(r → p)]        [¬r]
     |          |              |
   [p, q]    [¬p, r]    [¬q, ¬(r → p)]
                              /     \
                         [¬q, r]    [¬q, ¬p]
```

5.2. DEDUCCIÓN NATURAL

Prueba por resolución:

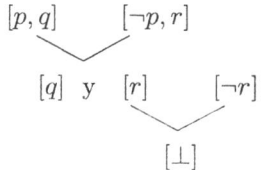

4. Formaliza en lógica proposicional y prueba en el cálculo de resolución los siguientes razonamientos:

   a) Sólo si la maestra ha leído un determinado libro lo recomienda a sus alumnos. Si la maestra recomienda un determinado libro a sus alumnos, la bibliotecaria de la escuela lo compra y lo cataloga. Un determinado libro es conocido sólo si la maestra lo ha leído. Un determinado libro es conocido. Por tanto, la bibliotecaria de la escuela lo cataloga.

   b) Cuando callo y escucho, entiendo bien las palabras. Entiendo bien las palabras sólo cuando no hay ruido. Callo y hay ruido. Por tanto, no escucho.

   c) Duermo ocho horas diarias y camino una hora al día. Como tres veces al día y me ducho una vez al día. Por tanto, o bien soy marciana/o, o bien me ducho una vez al día y duermo ocho horas diarias.

   d) Hoy tendré suerte o adivinaré el número ganador. Sólo me tocará la lotería si adivino el número ganador. Si tengo suerte, me tocará la lotería. Por tanto, hoy me tocará la lotería.

5.2. Deducción natural

En el proceso de llegar a la lógica formal a partir de la lógica informal hemos ido soltando lastre hasta llegar a la noción de cálculo deductivo en el capítulo anterior. Los cálculos deductivos de tableaux y resolución son métodos de prueba refutativos, esto es, para probar que de un conjunto de premisas Γ se deriva una conclusión A se demuestra que el resultado de añadir la negación de la conclusión a las premisas es un conjunto de fórmulas insatisfacible; más concretamente, a partir de $\Gamma \cup \{\neg A\}$ se deriva alguna contradicción por aplicación de las reglas del cálculo.

En el cálculo de resolución, además del proceso de descomposición de las fórmulas de $\Gamma \cup \{\neg A\}$, la aplicación de la regla de resolución introducía un cierto carácter "deductivo" en el cálculo.

En esta sección vamos a abandonar la estrategia única de la refutación, que aún conserva una cierta motivación semántica y que no corresponde a la idea intuitiva de cadena de razonamiento entre las premisas y la conclusión. El *cálculo de deducción natural* tiene precisamente esa motivación: la de modelar los principios de razonamiento informal o "natural", donde la conclusión se deriva de las premisas en una cadena de razonamiento utilizando unas reglas de deducción que formalizan principios de razonamiento informal o natural. La construcción de una prueba en este cálculo es un ejercicio puramente sintáctico. La lógica será finalmente un juego solamente sintáctico.

5.2.1. Introducción

En primer lugar conviene aclarar que no hay un único cálculo de deducción natural, a diferencia de lo que pasa con los cálculos refutativos de tableaux y resolución. La posibilidad de elegir diferentes reglas de deducción natural provoca que haya diferentes cálculos de deducción natural. Sin embargo, todos los cálculos comparten el mismo procedimiento de prueba y son equivalentes en el sentido que permiten probar los mismos teoremas. Nosotros vamos a presentar con detalle uno de los cálculos de deducción natural y justificaremos, en parte, la elección de reglas.

Al final de esta sección se presentará brevemente otro cálculo de deducción natural y se indicará la equivalencia con el presentado inicialmente.

Características de los cálculos de deducción natural

1. Una *prueba con deducción natural* consiste en una lista finita de fórmulas donde las primeras son las premisas (o hipótesis) y la última la conclusión; las fórmulas intermedias forman la cadena de razonamiento que llevan de las premisas (o hipótesis) a la conclusión.

2. Las *reglas del cálculo* regulan el paso de un eslabón a otro de la cadena y modelan las principales estrategias de razonamiento informal o natural.

3. Tienen dos reglas para cada conector. Una regla para probar fórmulas que contienen ese conector, *regla de introducción del conector*, y una regla para probar a partir de fórmulas que contienen ese conector, *regla de eliminación del conector*.

4. Suelen tener unas pocas *reglas básicas* o *primitivas*. Las reglas que se derivan de las primitivas se llaman *reglas derivadas*. Todas ellas, primitivas y derivadas, se pueden aplicar en una prueba por deducción natural, aunque preferiblemente se dan pruebas que únicamente usan las básicas. La razón para disponer de un conjunto "pequeño" de reglas básicas es poder demostrar resultados sobre el propio cálculo; cuanto más simple sea el conjunto de las reglas básicas, más fácil será de estudiar ese cálculo de deducción natural.

5. Contienen *subpruebas* o *subdeducciones*. Éstas consisten en la derivación de conclusiones a partir de *hipótesis* o suposiciones. Después de obtener las conclusiones que queremos, se "desechan" por completo las subpruebas para obtener resultados libres de estas hipótesis. Por ejemplo, si abrimos

5.2. DEDUCCIÓN NATURAL

una subprueba con la hipótesis A y a partir de aquí se puede derivar B, podemos desechar la subprueba y obtener las fórmula $A \to B$ en su lugar; la idea es que este resultado sustituye a toda la subprueba.

Usos, ventajas y desventajas de los cálculos de deducción natural

Se utilizan como un procedimiento sintáctico de prueba. Ponen el acento en derivar la conclusión a partir de las hipótesis en un procedimiento que es significativo porque está inspirado en el razonamiento informal.

Las ventajas de los cálculos de deducción natural son:

1. Son más naturales que los cálculos refutativos a la hora de probar razonamientos, ya que modelan el razonamiento informal.

2. Generalmente son más eficientes que los cálculos refutativos y que las tablas de verdad, sobre todo cuando el razonamiento tiene muchas premisas o cuando las fórmulas son complejas.

3. Son fácilmente generalizables a la lógica de primer orden y a otras lógicas no clásicas.

Las desventajas son:

1. No es automatizable como los tableaux o la resolución. No hay un número finito de pasos que nos diga si una fórmula es o no un teorema.

2. Cuando no podemos construir una prueba, no hay manera de saber si es que tal prueba no existe o es que no somos suficientemente hábiles para encontrarla.

Hemos puesto más número de ventajas que de desventajas porque así lo creemos. Esperamos que al final de la sección también así lo penséis.

5.2.2. Pruebas y subpruebas con deducción natural

La forma como denotaremos una prueba o deducción consistirá en una lista finita de líneas. Cada línea constará de tres elementos:

1. Un ordinal $(1, 2, 3, ...)$ que marca el lugar que ocupa cada fórmula en la lista.

2. Una fórmula proposicional. Las fórmulas de las primeras líneas son siempre las premisas, no importa el orden. La de la última línea es la conclusión. Cada una de las fórmulas de las líneas intermedias, o bien se ha obtenido aplicando una regla de deducción a una o a varias de las fórmulas de las líneas anteriores, o bien es una hipótesis que abre una subprueba.

3. La citación de la regla utilizada para obtener la fórmula de esa línea y la citación de las líneas a las cuales se ha aplicado la regla.

Ejemplo 189 *La representación formal de una prueba es una lista de líneas del tipo siguiente:*

1.	A_1	premisa
2.	A_2	premisa
3.	A_3	$(Regla\ X)$, 1
4.	A_4	$(Regla\ Y)$, 2, 3
5.	A_5	$(Regla\ Z)$, 4

$A_1, ..., A_5$ son la cadena de fórmulas de la prueba. El ejemplo muestra una prueba de la conclusión A_5 a partir de las premisas A_1 y A_2 usando la regla X aplicada a la fórmula de la línea 1, la regla Y aplicada a las fórmulas de las líneas 2 y 3, y la regla Z aplicada a la de la línea 4.

Las *subpruebas o subdeducciones* son los elementos más característicos de este tipo de cálculos. Para representar una *subprueba* dentro de una prueba seguiremos aquí la notación de Fitting [9]. Ésta consiste en un rectángulo vertical, que llamaremos *caja*, del tipo siguiente:

$$\boxed{\begin{array}{c} B_1 \\ \vdots \\ B_n \end{array}}$$

La primera fórmula, la que abre la subprueba, es la *hipótesis* (B_1), la última fórmula será *la conclusión de la subprueba* (B_n). Cada línea de la subprueba se obtiene por aplicación de las reglas a una o varias de las fórmulas precedentes, incluyendo las fórmulas de la prueba madre que contiene a la subprueba. Cuando se obtiene la conclusión que queremos, la subprueba se cierra con la base del rectángulo.

Ejemplo 190 *La representación de una prueba que contiene una subprueba es del tipo:*

1.	A_1	premisa
2.	A_2	premisa
3.	A_3	$(Regla\ X)$, 1
4.	$\boxed{B_1}$	hipótesis
5.	B_2	$(Regla\ Y)$, 2, 4
6.	B_3	$(Regla\ X)$, 5
7.	A_5	$(Regla\ Z)$, 4, 6

En la línea 7 se aplica la regla Z a toda la subprueba y se obtiene la fórmula A_5 como resultado.

5.2. DEDUCCIÓN NATURAL

Comentario 191 *Es importante recordar que las fórmulas de dentro de la caja (de la subprueba) no pueden citarse o utilizarse fuera de la caja, en la prueba madre, ya que aquéllas pueden derivar de la hipótesis de la subprueba, que no es parte de la prueba madre sino una suposición que más tarde se desechará. Una vez cerrada la subprueba, ésta únicamente se podrá citar como un todo en las líneas posteriores, normalmente citando la primera y última fórmula de la subprueba, para derivar alguna fórmula que sea resultado de la subprueba al completo por aplicación de alguna de las reglas.*

Todo esto puede parecer algo confuso explicado en abstracto, más adelante se mostrarán ejemplos que aclararán este importantísimo elemento del método de deducción natural.

5.2.3. Un cálculo de deducción natural

Un cálculo de deducción natural consiste en un conjunto de reglas de deducción básicas (primitivas) y el procedimiento de construcción de una prueba en el cálculo. Cuando existe una prueba de una fórmula A a partir de un conjunto de fórmulas Γ en el cálculo, diremos que A se deriva (es consecuencia) de Γ en ese cálculo y lo escribiremos $\Gamma \vdash A$.

Nosotros vamos a dar unas reglas básicas del cálculo siguiendo la notación uniforme (la definición de este tipo de notación para fórmulas la tenéis en la página 35). Las ventajas de estas reglas son:

1. Dará unidad a los diferentes cálculos que presentamos en el libro, todos ellos presentados a través de las reglas que provienen de la notación uniforme.

2. Su uso es muy fácil y resulta más eficiente que otros cálculos de deducción natural. Permite construir pruebas más fáciles y cortas.

3. Permitirá la comparación con los cálculos de tableaux y resolución, ya que algunas de sus reglas se parecen a las de estos cálculos.

El único inconveniente es que disponemos de bastantes reglas redundantes entre las reglas básicas (reglas que se pueden expresar a partir de las otras reglas), pero eso no nos ha de preocupar, ya que queda compensado por las ventajas anteriores.

5.2.4. Las reglas básicas del cálculo

Hay una regla de introducción y una de eliminación para cada conector. Siguiendo la notación unificada distinguiremos los tipos de reglas siguientes:

- α-reglas:

  - *Reglas de eliminación:*

    1. $(E\land)$: de $A \land B$ se deduce A y se deduce B.
    2. $(E\neg\lor)$: de $\neg(A \lor B)$ se deduce $\neg A$ y se deduce $\neg B$.
    3. $(E\neg \to)$: de $\neg(A \to B$ se deduce A y se deduce $\neg B$.

  - *Reglas de introducción:*

    1. $(I\land)$: de A y de B se deduce $A \land B$.
    2. $(I\neg\lor)$: de $\neg A$ y de $\neg B$ se deduce $\neg(A \lor B)$.
    3. $(I\neg \to)$: de A y de $\neg B$ se deduce $\neg(A \to B)$.

- β-reglas:

  - *Reglas de eliminación:*

    1. $(E\lor)$: de $A \lor B$ y $\neg A$ se deduce B.
    (Respectivamente de $A \lor B$ y $\neg B$ se deduce A)
    2. $(E \to)$: de $A \to B$ y A se deduce B.
    (Respectivamente de $A \to B$ y $\neg B$ se deduce $\neg A$)
    3. $(E\neg\land)$: de $\neg(A \land B)$ y A se deduce $\neg B$.
    (Respectivamente de $\neg(A \land B)$ y B se deduce $\neg A$)

  - *Reglas de introducción:*

    1. $(I\lor)$: de una **subprueba** con hipótesis $\neg A$ (resp. $\neg B$) y conclusión B (resp. A) se deduce $A \lor B$.
    2. $(I \to)$: de una **subprueba** con hipótesis A (resp. $\neg B$) y conclusión B (resp. $\neg A$) se deduce $A \to B$.
    3. $(I \neg\land)$: de una **subprueba** con hipótesis A (resp. B) y conclusión $\neg B$ (resp. $\neg A$) se deduce $\neg(A \land B)$.

- σ-reglas:

  - *Reglas de eliminación:*

    1. $(E\neg)$: de una **subprueba** con hipótesis $\neg A$ y conclusión $\bot$ se deduce A.
    2. $(E\bot)$: de $\bot$ se deduce cualquier fórmula A.

  - *Reglas de introducción:*

    1. $(I\neg)$: de una **subprueba** con hipótesis A y conclusión $\bot$ se deduce $\neg A$.
    2. $(I\bot)$: de A y de $\neg A$ se deduce $\bot$.
    3. $(I\top)$: $\top$ se puede deducir siempre, no necesita hipótesis.

Comentario 192 *No hay regla para el bicondicional. Igual que en el cálculo de resolución, este conector no se toma como símbolo primitivo del alfabeto, sino que se define en función del condicional y el conjuntor:*

$$A \leftrightarrow B := (A \to B) \land (B \to A)$$

5.2. DEDUCCIÓN NATURAL

Representación de las reglas básicas en función de los conectores

Las reglas de deducción natural suelen representarse con una notación bastante generalizada, como se verá en los dos cuadros siguientes, dando para cada conector la regla de eliminación y la de introducción.

Entre las reglas básicas aparecen como conectores lo que en realidad son tres composiciones de conectores (negación de la conjunción, negación de la disyunción y negación de la implicación). Las reglas correspondientes son reglas redundantes, ya que todas ellas podrían derivarse a partir de las reglas de los conectores básicos, pero hemos querido mantener la estructura en α-reglas y β-reglas.

Hay dos tipos diferentes de reglas, según contengan o no una subprueba. Las reglas que no contienen subprueba se representan con una línea de fracción, donde se "apilan" las premisas en la parte superior de la fracción y se escribe la conclusión en la parte inferior. Las reglas que contienen una subprueba se representan con la caja de la subprueba en la parte superior y la conclusión de la regla en la parte inferior (sin línea de fracción).

Un ejercicio recomendable, en este punto, es relacionar las reglas de los cuadros siguientes con las mismas reglas dadas como α, β y σ-reglas.

Conector	Regla de eliminación
Conjunción	$(E\wedge): \dfrac{A \wedge B}{A}$ y $\dfrac{A \wedge B}{B}$
Disyunción	$(E\vee): \dfrac{\neg A \quad A \vee B}{B}$ y $\dfrac{\neg B \quad A \vee B}{A}$
Implicación	$(E\rightarrow): \dfrac{A \quad A \rightarrow B}{B}$ y $\dfrac{\neg B \quad A \rightarrow B}{\neg A}$
Negación de la conjunción	$(E\neg\wedge): \dfrac{A \quad \neg(A \wedge B)}{\neg B}$ y $\dfrac{B \quad \neg(A \wedge B)}{\neg A}$
Negación de la disyunción	$(E\neg\vee): \dfrac{\neg(A \vee B)}{\neg A}$ y $\dfrac{\neg(A \vee B)}{\neg B}$

Conector	Regla de eliminación
Negación de la implicación	$(E\neg \to): \dfrac{\neg(A \to B)}{A}$ y $\dfrac{\neg(A \to B)}{\neg B}$
Negación	$(E\neg): \begin{array}{\|c\|}\hline \neg A \\ \vdots \\ \bot \\ \hline\end{array}$ A
Contradicción	$(E\bot): \dfrac{\bot}{A}$

Conector	Regla de introducción
Conjunción	$(I\wedge): \dfrac{\begin{array}{c}A\\B\end{array}}{A \wedge B}$
Disyunción	$(I\vee): \begin{array}{\|c\|}\hline \neg A \\ \vdots \\ B \\ \hline\end{array}$ y $\begin{array}{\|c\|}\hline \neg B \\ \vdots \\ A \\ \hline\end{array}$ $A \vee B \qquad A \vee B$
Implicación	$(I\to): \begin{array}{\|c\|}\hline A \\ \vdots \\ B \\ \hline\end{array}$ y $\begin{array}{\|c\|}\hline \neg B \\ \vdots \\ \neg A \\ \hline\end{array}$ $A \to B \qquad A \to B$
Negación de la conjunción	$(I\neg\wedge): \begin{array}{\|c\|}\hline A \\ \vdots \\ \neg B \\ \hline\end{array}$ y $\begin{array}{\|c\|}\hline B \\ \vdots \\ \neg A \\ \hline\end{array}$ $\neg(A \wedge B) \qquad \neg(A \wedge B)$
Negación de la disyunción	$(I\neg\vee): \dfrac{\begin{array}{c}\neg A\\ \neg B\end{array}}{\neg(A \vee B)}$
Negación de la implicación	$(I\neg \to): \dfrac{\begin{array}{c}A\\ \neg B\end{array}}{\neg(A \to B)}$

5.2. DEDUCCIÓN NATURAL

Conector	Regla de introducción
Negación	$(I\neg)$: $\begin{array}{\|c\|}\hline A \\ \vdots \\ \bot \\ \hline\end{array}$ $\neg A$
Contradicción	$(I\bot)$: $\dfrac{A \quad \neg A}{\bot}$
Tautología	$(I\top)$: $\dfrac{}{\top}$

Las reglas reflejan el razonamiento informal

Unas más que otras, todas las reglas son principios del razonamiento informal. A continuación veremos el significado informal de las reglas, para ello se escribirá entrecomillada la lectura informal de las fórmulas:

- *Reglas de la conjunción:*
  Tanto $(E\wedge)$ como $(I\wedge)$ son principios de razonamiento informal muy intuitivos. Si se sabe que "*A y B*", se deduce que "*A*" y que "*B*", y viceversa.

- *Reglas de la disyunción:*
  $(E\vee)$ es también un principio intuitivo, significa que si se sabe que "*A o B*" y también se sabe que "*no A*", entonces debe ser "*B*".
  $(I\vee)$ no es tan intuitivo a priori, pero si se examina con atención nos dice que para deducir que "*A o B*", es suficiente probar que siempre que suponemos "*no A*" entonces debe ser "*B*" (no puede ser "*no A*" y "*no B*").

- *Reglas de la implicación:*
  $(E \rightarrow)$ es el conocido como *principio de modus ponens*: si sabemos que "*A implica B*" y también que "*A*", entonces podemos deducir que "*B*". La otra versión de la regla es el *principio del contra-recíproco:* si sabemos que "*A implica B*" pero sabemos que "*no B*", entonces podemos concluir que "*no A*", ya que de otra manera tendríamos "*A*" y por tanto "*B*", y una contradicción.
  $(I \rightarrow)$ es el *principio de deducción:* si cuando se supone "*A*" se puede deducir "*B*", entonces podemos concluir que se cumple "*si A entonces B*" y eliminar la suposición (cerrar la subprueba).

- *Reglas de la negación:*
  $(E\neg)$ significa que si cuando suponemos "*no A*" obtenemos una contradicción, entonces es que no puede ser "*no A*" y, por tanto, concluimos

que "A". Esta regla corresponde a una importante estrategia del razonamiento informal, conocida como *prueba por contradicción o prueba por reducción al absurdo*, y, en particular, es el mismo principio de los métodos de prueba refutativos.

($I\neg$) es la versión de *la prueba por contradicción*, cuando la proposición que queremos probar es una negación.

- *Reglas de las constantes proposicionales:*

  ($E\bot$) significa que a partir de una contradicción se puede deducir cualquier fórmula.

  ($I\bot$) es el *principio de no contradicción*. Esta regla refleja el principio del razonamiento informal que asegura que obtener "A" y "*no A*" es contradictorio.

  ($I\top$) refleja el principio de que toda proposición tautológica es siempre verdadera.

La interpretación de las otras reglas se deja como un ejercicio.

Ejemplo 193 *Construiremos una prueba de A a partir de la premisa $\neg\neg A$. Por tanto, $\neg\neg A \vdash A$*

1.	$\neg\neg A$	premisa
2.	$\neg A$	hipótesis
3.	$\bot$	($I\bot$), 1, 2
4.	A	($E\neg$), 2, 3

Obsérvese que la subprueba, formada por las líneas 2 y 3 se cierra y se cita para derivar la línea 4.

Ejemplo 194 *Construiremos una prueba de $\neg\neg A$ a partir de la premisa A. Por tanto $A \vdash \neg\neg A$*

1.	A	premisa
2.	$\neg A$	hipótesis
3.	$\bot$	($I\bot$), 1, 2
4.	$\neg\neg A$	($I\neg$), 2, 3

Semejante al ejemplo 2, pero aplicando la regla ($I\neg$) a la subprueba, en lugar de ($E\neg$)

Ejemplo 195 *Construimos una prueba de: $A \to (B \to C) \vdash B \to (A \to C)$*

1.	$A \to (B \to C)$	premisa
2.	B	hipótesis
3.	A	hipótesis
4.	$B \to C$	($E \to$), 1, 3
5.	C	($E \to$), 2, 4
6.	$A \to C$	($I \to$), 3, 5
7.	$B \to (A \to C)$	($I \to$), 2, 6

5.2. DEDUCCIÓN NATURAL

Aquí tenemos un ejemplo de subprueba dentro de una subprueba, por ello hay dos hipótesis, una para abrir cada subprueba. Curiosamente se aplica la misma regla $(I \rightarrow)$ a las dos subpruebas (líneas 6 y 7). Es importante recordar que una vez cerrada una subprueba sólo se la puede citar como un todo, en ningún caso podemos citar fórmulas "sueltas" de la subprueba fuera de ella.

5.2.5. Estrategias de demostración

El procedimiento de construcción de pruebas en el cálculo de deducción natural no es automático, a diferencia de los cálculos de tableaux y resolución. Podemos, por ejemplo, intentar aplicar las reglas de una manera intensiva (y sin pensar), con la esperanza de que se cubran todas las posibilidades de aplicación de las reglas y aparezca una prueba, o esperando que el azar nos proporciona una prueba. Si hacemos eso nada nos garantiza el éxito. Para paliar en lo posible esta dificultad, se aconseja el estudio y uso de las *estrategias de demostración:*

1. Mantener siempre en mente que **el objetivo de la prueba es obtener la conclusión.**

2. **Estudiar la forma lógica de la conclusión,** ésta nos informará de las reglas cuya aplicación nos dará en el último paso la fórmula de la conclusión:

    a) Si es la constante proposicional $\bot$: la primera estrategia a seguir será aplicar la regla $(I\bot)$. Para ello será necesario deducir previamente una proposición y su negación.

    b) Si es la constante proposicional $\top$, ésta se puede introducir en cualquier momento de la prueba o la subprueba.

    c) Si es una letra proposicional P: aplicar la regla $(E\neg)$ es la estrategia adecuada. Hay que abrir una subprueba (caja) con hipótesis $\neg P$ y hay que deducir en la subprueba $\bot$ (contradicción), entonces se cierra la subprueba y se obtiene P aplicando $(E\neg)$ a la subprueba (se indica con la primera y la última fórmula de la caja).

    d) Si es negación de una letra proposicional $\neg P$: aplicaremos la regla $(I\neg)$. Hay que abrir una subprueba (caja) con hipótesis P y con conclusión una contradicción $(\bot)$.

    e) Si es una conjunción $P \wedge Q$: la regla $(I\wedge)$ es la adecuada. Hay que deducir en algún paso previo las dos componentes.

    f) Si es disyunción $P \vee Q$: la regla $(I\vee)$ nos la proporcionará. Hay que abrir una subprueba (caja) con hipótesis la negación de una de las componentes y con conclusión la otra.

    g) Si es una implicación $P \rightarrow Q$: aplicaremos la regla $(I \rightarrow)$. Hay que abrir una subprueba (caja) con hipótesis P y obtener la conclusión Q (o bien con hipótesis $\neg Q$ y obtener la conclusión $\neg P$).

h) Si es negación de una conjunción $\neg(P \wedge Q)$: la regla $(I\neg\wedge)$ guía la estrategia. Hay que abrir una subprueba (caja) con hipótesis una de las componentes y obtener como conclusión de la subprueba la negación de la otra.

i) Si es negación de una disyunción $\neg(P \vee Q)$: la regla $(I\neg\vee)$ es la adecuada. Se deben obtener la negación de cada uno de los componentes previamente.

j) Si es negación de una implicación $\neg(P \rightarrow Q)$: aplicaremos la regla $(I\neg \rightarrow)$. Previamente a su aplicación habrá que deducir P y $\neg Q$.

3. **Estudiar la forma lógica de cada premisa** y cómo se puede descomponer en otras fórmulas:

    a) Si es una conjunción $P \wedge Q$: con la regla $(E\wedge)$ se puede derivar (por separado) P y Q, en la prueba o en cualquier subprueba.

    b) Si es una disyunción $P \vee Q$: con la regla $(E\vee)$, a partir de la negación de cualquiera de sus componentes se puede derivar la otra componente, en la prueba o en cualquier subprueba.

    c) Si es una implicación $P \rightarrow Q$: aplicando $(E \rightarrow)$ a partir de P se puede derivar Q, o bien, a partir de $\neg Q$ se puede obtener $\neg P$, en la prueba madre o en cualquier subprueba.

    d) Si es la negación de una conjunción $\neg(P \wedge Q)$: a partir de una cualquiera de las componentes de la conjunción con la regla $(E\neg\wedge)$ se puede derivar la negación de la otra.

    e) Si es la negación de una disyunción $\neg(P \vee Q)$: aplicando la regla $(E\neg\vee)$ se pueden derivar (por separado) $\neg P$ y $\neg Q$.

    f) Si es negación de una implicación $\neg(P \rightarrow Q)$: con la regla $(E\neg \rightarrow)$ se pueden derivar (por separado) P y $\neg Q$.

4. **Construir la prueba de abajo hacia arriba:** la forma de la conclusión nos dice cuál es la primera estrategia; esta primera estrategia tendrá una nueva fórmula objetivo, que dependiendo de su forma lógica requerirá una de las estrategias del apartado 2 anterior, y así sucesivamente, hasta que las premisas devengan fórmulas objetivo o últimas estrategias (apartado 3 anterior), y se pueda finalmente cerrar la prueba (que permanece abierta hasta este momento). El esquema siguiente ilustra este proceso, en una prueba con n pasos o estrategias de abajo hacia arriba:

5.2. DEDUCCIÓN NATURAL

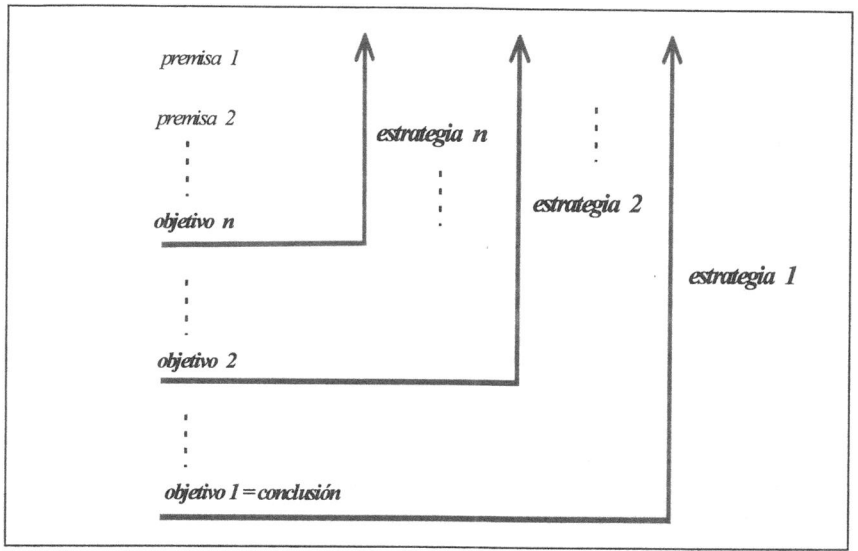

Estrategia de construcción de una prueba

Ejemplos de uso de las estrategias

Ejemplo 196 *Mostrad que*

$$\{A \to B, C \to D, (D \wedge B) \to E\} \vdash (A \wedge C) \to E$$

mediante una prueba en el cálculo de deducción natural.

Primero estudiamos la forma lógica de la conclusión, es una implicación; por tanto, la estrategia 1a es aplicar la regla $(I \to)$ (ver 5.2.4).
En segundo lugar estudiamos la forma lógica de las tres premisas.
Obsérvese que hemos variado ligeramente la notación de la información estratégica que nos dan las premisas. Así:

$$A \to B : \quad \frac{A}{B} \quad o \quad \frac{\neg B}{\neg A} \quad (E \to)$$

significa que la estrategia proveniente de la premisa es: si tenemos A podemos deducir B o si tenemos $\neg B$ podemos deducir $\neg A$ por aplicación de la regla $(E \to)$.
De esta manera escribimos claramente qué hipótesis necesitaremos para derivar qué a partir de las premisas. Estas dos informaciones las podemos sistematizar en un cuadro del tipo:

Conclusión: $(A \land C) \to E$

Estrategia 1a:

$(I \to)$ (a) $\boxed{\begin{array}{c} A \land C \\ \vdots \\ E \end{array}}$ o (b) $\boxed{\begin{array}{c} \neg E \\ \vdots \\ \neg(A \land C) \end{array}}$

$(A \land C) \to E (A \land C) \to E$

Premisas:

(P1) $A \to B : \dfrac{A}{B}$ o $\dfrac{\neg B}{\neg A}$ $(E \to)$

(P2) $C \to D : \dfrac{C}{D}$ o $\dfrac{\neg D}{\neg C}$ $(E \to)$

(P3) $(D \land B) \to E : \dfrac{D \land B}{E}$ o $\dfrac{\neg E}{\neg(D \land B)}$ $(E \to)$

La estrategia 1a tiene dos opciones, vamos a usar primero la opción (a); si ésta no funcionase, volveríamos atrás y usaríamos la opción (b).

Ahora iniciamos la construcción de abajo hacia arriba de la prueba. En el paso 1 usamos la estrategia 1a; ahora el nuevo objetivo es deducir E a partir de la hipótesis de la subprueba, y de las premisas.

Paso 1:

1. $A \to B$ (P1)
2. $C \to D$ (P2)
3. $(D \land B) \to E$ (P3)
4. $\boxed{\begin{array}{c} A \land C \\ \vdots \\ E \end{array}}$ hipótesis
   $\vdots$
n.
n+1. $(A \land C) \to E$ $(I \to), 4, n$

Antes de buscar otras estrategias según el apartado 2 de la sección 5.2.5, es conveniente mirar siempre a las estrategias que provienen de las premisas (apartado 3 de la misma sección). Así, para obtener E, podemos usar:

Estrategia 2a:

de P3 : $\dfrac{D \land B}{E}$

Paso 2:

1. $A \to B$ (P1)
2. $C \to D$ (P2)
3. $(D \land B) \to E$ (P3)
4. $\boxed{\begin{array}{c} A \land C \\ \vdots \\ D \land B \\ E \end{array}}$ hipótesis
   $\vdots$
m. $D \land B$
n. E $(E \to), 3, m$
n+1. $(A \land C) \to E$ $(I \to), 4, n$

El nuevo objetivo pasará a ser la deducción de $D \land B$ a partir de la hipótesis de la subprueba y de las premisas.

5.2. DEDUCCIÓN NATURAL

Según las reglas de deducción (apartado 5.2.4), para deducir $B \wedge D$ es suficiente deducir B y D por separado y aplicar la regla $(I\wedge)$

Estrategia 3a:
$$(I\wedge) \quad \frac{B \quad D}{B \wedge D}$$

Paso 3:
1.	$A \to B$	(P1)
2.	$C \to D$	(P2)
3.	$(D \wedge B) \to E$	(P3)
4.	$A \wedge C$	hipótesis
$\vdots$	$\vdots$	$\vdots$
k.	B	
l.	D	
m.	$D \wedge B$	$(I\wedge), k, l$
n.	E	$(E \to), 3, m$
n+1.	$(A \wedge C) \to E$	$(I \to), 4, n$

El nuevo objetivo es obtener B y D. Antes de aplicar otra estrategia miramos entre las premisas, en esta ocasión hay dos de ellas que nos pemitirían deducir estas dos fórmulas. Para ello necesitaríamos disponer de A y C, respectivamente, y éstas las obtenemos de la hipótesis de la subprueba según el apartado 3 de las estrategias:

Estrategia 4a:

de $P1: \dfrac{A}{B}$ $(E \to)$

de $P2: \dfrac{C}{D}$ $(E \to)$

de $A \wedge C : A$ y C $(E\wedge)$

Paso 4:
1.	$A \to B$	(P1)
2.	$C \to D$	(P2)
3.	$(D \wedge B) \to E$	(P3)
4.	$A \wedge C$	hipótesis
5.	A	$(E\wedge), 4$
6.	C	$(E\wedge), 4$
7.	B	$(E \to), 1, 5$
8.	D	$(E \to), 2, 6$
9.	$D \wedge B$	$(I\wedge), 7, 8$
10	E	$(E \to), 3, 9$
11.	$(A \wedge C) \to E$	$(I \to), 4, 10$

Finalmente, en el paso 4 se puede cerrar la subprueba y acabar la construcción de atrás hacia adelante de la prueba.

Ejemplo 197 *Mostrad que*

$$\{A \vee B, A \to C, B \to C\} \vdash C$$

mediante una prueba en el cálculo de deducción natural.
La forma de la conclusión es una letra proposicional y por tanto usaremos la estrategia c) del apartado 2 de 5.2.5.

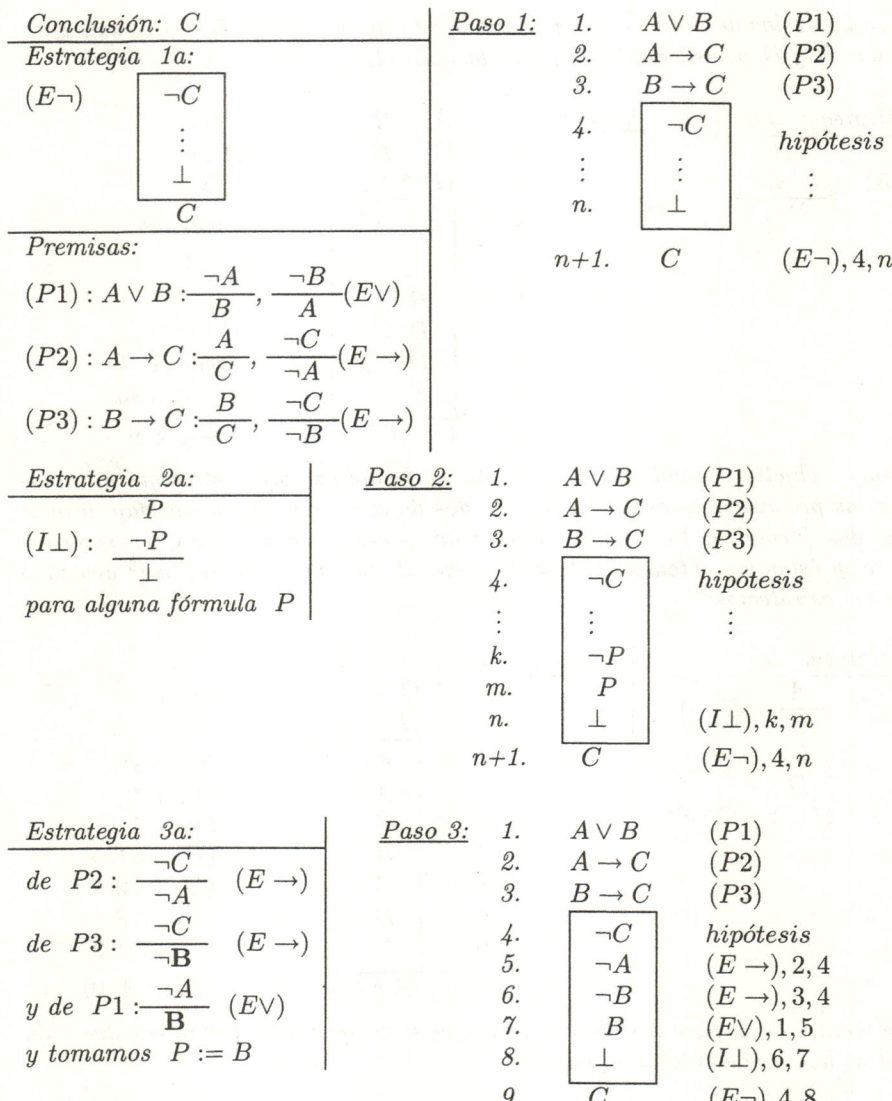

5.2.6. Definiciones formales

Definición 198 *Una prueba de **A** a partir de un conjunto finito de premisas* Γ *es una secuencia finita de fórmulas* $F_1, ..., F_n$ *que cumple:*

1. Las primeras fórmulas de la secuencia son las fórmulas de Γ.

2. Cada F_i donde $i \leq n$ es o bien una fórmula de Γ, o bien una hipótesis que abre una subprueba, o bien se obtiene por aplicación de una de las reglas de deducción a partir de:

5.2. DEDUCCIÓN NATURAL

   a) Una fórmula F_j con $j < i$
   b) Dos fórmulas F_j, F_k con $j, k < i$
   c) Una subprueba cerrada que ocurre toda ella en posiciones anteriores a la posición i.

3. F_n es A.

Definición 199 *Una subprueba de una prueba (madre)* $F_1, ..., F_n$ *es una subsecuencia finita de fórmulas* $F_k, ..., F_m$ ($1 \leq k \leq n-1$ y $1 \leq m \leq n-1$) *que cumple:*

1. F_k es **la hipótesis** de la subprueba, puede ser cualquier fórmula.

2. Cada F_i donde $k+1 \leq i \leq m$ es, o bien una hipótesis de una subprueba que se abre dentro de la subprueba, o bien se obtiene por aplicación de una de las reglas de deducción a partir de:
   a) Una fórmula F_j con $1 \leq j < i$ ocurriendo en la prueba madre de la subprueba.
   b) Dos fórmulas F_j, F_k con $1 \leq j, k < i$.
   c) Una subprueba cerrada que ocurre toda ella en posiciones anteriores a i.

Comentario 200 *Fijaos bien,* una subprueba puede contener subpruebas y estar dentro de otras subpruebas. La prueba (o subprueba) dentro de la cual aparece la subprueba se llama **prueba madre** (o **subprueba madre**). Cuando en una subprueba se cita una fórmula que ocurre en una subprueba anterior, debemos asegurarnos de que dicha subprueba sea subprueba madre de la nuestra (abierta). Una **subprueba se cierra** cuando se ha obtenido la conclusión F_m deseada. Una subprueba permanece **abierta** hasta que se cierran todas las subpruebas que pueda contener.

Definición 201 *Si existe una prueba de A a partir de Γ decimos que A **se deriva de** Γ en el cálculo de deducción natural y escribimos $\Gamma \vdash A$ para indicarlo.*
$\Gamma \vdash_{dnat} A$ expresa lo mismo, explicitando que el cálculo es el de deducción natural proposicional, pero sólo se usa cuando haya que distinguirlo de otros cálculos.

Definición 202 *Una **prueba** de A es una prueba de A a partir de $\emptyset$. Decimos que A es un **teorema del cálculo** de deducción natural y escribimos $\vdash A$ para indicarlo.*

Comentario 203 *Fijaos bien en* que para probar que A es un teorema no partimos de premisas. En este caso deberemos comenzar la prueba por una suposición (es decir por una subprueba).

Definición 204 *Un conjunto de fórmulas finito Γ es **deducción natural-consistente** si $\Gamma \nvdash \bot$.*

Definición 205 *Una fórmula A es **deducción natural-consistente** si $A \nvdash \bot$.*

154 CAPÍTULO 5. OTROS CÁLCULOS PROPOSICIONALES

Ejemplos de teoremas

Para construir una prueba de un teorema en nuestro cálculo deductivo no se parte de premisa alguna. Y, viceversa, **una prueba sin premisas** muestra siempre que la conclusión es un teorema.

Ejemplo 206 $A \to A$ *(principio de identidad) es un teorema del cálculo de deducción natural.*

Prueba:

1. $\boxed{A}$ hipótesis
2. $A \to A$ $(I \to), 1, 1$

Este caso es especial, la subprueba sólo contiene la hipótesis, puedo cerrarla y utilizar la fórmula A como inicio y fin de la subprueba.

Ejemplo 207 $A \to (B \to A)$ *es un teorema del cálculo de deducción natural.*

Prueba:

1. $\boxed{\neg(B \to A)}$ hipótesis
2. $\boxed{\neg A}$ $(E\neg \to), 1$
3. $A \to (B \to A)$ $(I \to), 1, 2$

Ejemplo 208 $(A \to B) \to [(A \to \neg B) \to \neg A]$ *es un teorema del cálculo de deducción natural.*

Prueba:

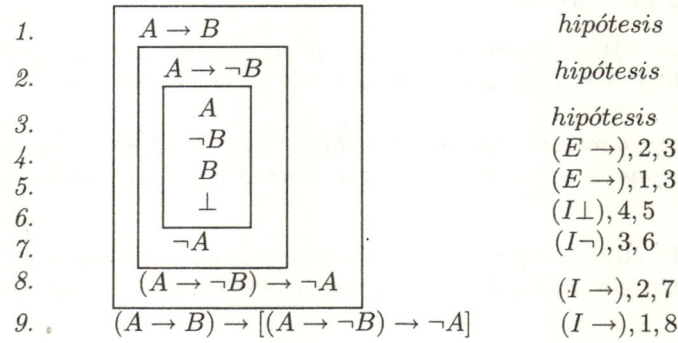

1. $A \to B$ hipótesis
2. $A \to \neg B$ hipótesis
3. A hipótesis
4. $\neg B$ $(E \to), 2, 3$
5. B $(E \to), 1, 3$
6. $\bot$ $(I\bot), 4, 5$
7. $\neg A$ $(I\neg), 3, 6$
8. $(A \to \neg B) \to \neg A$ $(I \to), 2, 7$
9. $(A \to B) \to [(A \to \neg B) \to \neg A]$ $(I \to), 1, 8$

5.2.7. Reglas derivadas

Son reglas del cálculo que pueden demostrarse a partir de las reglas básicas. Hay multitud de reglas derivadas (ver ejemplo 218), pero ahora vamos a enunciar y demostrar sólo una[5] que vamos a usar comúnmente junto a las reglas básicas.

---
[5]Esta regla suele darse como regla básica en muchos otros cálculos de deducción natural.

5.2. DEDUCCIÓN NATURAL

Teorema 209 *Las reglas derivadas de la doble negación.*

- *Eliminación de la doble negación:* $(E\neg\neg) : \dfrac{\neg\neg A}{A}$

- *Introducción de la doble negación:* $(I\neg\neg) : \dfrac{A}{\neg\neg A}$

Demostración. Ya la hicimos, son los ejercicios 193 y 194. ■

Comentario 210 *Estas reglas aseguran que A y $\neg\neg A$ son lógicamente equivalentes, y podemos introducir uno en cualquier línea posterior de la prueba, si el otro ha sido derivado anteriormente.*

Ejemplo 211 *La regla* $\dfrac{\neg\neg A \quad A \to B}{B}$ *es regla derivada del cálculo.*

Demostración: vamos a demostrar que $\{\neg\neg A, A \to B\} \vdash B$

Prueba:
1. $\neg\neg A$ $P1$
2. $A \to B$ $P2$
3. A $(E\neg\neg), 1$
4. B $(E\to), 2, 3$

5.2.8. Teoremas de corrección y completud

La equivalencia entre los conceptos sintácticos y los semánticos viene garantizada por estos teoremas:

Teorema 212 *Corrección débil.* Si $\vdash A$ —esto es, si existe una demostración de A en el cálculo de deducción natural—, entonces $\vDash A$ —esto es, A es una fórmula válida o tautología.

Teorema 213 *Completud débil.* Si $\vDash A$ —esto es, si A es una fórmula válida o tautología—, entonces $\vdash A$ —esto es, existe una demostración de A en el cálculo de deducción natural.

En realidad se puede demostrar un resultado más general, los teoremas de corrección y completud fuerte, que enunciamos a continuación.

Teorema 214 *Corrección.* Si $\Gamma \vdash C$, entonces $\Gamma \vDash C$.

Teorema 215 *Completud.* Si $\Gamma \vDash C$, entonces $\Gamma \vdash C$.

En la sección D.3.5 del apéndice D que está en el CD podéis ver una demostración del teorema de corrección para el cálculo de deducción natural que hemos presentado aquí y en D.6 del teorema de completud para el cálculo de deducción natural.

5.2.9. Ejercicios propuestos con solución

Ejercicio 216 *En cada uno de los siguientes casos mostrad lo enunciado mediante una prueba en el cálculo de deducción natural.*

(a) $\{A \to B, C \to D, A \vee C\} \vdash B \vee D$

Conclusión: $B \vee D$				
Estrategia 1a:				
$(I\vee)$ (a) $\boxed{\begin{array}{c}\neg B\\ \vdots\\ D\\\hline B\vee D\end{array}}$	o	(b) $\boxed{\begin{array}{c}\neg D\\ \vdots\\ B\\\hline B\vee D\end{array}}$		
Premisas:				
$(P1)$ $A \to B$:	$\dfrac{A}{B}$	o	$\dfrac{\neg B}{\neg A}$	$(E\to)$
$(P2)$ $C \to D$:	$\dfrac{C}{D}$	o	$\dfrac{\neg D}{\neg A}$	$(E\to)$
$(P3)$ $A \vee C$:	$\dfrac{\neg A}{C}$	o	$\dfrac{\neg C}{A}$	$(E\vee)$

Prueba:
1. $A \to B$ $(P1)$
2. $C \to D$ $(P2)$
3. $A \vee C$ $(P3)$
4. $\boxed{\neg B}$ hipótesis
5. $\phantom{\boxed{X}}\neg A$ $(E\to), 1, 4$
6. $\phantom{\boxed{X}}C$ $(E\vee), 3, 5$
7. $\phantom{\boxed{X}}D$ $(E\to), 2, 6$
8. $B \vee D$ $(I\vee), 4, 7$

(b) $\{A \to \neg C, B \to C\} \vdash \neg(A \wedge B)$

Conclusión: $\neg(A \wedge B)$				
Estrategia 1a:				
$(I\neg\wedge)$ $\boxed{\begin{array}{c}A\\ \vdots\\ \neg B\end{array}}$ $\neg(A\wedge B)$	o	$\boxed{\begin{array}{c}B\\ \vdots\\ \neg A\end{array}}$ $\neg(A\wedge B)$		
Premisas:				
$(P1)$ $A \to \neg C$:	$\dfrac{A}{\neg C}$	o	$\dfrac{\neg\neg C}{\neg A}$	$(E\to)$
$(P2)$ $B \to C$:	$\dfrac{B}{C}$	o	$\dfrac{\neg C}{\neg B}$	$(E\to)$

5.2. DEDUCCIÓN NATURAL

Prueba:

1. $A \to \neg C$ (P1)
2. $B \to C$ (P2)
3. | A hipótesis
4. | $\neg C$ $(E \to), 1, 3$
5. | $\neg B$ $(E \to), 2, 4$
6. $\neg(A \wedge B)$ $(I\neg\wedge), 3, 5$

Ejercicio 217 *Probad los siguientes teoremas del cálculo de deducción natural.*

(a) $\vdash \neg(A \wedge \neg A)$ *(principio de no contradicción)*
Prueba:

1. $\boxed{\neg A}$ hipótesis
2. $\neg(A \wedge \neg A)$ $(I\neg\wedge), 1, 1$

Otra prueba:

1. | $A \wedge \neg A$ hipótesis
2. | A $(E\wedge), 1$
3. | $\neg A$ $(E\wedge), 1$
4. | $\bot$ $(I\bot), 1, 2$
5. $\neg(A \wedge \neg A)$ $(I\neg), 1, 4$

(b) $\vdash A \vee \neg A$ *(principio del tercio excluso)*
Prueba:

1. $\boxed{\neg A}$ hipótesis
2. $A \vee \neg A$ $(I\vee), 1, 1$

(c) **Axiomas de Hilbert**
(1) $\vdash A \to (B \to A)$
(2) $\vdash (A \to B) \to [(A \to \neg B) \to \neg A]$
(3) $\vdash (A \to B) \to \{[A \to (B \to C)] \to (A \to C)\}$
(4) $\vdash \neg\neg A \to A$

La prueba de (1) es el ejemplo 207, la de (2) es el ejemplo 208 y la de (4) se obtiene fácilmente a partir del ejemplo 193.
Prueba de (3):

1. | $A \to B$ hipótesis
2. | $A \to (B \to C)$ hipótesis
3. | | A hipótesis
4. | | $B \to C$ $(E \to), 2, 3$
5. | | B $(E \to), 1, 3$
6. | | C $(E \to), 4, 5$
7. | $A \to C$ $(I \to), 3, 6$
8. $[A \to (B \to C)] \to (A \to C)$ $(I \to), 2, 7$
9. $(A \to B) \to \{[A \to (B \to C)] \to (A \to C)\}$ $(I \to), 1, 8$

Ejercicio 218 *En cada uno de los siguientes casos mostrad que lo enunciado son reglas derivadas en el cálculo de deducción natural.*

(a) $\dfrac{\begin{array}{c}A\\\neg A\end{array}}{B}$ *(regla quadlibet-sequitum)*

Prueba: 1. A $(P1)$
             2. $\neg A$ $(P2)$
             3. $\bot$ $(I\bot), 1, 2$
             4. B $(E\bot), 3$

(b) $\dfrac{\begin{array}{c}A\vee B\\\neg A\vee C\end{array}}{B\vee C}$ *(regla de resolución)*

Prueba: 1. $A\vee B$ $(P1)$
             2. $\neg A\vee C$ $(P2)$
             3. $\boxed{\neg C}$ *hipótesis*
             4. $\boxed{\neg A}$ $(E\vee), 2, 3$
             5. $\boxed{B}$ $(E\vee), 1, 4$
             6. $B\vee C$ $(I\vee), 3, 5$

(c) $\begin{array}{c} A\vee B \\ \boxed{\begin{array}{c}A\\\vdots\\C\end{array}} \\ \boxed{\begin{array}{c}B\\\vdots\\C\end{array}} \\ \hline C \end{array}$ *(regla de prueba por casos)*

Prueba: 1. $A\vee B$ $(P1)$
             2. $\boxed{\begin{array}{c}A\\\vdots\\C\end{array}}$ $(P2)$
             3. $\boxed{\begin{array}{c}B\\\vdots\\C\end{array}}$ $(P3)$

5.2. DEDUCCIÓN NATURAL

$$
\begin{array}{ll}
4. & \neg C \quad \text{hipótesis} \\
5. & A \to C \quad (I \to), 2(*) \\
6. & \neg A \quad (E \to), 4, 5 \\
7. & B \quad (E\lor), 1, 6 \\
8. & B \to C \quad (I \to), 2(*) \\
9. & \neg B \quad (E \to), 4, 8 \\
10. & \bot \quad (I\bot), 7, 9 \\
11. & C \quad (E\neg), 4, 10
\end{array}
$$

(∗) *Se aplica la regla a toda la subdeducción. Aquí toda la subdeducción se cita con un único ordinal en lugar de la citación habitual de primera y última línea de la subprueba.*

5.2.10. Otro cálculo de deducción natural

Es muy posible que el cálculo de deducción natural que veáis en otro curso introductorio de lógica no sea el que hemos usado en este libro. Si no es el mismo, la diferencia será alguna de las reglas básicas, pero el procedimiento de uso de las pruebas y subpruebas será el mismo. Puede diferir también la representación gráfica de una subprueba, la de una prueba es bastante estándar.

En esta última sección os vamos a dar las reglas básicas de un cálculo de deducción natural muy popular. En él se ha optado por no tener reglas redundantes (no tiene las reglas de negación de los conectores) y se ha optado por reglas de introducción y eliminación de la disyunción diferentes. Podéis encontrar un estudio detallado de este cálculo en Barwise y Etchemendy [4].

La definición del cálculo es quizás más elegante que el nuestro, pero es sin duda menos eficiente (las pruebas con reglas básicas suelen ser más largas).

Reglas básicas

Conector	Regla de eliminación
Conjunción	$(E\land) : \dfrac{A \land B}{A}$ y $\dfrac{A \land B}{B}$

Conector	Regla de eliminación
Disyunción	$(E\vee):$ $\begin{array}{c} A\vee B \\ \boxed{\begin{array}{c} A \\ \vdots \\ C \end{array}} \\ \boxed{\begin{array}{c} B \\ \vdots \\ C \end{array}} \\ C \end{array}$
Implicación	$(E\rightarrow): \dfrac{\begin{array}{c} A \\ A\rightarrow B \end{array}}{B}$ y $\dfrac{\begin{array}{c} \neg B \\ A\rightarrow B \end{array}}{\neg A}$
Negación	$(E\neg): \dfrac{\neg\neg A}{A}$
Contradicción	$(E\bot): \dfrac{\bot}{A}$

Conector	Regla de introducción
Conjunción	$(I\wedge): \dfrac{\begin{array}{c} A \\ B \end{array}}{A\wedge B}$
Disyunción	$(I\vee): \dfrac{A}{A\vee B}$ y $\dfrac{A}{A\vee B}$
Implicación	$(I\rightarrow): \begin{array}{c} \boxed{\begin{array}{c} A \\ \vdots \\ B \end{array}} \\ A\rightarrow B \end{array}$

5.2. DEDUCCIÓN NATURAL

Conector	Regla de introducción
Negación	$(I\neg):$ $\begin{array}{\|c\|}\hline A \\ \vdots \\ \bot \\ \hline\end{array}$ $\neg A$
Contradicción	$(I\bot): \dfrac{A \quad \neg A}{\bot}$
Tautología	$(I\top): \dfrac{}{\top}$

Obsérvese que las únicas diferencias con el nuestro son:

1. Las reglas de la disyunción. En éste la regla de introducción es la regla derivada de prueba por casos de nuestro cálculo (mirad el ejercicio 218).

2. La regla de eliminación de la negación, que es nuestra regla derivada de eliminación de la doble negación (ejercicio 193).

3. No aparecen reglas para la negación de conectores, que ya comentamos que son redundantes.

Es un ejercicio comprobar que las reglas de nuestro cálculo son derivadas de éste y viceversa. De esa manera se muestra que ambos cálculos son equivalentes.

5.2.11. Ejercicios del CD

Los ejercicios siguientes están todos resueltos en el CD que acompaña a este libro, en el capítulo 5. Por limitación de espacio no hemos incluido en el libro ni tan siquiera los enunciados de todos los ejercicios que allí recogemos. En el CD hay tres bloques de cada uno de estos dos tipos:

- *DEDUCCIÓN NATURAL PROPOSICIONAL*
- *PRUEBAS CON DEDUCCIÓN NATURAL PROPOSICIONAL*

Dos de ellos vienen con solución y del otro sólo se suministra el enunciado.

DEDUCCIÓN NATURAL PROPOSICIONAL (1)

1. En cada uno de los siguientes casos mostrad lo enunciado mediante una prueba en el cálculo de deducción natural.

    a) $\vdash p \to (q \to p)$
    b) $\vdash ((p \to q) \to r) \to (q \to r)$
    c) $\vdash \bot \to p$
    d) $\vdash p \to \top$

2. En cada uno de los siguientes casos mostrad lo enunciado mediante una prueba en el cálculo de deducción natural.

    a) $\vdash (p \lor q) \lor (\neg p \lor \neg q)$
    b) $\vdash ((r \land s) \lor (\neg r \land \neg s)) \to (r \to s)$
    c) $\vdash ((p \land q) \to r) \to ((p \to r) \lor (q \to r))$
    d) $\vdash (p \to (q \to r)) \to ((p \to q) \to (p \to r))$

3. En cada uno de los siguientes casos mostrad lo enunciado mediante una prueba en el cálculo de deducción natural.

    a) $\{p \to q,\ q \to r\} \vdash p \to (q \to r)$
    b) $\{p \to q,\ \neg(p \to r),\ p \to (q \to r)\} \vdash q \to (p \land r)$
    c) $\{p \to (q \lor r),\ q \to (\neg s \lor \neg p)\} \vdash s \to (p \to r)$
    d) $r \to (q \land s) \vdash (p \lor q) \to (\neg r \lor s)$

4. En cada uno de los siguientes casos mostrad lo enunciado mediante una prueba en el cálculo de deducción natural.

    a) $\{p \lor q,\ p \to r,\ q \to \neg(r \to p)\} \vdash r$
    b) $\{p \to q,\ p \to r\} \vdash p \to (q \land r)$
    c) $\{\neg(p \to r),\ p \to (q \to r)\} \vdash q \to (p \land r)$
    d) $\{p \lor q,\ q \to (r \lor s),\ p \to s,\ s \to t,\ r \to p\} \vdash t$

PRUEBAS CON DEDUCCIÓN NATURAL PROPOSICIONAL (1)

1. En cada uno de los siguientes casos mostrad lo enunciado mediante una prueba en el cálculo de deducción natural.

    a) $\{p \land q,\ s \land r\} \vdash r \land p$
    b) $\{p \land q,\ s \land r\} \vdash r \lor p$
    c) $\{p \to q,\ p\} \vdash p \land q$

5.2. DEDUCCIÓN NATURAL

d) $\{p \to q,\ p \to \neg q\} \vdash \neg p$

2. En cada uno de los siguientes casos mostrad lo enunciado mediante una prueba en el cálculo de deducción natural.

   a) $p \lor q \vdash \neg p \to q$
   b) $\{p \lor q,\ (q \lor r) \to s,\ \neg r \to \neg p\} \vdash s$
   c) $\{p \to \neg q,\ (r \lor s) \to t,\ t \to q\} \vdash p \to (\neg r \land \neg s)$
   d) $\neg(p \land q) \vdash \neg p \lor \neg q$

3. Encontrad los posibles errores que hay en cada una de las siguientes pruebas en el cálculo de deducción natural (los razonamientos enunciados pueden o no ser correctos).

   a. $\{p \to q,\ q \to r\} \vdash p \to (q \to r)$

   Prueba:
1.	$p \to q$	$(P1)$
2.	$q \to r$	$(P2)$
3.	p	hipótesis
4.	q	$(E \to), 1, 3$
5.	r	$(E \to), 2, 4$
6.	$q \to r$	$(I \to), 3, 5$
7.	$p \to (q \to r)$	$(I \to), 3, 6$

   b. $\{p \to q,\ \neg(p \to r),\ p \to (q \to r)\} \vdash q \to (p \land r)$

   Prueba:
1.	$p \to q$	$(P1)$
2.	$\neg(p \to r)$	$(P2)$
3.	$p \to (q \to r)$	$(P3)$
4.	$\neg(p \land r)$	hipótesis
5.	q	hipótesis
6.	p	$(E\neg \to), 2$
7.	$\neg p$	$(E\neg \land), 4$
8.	$\bot$	$(I\bot), 6, 7$
9.	$\neg q$	$(I\neg), 5, 8$
10.	$q \to (p \land r)$	$(I \to), 4, 9$

   c. $\{p \lor q,\ p \to r,\ q \to \neg(r \to p)\} \vdash r$

   Prueba:
1.	$p \lor q$	$(P1)$
2.	$p \to r$	$(P2)$
3.	$q \to \neg(r \to p)$	$(P3)$
4.	q	hipótesis
5.	$\neg(r \to p)$	$(E \to), 3, 6$
6.	r	$(E\neg \to), 7

d. $\{\neg(p \to r),\ p \to (q \to r)\} \vdash q \to (p \wedge r)$

Prueba:
1. $\neg(p \to r)$ $(P1)$
2. $p \to (q \to r)$ $(P2)$
3. $\boxed{\ p\ }$ *hipótesis*
4. q *hipótesis*
5. $q \to r$ $(E \to), 2, 3$
6. r $(E \to), 4, 5$
7. $p \wedge r$ $(I \wedge), 3, 6$
8. $q \to (p \wedge r)$ $(I \to), 4, 7$

4. Formaliza en lógica proposicional y prueba en el cálculo de deducción natural los siguientes razonamientos.

a) Sólo si la maestra ha leído un determinado libro lo recomienda a sus alumnos. Si la maestra recomienda un determinado libro a sus alumnos, la bibliotecaria de la escuela lo compra y lo cataloga. Un determinado libro es conocido sólo si la maestra lo ha leído. Un determinado libro es conocido. Por tanto, la bibliotecaria de la escuela lo cataloga.

b) Cuando callo y escucho, entiendo bien las palabras. Entiendo bien las palabras sólo cuando no hay ruido. Callo y hay ruido. Por tanto, no escucho.

c) Duermo ocho horas diarias y camino una hora al día. Como tres veces al día y me ducho una vez al día. Por tanto, o bien soy marciana/o, o bien me ducho una vez al día y duermo ocho horas diarias.

d) Hoy tendré suerte o adivinaré el número ganador. Sólo me tocará la lotería si adivino el número ganador. Si tengo suerte me tocará la lotería. Por tanto, hoy me tocará la lotería.

Parte II
CONJUNTOS Y DIAGRAMAS

Part II

CONFUSIONAY DIAGRAMS

Capítulo 6

Teoría básica de conjuntos

6.1. Introducción

La teoría de conjuntos permite la fundamentación de las matemáticas y la lógica modernas. Es también una herramienta imprescindible para la fundamentación de la informática, especialmente en los lenguajes de programación. Asimismo es básica en la formalización de los sistemas de lingüística.

La teoría de conjuntos contemporánea es una disciplina muy reciente, con apenas un siglo de existencia a caballo entre las matemáticas y la lógica. Su estudio en profundidad requiere conocimientos amplios de matemáticas y de lógica, pero nuestro objetivo en este capítulo no es tan ambicioso. Aquí pretendemos únicamente presentar las nociones básicas de la teoría: las relativas a los conjuntos y sus operaciones, con ejemplos y ejercicios sencillos para el manejo de estos conceptos. También vamos a usar esas nociones básicas de conjuntos para formalizar enunciados sencillos expresados en español.

En este capítulo y en el capítulo 8 encontraréis sobre todo definiciones precisas de los conceptos básicos de la teoría de conjuntos necesarios para tratar con rigor formal la lógica de primer orden. Aquellos que queráis ampliar el estudio podéis consultar nuestro libro electrónico *El Universo Matemático [Huertas, A. y Manzano, M. (2002)]* que está disponible en

$$http://logicae.usal.es$$

en el apartado de *Fundamentos/teoría de conjuntos*. También podéis encontrar libros recomendados de teoría de conjuntos en el apartado de Bibliografía. Y por supuesto, aprenderéis a manejar los conceptos introducidos realizando los numerosos ejercicios propuestos y consultando la solución que se suministra en el CD que acompaña a este libro.

6.2. Conjuntos

Seguiremos la idea común de conjunto como una colección de objetos, ya que es la más intuitiva. Es además la definición inicial de Cantor (el padre de la teoría de conjuntos moderna):

"Un conjunto es cualquier colección C de objetos determinados y bien distintos x de nuestra percepción o nuestro pensamiento (que se denominan elementos de C), reunidos en un todo".

Los objetos que forman el conjunto se llaman *elementos* del conjunto.

Podemos también considerar que un conjunto coincide con la colección de objetos que satisface un predicado (la extensión de un predicado).

6.2.1. Nociones básicas

Hay diferentes maneras de especificar un conjunto. La más común consiste en el uso de llaves $\{\}$ para delimitar la colección de objetos que forman el conjunto. ¿Cómo se determina una colección? Veamos las dos maneras habituales.

- *Listando los objetos.* De acuerdo con la definición intuitiva, un conjunto queda definido si es posible describir completamente sus elementos. El procedimiento más sencillo para especificar es nombrar cada uno de sus elementos, se llama *definición de un conjunto por extensión;* es conocida la notación de encerrar entre llaves los elementos del conjunto.

  Ejemplo 219 *Conjunto definido por extensión*

  a) $\{a, b, c\}$ *es el conjunto formado por los elementos a, b y c.*
  b) $\{6, 8, 10, 12, 14\}$ *es el conjunto formado exactamente por esos cinco números.*
  c) $\{Lunes, Martes, Miércoles, Jueves, Viernes, Sábado\}$ *es el conjunto formado por esos seis días de la semana.*

La condición para poder utilizar el método de definición de un conjunto por extensión es que éste tenga un número finito de elementos y, en la práctica, un número muy pequeño.

¿Cómo podemos especificar el conjunto cuando la colección es infinita, o cuando es finita pero numerosa?

- *Describiendo los objetos.* Cuando el número de elementos del conjunto es infinito (como el de los número impares) o demasiado numeroso (como el de todas las palabras que pueden formarse con el alfabeto latino), se utiliza el método de *definición de un conjunto por intensión,* que consiste en la descripción de un conjunto como la *extensión de un predicado,* esto es, mediante una o varias propiedades que caracterizan a los elementos de ese conjunto.

6.2. CONJUNTOS

Ejemplo 220 *Conjunto definido intensionalmente*

Veamos cómo se definirían por intensión los conjuntos del ejemplo anterior:
a) $\{x \mid x$ *es una de las tres primeras letras del abecedario*$\}$
b) $\{n \mid n$ *es un número natural par entre* 5 *y* $15\}$
c) $\{x \mid x$ *es un día de la semana laborable*$\}$
Veamos la definición de un conjunto infinito por intensión:
d) $\{n \mid n$ *es un número par*$\}$

Un conjunto puede definirse por intensión de maneras diversas, ya que una colección de objetos puede describirse con diferentes propiedades:

Ejemplo 221 *La definición por intensión no es única*

$\{1,2\} = \{n \mid n$ *es un número natural mayor que* 0 *y menor que* $3\}$
$\{1,2\} = \{n \mid n$ *es un número real solución de la ecuación* $x^2 - 3x + 2 = 0\}$

Definiciones básicas

Los símbolos formales básicos de la teoría de conjuntos son el de pertenencia $\in$ y el de igualdad $=$.

- **Pertenencia.** Decimos que un objeto *a pertenece a un conjunto* **C** si a es un elemento del conjunto **C** y se expresa con la notación $a \in$ **C**. Para indicar que b no pertenece a un conjunto **C** escribimos $b \notin$ **C**. Hay un conjunto muy importante aunque poco intuitivo, el *conjunto vacío,* que es la colección de ningún objeto, el conjunto que no tiene ningún elemento, y su símbolo es $\emptyset$.

- **Igualdad.** Decimos que *dos conjuntos son iguales* si tienen exactamente los mismos elementos. Lo notaremos **A** = **B**. Esta afirmación es básica en teoría de conjuntos y se denomina *principio de extensionalidad.*

- **Inclusión.** Un conjunto **A** es *subconjunto* de **B** si todos los elementos de **A** son también elementos de **B**. (Si para todo $x \in$ **A** entonces $x \in$ **B**). Escribiremos **A** $\subseteq$ **B** para indicarlo y se dice también que **A** *está contenido o incluido* en **B**. Escribiremos **A** $\subset$ **B** para indicar que **A** está *estrictamente contenido* en **B** (está incluido pero no es igual). **A** $\nsubseteq$ **B** indicará que **A** no está contenido en **B**.

  Se cumple que $\emptyset \subseteq$ **C** para cualquier conjunto **C**.

  Se cumple que **C** $\subseteq$ **C** para cualquier conjunto **C**.

- **Cardinalidad.** El número de elementos de un conjunto **C** se indica |**C**| y se llama *el cardinal de* **C**.

Comentario 222 *Fijaos bien en la diferencia entre el uso de pertenencia e inclusión.*

Se escribe $a \in \mathbf{C}$ si el objeto a es uno de los elementos del conjunto $\mathbf{C}$ (está entre las llaves donde listamos sus elementos o bien cumple la propiedad que lo describe). Mientras que escribimos $a \subseteq \mathbf{C}$ si a es un conjunto y todos los elementos de a están en $\mathbf{C}$.

Observad también la diferencia que hay entre un elemento a, el conjunto $\{a\}$ (un conjunto que sólo tiene el elemento a) y el conjunto $\{\{a\}\}$ (un conjunto cuyo único elemento es el conjunto $\{a\}$).

Ejemplo 223 *Consideremos los tres conjuntos siguientes*

$$\mathbf{A} = \{1, 2, 3\} \qquad \mathbf{B} = \{1, 2, 3, \{1, 2, 3\}\} \qquad \mathbf{C} = \{\{1\}, \{1, 2\}, \{1, 2, 3\}\}$$

entonces lo que sigue es cierto:

1. $1 \in \mathbf{A}$, $1 \in \mathbf{B}$, $1 \notin \mathbf{C}$

2. $\{1\} \notin \mathbf{A}$, $\{1\} \subseteq \mathbf{A}$, $\{1\} \notin \mathbf{B}$, $\{1\} \subseteq \mathbf{B}$, $\{1\} \in C$, $\{1\} \nsubseteq \mathbf{C}$

3. $\{1, 2\} \subseteq \mathbf{A}$, $\{1, 2\} \subseteq \mathbf{B}$, $\{1, 2\} \in \mathbf{C}$

4. $\mathbf{A} \in \mathbf{B}$, $\mathbf{A} \in \mathbf{C}$

5. $\mathbf{A} \subseteq \mathbf{B}$, $\mathbf{A} \nsubseteq \mathbf{C}$

6. $|\mathbf{A}| = 3$, $|\mathbf{B}| = 4$, $|\mathbf{C}| = 3$

6.2.2. Álgebra de conjuntos

A continuación definiremos las operaciones con conjuntos.

Unión, intersección, diferencia

- *Unión.* $\mathbf{A} \cup \mathbf{B} = \{x \mid x \in \mathbf{A} \text{ o bien } x \in \mathbf{B}\}$. Se lee $\mathbf{A}$ *unión* $\mathbf{B}$, y es el conjunto formado por la colección que contiene la totalidad de elementos de $\mathbf{A}$ y de $\mathbf{B}$. Tanto $\mathbf{A}$ como $\mathbf{B}$ son subconjuntos de $\mathbf{A} \cup \mathbf{B}$.

- *Intersección.* $\mathbf{A} \cap \mathbf{B} = \{x \mid x \in \mathbf{A} \text{ y } x \in \mathbf{B}\}$ $\mathbf{A}$ *intersección* $\mathbf{B}$ está formado por los elementos que pertenecen a los dos conjuntos simultáneamente. Tanto $\mathbf{A}$ como $\mathbf{B}$ contienen esta intersección: $\mathbf{A} \cap \mathbf{B} \subseteq \mathbf{A}$ y $\mathbf{A} \cap \mathbf{B} \subseteq \mathbf{B}$.

  Dos conjuntos $\mathbf{A}$ y $\mathbf{B}$ se llaman *disjuntos* si su intersección es el conjunto vacío ($\mathbf{A} \cap \mathbf{B} = \emptyset$), es decir si no tienen ningún elemento en común. (Aquí tenemos un ejemplo de la necesidad formal de disponer del conjunto vacío, ya que $\mathbf{A} \cap \mathbf{B} = \emptyset$ es una forma no ambigua de expresar esta importante relación entre conjuntos.)

6.2. CONJUNTOS

- *Diferencia.* $\mathbf{A} - \mathbf{B} = \{x \mid x \in \mathbf{A} \text{ y } x \notin \mathbf{B}\}$, $\mathbf{A}$ *menos* $\mathbf{B}$ (*la diferencia de* $\mathbf{A}$ *y* $\mathbf{B}$) está formado por los elementos que pertenecen a $\mathbf{A}$ pero no a $\mathbf{B}$. Esta diferencia es un subconjunto del primero de ellos: $\mathbf{A} - \mathbf{B} \subseteq \mathbf{A}$.

- $\mathbf{A} \triangle \mathbf{B} = (\mathbf{A} - \mathbf{B}) \cup (\mathbf{B} - \mathbf{A})$ es la *unión disjunta* —también llamada *diferencia simétrica*— de $\mathbf{A}$ y $\mathbf{B}$.

- *Partes de un conjunto.* $\wp \mathbf{A} = \{X \mid X \subseteq \mathbf{A}\}$, *partes de* $\mathbf{A}$ está formado por todos los subconjuntos de $\mathbf{A}$. También se llama *conjunto potencia* de $\mathbf{A}$.

   Dado que $\mathbf{A} \subseteq \mathbf{A}$ y que $\emptyset \subseteq \mathbf{A}$, se cumple que $\emptyset \in \wp \mathbf{A}$ y $\mathbf{A} \in \wp \mathbf{A}$ para cualquier conjunto $\mathbf{A}$.

   Si $|\mathbf{A}| = n$ entonces $|\wp \mathbf{A}| = 2^n$.

Ejemplo 224 *Para* $\mathbf{A} = \{1, \{1\}, 2\}$ *y* $\mathbf{B} = \{1\}$ *es cierto lo que sigue:*

1. $\mathbf{A} \cup \mathbf{B} = \mathbf{A}$ *y* $\mathbf{A} \cap \mathbf{B} = \{1\}$

2. $\mathbf{A} \cap \mathbf{B} \in \mathbf{A}$ *y* $\mathbf{A} \cap \mathbf{B} = \mathbf{B}$

3. $\mathbf{B} \subseteq \mathbf{A}$, $\emptyset \subseteq \mathbf{A}$, $\emptyset \subseteq \mathbf{B}$

4. $\mathbf{A} - \mathbf{B} = \{\{1\}, 2\}$

5. $\mathbf{B} - \mathbf{A} = \emptyset$

6. $\wp \mathbf{B} = \{\emptyset, \mathbf{B}\}$

7. $\wp \mathbf{A} = \{\emptyset, \{1\}, \{2\}, \{\{1\}\}, \{1, 2\}, \{1, \{1\}\}, \{\{1\}, 2\}, \mathbf{A}\}$

Ejercicio 225 *Para* $\mathbf{A} = \{2, \{2\}, \{\{2\}\}\}$ *y* $\mathbf{B} = \{\emptyset, \{2\}\}$ *se cumple que:*

1. $\mathbf{A} \cup \mathbf{B} = \mathbf{A} \cup \{\emptyset\}$

2. $\mathbf{A} \cap \mathbf{B} = \{\{2\}\}$, *por tanto* $\mathbf{A} \cap \mathbf{B} \in \mathbf{A}$

3. $\mathbf{A} - \mathbf{B} = \{2, \{\{2\}\}\}$

4. $\mathbf{B} - \mathbf{A} = \{\emptyset\}$

5. $\mathbf{A} \triangle \mathbf{B} = \{\emptyset, 2, \{\{2\}\}\}$

6. $\wp \mathbf{B} = \{\emptyset, \{\emptyset\}, \{\{2\}\}, \mathbf{B}\}$

7. $\wp \mathbf{A} = \{\emptyset, \{2\}, \{\{2\}\}, \{\{\{2\}\}\}, \{2, \{2\}\}, \{2, \{\{2\}\}\}, \{\{2\}, \{\{2\}\}\}, \mathbf{A}\}$

6.2.3. Universo de individuos

Normalmente no estamos interesados en todos los conjuntos posibles, sino en una colección delimitada de objetos, que constituyen nuestro universo de discurso. En tal caso los conjuntos de los que hablemos serán subconjuntos de dicho universo de discurso; por ejemplo, si estamos haciendo un estudio sociológico, nuestro universo de discurso son seres humanos, y si estamos haciendo un estudio geométrico nuestro universo son puntos. Está claro que el universo de discurso varía en razón del estudio a realizar, pero que para cada caso podemos fijar un universo $\mathcal{U}$.

Complementario

- *Complementario de un conjunto.* $\sim \mathbf{A} = \mathcal{U} - \mathbf{A}$. El complementario de $\mathbf{A}$ está formado por todos los elementos que no son de $\mathbf{A}$ (pero que son elementos de $\mathcal{U}$).

Comentario 226 *El complementario de un conjunto está siempre definido en función del universo de discurso, $\mathcal{U}$. Mientras que la unión o diferencia de conjuntos se define sin necesidad de recurrir al universo de discurso, la del complementario no es absoluta; es decir, requiere que se haya fijado previamente el universo. Otra notación usual del complementario de un conjunto es $\bar{\mathbf{A}}$.*

6.2.4. Teoremas fundamentales del álgebra de conjuntos

En lo que sigue $\mathbf{A}, \mathbf{B}, \mathbf{C}$ son variables que se refieren a conjuntos cualesquiera. Se cumple lo siguiente:

- **Asociatividad:**
  $((\mathbf{A} \cap \mathbf{B}) \cap \mathbf{C}) = (\mathbf{A} \cap (\mathbf{B} \cap \mathbf{C}))$
  $((\mathbf{A} \cup \mathbf{B}) \cup \mathbf{C}) = (\mathbf{A} \cup (\mathbf{B} \cup \mathbf{C}))$

- **Commutatividad:**
  $(\mathbf{A} \cap \mathbf{B}) = (\mathbf{B} \cap \mathbf{A})$
  $(\mathbf{A} \cup \mathbf{B}) = (\mathbf{B} \cup \mathbf{A})$

- **Distributividad:**
  $((\mathbf{A} \cap \mathbf{B}) \cup \mathbf{C}) = ((\mathbf{A} \cup \mathbf{C}) \cap (\mathbf{B} \cup \mathbf{C}))$
  $((\mathbf{A} \cup \mathbf{B}) \cap \mathbf{C}) = ((\mathbf{A} \cap \mathbf{C}) \cup (\mathbf{B} \cap \mathbf{C}))$

- **Idempotencia:**
  $(\mathbf{A} \cap \mathbf{A}) = \mathbf{A}$
  $(\mathbf{A} \cup \mathbf{A}) = \mathbf{A}$

- **Absorción:**
  $((\mathbf{A} \cap \mathbf{B}) \cup \mathbf{A}) = \mathbf{A}$
  $((\mathbf{A} \cup \mathbf{B}) \cap \mathbf{A}) = \mathbf{A}$

Fijemos un dominio $\mathcal{U}$. Ahora podemos definir complementarios. Los conjuntos de los que hablemos serán subconjuntos del universo o dominio.

- **Leyes de De Morgan:**
  $\sim (\mathbf{A} \cap \mathbf{B}) = (\sim \mathbf{A} \cup \sim \mathbf{B})$
  $\sim (\mathbf{A} \cup \mathbf{B}) = (\sim \mathbf{A} \cap \sim \mathbf{B})$

- **Doble negación:**
  $\sim\sim \mathbf{A} \equiv \mathbf{A}$

- **Cero y uno**
  Tomemos : $\emptyset$ y $\mathcal{U}$ (el cero y el uno):
  $(\mathbf{A} \cap \mathcal{U}) = \mathbf{A}$
  $(\mathbf{A} \cap \emptyset) = \emptyset$
  $(\mathbf{A} \cup \mathcal{U}) = \mathcal{U}$
  $(\mathbf{A} \cup \emptyset) = \mathbf{A}$

6.3. Español en teoría de conjuntos

Vamos a utilizar el lenguaje de la teoría de conjuntos para expresar en él enunciados sencillos. Sólo formalizaremos enunciados en donde se utilicen exclusivamente predicados monarios. Puesto que no hay una forma automática de traducir el español al lenguaje de conjuntos, lo veremos con algunos ejemplos.

Ejemplo 227 *En cada uno de los siguientes ejemplos elegiremos una representación adecuada en teoría de conjuntos. Puesto que la representación no es única, también pondremos alternativas (al menos las más evidentes). Como clave usamos la inicial de las palabras.*

1. *Las raposas no son salamanquesas.* $\mathbf{R} \subseteq \sim \mathbf{S}$ también $\mathbf{R} \cap \mathbf{S} = \emptyset$

2. *Todos los ruidosos están sordos.* $\mathbf{R} \subseteq \mathbf{S}$ también $\mathbf{R} - \mathbf{S} = \emptyset$

3. *Algunos saltamontes son radiactivos.* $\mathbf{R} \cap \mathbf{S} \neq \emptyset$ también $\mathbf{R} \not\subseteq \sim \mathbf{S}$

4. *Algunos niños respetuosos no saludan.* $\mathbf{R} \cap \sim \mathbf{S} \neq \emptyset$

5. *No todos los reptiles son serpientes.* $\mathbf{R} \not\subseteq \mathbf{S}$ también $\mathbf{R} \cap \sim \mathbf{S} \neq \emptyset$

6. *Algunos no rebuznan, pero silban.* $\sim \mathbf{R} \cap \mathbf{S} \neq \emptyset$ también $\mathbf{R} - \mathbf{S} \neq \emptyset$

Ejemplo 228 *En cada uno de los siguientes ejemplos elegiremos una representación adecuada en teoría de conjuntos. (Utilizaremos las relaciones $\mathbf{R}$ y $\mathbf{S}$; es decir, las claves son las iniciales.)*

1. *Ningún renacuajo es un saltamontes.* $\mathbf{R} \cap \mathbf{S} = \emptyset$

2. *Todo son refranes o sermones.* $\sim (\mathbf{R} \cup \mathbf{S}) = \emptyset$

3. *No todos los que repiten saben.* $\mathbf{R} \not\subseteq \mathbf{S}$

4. *Algunos no son sacristanes o no son racistas.* $\sim (\mathbf{R} \cap \mathbf{S}) \neq \emptyset$

5. *Todos los radicales son solemnes.* $\mathbf{R} \subseteq \mathbf{S}$

6. *Ningún rebelde es sifilítico.* $\mathbf{R} \cap \mathbf{S} = \emptyset$

Ejemplo 229 *Elegiremos una representación adecuada en teoría de conjuntos. Como claves usaremos las indicadas entre paréntesis.*

1. *El hombre* (**H**) *es el único animal* (**A**) *que tropieza dos veces en la misma piedra* (**T**).

$$\mathbf{T} \cap \mathbf{A} \subseteq \mathbf{H}$$

2. *Los tigres* (**T**) *y los armadillos* (**A**) *huyen del fuego* (**H**).

$$\mathbf{T} \cup \mathbf{A} \subseteq \mathbf{H}$$

3. *Sólo los tontos* (**T**) *y los analfabetos* (**A**) *hacen quinielas* (**H**).

$$\mathbf{H} \subseteq \mathbf{T} \cup \mathbf{A}$$

4. *Los huracanes* (**H**) *arrancan los árboles* (**A**) *y tumban las casas* (**T**).

$$\mathbf{H} \subseteq \mathbf{T} \cap \mathbf{A}$$

5. *Ningún tiburón* (**T**) *está seguro de su buena preparación* (**A**) *a menos que tenga tres filas de dientes* (**H**).

$$\mathbf{T} \cap \sim \mathbf{H} \subseteq \sim \mathbf{A}$$

Ejemplo 230 *En cada uno de los siguientes ejemplos ofreceremos dos representaciones equivalentes en teoría de conjuntos.*

1. *Algunos cuatreros* (**C**) *no sestean* (**S**).

$$\mathbf{C} \cap \sim \mathbf{S} \neq \emptyset \qquad \sim (\sim \mathbf{C} \cup \mathbf{S}) \neq \emptyset$$

2. *Los conejillos de Indias* (**C**) *son desesperadamente ignorantes en cuestiones musicales* (**D**).

$$\mathbf{C} \subseteq \mathbf{D} \qquad \mathbf{C} \cap \sim \mathbf{D} = \emptyset$$

Ejercicio 231 *1. Nadie que sea desesperadamente ignorante en cuestiones musicales* (**D**) *guarda nunca silencio cuando se está interpretando la sonata "Claro de Luna"* (**S**).

$$\mathbf{D} \subseteq \sim \mathbf{S} \qquad \mathbf{D} \cap \mathbf{S} = \emptyset$$

2. *Algunos conejillos de Indias* (**C**) *aprecian a Beethoven* (**B**).

$$\mathbf{C} \cap \mathbf{B} \neq \emptyset \qquad \mathbf{C} \not\subseteq \sim \mathbf{B}$$

3. *Nadie que sea aficionado al bádminton* (**B**) *deja nunca de participar en el Torneo Rector* (**T**).

$$\mathbf{B} \subseteq \mathbf{T} \qquad \mathbf{B} - \mathbf{T} = \emptyset$$

Ejercicio 232 *En cada uno de los siguientes ejemplos ofreceremos dos representaciones equivalentes en teoría de conjuntos. (Como clave usamos las iniciales de las palabras.)*

1. *Sólo las algas y los batracios crecen en aquel lugar.*

$$\mathbf{C} \subseteq \mathbf{A} \cup \mathbf{B}$$

2. *Todos están alicaídos y bizquean notoriamente.*

$$\sim (\mathbf{B} \cap \mathbf{A}) = \emptyset \qquad \sim \mathbf{B} \cup \sim \mathbf{A} = \emptyset$$

3. *Los álamos* (**A**) *y los castaños* (**C**) *son de hoja caduca* (**H**).

$$\mathbf{A} \cup \mathbf{C} \subseteq \mathbf{H}$$

4. *La hiedra* (**H**) *cubre las viejas piedras* (**C**) *pero todo lo arrasa* (**A**).

$$\mathbf{H} \subseteq \mathbf{C} \cap \mathbf{A}$$

5. *Los que nunca hablan* (**H**) *son los anacoretas* (**A**), *mientras juegan al Trivial* (**T**).

$$\mathbf{A} \cap \mathbf{T} \subseteq \sim \mathbf{H}$$

6. *Si es un haya* (**H**) *entonces no es ni un abedul* (**A**) *ni un cinamomo* (**C**).

$$\mathbf{H} \subseteq \sim (\mathbf{A} \cup \mathbf{C})$$

6.4. Ejercicios del CD

Los ejercicios siguientes están todos resueltos en el CD que acompaña a este libro, en el capítulo 6. Por limitaciones de espacio en el libro sólo están los enunciados de un bloque de cada tipo. En el CD hay tres bloques de cada tipo:

- *CONJUNTOS: PERTENENCIA E INCLUSIÓN*
- *CONJUNTOS: ÁLGEBRA DE CONJUNTOS*
- *CONJUNTOS: REPRESENTACIÓN*

Dos de ellos vienen con solución y del otro sólo se suministra el enunciado.

CONJUNTOS: PERTENENCIA E INCLUSIÓN (1)

1. Sea $\mathbf{A} = \{\{\emptyset\}, a, \{b,c\}, \{a\}\}$, ¿son verdaderas las siguientes afirmaciones?

   a) $\{\emptyset\} \in \mathbf{A}$

   b) $\{a, \{a\}\} \in \mathbf{A}$

   c) $\{\mathbf{A}\} \subset \wp(\mathbf{A})$

   d) $\{\emptyset, a\} \in \mathbf{A}$

   e) $\{\{\emptyset\}, \{b,c\}\} \in \wp(\mathbf{A})$

2. En cada uno de los ejercicios siguientes decid si lo enunciado es cierto. Contestad para todos los posibles conjuntos $\mathbf{A}, \mathbf{B}, \mathbf{C}$.

   a) Si $\mathbf{A} - \mathbf{B} = \emptyset$ entonces $\mathbf{A} \in \mathbf{B}$

   b) Si $\mathbf{A} \in \mathbf{B}$ y $\mathbf{B} = \mathbf{C}$ entonces $\mathbf{A} \in \mathbf{C}$

   c) $\mathbf{A} \in \wp(\mathbf{A})$

   d) $\mathbf{A} \cup \mathbf{B} \subseteq \mathbf{A}$ entonces $\mathbf{B} = \emptyset$.

   e) Si $\mathbf{A} \subseteq \sim \mathbf{B}$ entonces $\mathbf{A} \cap \mathbf{B} = \emptyset$

3. En cada uno de los siguientes ejemplos elegid la (o las) respuesta acertada.

   a) $\mathbf{A} = \{1, 2, 3, \{1\}\}$ $\mathbf{B} = \{1, \{1\}\}$

   b) $\mathbf{A} = \emptyset$ $\mathbf{B} = \wp(\mathbf{A})$

   c) $\mathbf{B} = \{\mathbf{A}, \{\mathbf{A}\}\}$ $\mathbf{A} = \{1\}$

   d) $\mathbf{A} = \emptyset - \{1, 2\}$ $\mathbf{B} = \emptyset$

   e) $\mathbf{A} = \{\langle 1, 2\rangle, \langle 2, 1\rangle\}$ $\mathbf{B} = \{\langle 1, 2\rangle\}$

	$A \in B$	$A \in \{B\}$	$A \subseteq B$	$\{A\} \in B$	$B \subseteq A$	f
a.						
b.						
c.						
d.						
e.						

   f. Ninguna de las anteriores

4. En cada uno de los siguientes ejemplos elegid la (o las) respuesta acertada.

   a) $\mathbf{A} = \{\emptyset, \{\emptyset\}\}$ $\mathbf{B} = \{\emptyset\}$

6.4. EJERCICIOS DEL CD

b) $\mathbf{A} = \emptyset \quad \mathbf{B} = \mathbf{A}$

c) $\mathbf{A} = \{\emptyset, \{\emptyset\}\} \quad \mathbf{B} = \emptyset$

d) $\mathbf{A} = \mathbf{A} \cap \mathbf{B}$

e) $\mathbf{A} = \{\emptyset\} \quad \mathbf{B} = \{\{\emptyset\}\}$

	$\mathbf{A} \in \mathbf{B}$ pero $\mathbf{A} \not\subseteq \mathbf{B}$	$\mathbf{B} \in \mathbf{A}$ y $\mathbf{B} \subset \mathbf{A}$	$\mathbf{A} \subset \mathbf{B}$ pero $\mathbf{A} \notin \mathbf{B}$	$\mathbf{A} \subset \mathbf{B}$	$\mathbf{B} \subset \mathbf{A}$	f
a.						
b.						
c.						
d.						
e.						

f. Ninguna de éstas.

CONJUNTOS: ÁLGEBRA DE CONJUNTOS (1)

1. Sea U el universo de discurso y $\mathbf{A}$ un subconjunto cualquiera de U. En cada uno de los ejercicios siguientes contesta si lo enunciado es cierto para todo conjunto $\mathbf{A}$.

    a) $\mathbf{A} \cup \mathbf{A} = \mathbf{A}$

    b) $\mathbf{A} \cap \sim\mathbf{A} = \emptyset$

    c) $\emptyset - \mathbf{A} = \mathbf{A}$

    d) $\mathbf{A} \cup \emptyset = \emptyset$

    e) $\mathbf{A} \cup \mathbf{A} = \emptyset \cup \mathbf{A}$

2. En cada uno de los ejercicios siguientes decid si lo enunciado es cierto para todos los posibles conjuntos $\mathbf{A}, \mathbf{B}$. U es el universo de discurso.

    a) $\sim\mathbf{B} \not\subseteq \sim\mathbf{A}$ si y sólo si $\mathbf{A} \not\subseteq \mathbf{B}$

    b) $\sim\mathbf{A} \cap \sim\mathbf{B} = \emptyset$ si y sólo si $\sim(\mathbf{A} \cup \mathbf{B}) = \emptyset$

    c) $\sim(\mathbf{A} \cup \mathbf{B}) \neq \emptyset$ si y sólo si $\mathbf{A} \cup \mathbf{B} = U$

    d) $\mathbf{A} \triangle \mathbf{B} = \emptyset$ si y sólo si $\mathbf{A} = \mathbf{B}$

    e) $\sim\mathbf{A} \cup \mathbf{B} = \emptyset$ si y sólo si $\mathbf{A} = U$ y $\mathbf{B} = \emptyset$

3. En cada uno de los ejercicios siguientes decid si lo enunciado es cierto para todos los posibles conjuntos $\mathbf{A}, \mathbf{B}$. U es el universo de discurso.

   a) $\mathbf{A} \cap \mathbf{B} \subseteq \mathbf{A}$
   b) Si $\mathbf{A} \subseteq \mathbf{B}$ entonces $\mathbf{A} \cap \mathbf{B} = \mathbf{B}$
   c) $\mathbf{A} \subseteq \mathbf{A} \cup \mathbf{B}$
   d) $\mathbf{A} \cap (\mathbf{A} \cup \mathbf{B}) = \mathbf{B}$
   e) Si $\mathbf{A} \subseteq \mathbf{B}$ entonces $\mathbf{A} \cap \mathbf{B} = \mathbf{A}$

4. En cada uno de los ejercicios siguientes decid si lo enunciado es cierto para todos los posibles conjuntos $\mathbf{A}, \mathbf{B}, \mathbf{C}$.

   a) $\mathbf{A} - (\mathbf{B} \cap \mathbf{A}) = \mathbf{A} - \mathbf{B}$
   b) $\mathbf{A} - (\mathbf{B} \cup \mathbf{C}) = \mathbf{A} - (\mathbf{B} \cap \mathbf{C})$
   c) $\mathbf{A} \cap (\mathbf{B} - \mathbf{C}) \subseteq (\mathbf{A} \cup \mathbf{B}) - \mathbf{C}$
   d) Si $\mathbf{A} \cap (\mathbf{B} \cup \mathbf{C}) = \emptyset$ ent $\mathbf{A} = \emptyset$ y $\mathbf{B} = \emptyset$ y $\mathbf{C} = \emptyset$
   e) Si $\sim (\mathbf{A} \cap \mathbf{B}) = U$ ent $\mathbf{A} \cap \mathbf{B} \subseteq \emptyset$

5. En cada uno de los ejercicios siguientes decid si lo enunciado es cierto para todos los posibles conjuntos $\mathbf{A}, \mathbf{B}, \mathbf{C}$.

   a) Si $\mathbf{A} \cap \mathbf{B} \subset \mathbf{A}$ entonces $\mathbf{A} \neq \mathbf{B}$
   b) Si $\mathbf{A} \subset \mathbf{B}$ entonces $\mathbf{B} \nsubseteq \mathbf{A}$
   c) Si $\sim \mathbf{A} \subseteq (\mathbf{B} \cup \mathbf{C})$ entonces $\sim \mathbf{B} \subseteq \mathbf{A}$
   d) $\mathbf{A} \triangle (\mathbf{B} \triangle \mathbf{C}) \subseteq \mathbf{A} \cup (\mathbf{B} \triangle \mathbf{C})$
   e) $\mathbf{A} \triangle (\mathbf{B} \triangle \mathbf{C}) = (\mathbf{A} \triangle \mathbf{B}) \triangle \mathbf{C}$

CONJUNTOS: REPRESENTACIÓN (1)

1. En cada uno de los siguientes ejemplos elegid su representación en teoría de conjuntos. (Usad las iniciales de las palabras.)

   a) Algunos bachilleres (**B**) toman Cola-Cao (**C**).
   b) Nadie que aprecie realmente a Beethoven (**B**) deja nunca de guardar silencio cuando se está interpretando la sonata "Claro de Luna" (**C**).
   c) Algunos bípedos (**B**) no son cuadrúpedos (**C**).
   d) Los biólogos (**B**) no entienden de criptografía (**C**). (Aunque desencriptaron el código del *Genoma Humano*.)
   e) No sólo los católicos (**C**) banalizan la verdad (**B**).

$\mathbf{B} \cap \sim \mathbf{C} = \emptyset$	$\sim (\mathbf{B} \cup \sim \mathbf{C}) \neq \emptyset$		
$\mathbf{B} \cap \mathbf{C} \neq \emptyset$	$\mathbf{B} \subseteq \mathbf{C}$	$\mathbf{B} \subseteq \sim \mathbf{C}$	Ninguna de éstas

6.4. EJERCICIOS DEL CD

2. En cada uno de los siguientes ejemplos elegid su representación en teoría de conjuntos. (Usad las iniciales de las palabras.)

   a) Sólo los franceses saben hacer el *soufflé*.

   b) No todos los filósofos son sofistas.

   c) Un fantasma no come setas.

   d) Ser filatélico no es lo mismo que ser sifilítico.

   e) Ningún filántropo declina nunca una invitación a salvar vidas.

   | $F \cap \sim S = \emptyset$ | $\sim F \cup \sim S = \emptyset$ | $S \cap \sim F = \emptyset$ |

   | $F \nsubseteq S$ | $F \subseteq \sim S$ | Ninguna de éstas |

3. En cada uno de los siguientes ejemplos elegid su representación en teoría de conjuntos. (Usad las iniciales de las palabras.)

   a) Un pez (**P**) que no sea capaz de bailar un minuto (**B**) es despreciable (**D**).

   b) Los patosos (**P**) son desesperadamente ignorantes en asuntos de baile clásico (**B**) y danza húngara (**D**).

   c) Ningún pez despreciable puede bailar un minuto.

   d) Ningún batracio (**B**) es poético (**P**) cuando desafina (**D**).

   e) Algunos seres díscolos (**D**) y bípedos (**B**) están desprovistos de poesía.

   | $P \cap D \subseteq \sim B$ | $D \cap B \cap \sim P \neq \emptyset$ | $P \cap \sim B \subseteq D$ |

   | $P \cap (B \cup D) = \emptyset$ | $B \cap D \subseteq \sim P$ | Ninguna de estas |

4. En cada uno de los siguientes ejemplos elegid su representación en teoría de conjuntos. (Usad las iniciales de las palabras.)

   a) Algunos americanos (**A**) que beben vino *Cavernet Souvignon* (**B**) son filósofos (**F**).

   b) Ningún francés (**F**) americano (**A**) es abstemio (**B**) —**B** := conjunto de los que beben vino.

   c) Todos los asesinos (**A**) franceses (**F**) beben vino *Pentavín* (**B**).

   d) Algunos fugitivos (**F**) que beben cognac de garrafa (**B**) no son asesinos (**A**).

   e) Un filósofo (**F**) que no bebe *Sherry* (**B**) no es un asesino (**A**).

   | $F \cap A \subseteq V$ | $F \cap A \subseteq V$ | $F \cap \sim A \nsubseteq \sim V$ |

   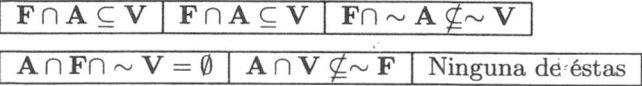

Capítulo 7

Diagramas de Venn

¿Hay un razonamiento visual, diagramático?

Ya Euler, Venn y Peirce advirtieron la importancia que tienen los diagramas en las pruebas matemáticas. Su valor didáctico no se puso nunca en duda: los profesores de lógica somos conscientes de lo útiles que son, por ejemplo, los diagramas de Venn en teoría de conjuntos y en lógica de predicados monarios; o de la diferencia en cuanto al aprendizaje se refiere entre los cálculos de árboles y los lineales. Algunos lógicos y matemáticos —entre ellos, Barwise y Etchemendy— han estado trabajando en un modelo de inferencia que sea capaz de incorporar una explicación del razonamiento válido a partir de representaciones no lingüísticas, creando así una lógica heterogénea en la cual se incluyen sistemas de representación diversos [4]. Es también interesante a este respecto el libro [1] que en 1996 editaron Barwise y Allwein, escrito por algunos de los integrantes del *Visual Inference Laboratory* de la Universidad de Indiana, cuya investigación se centra en el estudio de las propiedades lógicas y cognitivas de los diagramas que de hecho se usan o de los que podrían ser usados en el razonamiento.

¿Hemos de incluir aquí el estudio del razonamiento heterogéneo? ¿El del exclusivamente diagramático?

En muchos casos los razonamientos diagramáticos no actúan como meras comparsas, pues sustituyen con ventaja a los lingüísticos, probándose para ellos teoremas de *completud* y *corrección*. Ello requiere que su presentación como cálculo deductivo sea matemáticamente impecable, con el rigor, precisión y falta de ambigüedad que exigimos a cualquier cálculo lógico. Los diagramas de Venn se usan para resolver problemas del álgebra de conjuntos y para verificar la validez de los silogismos de la lógica aristotélica. Hasta hace bien poco no se aceptaban como procedimientos legítimos de prueba, sino como una herramienta de apoyo pedagógico que nos permitía *"ver"* la solución del problema. Sin embargo, en los últimos años y superando siglos de tradición —o prejuicio— matemático, el razonamiento diagramático, visual, ha adquirido carta de ciudadanía colocándose al mismo nivel que el que utiliza una representación de tipo lingüístico, lineal. Nosotros en este capítulo vamos a utilizar el cálculo de diagramas de Venn.

Hemos optado por una presentación intuitiva, aunque rigurosa, a medio camino entre la de Suppes [17] y la de Sun-Joo Shin [16]. La razón es que deseamos que sea muy fácil e intuitiva y no nos importa demasiado la limitación práctica de tener a lo sumo cuatro conjuntos; la lógica de primer orden con relatores monarios forma parte de la de primer orden y por consiguiente los casos que no puedan ser tratados aquí se harán en cualquiera de los cálculos de primer orden que presentaremos.

7.1. Introducción

Hay tres partes diferenciadas en este capítulo, que son:

1. Razonamiento diagramático

2. Lógica de relatores monarios

3. Silogística

Razonamiento diagramático

En la primera parte aprendemos a usar los diagramas no sólo para representar conjuntos, sino también como cálculo deductivo. Nuestro lenguaje diagramático posee cuatro objetos básicos —a saber, *rectángulo*, *curva cerrada*, *sombreado* y *cruces*— de los que nos valemos para componer los diagramas. Tenemos también reglas para superponerlos y la definición de *consistencia* de diagramas que emplearemos para extraer conclusiones de los conjuntos de hipótesis. Los diagramas de Venn representan conjuntos de manera abstracta y así, a uno dado —siempre que sea consistente—, le corresponden infinitas realizaciones o modelos, resultado de dar contenido a los conjuntos esquemáticamente allí representados.

Como procedimiento de prueba es *refutativo*: superponemos los diagramas de las hipótesis junto al de la conclusión negada y comprobamos si el resultante es o no consistente.

- Si fuera inconsistente, puesto que la representación es completamente general, abstracta, se habría demostrado la imposibilidad absoluta de mantenerse a un tiempo las hipótesis junto a la negación de la conclusión. El razonamiento sería válido, correcto, no falaz.

- Si fuera consistente, el diagrama nos mostraría el contraejemplo. Pudiéndose concretar éste al definir un universo de discurso y unos subconjuntos suyos satisfaciendo los extremos que la figura muestre.

Puesto que ya sabemos representar en teoría de conjuntos enunciados sencillos de la lengua natural, podremos resolver mediante diagramas algunos argumentos expresados en ella.

7.1. INTRODUCCIÓN

Lógica de primer orden de relatores monarios

También se define el lenguaje de la lógica de primer orden de predicados monarios LPM, que usa para simbolizarlos relatores monarios. Observamos que LP es demasiado pobre y que razonamientos tan claramente correctos, como el siguiente:

- *Todos los timadores son simpáticos*

- *Las personas simpáticas triunfan fácilmente*

LUEGO

- *Los timadores triunfan fácilmente*

no pueden expresarse adecuadamente en ella, puesto que los tres enunciados serían allí atómicos. Tendríamos:

$$\{p,q\} \not\models r$$

Para aumentar la capacidad expresiva del lenguaje lógico introducimos aquí los *cuantificadores* y los *relatores* monarios. Se trata de un lenguaje de primer orden, más expresivo que el proposicional pero menos que el de primer orden sin restricciones con el que nos deleitaremos en la sección 9.2. La semántica de estas fórmulas se sustenta en la *interpretación de los relatores como conjuntos* definidos sobre un universo determinado. Las expresiones del lenguaje tienen un claro correlato conjuntista, por lo que también podremos beneficiarnos de los diagramas de Venn. El cálculo deductivo que vamos a usar en este caso es asimismo el de los diagramas, por lo que necesitamos establecer la correspondencia entre lenguaje lógico, interpretación conjuntista y representación de los conjuntos en diagramas.

La práctica en la formalización en este lenguaje reducido de primer orden será parte importante del capítulo, sirviéndonos de antesala a la traducción del lenguaje natural al de primer orden que emprenderemos en la sección 9.4.

Silogística

Tratándose del primer intento verdaderamente fecundo en la historia de nuestra disciplina de sistematizar el proceso de extraer conclusiones a partir de hipótesis, nos ha parecido interesante exponerlo brevemente. Se distinguen cuatro *formas* típicas de proposiciones: A, E, I y O. El silogismo categórico es una estructura de proposiciones, propia de esta lógica tradicional, que se caracteriza:

1. Por tener dos premisas (mayor y menor) y una conclusión.

2. Por tener sólo tres términos: mayor P, medio M y menor S.

Se llaman *figuras* del silogismo a las distintas posiciones que ocupa el término medio —que desaparece de la conclusión— y que se expresan esquemáticamente. El *modo* de un silogismo resulta de la combinación de las formas que contiene. Hay 256 silogismos posibles. Por supuesto, no todos son correctos. La lógica tradicional selecciona de entre ellos a 24, a los que considera *silogismos válidos*, a muchos de los cuales se les atribuyeron nombres nemotécnicos en el Medievo. De entre ellos algunos no son hoy considerados válidos, ya que nosotros admitimos la cuantificación vacía. También resolveremos los silogismos con diagramas de Venn, sirviéndonos este método para distinguir los válidos de los incorrectos.

¡Vamos a enmendar la plana a los clásicos!

7.2. Conjuntos y diagramas de Venn

Los diagramas de Venn son una buena alternativa didáctica para la representación de conjuntos y los enunciados que expresan relaciones entre ellos. La forma habitual de hacerlo es trazar un rectángulo que representa el universo de discurso y dentro de él figuras cerradas (normalmente círculos o elipses) que representan los conjuntos. Así para representar los conjuntos abstractos **A**, **B** y **C** usaremos este diagrama:

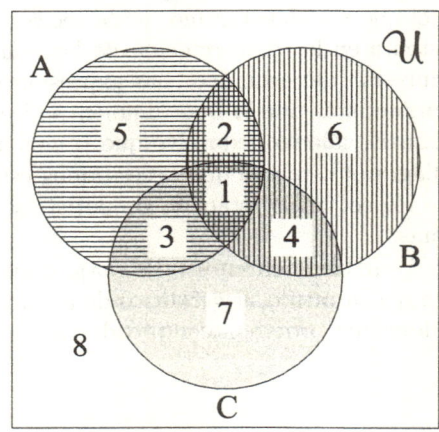

Figura 7.1: *Hoja de trébol*

Para cada objeto **a** hay ocho posibles respuestas a la triple pregunta

¿pertenece **a** *a* **A**, *pertenece* **a** *a* **B**, *pertenece* **a** *a* **C**?

Esto es,

¿**a** $\in$ **A**, **a** $\in$ **B**, **a** $\in$ **C**?

7.2. CONJUNTOS Y DIAGRAMAS DE VENN

En este diagrama (figura 7.1) aparecen delimitadas ocho zonas marcadas con números que corresponden a las distintas respuestas, las que definen los siguientes conjuntos:

Área 1	**Área 2**	**Área 3**
si, si, si	si, si, no	si, no, si
$A \cap B \cap C$	$(A \cap B) - C$	$(A \cap C) - B$

Área 4	**Área 5**	**Área 6**
no, si, si	si, no, no	no, si, no
$(B \cap C) - A$	$A - (B \cup C)$	$B - (A \cup C)$

Área 7		**Área 8**
no, no, si		no, no, no
$C - (A \cup B)$		$\sim (A \cup B \cup C)$

Los elementos de **A** pueden estar en 1, 2, 3 o 5. Los elementos de **B** en 1, 2, 4 o 6, etc. En 8 están los elementos del universo que no están en ninguno de los conjuntos **A**, **B**, **C**.

Para conjuntos determinados **A**, **B** y **C** habrá áreas del diagrama 7.1 en donde haya elementos y otras vacías. Esto se puede indicar mediante enunciados conjuntistas con los predicados $\subseteq$ y $=$ junto a las operaciones algebraicas $\cap$, $\cup$, $-$ y $\sim$. En principio trazaremos las curvas de forma que tengan zonas comunes y la información adicional que los enunciados nos suministren la llevaremos al diagrama usando estas convenciones:

1. *Sombrearemos* en el diagrama las zonas vacías.

2. Usaremos *cruces entrelazadas* para indicar la existencia de elementos en una zona.

3. Las zonas de las que carecemos de información permanecerán sin sombras ni cruces.

Sintaxis de los diagramas

La representación diagramática utiliza cuatro objetos básicos:

1. *Rectángulo*

2. *Curva cerrada*

3. *Sombreado*

4. *Cruces*

   Como objetos auxiliares:

5. *Líneas*, para unir las cruces

6. Para nombrar las curvas y el rectángulo se usarán *letras*.

El rectángulo representa el universo de discurso, el conjunto base en donde todos los que interesan están. Las curvas cerradas representan conjuntos, que pueden ser nombrados mediante letras; para ser exactos, el área encerrada dentro de la curva representa el conjunto. Los diagramas que vamos a estudiar contienen a lo sumo cuatro curvas cerradas dentro del rectángulo, distribuidas de la siguiente manera:

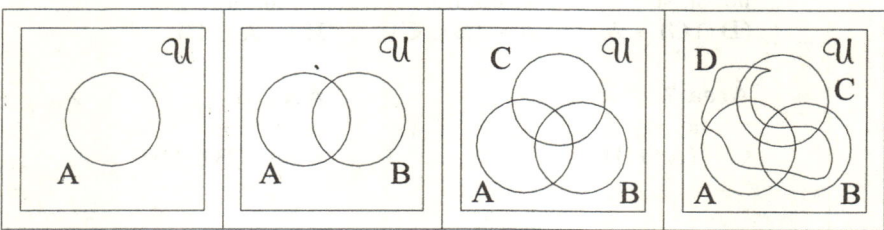

Figura 7.2: *Hasta cuatro curvas*

Dentro de los diagramas el espacio está dividido en *áreas*; las básicas son las delimitadas por el rectángulo o una curva cerrada, pero cuando son varias las curvas, hay áreas más pequeñas; concretamente, en el diagrama *"hoja de trébol"* las áreas mínimas son ocho. Podemos utilizar para nombrarlas las expresiones conjuntistas correspondientes. Por ejemplo, en el diagrama 7.1 nombramos la zona 6 mediante la expresión conjuntista $\mathbf{B} - (\mathbf{A} \cup \mathbf{C})$.

Representar en diagramas relaciones entre conjuntos

De las distintas zonas podemos decir que tienen elementos o que carecen de ellos utilizando en el primer caso cruces unidas mediante líneas y sombreado en el segundo. De esta forma el diagrama contendrá no sólo a las figuras que representan conjuntos, sino también a las expresiones algebraicas que nos dicen qué relación guardan entre sí los conjuntos representados. Esto lo veremos con unos cuantos ejemplos.

1. Para expresar en el diagrama que $\mathbf{Q} \subseteq \mathbf{P}$ sombrearemos en el diagrama (figura 7.3) el área $\mathbf{Q} - \mathbf{P}$.

   Otras expresiones conjuntistas a las que corresponde el mismo diagrama son:
   $$\mathbf{Q} \cap \sim \mathbf{P} = \emptyset \qquad \sim (\mathbf{Q} \cap \sim \mathbf{P}) = \mathcal{U} \qquad \sim \mathbf{Q} \cup \mathbf{P} = \mathcal{U}$$

2. Para indicar en el diagrama que $\sim (\mathbf{P} \cap \mathbf{Q}) \neq \emptyset$ pondremos una pequeña marca en todas aquellas zonas que constituyen $\sim (\mathbf{P} \cap \mathbf{Q})$ y uniremos estas marcas entre sí (véase la figura 7.4). La razón es que sabemos que fuera

7.2. CONJUNTOS Y DIAGRAMAS DE VENN

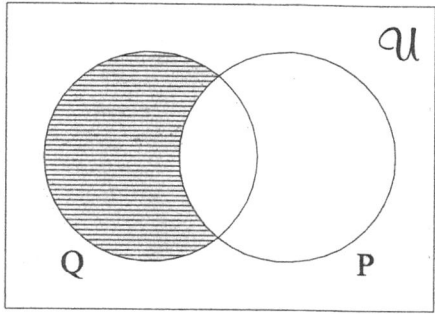

Figura 7.3: $\mathbf{Q} \subseteq \mathbf{P}$

de $\mathbf{P} \cap \mathbf{Q}$ hay al menos un elemento, pero no sabemos exactamente dónde.

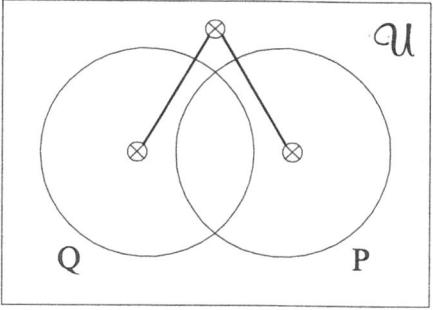

Figura 7.4: $\sim (\mathbf{P} \cap \mathbf{Q}) \neq \emptyset$

Si las curvas no estuvieran unidas, el significado sería muy diferente; en realidad, diría todo esto:

$$\sim (\mathbf{P} \cup \mathbf{Q}) \neq \emptyset \quad \mathbf{P} - \mathbf{Q} \neq \emptyset \quad \mathbf{Q} - \mathbf{P} \neq \emptyset$$

Con las cruces entrelazadas dice que hay al menos un elemento en alguna de las tres áreas, pero no sabemos exactamente en cual.

3. Como se mencionó anteriormente, un mismo diagrama corresponde a diversas expresiones conjuntistas equivalentes. Así a las cinco expresiones conjuntistas que siguen les corresponde el mismo diagrama, como vemos en la figura 7.5.

$$\mathbf{P} \cup \mathbf{Q} = \mathcal{U} \quad \sim (\mathbf{P} \cup \mathbf{Q}) = \emptyset \quad \sim \mathbf{P} \cap \sim \mathbf{Q} = \emptyset \quad \sim \mathbf{Q} \subseteq \mathbf{P}$$

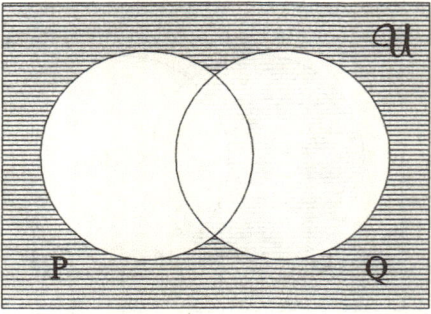

Figura 7.5: $\sim \mathbf{P} \subseteq \mathbf{Q}$

4. De forma similar al ejemplo anterior, las expresiones conjuntistas siguientes

$$\mathbf{P} \cap \mathbf{Q} = \emptyset \qquad \mathbf{P} \subseteq \sim \mathbf{Q} \qquad \mathbf{Q} \subseteq \sim \mathbf{P}$$
$$\sim (\mathbf{P} \cap \mathbf{Q}) = \mathcal{U} \qquad \sim \mathbf{P} \cup \sim \mathbf{Q} = \mathcal{U}$$

tienen una misma representación en un diagrama, el que vemos en la figura 7.6.

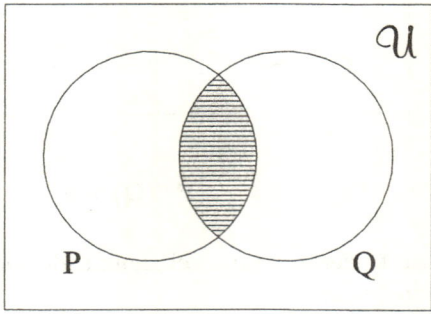

Figura 7.6: $\mathbf{P} \cap \mathbf{Q} = \emptyset$

Superposición de diagramas: diagramas consistentes e inconsistentes

La información representada en varios diagramas se suma mediante superposición de los mismos. Las reglas son las que siguen:

1. Superponer dos áreas sombreadas produce un diagrama en donde el área sombreada resultante corresponde a la *suma de las areas*.

7.2. CONJUNTOS Y DIAGRAMAS DE VENN

2. Superponer secuencias de cruces produce un diagrama resultante en donde aparecen tantas secuencias de cruces como hubiera en los diagramas de partida. *Las secuencias no se unen* produciendo una única secuencia, ya que se debilitaría el sentido original.

3. Superponer cruces y sombreado produce un nuevo diagrama en donde pueden suceder varias cosas:

   a) Que las áreas con cruces y sombras no coincidan.

   b) Que lo hagan, pero el área de los entrelazados incluya a la sombreada como parte propia (en este caso el entrelazado no se fragmentará sino que se rehará para que las cruces fuera del área de sombras vuelvan a unirse).

   c) Que lo hagan y el sombreado cubra completamente un entrelazado.

Decimos que un diagrama es *inconsistente* cuando aparecen sombreados y cruces entrelazadas y al menos para un entrelazado completo sucede que todo él está sombreado; esto es, el último apartado de los anteriores. Naturalmente, el diagrama es *consistente* en el resto de los casos. Es decir, no hay cruces y entrelazados coincidentes o ninguno de los entrelazados está completamente sombreado.

Lo veremos con algunos ejemplos.

1. Si sabemos que $\mathbf{Q} \subseteq \mathbf{P}$ (véase el diagrama 7.3) y que $\mathbf{P} \cap \mathbf{Q} = \emptyset$ (véase el diagrama 7.6), concluimos que $\mathbf{Q} = \emptyset$. Gráficamente este resultado lo obtenemos superponiendo los diagramas anteriores.

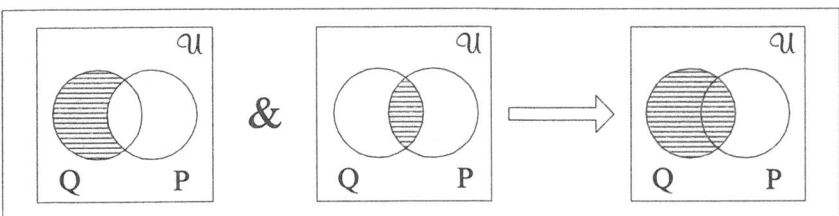

Este diagrama es consistente; llegar a la conclusión de que un conjunto es vacío no es ninguna contradicción.

2. Si sabemos que $\mathbf{Q} \subseteq \mathbf{P}$ y que $\sim (\mathbf{P} \cap \mathbf{Q}) \neq \emptyset$ (ver los diagramas anteriores 7.3 y 7.4), al superponer los diagramas obtenemos este otro:

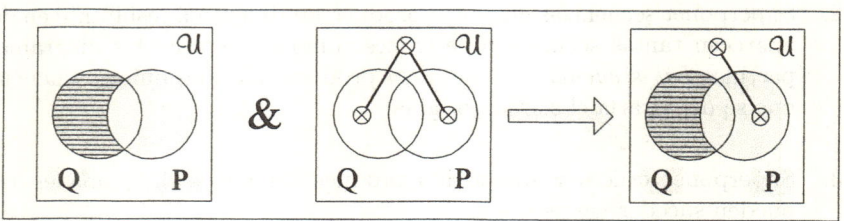

Este diagrama tampoco es inconsistente; ahora sabemos que $\sim \mathbf{Q} \neq \emptyset$ (que es más específico e informativo que $\sim (\mathbf{P} \cap \mathbf{Q}) \neq \emptyset$). Por supuesto, $\mathbf{Q} \subseteq \mathbf{P}$ se sigue manteniendo.

3. Al superponer los diagramas 7.5 y 7.4 obtenemos el diagrama siguiente:

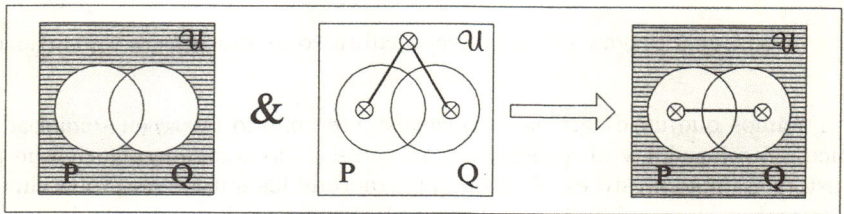

Ahora sabemos que la diferencia simétrica (o unión disjunta) de los conjuntos no es vacío.

$$\mathbf{P} \triangle \mathbf{Q} \neq \emptyset$$

y se mantiene que $\sim \mathbf{P} \subseteq \mathbf{Q}$. Tampoco este diagrama es inconsistente.

4. La superposición de los diagramas correspondientes a $\mathbf{P} \neq \emptyset$, $\mathbf{P} \subseteq \mathbf{Q}$ y $\mathbf{P} \subseteq \sim \mathbf{Q}$ es inconsistente.

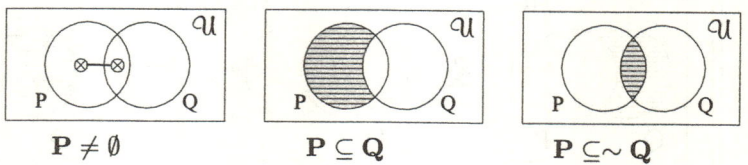

El resultado final es el siguiente:

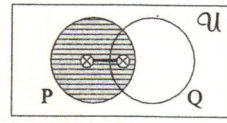

Diagrama final

7.2. CONJUNTOS Y DIAGRAMAS DE VENN

Este diagrama final es inconsistente: no es posible que haya y no haya a un tiempo elementos en una misma área.

Modelos que satisfacen diagramas

En un diagrama de Venn hay una representación abstracta de los conjuntos y sus relaciones, pero siempre que el diagrama sea consistente podemos construir realizaciones o modelos de lo representado en el diagrama. A un mismo diagrama le corresponden infinitas realizaciones o modelos. Lo que haremos es especificar un universo $\mathcal{U}$ y definir en él los conjuntos, respetando la información suministrada por el diagrama; dejamos sin elementos las áreas sombreadas y situamos a nuestro antojo elementos en las zonas con cruces; en las regiones sin cruces ni sombras podemos poner elementos o no ponerlos. La mejor manera de verlo es mediante ejemplos sencillos.

1. En los cuatro apartados que siguen pondremos algunos modelos del diagrama de la figura 7.3.

    a) $\mathcal{U} = \{1, 2, 3\}$ $\mathbf{P} = \{1, 2\}$ $\mathbf{Q} = \{2\}$
    b) $\mathcal{U} = \{1, 2, 3\}$ $\mathbf{P} = \emptyset$ $\mathbf{Q} = \emptyset$
    c) $\mathcal{U} = \{n \mid n \text{ es un número natural}\}$ $\mathbf{P} = \{n \mid n \text{ es un número par}\}$
       $\mathbf{Q} = \{n \mid n \text{ es múltiplo de cuatro}\}$
    d) $\mathcal{U} = \{x \mid x \text{ es un país}\}$ $\mathbf{P} = \{x \mid x \text{ es un país mediterráneo}\}$
       $\mathbf{Q} = \{\text{España, Italia}\}$

2. En los cuatro apartados que siguen pondremos modelos del diagrama de la figura 7.4.

    a) $\mathcal{U} = \{1, 2, 3\}$ $\mathbf{P} = \{1\}$ $\mathbf{Q} = \{2\}$
    b) $\mathcal{U} = \{1, 2, 3\}$ $\mathbf{P} = \emptyset$ $\mathbf{Q} = \emptyset$
    c) $\mathcal{U} = \{\text{Juan, Pedro, Marta, Rodrigo}\}$ $\mathbf{P} = \{\text{Juan, Pedro}\}$
       $\mathbf{Q} = \emptyset$
    d) $\mathcal{U} = \{x \mid x \text{ es un país}\}$ $\mathbf{P} = \{\text{Francia, Holanda}\}$
       $\mathbf{Q} = \{\text{España, Italia}\}$

3. En los cuatro apartados que siguen pondremos modelos del diagrama de la figura 7.5.

    a) $\mathcal{U} = \{1, 2, 3\}$ $\mathbf{P} = \{1, 2\}$ $\mathbf{Q} = \{3\}$
    b) $\mathcal{U} = \{1, 2, 3\}$ $\mathbf{P} = \emptyset$ $\mathbf{Q} = \{1, 2, 3\}$
    c) $\mathcal{U} = \{x \mid x \text{ es un número natural}\}$ $\mathbf{P} = \{x \mid x \text{ es un número par}\}$
       $\mathbf{Q} = \{x \mid x \text{ es un número impar}\}$
    d) $\mathcal{U} = \{x \mid x \text{ es un ser vivo}\}$ $\mathbf{P} = \{x \mid x \text{ tiene 10 años o menos}\}$
       $\mathbf{Q} = \{x \mid x \text{ tiene más de siete años}\}$

4. En los cuatro apartados que siguen pondremos modelos del diagrama de la figura 7.6.

   a) $\mathcal{U} = \{1, 2, 3\}$ $\mathbf{P} = \{1, 2\}$ $\mathbf{Q} = \{3\}$
   b) $\mathcal{U} = \{1, 2, 3\}$ $\mathbf{P} = \emptyset$ $\mathbf{Q} = \{1\}$
   c) $\mathcal{U} = \{x \mid x \text{ es un número natural}\}$ $\mathbf{P} = \{x \mid x \text{ es un divisor de 24}\}$
      $\mathbf{Q} = \{x \mid x \text{ es un divisor de 91}\}$
   d) $\mathcal{U} = \{x \mid x \text{ es un ser vivo}\}$ $\mathbf{P} = \{x \mid x \text{ tiene 10 años o menos}\}$
      $\mathbf{Q} = \{x \mid x \text{ tiene más de diez años}\}$

7.3. Razonamiento diagramático

Usando los diagramas es fácil ver qué conclusiones se pueden extraer de los datos representados en ellos. Lo que haremos es superponerlos y analizar el resultado. De esta forma veremos que los diagramas pueden usarse no solamente para representar enunciados conjuntistas, sino también como un procedimiento de prueba. Es decir, podemos verificar si un razonamiento es o no correcto mediante un cálculo visual, diagramático. Se tratará sencillamente de llevar la información relevante a varios diagramas y comprobar si el diagrama resultante de la superposición de todos ellos es o no consistente.

El procedimiento es como sigue:

- Dibujamos varios diagramas iguales, con tantas curvas cerradas como conjuntos se vayan a usar (a lo sumo serán cuatro).

- En diagramas separados representaremos las hipótesis.

- En otro diagrama representamos la negación de la conclusión del razonamiento.

- Unificamos en un mismo diagrama tanto los de las hipótesis como el de la negación de la conclusión.

- Comprobamos si el diagrama resultante es consistente o inconsistente.

  - Caso de ser inconsistente, concluimos que el razonamiento es correcto.
  - Caso de ser consistente, el razonamiento será incorrecto y definimos un modelo del diagrama.

Se trata de un *procedimiento de prueba refutativo*. Un razonamiento es correcto cuando no podemos imaginar ninguna situación en la que las hipótesis del razonamiento sean verdaderas y la conclusión sea falsa; es decir, cuando el conjunto formado por las hipótesis y la negación de la conclusión sea inconsistente. Nosotros trasladamos a diagramas tanto las hipótesis como la negación de la conclusión y lo que tenemos que verificar es que ello resulta en un diagrama inconsistente. Si por el contrario, al llevar al diagrama tanto las hipótesis como

7.3. RAZONAMIENTO DIAGRAMÁTICO

la negación de la conclusión el diagrama resulta consistente, podemos definir con su ayuda un modelo en donde las hipótesis del razonamiento sean verdaderas y la conclusión falsa; de esta forma encontramos un contraejemplo para rebatir la argumentación propuesta.

Lo veremos con algunos ejemplos:

1. Mediante diagramas de Venn determinamos si es correcto el razonamiento siguiente:

    - Hipótesis 1 $J \cap R \neq \emptyset$
    - Hipótesis 2 $E \cap J = \emptyset$
    - Conclusión $(J \cap R) \cap \sim E \neq \emptyset$

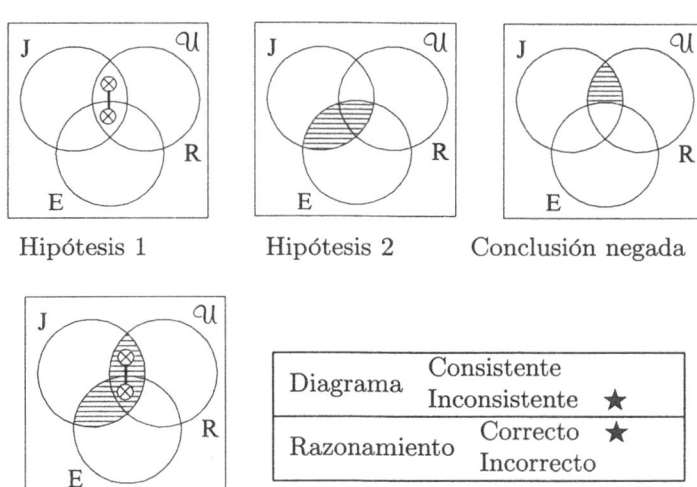

2. Mediante diagramas de Venn determinamos si es correcto el razonamiento siguiente:

    - Hipótesis 1 $A \subseteq H$
    - Hipótesis 2 $H \subseteq \sim B$
    - Conclusión $A \cap B = \emptyset$

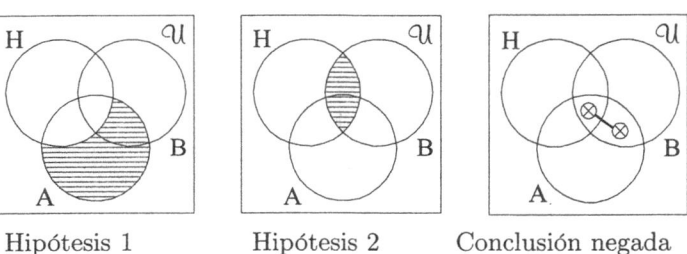

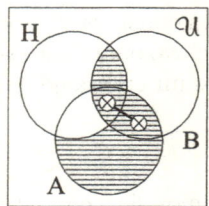

Diagrama	Consistente
	Inconsistente ★
Razonamiento	Correcto ★
	Incorrecto

Diagrama final

3. Mediante diagrama de Venn determinamos si es correcto el razonamiento siguiente:

- Hipótesis 1 $\mathbf{L} \subseteq \mathbf{F}$
- Hipótesis 2 $\mathbf{L} \cap \sim \mathbf{C} \neq \emptyset$
- Conclusión $\mathbf{C} \cap \sim \mathbf{F} \neq \emptyset$

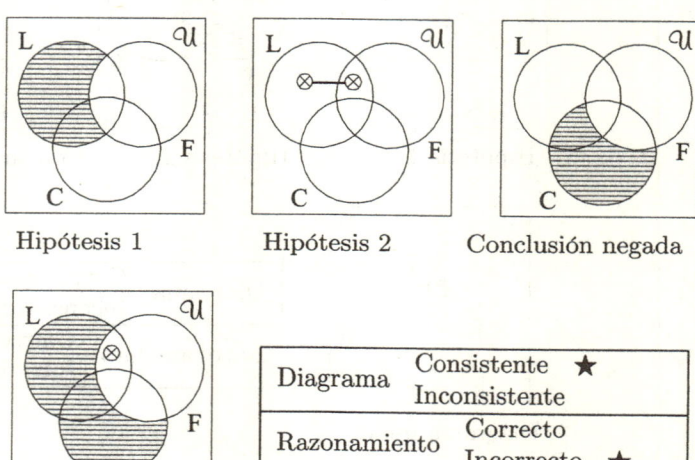

Hipótesis 1   Hipótesis 2   Conclusión negada

Diagrama	Consistente ★
	Inconsistente
Razonamiento	Correcto
	Incorrecto ★

Diagrama final

Puesto que el diagrama final es consistente, construimos un modelo que cumpla las especificaciones del mismo.

$$\mathcal{U} = \{a, b, c\} \quad \mathbf{F} = \{a, b, c\} \quad \mathbf{C} = \{a, b\} \quad \mathbf{L} = \{a, c\}$$

Se observa que en este modelo se cumplen las hipótesis, pues:

$$\{a, c\} = \mathbf{L} \subseteq \mathbf{F} = \{a, b, c\}$$
$$\{a, c\} \cap \{c\} = \{c\} \neq \emptyset \quad \mathbf{L} \cap \sim \mathbf{C} \neq \emptyset)$$

Pero la conclusión $\mathbf{C} \cap \sim \mathbf{F} \neq \emptyset$ falla, pues:

$$\{a, b\} \cap \emptyset = \emptyset$$

7.3. RAZONAMIENTO DIAGRAMÁTICO

Usar un diagrama para hallar la solución

Otra de las ventajas del cálculo diagramático para la lógica de relatores monarios es que nos sirve no sólo para comprobar si un razonamiento es válido o no, sino para encontrar soluciones a un conjunto dado de hipótesis. Se asemeja en esto al de tableaux para la lógica proposicional: las condiciones de las hipótesis quedan expuestas en el diagrama de manera tal que en él podemos leer las conclusiones.

¿Cómo lo haremos?

Por supuesto, nos vamos a limitar al caso en el que el diagrama de las hipótesis sea consistente, pues de lo contrario cualquier conclusión se seguiría (de uno inconsistente se sigue cualquier enunciado pues nada lo puede volver consistente).

Estudiando el diagrama formado por la superposición de las hipótesis veremos qué podemos concluir. En principio los casos son tres:

1. El diagrama de las hipótesis *sólo* contiene *áreas sombreadas*. En este caso cualquiera de las subáreas sombreadas está sombreada y puede ser una conclusión. La conclusión estándar cuando se habla de tres conjuntos **A**, **B** y **C** tales que la primera hipótesis relaciona a los dos primeros y la segunda a los dos últimos es una conclusión que relacione al primero con el último.

2. El diagrama de las hipótesis contiene *sombreado* y *cruces:*

   a) Es inconsistente. Descartamos cualquier conclusión[1] aunque sabemos que formalmente de estas hipótesis se sigue todo enunciado.

   b) Es consistente. En este caso cualquiera de las subáreas sombreadas está sombreada y puede ser una conclusión. También lo es cualquiera de los entrelazados tomado completo e incluso un nuevo entrelazado que una los entrelazados existentes (si hay más de uno).

3. El diagrama de las hipótesis *sólo* contiene *cruces entrelazadas*. Será conclusión cualquiera de los entrelazados tomado completo e incluso un nuevo entrelazado[2] que una los entrelazados existentes (si hay más de uno).

Ejemplo 233 *Sólo sombreado (ver figura 7.7)*

Partimos de unas hipótesis que tomadas conjuntamente dicen

$$(\mathbf{A} \cap \mathbf{B}) \cup (\mathbf{A} \cap \mathbf{C}) \cup (\mathbf{B} \cap \mathbf{C}) = \emptyset$$

y de las conclusiones posibles destacamos estas tres:

$$\mathbf{C} \subseteq \sim (\mathbf{A} \cup \mathbf{B}) \quad (\mathbf{A} \cap \mathbf{B} \cap \mathbf{C}) = \emptyset \quad (\mathbf{A} \cap \mathbf{C}) = \emptyset$$

---

[1] También lo hacíamos así en lógica proposicional en la sección 4.2.8, porque considerábamos que no sería razonable.

[2] El diagrama resultante sería menos informativo que el original, pero también verdadero.

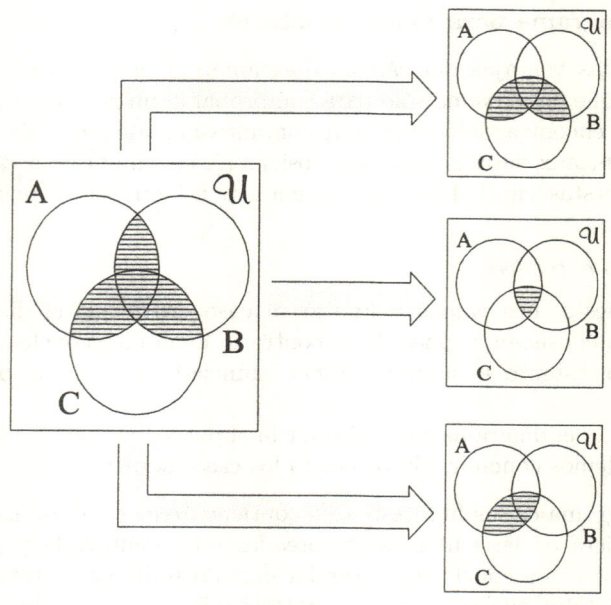

Figura 7.7: *Sólo contiene áreas sombreadas*

Ejemplo 234 *Cruces y sombreado, diagrama consistente* (ver figura 7.8)
Partimos de unas hipótesis que tomadas conjuntamente dicen

$$C \subseteq \sim (A \cup B) \quad y \quad A \not\subseteq B \quad y \quad B \not\subseteq A$$

y de las conclusiones posibles destacamos estas seis:

$$A \not\subseteq B \cup C \; y \; B \not\subseteq A \cup C \qquad (A \cup B) - (A \cap B) \not\subseteq C$$
$$(A \cap C) = \emptyset \qquad C \subseteq \sim (A \cup B) \qquad (B \cap C) = \emptyset \qquad (A \cap B \cap C) = \emptyset$$

Ejemplo 235 *Sólo cruces entrelazadas* (ver figura 7.9)
Partimos de unas hipótesis que tomadas conjuntamente dicen

$$(B \cup C) \not\subseteq A \quad y \quad A \not\subseteq ((A \cap B) - C)$$

y de las conclusiones posibles destacamos estas tres:

$$(A \cup C) \not\subseteq ((A \cap B) - C) \qquad A \not\subseteq (A \cap B) - C \qquad (B \cup C) \not\subseteq A$$

7.3. RAZONAMIENTO DIAGRAMÁTICO

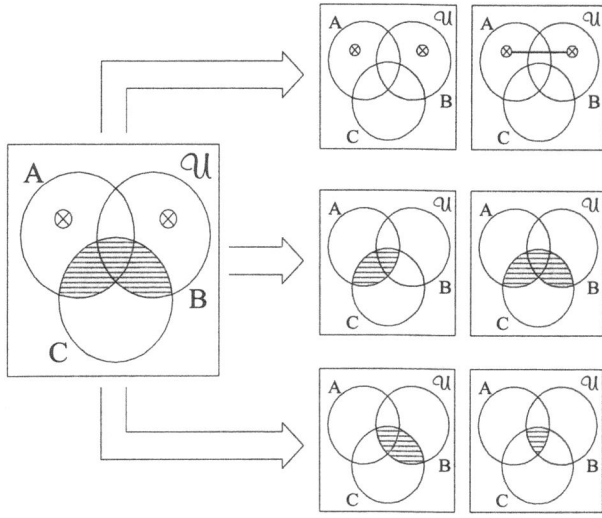

Figura 7.8: *Áreas sombreadas y cruces entrelazadas*

Expresiones en español correspondientes a un diagrama

Nosotros formalizábamos en teoría de conjuntos algunas expresiones del español. Puesto que a las expresiones de teoría de conjuntos las representamos con diagramas, podemos también adjudicar directamente diagramas a los enunciados del español.

1. Todas las expresiones que siguen pueden formalizarse en teoría de conjuntos como $\mathbf{Q} \subseteq \mathbf{P}$. Por consiguiente a todas ellas les corresponde el mismo diagrama, el que aparece en la figura 7.3.

    a) Todas las avispas (**Q**) son hoscas (**P**).

    b) Los niños (**Q**) dicen la verdad (**P**).

    c) Ningún niño miente.

    d) Son los apodos (**Q**) sutilezas prontas (**P**).

    e) Nadie entraba en la academia de Platón (**Q**) a menos que supiese geometría (**P**).

    f) Nadie era verdadero revolucionario (**Q**) a menos que fuera antistalinista (**P**).

    g) El perro (**Q**) es un buen amigo del hombre (**P**).

2. Todas las expresiones que siguen pueden formalizarse en teoría de conjuntos como $\mathbf{P} \cap \mathbf{Q} = \emptyset$. Por consiguiente, a todas ellas les corresponde el mismo diagrama, el que aparece en la figura 7.b:

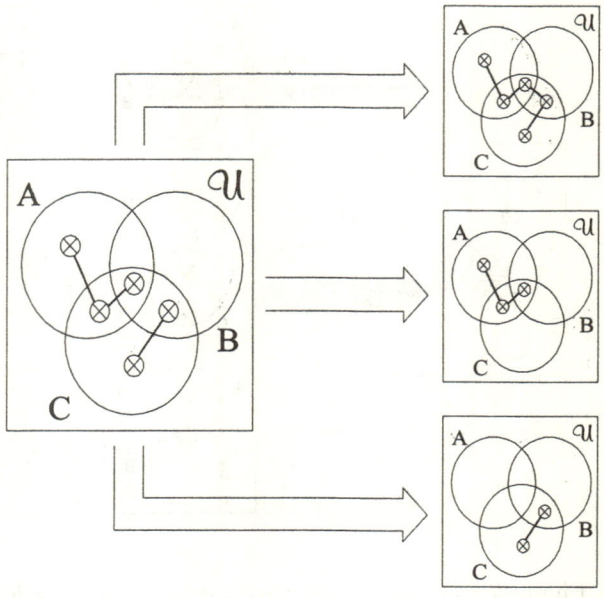

Figura 7.9: *Sólo contiene cruces entrelazadas*

a) Ningún país que haya sido explorado (**P**) está infestado de dragones (**Q**).

b) Los países explorados no están infestados de dragones.

c) Los países infestados de dragones están sin explorar.

d) No hay círculos (**P**) cuadrados (**Q**).

3. Todas las expresiones que siguen pueden formalizarse en teoría de conjuntos como $\mathbf{C} \subseteq \mathbf{A} \cup \mathbf{B}$. Por consiguiente, a todas ellas les corresponde el mismo diagrama, el que aparece en la figura 7.10.

   a) Sólo las algas (**A**) y los batracios (**B**) crecen en aquel lugar (**C**).

   b) Los carpetovetónicos (**C**) son agresivos (**A**) o bobos (**B**).

   c) Siempre que seas capaz de cantar (**C**) tendrás agua abundante (**A**) u otra bebida (**B**).

   d) No están catatónicos (**C**) quienes no están alicaídos (**A**) ni bizquean notoriamente (**B**).

   e) Si no buceáis fácilmente en vuestros sentimientos (**B**) ni habéis caído en la apatía más atroz (**A**), debéis absteneros de tomar coñac (**C**).

7.3. RAZONAMIENTO DIAGRAMÁTICO

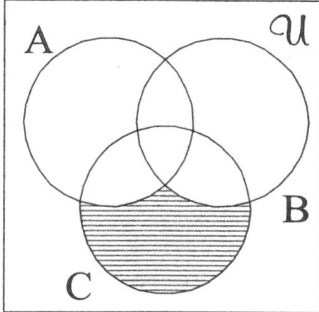

Figura 7.10: $\mathbf{C} \subseteq \mathbf{A} \cup \mathbf{B}$

Razonamientos falaces expresados en lengua natural resueltos con diagramas

Para practicar lo aprendido, os propongo que hagamos los ejercicios siguientes:

1. *La Isla del Tesoro*

   • HIPÓTESIS 1   Todos los piratas enrolados en *La Española* saben de la existencia de un tesoro.

   $$\mathbf{P} \subseteq \mathbf{T}$$

   • HIPÓTESIS 2   Nadie que sepa de la existencia de un tesoro obra desinteresadamente.

   $$\mathbf{T} \subseteq \sim \mathbf{D}$$

   • CONCLUSIÓN   Hay piratas que obran desinteresadamente, pero no van enrolados en *La Española*.

   $$\mathbf{D} \cap \sim \mathbf{P} \neq \emptyset$$

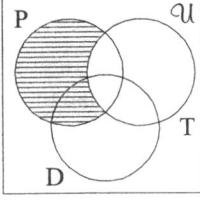 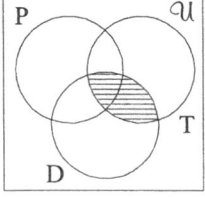 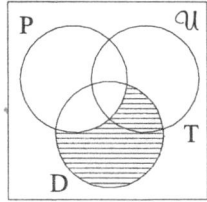

   Hipótesis 1   Hipótesis 2   Conclusión negada

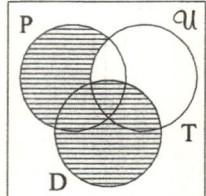

Diagrama	Consistente ★
	Inconsistente ☐
Razonamiento	Correcto ☐
	Incorrecto ★

Diagrama final

Puesto que el diagrama final es consistente, construimos un modelo que cumpla las especificaciones del mismo.

$$\mathcal{U} = \{1,2\} \qquad \mathbf{P} = \mathbf{D} = \emptyset \qquad \mathbf{T} = \{1\}$$

Se observa que en este modelo se cumplen las hipótesis, pues:

$$\emptyset = \mathbf{P} \subseteq \mathbf{T} = \{1\} \qquad \{1\} = \mathbf{T} \subseteq \sim \mathbf{D} = \{1,2\}$$

Pero la conclusión $\mathbf{D} \cap \sim \mathbf{P} \neq \emptyset$ falla, pues:

$$\emptyset \cap \sim \mathbf{P} = \emptyset$$

2. *Lewis Carroll*
   - HIPÓTESIS 1   Ninguna rana (**A**) es poética (**B**).

   $$\mathbf{A} \subseteq \sim \mathbf{B}$$

   - HIPÓTESIS 2   Algunos ánades (**C**) están desprovistos de poesía.

   $$\mathbf{C} \not\subseteq \mathbf{B}$$

   - CONCLUSIÓN   Algunos ánades no son ranas.

   $$\mathbf{C} \not\subseteq \mathbf{A}$$

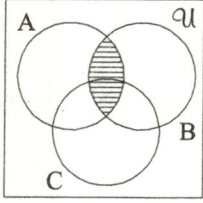
Hipótesis 1

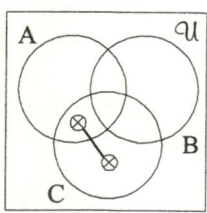
Hipótesis 2

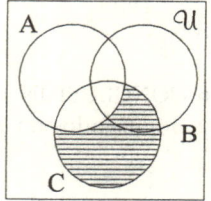
Conclusión negada

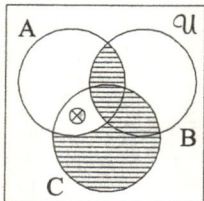
Diagrama final

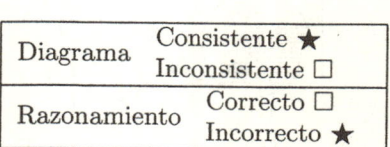

Diagrama	Consistente ★
	Inconsistente ☐
Razonamiento	Correcto ☐
	Incorrecto ★

7.3. RAZONAMIENTO DIAGRAMÁTICO

Puesto que el diagrama final es consistente, construimos un modelo que cumpla las especificaciones del mismo.

$$\mathcal{U} = \{1, 2\} \qquad \mathbf{A} = \mathbf{C} = \{1\} \qquad \mathbf{B} = \emptyset$$

Se observa que en este modelo se cumplen las hipótesis, pues:

$$\{1\} = \mathbf{A} \subseteq \sim \mathbf{B} = \{1, 2\} \qquad \{1\} = \mathbf{C} \not\subseteq \mathbf{B} = \emptyset$$

Pero la conclusión $\mathbf{C} \not\subseteq \mathbf{A}$ falla, pues:

$$\mathbf{C} = \mathbf{A}$$

3. *Es "su" carácter*

   - HIPÓTESIS 1   Ningún radical (**A**) es optimista (**B**).

   $$\mathbf{A} \subseteq \sim \mathbf{B}$$

   - HIPÓTESIS 2   Ningún optimista es solemne (**C**).

   $$\mathbf{B} \subseteq \sim \mathbf{C}$$

   - CONCLUSIÓN   Todos los radicales son solemnes.

   $$\mathbf{A} \subseteq \mathbf{C}$$

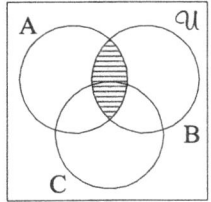
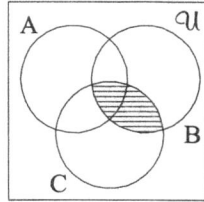
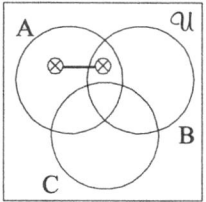

Hipótesis 1   Hipótesis 2   Conclusión negada

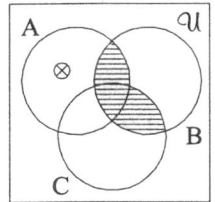
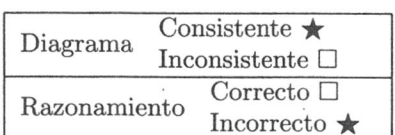

Diagrama final

Puesto que el diagrama final es consistente, construimos un modelo que cumpla las especificaciones del mismo.

$$\mathcal{U} = \{1\} \qquad \mathbf{A} = \{1\} \qquad \mathbf{C} = \mathbf{B} = \emptyset$$

Se observa que en este modelo se cumplen las hipótesis, pues:

$$\{1\} = \mathbf{A} \subseteq \sim \mathbf{B} = \{1\} \qquad \emptyset = \mathbf{B} \subseteq \sim \mathbf{C} = \{1\}$$

Pero la conclusión $\mathbf{A} \subseteq \mathbf{C}$ falla, pues:

$$\mathbf{A} = \{1\} \not\subseteq \mathbf{C} = \emptyset$$

4. *Tapires*

- HIPÓTESIS 1   Es falso que algunos tapires (**T**) no sean mamíferos perisodáctilos (**P**).

$$\mathbf{T} \subseteq \mathbf{P}$$

- HIPÓTESIS 2   No existen tapires que vivan en los desiertos (**D**).

$$\mathbf{T} \subseteq \sim \mathbf{D}$$

- CONCLUSIÓN   Los mamíferos perisodáctilos no viven en los desiertos.

$$\mathbf{P} \cap \mathbf{D} = \emptyset$$

Resolvemos mediante diagramas de Venn el argumento:

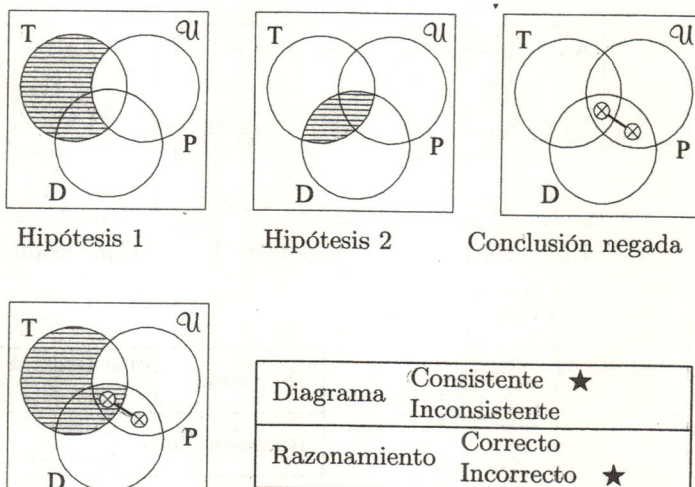

Al ser incorrecto, construimos un contraejemplo:

$$\mathcal{U} = \{1, 2\} \qquad \mathbf{T} = \{1\} \qquad \mathbf{D} = \{2\} \qquad \mathbf{P} = \{1, 2\}$$

7.3. RAZONAMIENTO DIAGRAMÁTICO

7.3.1. Usar un diagrama para hallar la conclusión

Por supuesto, las conclusiones de un conjunto de hipótesis formuladas en lenguaje natural se pueden obtener mediante diagramas, y así lo veremos con unos ejemplos sacados nuevamente de Lewis Carroll [6].

Ejemplo 236 *Dragones*

- HIPÓTESIS 1   Ningún país que haya sido explorado (**E**) está infestado de dragones (**D**).

$$\mathbf{E} \subseteq \sim \mathbf{D}$$

- HIPÓTESIS 2   Los países inexplorados son fascinantes (**F**).

$$\sim \mathbf{E} \subseteq \mathbf{F}$$

Mediante diagramas de Venn buscamos conclusión al argumento:

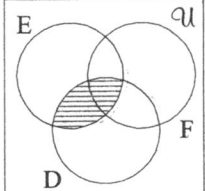 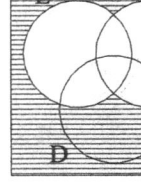 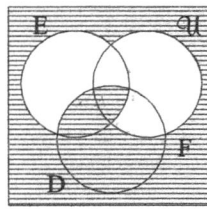

Hipótesis 1   Hipótesis 2   Superposición de hipótesis

De entre las diversas conclusiones posibles elegiremos la estándar; esto es, la que relaciona a los conjuntos **F** y **D**.

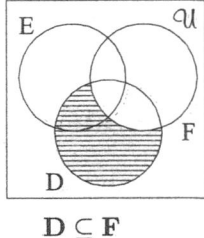

$$\mathbf{D} \subseteq \mathbf{F}$$

Expresada en español diría:

- Los países infestados de dragones son fascinantes.

Ejemplo 237 *Ostras*

- HIPÓTESIS 1   Algunas ostras (**O**) son silenciosas (**S**).

$$\mathbf{O} \cap \mathbf{S} \neq \emptyset$$

- HIPÓTESIS 2   Las criaturas silenciosas no son divertidas (**D**).

$$S \subseteq \sim D$$

Mediante diagramas de Venn buscamos conclusión al argumento:

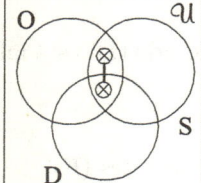
Hipótesis 1

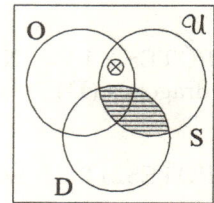
Hipótesis 2   Superposición de hipótesis

De entre las diversas conclusiones posibles elegiremos la estándar; esto es, la que relaciona a los conjuntos **O** y **D**.

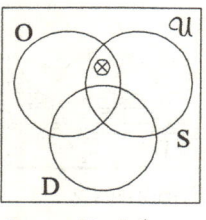
$$O \cap \sim D \neq \emptyset$$

Expresada en español diría:

- Algunas ostras no son divertidas.

7.4. Lógica y diagramas de Venn

Hemos constatado que la lógica proposicional no es suficientemente expresiva, que muchos razonamientos claramente correctos no son captados por ella y que esto se debe a que el análisis realizado es demasiado pobre, ya que sólo intervienen los conectores.

En la búsqueda de un lenguaje más expresivo y versátil que el de la lógica proposicional podemos pasar directamente al de la lógica de primer orden o hacer una escala intermedia en el de la lógica de predicados monarios (LPM). Puesto que esta lógica está íntimamente relacionada con el álgebra de conjuntos que acabamos de ver, vamos a indicar brevemente en qué consiste la lógica de predicados monarios y cómo podemos utilizar los diagramas de Venn como procedimiento de prueba, también en los casos en que dichos razonamientos se expresen en LPM.

7.4. LÓGICA Y DIAGRAMAS DE VENN

Alfabeto

El alfabeto de un lenguaje cualquiera L de lógica de primer orden de predicados monarios contiene dos tipos de signos: los comunes a todos los lenguajes de primer orden y los que le son peculiares. Entre los primeros están los conectores, los cuantificadores y las variables individuales. Entre los segundos están los relatores monarios.

Nosotros usamos $\neg, \vee, \wedge, \rightarrow, \leftrightarrow$ como conectores, $\forall$ y $\exists$ como cuantificadores y las letras $x, y, z, u, v, w, x_0, x_1, x_2,...$ como variables individuales. También, como signos impropios utilizaremos paréntesis:), (.

Un lenguaje $L(\overrightarrow{R})$ concreto contiene además un conjunto $\overrightarrow{R}$ de relatores monarios.

Usaremos $R, S, T, R_0, R_1, R_2,...$ como relatores monarios.

Términos y fórmulas

Las fórmulas y los términos de L se construyen siguiendo unas sencillas reglas de formación. Dichas reglas extraen del conjunto de filas de signos del alfabeto a aquellas a las que llamamos términos y fórmulas.

Definición 238 *El conjunto de los términos de L (al que llamamos $TERM(L(\overrightarrow{R}))$, o simplemente TERM) es* **el conjunto de sus variables.**

Definición 239 *El conjunto de las fórmulas de L (al que llamamos $FORM(L(\overrightarrow{R}))$, o simplemente FORM, cuando esté claro por el contexto) es* **el menor conjunto** *que se puede generar a partir de las reglas siguientes:*

- *Paso Básico:* **F1**   *Si τ es un término, $R\tau$ es una fórmula.*

- *Pasos Inductivos:* **F2**   *Si A y B son fórmulas, también lo son: $\neg A$, $(A \wedge B)$, $(A \vee B)$, $(A \rightarrow B)$, $(A \leftrightarrow B)$.*

- *Pasos Inductivos:* **F3**   *Si A es una fórmula, también lo son: $\forall x A$ y $\exists x A$.*

Definición 240 *Llamamos* **expresiones** *de L al conjunto formado por los términos y las fórmulas de L; es decir,*

$$EXPR = TERM \cup FORM$$

Comentario 241 *Adviértase que tal y como hemos definido el conjunto de fórmulas, como el menor conjunto que cumple las reglas **F1** a **F3**, si un conjunto $\mathbf{Q}$ cumple las mencionadas reglas, entonces $FORM(L) \subseteq \mathbf{Q}$, lo que significa que todas las fórmulas están en dicho conjunto.*

Notación 242 *Llamamos* **fórmulas atómicas** *a las obtenidas mediante la regla **F1**.*

Forma lógica Las fórmulas obtenidas mediante las reglas **F2** y **F3** reciben las denominaciones siguientes:

Forma lógica	Denominación
$\neg A$	negación
$(A \wedge B)$	conjunción
$(A \vee B)$	disyunción
$(A \rightarrow B)$	condicional
$(A \leftrightarrow B)$	bicondicional
$\forall x A$	generalización
$\exists x A$	particularización

Ejemplo 243 *Veamos algunas fórmulas bien formadas, indicando su forma lógica:*

1. *Fórmulas atómicas:* $\quad Sx \quad Ry$

2. *Negaciones:* $\quad \neg Sx \quad \neg(\exists x(Gx \wedge Cx) \wedge \exists y Ry) \quad \neg \forall x Sx$
   $\neg \forall x(Rx \rightarrow Sx) \quad \neg \forall x(Fx \wedge \exists y Gy)$

3. *Conjunciones:* $\quad \forall x Fx \wedge Sx \quad \forall x(\exists z Fz \rightarrow Rx) \wedge Sx$
   $\forall x(Gx \rightarrow Hx) \wedge \forall x(Hx \rightarrow Fx)$
   $\exists x(Gx \wedge \neg Cx) \wedge (\exists x Fx \rightarrow \forall x Gx)$

4. *Disyunciones:* $\quad Fx \vee \forall x \exists y(Cx \rightarrow (Py \wedge Ay))$
   $\forall x(Cx \rightarrow \exists y(Py \wedge Ay)) \vee \exists x(Gx \wedge Mx)$

5. *Condicionales:* $\quad \forall x(Mx \rightarrow Fx) \rightarrow \exists x(Gx \wedge Fx)$
   $\forall x((Px \vee Rx) \rightarrow Fx) \rightarrow \forall x(Gx \rightarrow Tx) \quad \forall x((Sx \wedge Lx) \rightarrow Fx) \rightarrow Bx$

6. *Bicondicionales:* $\quad \forall x((Rx \wedge Bx) \rightarrow Cx) \leftrightarrow \neg \exists x(Gx \wedge Cx)$
   $\forall x((Rx \wedge Bx) \rightarrow \neg Gx) \leftrightarrow \forall x(((Sx \wedge Mx) \wedge \forall y((Gy \wedge My) \rightarrow Dy)) \rightarrow Cx)$

7. *Generalizaciones:* $\quad \forall x((Gx \wedge Dx) \wedge (Mx \rightarrow \forall y((Gy \wedge My) \rightarrow Dy)))$
   $\forall x(\forall y((Sx \wedge Mx) \wedge ((Gy \wedge Dy) \wedge My)) \rightarrow Cx)$

8. *Particularizaciones:* $\quad \exists x(Gx \wedge (Px \vee Rx)) \quad \exists x(Fx \rightarrow Tx)$
   $\exists x((Px \vee Rx) \rightarrow Fx) \quad \exists y \forall x(Gx \rightarrow Ty)$

7.4.1. Español en lógica de predicados monarios

Los enunciados que vamos a formalizar en esta lógica serán todos muy simples, de forma que las fórmulas utilizadas sólo precisen un cuantificador y una sola variable. Como en ocasiones anteriores, la formalización es siempre la parte más resbaladiza, pues no hay una forma automática de hacerlo.

Lo veremos con algunos ejemplos y ejercicios.

Ejemplo 244 *Formalizaremos unas frases sencillas que en el capítulo anterior representamos en teoría de conjuntos, concretamente las del ejemplo 227. Como clave de formalización usamos la inicial de las palabras.*

7.4. LÓGICA Y DIAGRAMAS DE VENN

1. Las raposas no son salamanquesas. $\forall x(Rx \rightarrow \neg Sx)$ $\neg\exists x(Rx \wedge Sx)$
2. Todos los ruidosos están sordos. $\forall x(Rx \rightarrow Sx)$ $\neg\exists x(Rx \wedge \neg Sx)$
3. Algunos saltamontes son radiactivos. $\exists x(Rx \wedge Sx)$ $\neg\forall x(Rx \rightarrow \neg Sx)$
4. Algunos niños respetuosos no saludan. $\neg\forall x(Rx \rightarrow Sx)$ $\exists x(Rx \wedge \neg Sx)$
5. No todos los reptiles son serpientes. $\neg\forall x(Rx \rightarrow Sx)$ $\exists x(Rx \wedge \neg Sx)$
6. Algunos no rebuznan, pero silban. $\exists x(\neg Rx \wedge Sx)$ $\neg\forall x(\neg Rx \rightarrow \neg Sx)$

Ejemplo 245 *Estas frases son las del ejemplo 228, que fueron representadas en teoría de conjuntos en el capítulo anterior. Utilizamos los relatores R y S; las claves de formalización son las iniciales.*

1. Ningún renacuajo es un saltamontes. $\neg\exists x\,(Rx \wedge Sx)$
2. Todo son refranes o sermones. $\forall x\,(Rx \vee Sx)$
3. No todos los que repiten saben. $\neg\forall x(Rx \rightarrow Sx)$
4. Algunos no son sacristanes o no son racistas. $\exists x\,(\neg Rx \vee \neg Sx)$
5. Los roedores no todos son simpáticos. $\exists x\,(Rx \wedge \neg Sx)$
6. Todos los radicales son solemnes. $\forall x\,(Rx \rightarrow Sx)$
7. Ningún rebelde es sifilítico. $\neg\exists x\,(Rx \wedge Sx)$

Ejemplo 246 *Estas frases son las del ejemplo 229, que fueron representadas en teoría de conjuntos en el capítulo anterior. Como relatores monarios usamos los indicados entre paréntesis.*

1. El hombre (H) es el único animal (A) que tropieza dos veces en la misma piedra (T).
$$\forall x\,((Ax \wedge Tx) \rightarrow Hx)$$

2. Los tigres (T) y los armadillos (A) huyen del fuego (H).
$$\forall x((Tx \vee Ax) \rightarrow Hx)$$

3. Sólo los tontos (T) y los analfabetos (A) hacen quinielas (Q).
$$\forall x(Qx \rightarrow (Tx \vee Ax))$$

4. Los huracanes (H) arrancan los árboles (A) y tumban las casas (T).
$$\forall x\,(Hx \rightarrow (Ax \wedge Tx))$$

5. Ningún tiburón (T) está seguro de su buena preparación (S) a menos que tenga tres filas de dientes (D).
$$\forall x((Tx \wedge \neg Dx) \rightarrow \neg Sx)$$

7.4.2. Semántica

Para interpretar fórmulas del lenguaje de primer orden debemos explicitar nuestro dominio de cuantificación y precisar cómo interpretamos los relatores del lenguaje. El concepto fundamental que vamos a introducir es el de *verdad en una estructura*. A partir de él se define el de consecuencia.

Modelos

Usaremos letras mayúsculas de tipo gótico (o similar) para referirnos a modelos, a los que de manera indistinta llamamos también estructuras.

$\mathcal{A}$ es una estructura adecuada para $L(\vec{R})$ syss

$$\mathcal{A} = \langle \mathbf{A},\ R^{\mathcal{A}} \rangle$$

donde:

1. $\mathbf{A} \neq \emptyset$ es el universo o dominio de la estructura. $\mathbf{A}$ debe ser un conjunto no vacío.

2. Para cada relator $R \in \vec{R}$ su interpretación $R^{\mathcal{A}}$ es un subconjunto del universo; es decir, $R^{\mathcal{A}} \subseteq \mathbf{A}$.

Interpretación de L

Las fórmulas de $L(\vec{R})$ se interpretan en un modelo $\mathcal{A} = \langle \mathbf{A},\ R^{\mathcal{A}} \rangle$ compuesto de un universo y de una serie de relaciones monarias definidas sobre el universo. Dada $\mathcal{A}$ las sentencias son verdaderas o falsas en $\mathcal{A}$. La idea es bastante simple: los relatores del lenguaje formal se interpretan como los conjuntos destacados en la estructura. La cuantificación se interpreta restringida al universo de la estructura; por ejemplo, $\forall x Rx$ será verdadera en un modelo $\mathcal{A}$ si $R^{\mathcal{A}}$ es todo el universo del modelo; $\forall x(Rx \to Sx)$ es verdadera en $\mathcal{A} = \langle \mathbf{A}, R^{\mathcal{A}}, S^{\mathcal{A}} \rangle$ siempre que $R^{\mathcal{A}} \subseteq S^{\mathcal{A}}$. Las fórmulas atómicas se interpretan de modo conjuntista; es decir, la fórmula Rx será verdadera en $\mathcal{A}$ siempre que $\mathbf{x} \in R^{\mathcal{A}}$ —no sabremos si es verdadera o falsa hasta que no sepamos interpretar variables—. Para establecer el valor de verdad de una fórmula cualquiera necesitamos previamente asignar valores a las variables; así, cuando sepamos cómo se interpreta la variable x sabremos si Rx es verdadera o falsa en la estructura $\mathcal{A}$ con la asignación considerada. Basada en esa asignación se establece el valor de verdad de una fórmula cualquiera.

Asignación Una *asignación* es una función F que otorga un elemento del universo a cada variable; es decir,

$$F : \text{VAR} \longrightarrow \mathbf{A}$$

7.4. LÓGICA Y DIAGRAMAS DE VENN

Asignación variante Dada una asignación cualquiera F, una variable x y un individuo del universo de la estructura $\mathbf{x}$, definimos $F_x^{\mathbf{x}}$ de la siguiente manera:

$$F_x^{\mathbf{x}} = (F - \{\langle x, F(x)\rangle\}) \cup \{\langle x, \mathbf{x}\rangle\}$$

Esta asignación coincide con la asignación F en todo, excepto tal vez en el valor de la variable x. En la asignación variante ese valor es $\mathbf{x}$, mientras que en la asignación original podía ser cualquier elemento de $\mathbf{A}$.

Interpretación Dada una estructura $\mathcal{A}$ y una asignación F, definimos una interpretación $\Im$

$$\Im = \langle \mathcal{A}, F \rangle$$

extendiendo la función F de forma que otorgue un valor de verdad (0: falso; 1: verdadero) a cada fórmula del lenguaje formal L; es decir,

$$\Im : \mathrm{EXPR}(L) \longrightarrow \mathbf{A} \cup \{0,1\}$$

tal que

$$\Im[\mathrm{FORM}(L)] = \{1, 0\}$$

Notación 247 *Dada una interpretación $\Im = \langle \mathcal{A}, F \rangle$ y una asignación variante $F_x^{\mathbf{x}}$, escribiremos $\Im_x^{\mathbf{x}}$ para designar a la interpretación $\langle \mathcal{A}, F_x^{\mathbf{x}} \rangle$.*

Definición 248 *Definimos ahora la interpretación de términos y fórmulas.*

- *T1. Para cada variable individual x la interpretación viene determinada por la asignación; es decir,*

$$\Im(x) = F(x)$$

- *Paso Básico:* **F1**   *Para cada fórmula atómica Rx la interpretación es*

$$\Im(Rx) = 1 \; syss \; \Im(x) \in R^{\mathcal{A}}$$

- *Pasos Inductivos:* **F2**   *Los conectores se interpretan clásicamente:*

    - *Una fórmula negada es verdadera cuando la fórmula es falsa y falsa cuando es verdadera.*

$$\Im(\neg C) = 1 \quad syss \quad \Im(C) = 0$$

    - *Una conjunción es verdadera cuando ambas fórmulas lo son.*

$$\Im(C \wedge D) = 1 \quad syss \quad \Im(C) = 1 \; y \; \Im(D) = 1$$

    - *Una disyunción es verdadera si al menos una de las fórmulas lo es.*

$$\Im(C \vee D) = 1 \quad syss \quad \Im(C) = 1 \; ó \; \Im(D) = 1$$

- Un condicional sólo es falso cuando el antecedente es verdadero y el consecuente falso, es verdadero en todos los demás casos.

$$\Im(C \to D) = 1 \quad syss \quad \Im(C) = 0 \quad ó \quad \Im(D) = 1$$

- Un bicondicional es verdadero cuando las dos fórmulas son simultáneamente verdaderas o falsas.

$$\Im(C \leftrightarrow D) = 1 \quad syss \quad \Im(C) = \Im(D)$$

▪ **Pasos Inductivos: F3**   Las fórmulas cuantificadas reciben la siguiente interpretación:

- Una generalización es verdadera cuando lo es para cada elemento del universo.

$$\Im(\forall x C) = 1 \; syss \; para \; cada \; \mathbf{a} \in \mathbf{A} : \Im_x^{\mathbf{a}}(C) = 1$$

- Una particularización es verdadera cuando lo es para algún miembro del universo.

$$\Im(\exists x C) = 1 \; syss \; existe \; un \; \mathbf{a} \in \mathbf{A} \; tal \; que: \Im_x^{\mathbf{a}}(C) = 1$$

Ejemplo 249 *Practicaremos con algunos ejemplos.*

1. *La fórmula* $\forall x(Rx \vee Sx)$ *es verdadera en el modelo* $\mathcal{A} = \langle \mathbf{A}, R^{\mathcal{A}}, S^{\mathcal{A}} \rangle$ *donde*

$$\mathbf{A} = \{1, 2, 3\} \qquad R^{\mathcal{A}} = \{1, 2\} \qquad S^{\mathcal{A}} = \{2, 3\}$$

En realidad lo será en todo modelo en donde $\mathbf{A} = R^{\mathcal{A}} \cup S^{\mathcal{A}}$.

2. *La fórmula* $\forall x(Rx \to \neg Sx)$ *es verdadera en el modelo* $\mathcal{A} = \langle \mathbf{A}, R^{\mathcal{A}}, S^{\mathcal{A}} \rangle$ *donde*

$$\mathbf{A} = \{1, 2, 3\} \qquad R^{\mathcal{A}} = \{1, 2\} \qquad S^{\mathcal{A}} = \{3\}$$

En realidad lo será en todo modelo en donde $R^{\mathcal{A}} \cap S^{\mathcal{A}} = \emptyset$.

3. *La fórmula* $\forall x(\neg Sx \to \neg Rx)$ *es verdadera en el modelo* $\mathcal{A} = \langle \mathbf{A}, R^{\mathcal{A}}, S^{\mathcal{A}} \rangle$ *donde*

$$\mathbf{A} = \{1, 2, 3\} \qquad R^{\mathcal{A}} = \{1\} \qquad S^{\mathcal{A}} = \{1, 2\}$$

En realidad lo será en todo modelo en donde $R^{\mathcal{A}} \subseteq S^{\mathcal{A}}$.

4. *La fórmula* $\exists x(Rx \wedge \neg Sx)$ *es verdadera en el modelo* $\mathcal{A} = \langle \mathbf{A}, R^{\mathcal{A}}, S^{\mathcal{A}} \rangle$ *donde*

$$\mathbf{A} = \{1, 2, 3\} \qquad R^{\mathcal{A}} = \{1, 2\} \qquad S^{\mathcal{A}} = \{3\}$$

En realidad lo será en todo modelo en donde $R^{\mathcal{A}} \cap \sim S^{\mathcal{A}} \neq \emptyset$.

7.4.3. Conceptos clave

Aquí definimos los conceptos de *satisfacibilidad* de una fórmula y de un conjunto de fórmulas, e introducimos la relación de *consecuencia* y su negación (la de *independencia*). El concepto de *validez* se reducirá al de consecuencia (del conjunto vacío de fórmulas). También, como cuestión terminológica, diremos que una interpretación $\Im$ es un *modelo* de una fórmula (o de un conjunto de fórmulas) en el caso en que la interpretación satisfaga a la fórmula (o a cada una de las fórmulas del conjunto).

Definición 250 *Una fórmula C es **satisfacible** syss hay una interpretación $\Im$ tal que $\Im(C) = 1$. También diremos que $\Im$ satisface a la fórmula C o, también, que $\Im$ **es modelo** de la fórmula C. Escribiremos $\Im \Vdash C$ para indicar que $\Im$ es modelo de C.*

Definición 251 *Un conjunto de fórmulas Γ es **satisfacible** syss hay una interpretación $\Im$ tal que $\Im(G) = 1$ para cada fórmula $G \in \Gamma$. Decimos que $\Im$ satisface al conjunto Γ; o también, que $\Im$ **es modelo de** Γ. Escribiremos $\Im \Vdash \Gamma$ para indicar que $\Im$ es modelo de Γ.*

Comentario 252 *Si el conjunto de fórmulas es finito, $\Gamma = \{G_1, G_2, ..., G_n\}$, Γ es satisfacible syss $G_1 \wedge G_2 \wedge ... \wedge G_n$ es satisfacible.*

Comentario 253 *El concepto intuitivo correspondiente es, como habréis adivinado, el de coherencia o compatibilidad de creencias.*

Comentario 254 *Definimos **insatisfacible** como no satisfacible.*

Definición 255 *Una fórmula C es **consecuencia** de un conjunto de fórmulas Γ —y escribimos $\Gamma \vDash C$— syss todo modelo de Γ lo es también de C; es decir, toda interpretación que hace verdadera a cada fórmula de Γ, hace verdadera a C.*

Definición 256 *Una fórmula C es **válida** —y escribimos $\vDash C$— syss $\emptyset \vDash C$; es decir, toda interpretación hace verdadera a C.*

Definición 257 *Una fórmula C es **independiente** de un conjunto de fórmulas Γ —y escribimos $\Gamma \nvDash C$— syss C no es consecuencia de Γ; es decir, hay modelos de Γ que no lo son de C.*

7.5. Diagramas, fórmulas y conjuntos

Los ejemplos anteriores —concretamente, los del ejemplo 249— nos sugieren que podemos asociar a las fórmulas las expresiones conjuntistas que aparecen al final de cada uno de los ejemplos. Puesto que también sabemos representar en diagramas de Venn dichas expresiones conjuntistas, lo que vamos a hacer ahora es tratar de articularlo todo. La ventaja es que podremos utilizar los diagramas como procedimiento de prueba en LPM.

Ejemplo 258 *En todos los casos los formalizamos en LPM, expresamos en teoría de conjuntos y representamos mediante diagramas.*

1. *Sólo las algas y los batracios crecen en aquel lugar.*

$$\forall x(Cx \to (Ax \lor Bx)) \qquad \mathbf{C}^{\mathcal{A}} \subseteq \mathbf{A}^{\mathcal{A}} \cup \mathbf{B}^{\mathcal{A}}$$

2. *Los asesinos no estaban borrachos.*

$$\forall x(Ax \to \neg Bx) \qquad \mathbf{A}^{\mathcal{A}} \subseteq \sim \mathbf{B}^{\mathcal{A}}$$

3. *Todos están alicaídos o bizquean notoriamente.*

$$\forall x(Ax \lor Bx) \qquad \sim (\mathbf{A}^{\mathcal{A}} \cup \mathbf{B}^{\mathcal{A}}) = \emptyset$$

4. *Los alicantinos y los barceloneses son unos cabezotas.*

$$\forall x((Ax \lor Bx) \to Cx) \qquad \mathbf{A}^{\mathcal{A}} \cup \mathbf{B}^{\mathcal{A}} \subseteq \mathbf{C}^{\mathcal{A}}$$

Listamos en orden sus diagramas de Venn correspondientes:

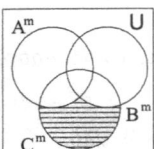 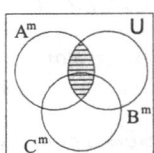 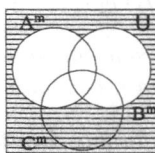 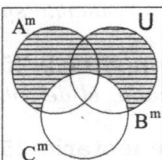

7.6. Argumentos resueltos con diagramas

Esta parte es eminentemente práctica, y puesto que las indicaciones de cómo utilizar los diagramas como procedimiento de prueba ya las vimos en la sección correspondiente, lo único que haremos es resolver éstos y otros ejercicios. La única novedad es que ahora se pide que se formalicen en lógica de predicados monarios los enunciados. Mediante diagramas determinar si un conjunto de fórmulas es satisfacible o insatisfacible consiste en comprobar si su diagrama correspondiente es consistente o inconsistente. Por consiguiente, el verificar si una fórmula es consecuencia de un conjunto de fórmulas consiste es realizar el diagrama de las hipótesis junto con el de la negación de la conclusión y ver su consistencia. Como en los apartados anteriores, si es inconsistente el diagrama, será consecuencia; si es consistente, será independiente. El diagrama nos ayudará a encontrar el modelo que satisfaga las hipótesis pero no la conclusión, en el segundo caso.

Ejemplo 259 *Formalizamos en primer orden y resolvemos usando diagramas los ejemplos siguientes, de **El juego de la lógica** de Lewis Carroll. Universo de discurso: Criaturas feroces.*

7.6. ARGUMENTOS RESUELTOS CON DIAGRAMAS

1. **Avispas**

   - HIPÓTESIS 1   Todas las avispas son hoscas

     $$\forall x(Ax \to Hx) \quad \mathbf{A \subseteq H}$$

   - HIPÓTESIS 2   Las criaturas hoscas no son bien acogidas

     $$\forall x(Hx \to \neg Bx) \quad \mathbf{H \subseteq \sim B}$$

   - CONCLUSIÓN   Todas las avispas son mal acogidas

     $$\forall x(Ax \to \neg Bx) \quad \mathbf{A \subseteq \sim B}$$

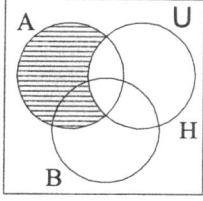 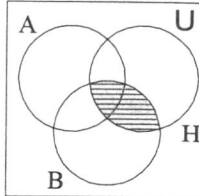 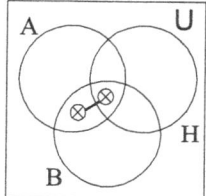

   Hipótesis 1   *Hipótesis 2*   *Conclusión negada*

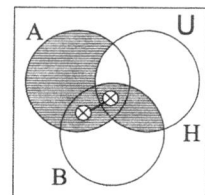

Diagrama	Consistente	
	Inconsistente	★
Razonamiento	Correcto	★
	Incorrecto	

   Diagrama final

2. **Canarios**

   - HIPÓTESIS 1   Todos los canarios bien nutridos cantan con potencia

     $$\forall x((Cx \land Nx) \to Px) \quad \mathbf{C \cap N \subseteq P}$$

   - HIPÓTESIS 2   Ningún canario se siente melancólico si canta con potencia

     $$\forall x((Cx \land Px) \to \neg Mx) \quad \mathbf{C \cap P \subseteq \sim M}$$

   - CONCLUSIÓN   Todos los canarios bien nutridos son joviales

     $$\forall x((Cx \land Nx) \to \neg Mx) \quad \mathbf{C \cap N \subseteq \sim M}$$

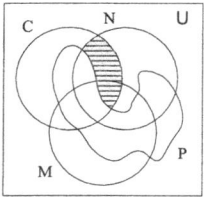 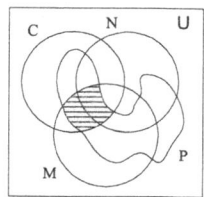 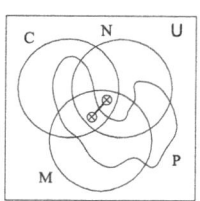

   Hipótesis 1   *Hipótesis 2*   *Conclusión negada*

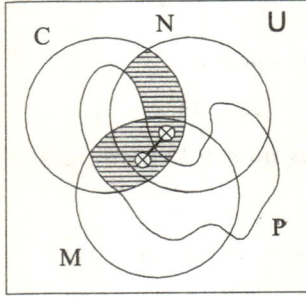

Diagrama	Consistente	
	Inconsistente	★
Razonamiento	Correcto	★
	Incorrecto	

Diagrama final

3. **Leones**

- HIPÓTESIS 1   Todos los leones son fieros

$$\forall x(Lx \rightarrow Fx) \qquad \mathbf{L} \subseteq \mathbf{F}$$

- HIPÓTESIS 2   Algunos leones no beben café

$$\exists x(Lx \wedge \neg Cx) \qquad \mathbf{L} \cap \sim \mathbf{C} \neq \emptyset$$

- CONCLUSIÓN   Algunas seres que beben café no son fieros

$$\exists x(Cx \wedge \neg Fx) \qquad \mathbf{C} \cap \sim \mathbf{F} \neq \emptyset$$

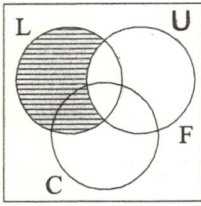 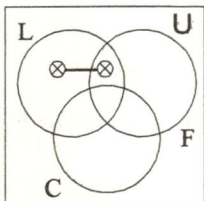 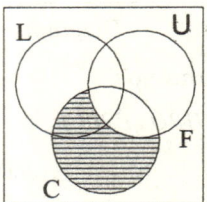

Hipótesis 1   *Hipótesis 2*   *Conclusión negada*

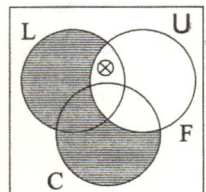

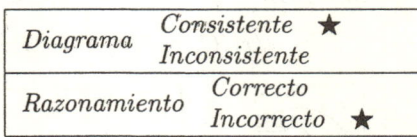

Diagrama	Consistente	★
	Inconsistente	
Razonamiento	Correcto	
	Incorrecto	★

Diagrama final

Por ser incorrecto, construimos un contraejemplo:

$$\mathcal{U} = \{1\} \qquad \mathbf{L} = \{1\} = \mathbf{F} \qquad \mathbf{C} = \emptyset$$

7.6. ARGUMENTOS RESUELTOS CON DIAGRAMAS

4. **Ruiseñores**

    - HIPÓTESIS 1   A todos los abstemios les gusta el azúcar

    $$\forall x(\neg Vx \to Ax) \qquad \sim \mathbf{V} \subseteq \mathbf{A}$$

    - HIPÓTESIS 2   Ningún ruiseñor bebe vino

    $$\neg \exists (Rx \wedge Vx) \qquad \mathbf{R} \cap \mathbf{V} = \emptyset$$

    - CONCLUSIÓN   A ningún ruiseñor le disgusta el azúcar

    $$\neg \exists x(Rx \wedge \neg Ax) \qquad \mathbf{R} \cap \sim \mathbf{A} = \emptyset$$

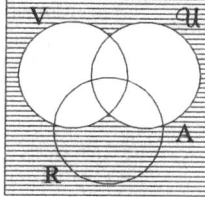 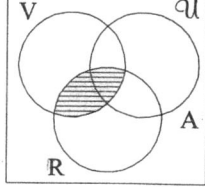 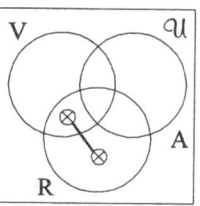

Hipótesis 1   Hipótesis 2   Conclusión negada

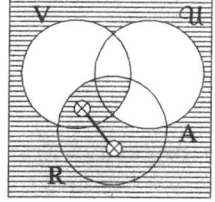 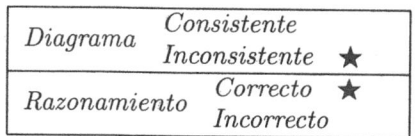

Diagrama final

Diagrama	Consistente
	Inconsistente ★
Razonamiento	Correcto ★
	Incorrecto

5. **Niños**

    - HIPÓTESIS 1   Los niños son ilógicos

    $$\forall x(Nx \to \neg Lx) \qquad \mathbf{N} \subseteq \sim \mathbf{L}$$

    - HIPÓTESIS 2   Nadie que sepa manejar un cocodrilo es despreciado

    $$\neg \exists x(Cx \wedge Dx) \qquad \mathbf{C} \cap \mathbf{D} = \emptyset$$

    - HIPÓTESIS 3   Las personas ilógicas son despreciables

    $$\forall x(\neg Lx \to Dx) \qquad \sim \mathbf{L} \subseteq \mathbf{D}$$

    - CONCLUSIÓN   Algunos niños no saben manejar cocodrilos

    $$\exists x(Nx \wedge \neg Cx) \qquad \mathbf{N} \cap \sim \mathbf{C} \neq \emptyset$$

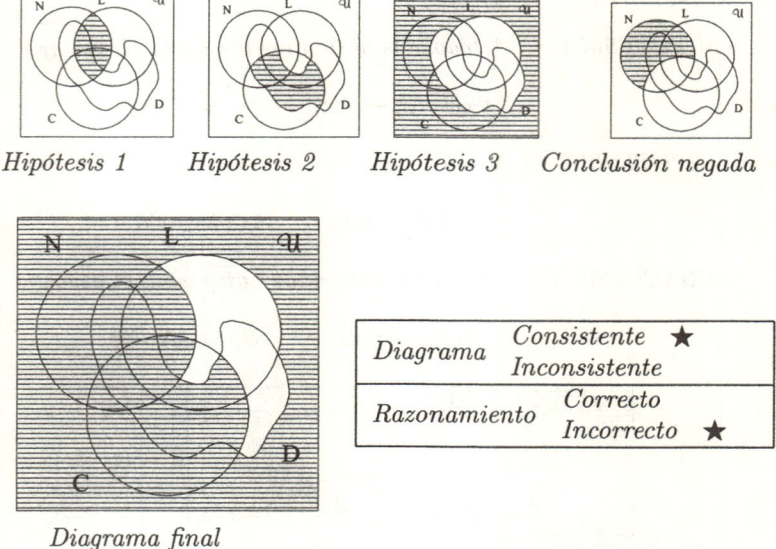

Hipótesis 1   Hipótesis 2   Hipótesis 3   Conclusión negada

Diagrama final

Diagrama	Consistente ★
	Inconsistente
Razonamiento	Correcto
	Incorrecto ★

Por ser incorrecto, construimos un contraejemplo:

$$\mathcal{U} = \{1\} \qquad \mathbf{D} = \{1\} \qquad \mathbf{N} = \mathbf{L} = \mathbf{C} = \emptyset$$

7.7. Silogística

Aristóteles fue el primero que de manera sistemática trató con una cierta profundidad la relación que se establece entre las sentencias que forman parte de un razonamiento, observando que para estudiar la naturaleza de la deducción hace falta analizar primero la estructura de las que constituyen sus hipótesis y su conclusión. En la lógica tradicional, de Aristóteles a Leibniz, incluso en Boole, ésta se toma de la gramática de las lenguas naturales[3]; es decir, una sentencia se analiza en términos de *sujeto S* y *predicado P*.

Formas

Se distinguen cuatro formas típicas de proposiciones: A, E, I y O:
A : Todo S es P (universal afirmativa)
E : Ningún S es P (universal negativa)
I : Algún S es P (particular afirmativa)
O : Algún S no es P (particular negativa)

Estas cuatro formas aparecen relacionadas en el denominado cuadro de Boecio (ver figura: 7.11), así:

---

[3] Nosotros ahora utilizamos un análisis más rico, basado en la concepción de Frege.

7.7. SILOGÍSTICA

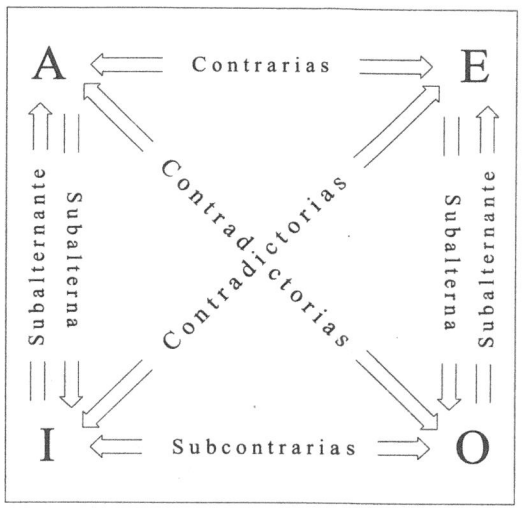

Figura 7.11: *Cuadro de Boecio*

Silogismo

El silogismo categórico es una estructura de proposiciones, propia de la lógica tradicional aristotélica, que se caracteriza:

1. Por tener dos premisas (mayor y menor) y una conclusión.

2. Por tener sólo tres términos: mayor P, medio M y menor S.

Figuras

Se llaman figuras del silogismo a las distintas posiciones que ocupa el término medio —que desaparece de la conclusión— y que se expresan así:

Primera figura	Segunda figura	Tercera figura	Cuarta figura
$M\ P$	$P\ M$	$M\ P$	$P\ M$
$S\ M$	$S\ M$	$M\ S$	$M\ S$
$S\ P$	$S\ P$	$S\ P$	$S\ P$

Modos

El modo de un silogismo resulta de la combinación de las formas que contiene. Para cada figura hay sesenta y cuatro modos posibles. Una forma de construirlos es la que sigue:

A	E	I	O	A	E	I	O
A	A	A	A	E	E	E	E
A	A	A	A	A	A	A	A

A	E	I	O	A	E	I	O
I	I	I	I	O	O	O	O
A	A	A	A	A	A	A	A

Como puede verse, todos los casos que hemos construido concluyen en A; de igual modo, en la siguiente vuelta se construyen los que concluyen en E, luego en I y finalmente en O, obteniéndose los sesenta y cuatro modos. Como hay cuatro figuras, el resultado final es de 256 silogismos posibles. Por supuesto, no todos son válidos. La lógica tradicional selecciona de entre ellos a 24, a los que considera silogismos válidos, a muchos de los cuales se les atribuyeron nombres nemotécnicos en el Medievo. Son los siguientes:

Primera figura	Segunda figura	Tercera figura	Cuarta figura
BARBARA	CESARE	DARAPTI	BAMALIP
CELARENT	CAMESTRES	FELAPTON	CAMENES
DARII	FESTINO	DATISI	DIMATIS
FERIO	BAROCO	DISAMIS	FESAPO
AAI	AEO	BOCARDO	FRESISON
EAO	EAO	FERISON	AEO

Comentario 260 *Un ejercicio interesante es el de comprobar, uno a uno, los silogismos, para enmendar en lo posible la plana a los clásicos. Efectivamente, no todos los seleccionados son razonamientos válidos con los estándares actuales. La razón es que para nosotros existe la cuantificación vacía y al afirmar que*

Todos los misóginos son impresentables

no decimos que los haya, sino que caso de haberlos serían impresentables.

Ejemplo 261 *Analizaremos este razonamiento siguiendo el esquema de los silogismos e indicando asimismo su solución con diagramas. (En el CD, en el apartado de Silogística hay muchos más.)*

- *HIPÓTESIS 1   Los misóginos son impresentables*
- *HIPÓTESIS 2   Los que guardan silencio ahora son misóginos*
- *CONCLUSIÓN   Los que guardan silencio ahora son impresentables*

1. Las tres proposiciones que contiene son, respectivamente, de la forma E A E. Es decir, su modo es

$$E$$
$$A$$
$$E$$

2. Este silogismo es del tipo CELARENT. Por tratarse de un silogismo de la primera figura, tiene la forma

$$\dfrac{\begin{array}{cc} M & P \\ S & M \end{array}}{\begin{array}{cc} S & P \end{array}}$$

3. Éste es su esquema

$$\dfrac{\begin{array}{ccc} M & E & P \\ S & A & M \end{array}}{\begin{array}{ccc} S & E & P \end{array}}$$

4. En la lógica actual se expresa así:

$$\{\forall x(Mx \to \neg Px), \forall x(Sx \to Mx)\} \vdash \forall x(Sx \to \neg Px)$$

Donde:
$Mx := x$ es un misógino
$Sx := x$ guarda silencio ahora
$Px := x$ es presentable

5. Para demostrarlo podemos usar el cálculo deductivo de primer orden, o el visual de los diagramas de Venn.

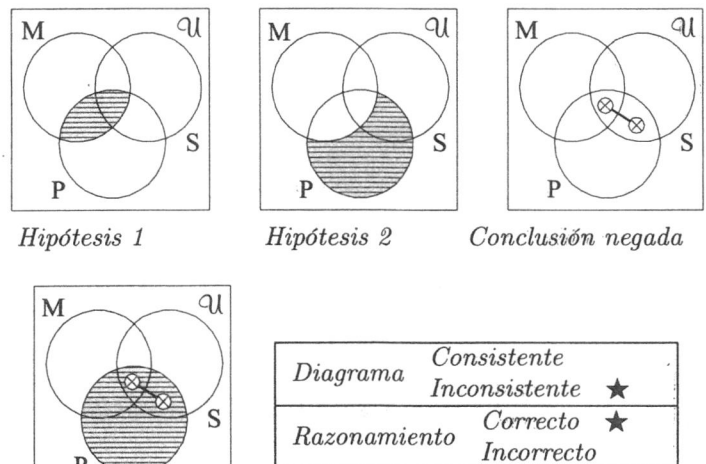

Hipótesis 1   Hipótesis 2   Conclusión negada

Diagrama final.

Diagrama	Consistente
	Inconsistente ★
Razonamiento	Correcto ★
	Incorrecto

7.8. Ejercicios del CD

Los ejercicios siguientes están todos resueltos en el CD que acompaña a este libro, en el capítulo 7. Por limitaciones de espacio en el libro sólo están los enunciados de un bloque de cada tipo. En el CD hay tres bloques de cada tipo

- *VENN: DIAGRAMAS*
- *VENN: FÓRMULAS, CONJUNTOS Y DIAGRAMAS*
- *VENN: ARGUMENTOS QUE SE RESUELVEN CON DIAGRAMAS*

Dos de ellos vienen con solución y del otro sólo se suministra el enunciado.

VENN: DIAGRAMAS (1)

1. Determinad si las siguientes expresiones conjuntistas corresponden al diagrama de Venn de la figura 7.12.
   Nota: Las zonas sombreadas están vacías y la existencia de elementos se indica mediante cruces entrelazadas.

   a) $\sim \mathbf{B} \subseteq \sim \mathbf{A}$
   b) $\sim (\mathbf{A} \cap \mathbf{B}) = \mathfrak{U}$
   c) $\sim (\mathbf{A} \cup \mathbf{B}) = \emptyset$
   d) $\mathbf{A} \subseteq \mathbf{B}$
   e) $\mathbf{A} \nsubseteq \mathbf{B}$

   | SI | NO |

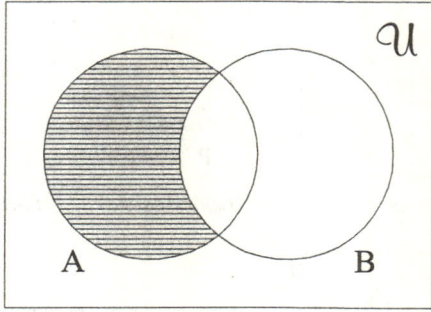

Figura 7.12: *Ejercicios del CD: Diagrama de Venn 1*

2. ¿Cómo expresaríais en lógica de primer orden la información del diagrama de la figura 7.12? Seleccionad la (o las) fórmula adecuada para ello.

   a) $\neg \exists x (\neg Ax \land \neg Bx)$
   b) $\forall x \neg (Ax \land \neg Bx)$
   c) $\forall x \neg (Ax \land Bx)$
   d) $\forall x (Ax \to Bx)$

7.8. EJERCICIOS DEL CD

e) $\forall x \neg (Ax \leftrightarrow Bx)$

| ADECUADA | INADECUADA |

3. Considerad las estructuras $\mathcal{A}, \mathcal{B}, \mathcal{C}, \mathcal{D}, \mathcal{E}$ siguientes. Decid si satisfacen el diagrama de la figura 7.12.

$\mathcal{A} = \langle \mathbf{A}, A^{\mathcal{A}}, B^{\mathcal{A}} \rangle$	$\mathbf{A} = \{1,2,3,4\} \quad A^{\mathcal{A}} = \{3\}$ $B^{\mathcal{A}} = \{2\}$
$\mathcal{B} = \langle \mathbf{B}, A^{\mathcal{B}}, B^{\mathcal{B}} \rangle$	$\mathbf{B} = \{1,2\} \quad A^{\mathcal{B}} = \{1,2\}$ $B^{\mathcal{B}} = \{1,2\}$
$\mathcal{C} = \langle \mathbf{C}, A^{\mathcal{C}}, B^{\mathcal{C}} \rangle$	$\mathbf{C} = \{1,2,3\} \quad A^{\mathcal{C}} = \{2\}$ $B^{\mathcal{C}} = \{1,2\}$
$\mathcal{D} = \langle \mathbf{D}, A^{\mathcal{D}}, B^{\mathcal{D}} \rangle$	$\mathbf{D} = \{1,2,3,4\} \quad A^{\mathcal{D}} = \{3\}$ $B^{\mathcal{D}} = \{2\}$
$\mathcal{E} = \langle \mathbf{E}, A^{\mathcal{E}}, B^{\mathcal{E}} \rangle$	$\mathbf{E} = \{1,2\} \quad A^{\mathcal{E}} = \emptyset$ $B^{\mathcal{E}} = \emptyset$

	$\mathcal{A}$	$\mathcal{B}$	$\mathcal{C}$	$\mathcal{D}$	$\mathcal{E}$
SI					
NO					

4. Determinad si las siguientes expresiones conjuntistas corresponden al diagrama de Venn de la figura 7.13.
   Nota: Las zonas sombreadas están vacías y la existencia de elementos se indica mediante cruces entrelazadas.

   a) $\mathbf{B} \subseteq \mathbf{A}$
   b) $\sim \mathbf{A} \cup \sim \mathbf{B} = \mathcal{U}$
   c) $\sim \mathbf{A} \nsubseteq \mathbf{B}$
   d) $\sim \mathbf{B} \nsubseteq \mathbf{A}$
   e) $\sim (\mathbf{A} \cup \mathbf{B}) \neq \emptyset$

   | SI | NO |

5. ¿Cómo expresaríais en lógica de primer orden la información del diagrama de la figura 7.13? Seleccionad la (o las) fórmula adecuada para ello.

   a) $\neg \forall x \neg (Ax \wedge \neg Bx)$
   b) $\exists x (\neg Ax \wedge \neg Bx)$
   c) $\forall x (Ax \rightarrow \neg Bx)$
   d) $\forall x (\neg Ax \vee \neg Bx)$

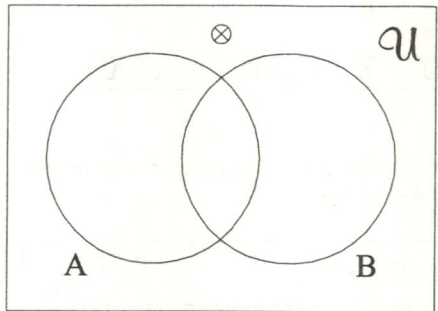

Figura 7.13: *Ejercicios del CD: Diagrama de Venn 2*

e) $\neg \forall x(\neg Ax \to Bx)$

| ADECUADA | INADECUADA |

6. Considerad las estructuras $\mathcal{A}, \mathcal{B}, \mathcal{C}, \mathcal{D}, \mathcal{E}$ siguientes. Decid si satisfacen el diagrama (figura 7.13).

$\mathcal{A} = \langle \mathbf{A}, A^{\mathcal{A}}, B^{\mathcal{A}} \rangle$	$\mathbf{A} = \{1,2,3,4\} \quad A^{\mathcal{A}} = \{3\}$ $B^{\mathcal{A}} = \{2\}$
$\mathcal{B} = \langle \mathbf{B}, A^{\mathcal{B}}, B^{\mathcal{B}} \rangle$	$\mathbf{B} = \{1,2\} \quad A^{\mathcal{B}} = \{1,2\}$ $B^{\mathcal{B}} = \{1,2\}$
$\mathcal{C} = \langle \mathbf{C}, A^{\mathcal{C}}, B^{\mathcal{C}} \rangle$	$\mathbf{C} = \{1,2,3\} \quad A^{\mathcal{C}} = \{2\}$ $B^{\mathcal{C}} = \{1,2\}$
$\mathcal{D} = \langle \mathbf{D}, A^{\mathcal{D}}, B^{\mathcal{D}} \rangle$	$\mathbf{D} = \{1,2,3,4\} \quad A^{\mathcal{D}} = \{3\}$ $B^{\mathcal{D}} = \{2\}$
$\mathcal{E} = \langle \mathbf{E}, A^{\mathcal{E}}, B^{\mathcal{E}} \rangle$	$\mathbf{E} = \{1,2\} \quad A^{\mathcal{E}} = \emptyset$ $B^{\mathcal{E}} = \emptyset$

	$\mathcal{A}$	$\mathcal{B}$	$\mathcal{C}$	$\mathcal{D}$	$\mathcal{E}$
SI					
NO					

VENN: FÓRMULAS, CONJUNTOS Y DIAGRAMAS (1)

1. *Elegid la formalización adecuada.*

    a) Sólo las algas y los batracios crecen en aquel lugar.

    b) Todos están alicaídos o bizquean notoriamente.

7.8. EJERCICIOS DEL CD

c) Los asesinos no estaban borrachos.

d) Algunos borrachos toman café.

e) Los alicantinos y los barceloneses son unos cabezotas.

| A | B | C | D | E | Ninguna |

$$A := \quad \forall x(Ax \vee Bx \to Cx)$$
$$B := \quad \forall x(Cx \to Ax \vee Bx)$$
$$C := \quad \neg \exists x(Ax \wedge Bx)$$
$$D := \quad \exists x(Bx \wedge Cx)$$
$$E := \quad \forall x(Ax \vee Bx)$$

2. *Expresad las relaciones que se tienen que dar entre los conjuntos destacados en una estructura*

$$\mathcal{A} = \langle \mathbf{A}, A^{\mathcal{A}}, B^{\mathcal{A}}, C^{\mathcal{A}} \rangle$$

para que sea modelo de las anteriores sentencias *A, B; C; D; E*

a) $A^{\mathcal{A}} \subseteq \sim B^{\mathcal{A}}$

b) $\sim (A^{\mathcal{A}} \cup B^{\mathcal{A}}) = \emptyset$

c) $C^{\mathcal{A}} \subseteq A^{\mathcal{A}} \cup B^{\mathcal{A}}$

d) $B^{\mathcal{A}} \cap C^{\mathcal{A}} \neq \emptyset$

e) $A^{\mathcal{A}} \cup B^{\mathcal{A}} \subseteq C^{\mathcal{A}}$

	$\mathcal{A} \Vdash A$	$\mathcal{A} \Vdash B$	$\mathcal{A} \Vdash C$	$\mathcal{A} \Vdash D$	$\mathcal{A} \Vdash E$	Ninguna
a						
b						
c						
d						
e						

3. Considérese el diagrama de la figura 7.14 y las fórmulas *A, B, C, D* y *E* del apartado 1 anterior. ¿Expresan adecuadamente toda la información del diagrama?

	SI	NO
A		
B		
C		
D		
E		

4. Considérese el diagrama de la figura 7.14 y las estructuras $\mathcal{A}, \mathcal{B}, \mathcal{C}, \mathcal{D}, \mathcal{E}$ siguientes: ¿Son modelos del diagrama?

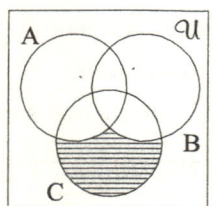

Figura 7.14: *Ejercicios de CD: Hoja de trébol*

a) $\mathcal{A} = \langle \mathbf{A}, A^{\mathcal{A}}, B^{\mathcal{A}}, C^{\mathcal{A}} \rangle$ $\mathbf{A} = \{1,2,3\}$ $A^{\mathcal{A}} = B^{\mathcal{A}} = C^{\mathcal{A}} = \{1,2\}$

b) $\mathcal{B} = \langle \mathbf{B}, A^{\mathcal{B}}, B^{\mathcal{B}}, C^{\mathcal{B}} \rangle$ $\mathbf{B} = \{1,2,3\}$ $A^{\mathcal{B}} = B^{\mathcal{B}} = \{1,2\}$ $C^{\mathcal{B}} = \{2,3\}$

c) $\mathcal{C} = \langle \mathbf{C}, A^{\mathcal{C}}, B^{\mathcal{C}}, C^{\mathcal{C}} \rangle$ $\mathbf{C} = \{1,2,3\}$ $A^{\mathcal{C}} = B^{\mathcal{C}} = C^{\mathcal{C}} = \emptyset$

d) $\mathcal{D} = \langle \mathbf{D}, A^{\mathcal{D}}, B^{\mathcal{D}}, C^{\mathcal{D}} \rangle$ $\mathbf{D} = \{1,2,3\}$ $A^{\mathcal{D}} = \{3\}$ $B^{\mathcal{D}} = \{2\}$ $C^{\mathcal{D}} = \{1\}$

e) $\mathcal{E} = \langle \mathbf{E}, A^{\mathcal{E}}, B^{\mathcal{E}}, C^{\mathcal{E}} \rangle$ $\mathbf{E} = \{1,2,3\}$ $A^{\mathcal{E}} = \{1,2\}$ $B^{\mathcal{E}} = \emptyset$ $C^{\mathcal{E}} = \{1,2\}$

| SI | NO |

5. Considerad las sentencias A, B, C, D y E y las estructuras $\mathcal{A}, \mathcal{B}, \mathcal{C}, \mathcal{D}, \mathcal{E}$ siguientes:

$A := \forall x\, (Px \to Qx)$	$\mathcal{A} = \langle \mathbf{A}, P^{\mathcal{A}}, Q^{\mathcal{A}}, L^{\mathcal{A}} \rangle$	$\mathbf{A} = \{1,2,3,4\}$ $P^{\mathcal{A}} = \{3\}$ $Q^{\mathcal{A}} = \{2\}$ $L^{\mathcal{A}} = \{1,2\}$
$B := \forall x\, (Qx \to Lx)$	$\mathcal{B} = \langle \mathbf{B}, P^{\mathcal{B}}, Q^{\mathcal{B}}, L^{\mathcal{B}} \rangle$	$\mathbf{B} = \{1,2\}$ $P^{\mathcal{B}} = \{1,2\}$ $Q^{\mathcal{B}} = \{2\}$ $L^{\mathcal{B}} = \{1,2\}$
$C := \exists x\, \neg Px$	$\mathcal{C} = \langle \mathbf{C}, P^{\mathcal{C}}, Q^{\mathcal{C}}, L^{\mathcal{C}} \rangle$	$\mathbf{C} = \{1,2,3\}$ $P^{\mathcal{C}} = \{2\}$ $Q^{\mathcal{C}} = \{1,2\}$ $L^{\mathcal{C}} = \{1,2,3\}$
$D := \exists x\, \neg Qx$	$\mathcal{D} = \langle \mathbf{D}, P^{\mathcal{D}}, Q^{\mathcal{D}}, L^{\mathcal{D}} \rangle$	$\mathbf{D} = \{1,2,3,4\}$ $P^{\mathcal{D}} = \{3\}$ $Q^{\mathcal{D}} = \{2\}$ $L^{\mathcal{D}} = \emptyset$

7.8. EJERCICIOS DEL CD

$E := \forall x L x$	$\mathcal{E} = \langle \mathbf{E}, P^{\mathcal{E}}, Q^{\mathcal{E}}, L^{\mathcal{E}} \rangle$	$\mathbf{E} = \{1,2\}$ $P^{\mathcal{E}} = \emptyset$ $Q^{\mathcal{E}} = \emptyset$ $L^{\mathcal{E}} = \{1,2\}$

Siempre que sea posible, elegid estructuras en las que:

a) Las sentencias A, B y D sean verdaderas y las restantes falsas.

b) Las sentencias B, C y D sean verdaderas y las restantes falsas.

c) Todas las sentencias son falsas.

d) Las sentencias B, D y E sean verdaderas y las restantes falsas.

e) Todas las sentencias son verdaderas.

f) Las sentencias A, C y E sean verdaderas y las restantes falsas.

$\mathcal{A}$	$\mathcal{B}$	$\mathcal{C}$	$\mathcal{D}$	$\mathcal{E}$	IMPOSIBLE

VENN: ARGUMENTOS QUE SE RESUELVEN CON DIAGRAMAS (1)

Países y dragones (Lewis Carrol)

HIPÓTESIS 1: Ningún país que haya sido explorado está infestado de dragones

HIPÓTESIS 2: Los países inexplorados son fascinantes

CONCLUSIÓN: No hay ningún país infestado de dragones que no sea fascinante

1. Formalizad en primer orden. Usad las siguientes claves de formalización:
   $Ex :=$ x es un país explorado
   $Dx :=$ x es un país infestado de dragones
   $Fx :=$ x es un país fascinante

HIPÓTESIS 1

$\forall x(Ex \to Dx)$	$\exists x(Ex \wedge Dx)$	$\exists x(Ex \wedge \neg Dx)$

$\neg \forall x(Ex \to \neg Dx)$	$\forall x(Ex \to \neg Dx)$	$\neg \exists x(Ex \wedge Dx)$

HIPÓTESIS 2

$\neg \forall x(Ex \to \neg Fx)$	$\forall x(\neg Ex \to Fx)$	$\exists x(\neg Ex \wedge Fx)$

$\forall x(Fx \to \neg Ex)$	$\neg \exists x \neg (Fx \vee Ex)$	$\neg \exists x(\neg Ex \wedge \neg Fx)$

CONCLUSIÓN

$\forall x(Fx \to Dx)$	$\exists x(Fx \wedge Dx)$	$\exists x(Fx \wedge \neg Dx)$

$\neg\exists x(Fx \wedge \neg Dx)$	$\forall x(Fx \to \neg Dx)$	$\neg\exists x(Fx \wedge Dx)$

2. Atribuidles significado en teoría de conjuntos en una estructura cualquiera

$$\mathcal{A} = \langle \mathcal{U}, \langle E^{\mathcal{A}}, D^{\mathcal{A}}, F^{\mathcal{A}} \rangle \rangle$$

HIPÓTESIS 1

$E^{\mathcal{A}} \subseteq \sim D^{\mathcal{A}}$	$E^{\mathcal{A}} \cap D^{\mathcal{A}} \neq \emptyset$	$E^{\mathcal{A}} \cap D^{\mathcal{A}} = \emptyset$

$E^{\mathcal{A}} \not\subseteq \sim D^{\mathcal{A}}$	$E^{\mathcal{A}} \subseteq D^{\mathcal{A}}$	$E^{\mathcal{A}} \cap \sim D^{\mathcal{A}} \neq \emptyset$

HIPÓTESIS 2

$F^{\mathcal{A}} \subseteq \sim E^{\mathcal{A}}$	$\sim E^{\mathcal{A}} \cap \sim F^{\mathcal{A}} = \emptyset$	$\sim E^{\mathcal{A}} \cap F^{\mathcal{A}} \neq \emptyset$

$E^{\mathcal{A}} \not\subseteq \sim F^{\mathcal{A}}$	$\sim E^{\mathcal{A}} \subseteq F^{\mathcal{A}}$	$\sim F^{\mathcal{A}} \cup \sim E^{\mathcal{A}} = \emptyset$

CONCLUSIÓN

$F^{\mathcal{A}} \subseteq D^{\mathcal{A}}$	$F^{\mathcal{A}} \cap D^{\mathcal{A}} \neq \emptyset$	$F^{\mathcal{A}} \cap \sim D^{\mathcal{A}} \neq \emptyset$

$F^{\mathcal{A}} \cap \sim D^{\mathcal{A}} = \emptyset$	$F^{\mathcal{A}} \subseteq \sim D^{\mathcal{A}}$	$F^{\mathcal{A}} \cap D^{\mathcal{A}} = \emptyset$

3. Resolved mediante diagramas de Venn el argumento

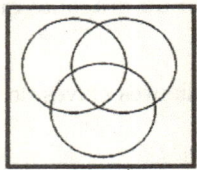 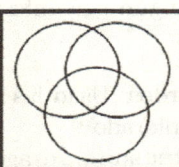 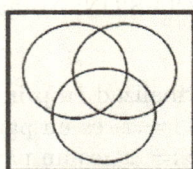

Hipótesis 1   Hipótesis 2   Conclusión negada

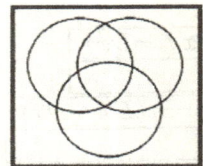

Diagrama	Consistente
	Inconsistente
Razonamiento	Correcto
	Incorrecto

Diagrama final

4. Caso de ser incorrecto, construid un contraejemplo:

$$\mathcal{A} = \langle \mathcal{U}, \langle E^{\mathcal{A}}, D^{\mathcal{A}}, F^{\mathcal{A}} \rangle \rangle$$

$\mathcal{U} = ?$ $E^{\mathcal{A}} = ?$ $D^{\mathcal{A}} = ?$ $F^{\mathcal{A}} = ?$

7.9. SILOGÍSTICA AVENTURERA

En el CD que acompaña este libro hay 22 ejercicios de silogística realizados por los alumnos, dos terceras partes de ellos resueltos. En el curso de lógica repartimos los 256 silogismos posibles entre la clase para así comprobar que la mayoría no eran válidos. Incluso algunos de los 24 clásicos tampoco. Agradezco a todos ellos el buen trabajo realizado. Enuncio a continuación unos cuantos.

Todos los ejercicios tienen los siguientes apartados:

1. *Formalización en lógica de primer orden de relatores monarios*

   Usando las siguientes claves

   $Px := x$ es ... $Mx := x$ es ... $Sx := x$ es ...

   formaliza los enunciados A, B y C.

2. *Representación en teoría de conjuntos*

   a) Sea
   $$\mathcal{A} = \langle \mathbf{A}, \langle P^{\mathcal{A}}, M^{\mathcal{A}}, S^{\mathcal{A}} \rangle \rangle$$
   una estructura adecuada al lenguaje del silogismo, cuyo universo lo constituyen ... y $P^{\mathcal{A}}, M^{\mathcal{A}}, S^{\mathcal{A}}$ son los conjuntos de ..., ... y ..., respectivamente.

   Expresa en teoría de conjuntos las condiciones que los enunciados A, B y C establecen.

3. *Resolución mediante diagramas de Venn*
   Determina mediante diagramas de Venn si el razonamiento del silogismo es correcto.

4. *Identificación de silogismos*
   Di el modo y figura del silogismo y su nombre, si lo tuviera.

SILOGÍSTICA AVENTURERA (1): Los indómitos galos

Tras beber largos tragos de poción mágica, Silogístiquis, el estratega de la recóndita aldea de Axtérix y Obélix razona así:

Silogismo 1

HIPÓTESIS 1	$A :=$ Todos los romanos son legionarios
HIPÓTESIS 2	$B :=$ Hay galos que no son legionarios
CONCLUSIÓN	$C :=$ Algunos galos no son romanos

Silogismo 2

HIPÓTESIS 1	$D :=$ Ningún romano posee poción mágica
HIPÓTESIS 2	$E :=$ Hay galos que tienen poción mágica
CONCLUSIÓN	$F :=$ Algún galo no es romano

SILOGÍSTICA AVENTURERA (2): ¡Qué bordes!, a bordo.

(Camino Aparicio)

SILOGÍSTICA AVENTURERA (3): La Isla del Tesoro.

(Silvina Merino)

SILOGÍSTICA AVENTURERA (4): El Descubrimiento del Anillo[4].

(Míriam Ramos)

Silogismo 1

HIPÓTESIS 1	$A :=$ Ningún hobbit es inmortal
HIPÓTESIS 2	$B :=$ Todos los elfos son inmortales
CONCLUSIÓN	$C :=$ Ningún elfo es hobbit

Silogismo 2

HIPÓTESIS 1	$D :=$ Todos los Ents son viejos y nobles árboles
HIPÓTESIS 2	$B :=$ Ningún mago es viejo y noble árbol
CONCLUSIÓN	$C :=$ Ningún mago es Ent

Comentario 262 *Bilbo Bolsón dedujo que ambos razonamientos eran correctos. Y Gollum tuvo que aceptar la derrota...*

¡Demuestra que el pequeño Bolsón tenía razón!

SILOGÍSTICA AVENTURERA (5): Cabeza va, cabeza viene.

(Alejandra Ocaña)

SILOGÍSTICA AVENTURERA (6): La carta robada.

Edgar Allan Poe

---

[4] Baso mis razonamientos en la novela de aventuras *El Señor de los Anillos*, J.R.R. Tolkien, cuyo argumento está resumido en el CD.

SILOGÍSTICA AVENTURERA (7): El león, la bruja y el armario.

(Joe Holles)

SILOGÍSTICA AVENTURERA (8): Robinson Crusoe.

(Silvina Merino)

SILOGÍSTICA AVENTURERA (9): Viaje al centro de la Tierra.

(María Martín)

Silogismo

HIPÓTESIS 1 $A :=$ Nadie que viaje al centro de la Tierra es un miedoso
HIPÓTESIS 2 $B :=$ Los miedosos son prudentes
CONCLUSIÓN $C :=$ Algunas personas prudentes evitarán viajar al centro de la Tierra

SILOGÍSTICA AVENTURERA (10): Taras Bulba, Nicolás Gogol.

(José Sarrión)

SILOGÍSTICA AVENTURERA (11): Las aventuras del padre Brown, Chesterton.

(José Sarrión)

El padre Brown estaba cenando con una respetable familia de Oxford cuando el anfitrión, un honorable conde, que había hecho fortuna mediante la fabricación de calzado de mala calidad para obreros con pocos recursos, realizó un comentario acerca de las malévolas intenciones de las Trade Unions, y cómo éstas escondían innumerables riquezas con las que financiaban las huelgas de Londres. El padre Brown respondió entonces con el siguiente argumento:

Silogismo 1

HIPÓTESIS 1 $A :=$ Ningún obrero inglés es rico
HIPÓTESIS 2 $B :=$ Algunos obreros son sindicalistas
CONCLUSIÓN $C :=$ Algunos sindicalistas no son ricos

SILOGÍSTICA DESMADRADA (12): Animales feroces.

(Javier Huete)

SILOGÍSTICA INFORMÁTICA (13): Programas y programadores.

(Antonio Juan Sánchez)

SILOGÍSTICA INFORMÁTICA (14): Hardware y software.
(David Vicente)

SILOGÍSTICA INFORMÁTICA (15): Ratones.
(Alberto Velasco)

SILOGÍSTICA DESMADRADA (16): Desmadre informático.
(Néstor Sancho)

SILOGÍSTICA INFORMÁTICA (17): Juegos y portátiles.
(Juan Francisco de Paz)

SILOGÍSTICA DESMADRADA (18): Pájaros de cuenta.
(Ismael Martínez)

SILOGÍSTICA INFORMÁTICA (19): Marcas y tamaño.
(David Gutiérrez)

SILOGÍSTICA INFORMÁTICA (20): Microshock y lógica pati-difusa.
(Luis Alonso)

SILOGÍSTICA INFORMÁTICA (21): Inteligencia artificial.
(Alfredo Villarino)

SILOGÍSTICA INFORMÁTICA (22): A tontas y a locas.
(Luis Antonio Martín)

Capítulo 8

Relaciones y funciones

Este capítulo sólo es necesario para entender la semántica de la lógica de primer orden que se introducirá en apartados posteriores. Hemos creído conveniente situarla aquí porque después de haber estudiado los conjuntos parece natural seguir con una clase especial de ellos; las relaciones y funciones. Pero si no se va a estudiar la lógica de primer orden y su semántica, esta parte es prescindible.

8.1. Par ordenado y producto cartesiano

En la notación de conjuntos listando sus elementos entre llaves (definición por extensión) el orden en que éstos aparecen no importa, ya que dos conjuntos son iguales si tienen los mismos elementos. Si queremos especificar un orden determinado entre los elementos de un conjunto no podemos usar las llaves $\{\}$, que se sustituyen por paréntesis $\langle\rangle$. Entonces, en lugar de conjuntos, se habla de *pares ordenados* (cuando tiene dos elementos) o de *secuencias* (cuando tiene más de dos elementos)

- *Par ordenado.* $\langle a, b \rangle$ es el conjunto formado por los elementos a y b en este orden. Diremos que a es la primera *componente* y b es la segunda. Existe una definición en términos de conjuntos ordinarios:

$$\langle a, b \rangle := \{\{a\}, \{a, b\}\}$$

  aunque lo normal es tomarlo como una noción primitiva.

- Una *secuencia n-aria* $\langle x_1, x_2, \cdots, x_n \rangle$ es un conjunto de n elementos en un determinado orden. Se dice que x_i es la *i-ésima componente*. Como en el caso de dos componentes, se podría definir:

$$\langle x_1, x_2, \cdots, x_n \rangle := \{x_1, \{x_1, x_2\}, \cdots, \{x_1, x_2, \cdots, x_n\}\}$$

Producto cartesiano

Dados dos conjuntos cualesquiera **A** y **B**, se puede considerar el conjunto formado por todos los pares ordenados formados por un elemento de **A** en la primera componente y un elemento de **B** en la segunda componente. Este conjunto se llama *producto cartesiano de* **A** y **B**.

- *Producto cartesiano de dos conjuntos.*

$$\mathbf{A} \times \mathbf{B} = \{\langle a,b \rangle \, | \, a \in \mathbf{A} \text{ y } b \in \mathbf{B}\}$$

Esta operación se generaliza *al producto cartesiano de n conjuntos*

$$\mathbf{A}_1 \times \cdots \times \mathbf{A}_n = \{\langle a_1, \cdots, a_n \rangle \, | \, a_1 \in \mathbf{A}_1, \cdots, a_n \in \mathbf{A}_n\}$$

Si $|\mathbf{A}| = n$ y $|\mathbf{B}| = m$, entonces $|\mathbf{A} \times \mathbf{B}| = n \cdot m$. Esta propiedad se generaliza al producto cartesiano de n conjuntos.

Ejemplo 263 *Si* $\mathbf{A} = \{a,b,c\}$ *y* $\mathbf{B} = \{s,t\}$, *entonces:*

- $\mathbf{A} \times \mathbf{B} = \{\langle a,s \rangle, \langle a,t \rangle, \langle b,s \rangle, \langle b,t \rangle, \langle c,s \rangle, \langle c,t \rangle\}$
- $\mathbf{B} \times \mathbf{A} = \{\langle s,a \rangle, \langle s,b \rangle, \langle s,c \rangle, \langle t,a \rangle, \langle t,b \rangle, \langle t,c \rangle\}$
- $\mathbf{A} \times \mathbf{A} = \{\langle a,a \rangle, \langle a,b \rangle, \langle a,c \rangle, \langle b,a \rangle, \langle b,b \rangle, \langle b,c \rangle, \langle c,a \rangle, \langle c,b \rangle, \langle c,c \rangle\}$

Obsérvese que $|\mathbf{A} \times \mathbf{B}| = 3 \cdot 2 = 6$ *y* $|\mathbf{A} \times \mathbf{A}| = 3 \cdot 3 = 9$

8.2. Relaciones

Una *relación* es un conjunto cuyos elementos son pares ordenados. Un producto cartesiano de conjuntos es un ejemplo de relación.

8.2.1. Definiciones básicas

- *Relación.*

Si $\mathbf{A}_1, \cdots, \mathbf{A}_n$ son conjuntos, una *relación n-aria* **R** sobre estos conjuntos es un subconjunto de $\mathbf{A}_1 \times \cdots \times \mathbf{A}_n$.

Cuando es sobre dos conjuntos se llama *relación binaria* y entonces es un conjunto de pares ordenados. Si $\mathbf{R} \subseteq \mathbf{A} \times \mathbf{B}$ es una relación binaria, se suele escribir $a\mathbf{R}b$ en lugar de $\langle a,b \rangle \in \mathbf{R}$.

Cuando $\mathbf{R} \subseteq \mathbf{A} \times \mathbf{A}$ se dice que **R** es una *relación binaria sobre* **A**. Éstas son las más usadas, las que se definen sobre un universo de discurso **A** previamente fijado.

- *Dominio, rango y campo de una relación.*

Supongamos que $\mathbf{R} \subseteq \mathbf{A} \times \mathbf{B}$ es una relación binaria cualquiera.

8.2. RELACIONES

1. *Dominio de la relación.* $Dom(\mathbf{R}) = \{a \mid \text{existe } b \in \mathbf{B} \text{ con } \langle a,b \rangle \in \mathbf{R}\}$
2. *Rango de la relación.* $Rang(\mathbf{R}) = \{b \mid \text{existe } a \in \mathbf{A} \text{ con } \langle a,b \rangle \in \mathbf{R}\}$
3. *Campo de la relación.* $Camp(\mathbf{R}) = Rang(\mathbf{R}) \cup Dom(\mathbf{R})$

    Si
    $$\mathbf{R} \subseteq \mathbf{A}_1 \times \cdots \times \mathbf{A}_n$$
    es una relación n-aria, estos conceptos se generalizan así:

4. $Dom(\mathbf{R}) = \{\langle a_1, \cdots, a_{n-1}\rangle \mid \text{existe } a_n \in \mathbf{A}_n \text{ con } \langle a_1, \cdots, a_n\rangle \in \mathbf{R}\}$
5. $Rang(\mathbf{R}) = \{a_n \mid \text{hay } a_1 \in \mathbf{A}_1, \cdots, a_{n-1} \in \mathbf{A}_{n-1} \text{ y } \langle a_1, \cdots, a_n\rangle \in \mathbf{R}\}$

Ejemplo 264 *Si* $\mathbf{R} = \{\langle 1,1\rangle, \langle 1,\{2\}\rangle, \langle\{1\},\{2\}\rangle\}$

$Dom(\mathbf{R}) = \{1, \{1\}\}$ $Rang(\mathbf{R}) = \{1, \{2\}\}$ $Camp(\mathbf{R}) = \{1, \{1\}, \{2\}\}$

Ejemplo 265 *Si $\mathcal{P}$ es una propiedad entre elementos de un conjunto $\mathbf{C}$, usualmente se habla de relación binaria $\mathbf{P}$ sobre $\mathbf{C}$ como la relación formada por los pares ordenados que define esa propiedad. Veamos algunos ejemplos:*

- $\mathbf{P} = \{\langle a,b\rangle \mid a \text{ y } b \text{ son personas y } a \text{ es hijo o hija de } b\}$
- $\mathbf{R} = \{\langle a,b\rangle \mid a \text{ y } b \text{ son números naturales y } a \text{ divide a } b\}$

8.2.2. Relación inversa y restricción

- *Relación inversa.* Si $\mathbf{R}$ es una relación binaria *su inversa* es
$$\mathbf{R}^{-1} = \{\langle b,a\rangle \mid \langle a,b\rangle \in \mathbf{R}\}$$

Se verifica que
$$Dom(\mathbf{R}^{-1}) = Rang(\mathbf{R}) \qquad Rang(\mathbf{R}^{-1}) = Dom(\mathbf{R})$$

- *Restricción de una relación a un conjunto.* Si $\mathbf{R}$ es una relación binaria, la subrelación de $\mathbf{R}$ restringida a $\mathbf{A}$ es el subconjunto de la relación $\mathbf{R}$ siguiente:
$$\mathbf{R} \upharpoonright \mathbf{A} = \{\langle a,b\rangle \mid \langle a,b\rangle \in \mathbf{R} \text{ y } a \in \mathbf{A}\}$$

8.2.3. Propiedades de las relaciones binarias

Las relaciones binarias son muy importantes, y conviene conocer algunas de las propiedades que pueden tener.

Supongamos en lo que sigue que $\mathbf{R}$ es una relación binaria sobre un conjunto $\mathbf{C}$.

- $\mathbf{R}$ es *reflexiva* si $\langle a,a\rangle \in \mathbf{R}$ para todo $a \in \mathbf{C}$.
- $\mathbf{R}$ es *simétrica* si $\langle a,b\rangle \in \mathbf{R}$ implica $\langle b,a\rangle \in \mathbf{R}$.

- **R** es *transitiva* si $\langle a,b\rangle \in \mathbf{R}$ y $\langle b,c\rangle \in \mathbf{R}$ implica $\langle a,c\rangle \in \mathbf{R}$.
- **R** es *irreflexiva* si $\langle a,a\rangle \notin \mathbf{R}$ para todo $a \in \mathbf{C}$.
- **R** es *asimétrica* si $\langle a,b\rangle \in \mathbf{R}$ implica $\langle b,a\rangle \notin \mathbf{R}$.
- **R** es *intransitiva* si $\langle a,b\rangle \in \mathbf{R}$ y $\langle b,c\rangle \in \mathbf{R}$ implica $\langle a,c\rangle \notin \mathbf{R}$.
- **R** es *antisimétrica* si $\langle a,b\rangle \in \mathbf{R}$ y $\langle b,a\rangle \in \mathbf{R}$ implica $a = b$.
- **R** es *conectada* si se verifica: $\langle a,b\rangle \in \mathbf{R}$ o $\langle b,a\rangle \in \mathbf{R}$ para todo $a,\ b \in \mathbf{C}$ con $a \neq b$.
- **R** es *euclídea* si $\langle a,b\rangle \in \mathbf{R}$ y $\langle a,c\rangle \in \mathbf{R}$ implica $\langle b,c\rangle \in \mathbf{R}$.
- **R** es *serial* si para todo $a \in \mathbf{C}$ existe $b \in \mathbf{C}$ tal que $\langle a,b\rangle \in \mathbf{R}$.
- **R** es *incestuosa* si se verifica: $\langle a,b\rangle \in \mathbf{R}$ y $\langle a,c\rangle \in \mathbf{R}$ entonces existe $d \in \mathbf{C}$ tal que $\langle b,d\rangle \in \mathbf{R}$ y $\langle c,d\rangle \in \mathbf{R}$.

Comentario 266 *Cuando no se especifica sobre qué conjunto* **C** *está definida la relación, las propiedades reflexiva, serial y conectada se exigen para todos los elementos del campo de la relación.*

Ejemplo 267 *En cada uno de los siguientes ejemplos decid qué propiedades tiene la relación* **R**.

a) *La relación de ser amantes en el conjunto de todas las personas.*
b) *La relación madre-hijo en el conjunto de todas las personas.*
c) *La relación de estudiar en la misma universidad en el conjunto de todas las personas.*

	Simétrica	Reflexiva	Transitiva	Ninguna de éstas
a	★			
b				★
c	★	★	★	

Ejemplo 268 *En cada uno de los siguientes ejemplos decid qué propiedades tiene la relación R.*

a) $R = \{\langle \emptyset, \{\emptyset\}\rangle, \langle \{\emptyset\}, \emptyset\rangle, \langle \{\emptyset\}, \{\emptyset\}\rangle\}$.
b) $R = \{\langle 1, \{2\}\rangle, \langle \{1\}, \{1,2\}\rangle, \langle \{1\}, \{2\}\rangle\}$.
c) $R = \{\langle \mathbf{x}, \mathbf{y}\rangle \mid \mathbf{x} \leqslant \mathbf{y}\}$. *Definida sobre* $\mathbb{N}$.

	Asimétrica	Antisimétrica	Conectada	Ninguna de éstas
a			★	
b	★	★		
c		★	★	

8.2.4. Diagrama de flechas

Con ellos se representa un relación binaria **R** sobre un conjunto **C**. Consisten en representar con puntos los elementos de **C**, y simbolizamos $a\mathbf{R}b$ con una flecha con origen en a y final en b; esta flecha representa el par ordenado $\langle a, b \rangle$.

Ejemplo 269 *La relación*

$$\mathbf{R} = \{\langle a,a \rangle, \langle a,b \rangle, \langle b,c \rangle, \langle c,c \rangle, \langle c,b \rangle, \langle d,a \rangle\}$$

se representa con el diagrama de flechas de la figura 8.1.

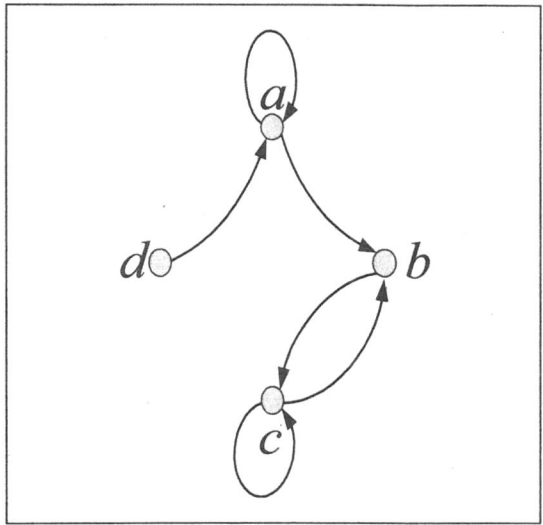

Figura 8.1: *Diagrama de flechas*

Las propiedades de las relaciones binarias tienen, con este tipo de diagramas, una representación característica. Veamos algunos ejemplos.

Ejemplo 270 *Diagramas de flechas característicos de diferentes propiedades:*

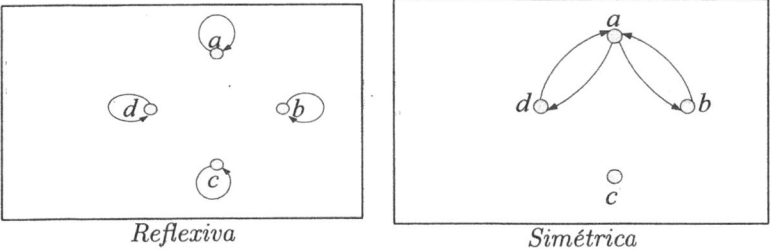

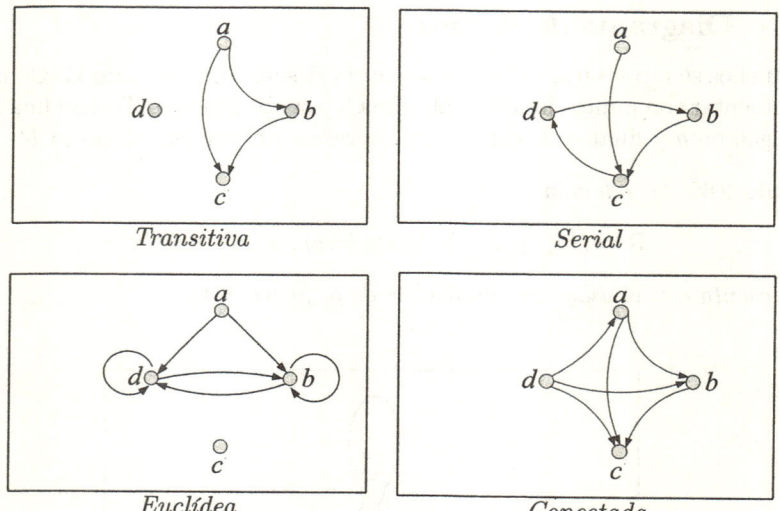

8.2.5. Relaciones de equivalencia

- Si **R** es una relación binaria sobre un conjunto **A**, se dice que es una *relación de equivalencia* si **R** es reflexiva, simétrica y transitiva.
  Entonces, si $a \in \mathbf{A}$ se llama *clase de equivalencia de a según* **R** al conjunto de todos los elementos de **A** que están relacionados con a, y se escribe

$$[a]_{\mathbf{R}} = \{b|\ \langle a,b \rangle \in \mathbf{R}\} \quad \text{o} \quad [a]$$

  cuando la relación se sobrentiende.

- Si **R** es una relación de equivalencia sobre **A**, el *conjunto cociente* de **A** por **R** es el conjunto de las clases de equivalencia:

$$\mathbf{A}/\mathbf{R} = \{[a]_{\mathbf{R}}\ |a \in \mathbf{A}\}$$

- *Particiones.* **H** es una partición de **A** si y sólo si se cumple que **H** es un conjunto de subconjuntos no vacíos de **A**, disjuntos dos a dos y tal que la unión de todos ellos es **A**. Es decir, si se cumple:

  1. Si $X \in \mathbf{H}$, entonces $X \subseteq \mathbf{A}$ y $X \neq \emptyset$
  2. Si $X, Y \in \mathbf{H}$ y $X \neq Y$, entonces $X \cap Y = \emptyset$
  3. Si $a \in \mathbf{A}$, entonces $a \in X$ para algún $X \in \mathbf{H}$

El resultado más importante sobre relaciones de equivalencia es que el conjunto

$$\mathbf{A}/\mathbf{R} = \{[a]_{\mathbf{R}}\ |a \in \mathbf{A}\}$$

de las clases de equivalencia de **R** sobre **A** forma una partición de **A** (su demostración es un ejercicio).

8.2. RELACIONES

Ejemplo 271 *Consideremos la relación* **R** *sobre el conjunto de los números enteros* $\mathbb{Z}$ *definida por:*

$$x\mathbf{R}y \quad syss \quad x - y \quad es \ divisible \ por \ 5$$

Se demuestra que **R** *es una relación de equivalencia sobre* $\mathbb{Z}$, *y es fácil observar que sólo hay cinco clases de equivalencia:*

1. $[0] = \{0, 5, -5, 10, -10, 15, -15, \cdots\}$
2. $[1] = \{1, 6, -4, 11, -9, 16, -14, \cdots\}$
3. $[2] = \{2, 7, -3, 12, -8, 17, -13, \cdots\}$
4. $[3] = \{3, 8, -2, 13, -7, 18, -12, \cdots\}$
5. $[4] = \{4, 9, -1, 14, -6, 19, -11, \cdots\}$

Estos cinco subconjuntos de $\mathbb{Z}$ *forman una partición de* $\mathbb{Z}$.

8.2.6. Relaciones de orden

- Si **R** es una relación binaria sobre un conjunto **A**.

    1. **R** es un *orden (parcial)* sobre **A** —**R** *ordena* **A**— si y solo si **R** es reflexiva, antisimétrica y transitiva. (En ocasiones no se especifica el conjunto sobre el que está definida la relación, en tal caso la reflexividad se prueba para todos los elementos del dominio de la relación y se dice que **R** es una *relación de orden*.)

    2. **R** es un *orden total (orden lineal)* sobre **A** si **R** es un orden sobre **A** y **R** es *conectada*. (Si no se especifica el conjunto sobre el que está definida la relación, la reflexividad y el estar conectada se prueba para todos los elementos del dominio de la relación y se dice que **R** es una *relación de orden lineal*.)

- Un *conjunto parcialmente ordenado* es un par $\langle \mathbf{A}, \mathbf{R} \rangle$ formado por un conjunto **A** y un orden parcial sobre **A**.

    1. Un *conjunto totalmente ordenado* es un par $\langle \mathbf{A}, \mathbf{R} \rangle$ formado por un conjunto **A** y un orden total sobre **A**.

Notación 272 *Habitualmente escribiremos* $\leq$ *en lugar de* **R** *para relaciones de orden (parcial o total), y se escribe* $\langle \mathbf{A}, \leq \rangle$ *para conjuntos ordenados, tanto parcial como totalmente.*

- Si **R** es una relación binaria sobre un conjunto **A**.

    R es una *relación de orden (parcial) estricto* si **R** es irreflexiva y transitiva (y por tanto es también asimétrica). En ese caso, escribiremos $<$ en lugar de **R**.

También podíamos haber definido el orden estricto de la forma:

$$< \;=\; \leq \;-\; \{\langle a,a\rangle \;/\; a \in \mathbf{A}\}$$

Esto es,

$$x < y \text{ syss } x \leq y \text{ y } x \neq y$$

Y de la misma manera:

$$\leq \;=\; < \;\cup\; \{\langle a,a\rangle \;/\; a \in \mathbf{A}\}$$

- Si $\langle \mathbf{A}, \leq \rangle$ es un conjunto parcialmente ordenado y $\mathbf{X} \subseteq \mathbf{A}$.

    1. Un elemento $m \in \mathbf{X}$ es un *elemento minimal* de $\mathbf{X}$ si y sólo si no existe $\mathbf{x} \in \mathbf{X}$ que verifique $x < m$.

    2. Un elemento $p \in \mathbf{X}$ es *primer elemento* de $\mathbf{X}$ (*mínimo* de $\mathbf{X}$) syss $p < x$ para todo $x \in \mathbf{X}$ diferente de p.

    3. Un elemento $l \in \mathbf{X}$ es un *elemento maximal* de $\mathbf{X}$ si no existe $x \in \mathbf{X}$ que verifique $l < x$.

    4. Un elemento $u \in \mathbf{X}$ es *último elemento* de $\mathbf{X}$ (*máximo* de $\mathbf{X}$) syss $x < u$ para todo $x \in \mathbf{X}$ diferente de u.

Ejemplo 273 *Considérese la relación* **R** *sobre* $\mathbb{N} \times \mathbb{N}$ *definida por:*

$$\langle\langle a,b\rangle, \langle c,d\rangle\rangle \in \mathbf{R} \text{ si y sólo si } a \leqslant c \text{ y } b \leqslant d$$

(con $\leqslant$ el orden usual del los números naturales).

Se cumple que **R** *es un relación de orden parcial pero no es total. Se demuestra sin dificultad que* **R** *es reflexiva, antisimétrica y transitiva. Para demostrar que no es conectada consideramos* $\langle 5,9\rangle$ *y* $\langle 7,2\rangle$*, que verifican*

$$\langle\langle 5,9\rangle, \langle 7,2\rangle\rangle \notin \mathbf{R} \qquad \langle\langle 7,2\rangle, \langle 5,9\rangle\rangle \notin \mathbf{R}$$

- Un conjunto ordenado $\langle \mathbf{A}, \leq \rangle$ se llama *conjunto bien ordenado* si todo subconjunto $\mathbf{X} \subseteq \mathbf{A}$ no vacío tiene un primer elemento. En tal caso se dice que $\leq$ es un *buen orden*.

    Un conjunto ordenado $\langle \mathbf{A}, \leq \rangle$ es un conjunto *bien fundamentado* si todo subconjunto $\mathbf{X} \subseteq \mathbf{A}$ no vacío tiene elementos minimales.

Ejemplo 274 $\langle \mathbb{N}, \leq \rangle$ *con* $\mathbb{N}$ *el conjunto de los números naturales y* $\leq$ *la ordenación usual verifica que es: conjunto parcialmente ordenado, totalmente ordenado, bien fundamentado y bien ordenado.*

8.2.7. Diagrama de Hasse

Las relaciones binarias se representan con los diagramas de flechas. Pero cuando la relación binaria es un orden, se utiliza un diagrama particular llamado *diagrama de Hasse*, que consiste en representar $a \leq b$ con una línea ascendente que va de a a b. Los elementos minimales son los que ocupan el lugar inferior del diagrama.

Se sobrentiende que un punto es ya una línea ascendente y, por lo tanto, la reflexividad se da por hecho.

Ejemplo 275 *La relación de orden parcial $\leq$ tal que*

$$a \leq d \quad a \leq c \quad b \leq c \quad c \leq e \quad d \leq e$$
$$a \leq a \quad b \leq b \quad c \leq c \quad d \leq d \quad e \leq e$$

se representa con un diagrama de Hasse según la figura 8.2

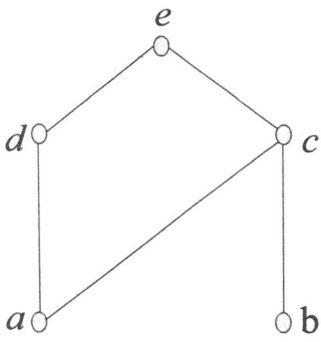

Figura 8.2: *Diagrama de Hasse 1*

Ejemplo 276 *Dado el diagrama de Hasse de la figura 8.3, asigna valores a sus puntos de forma que la relación entre ellos sea la de "ser un subconjunto"; esto es, $\subseteq$*

	$\emptyset$	$\{1\}$	$\{2\}$	$\{3\}$	$\{1,2\}$	$\{1,3\}$	$\{2,3\}$	$\{1,2,3\}$	f
a	★								
b		★							
c			★						
d					★				
e								★	

f: IMPOSIBLE

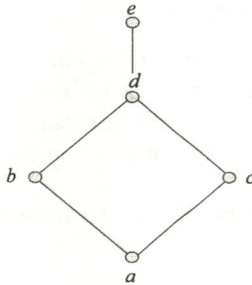

Figura 8.3: *Diagrama de Hasse de la relación de "ser subconjunto"*

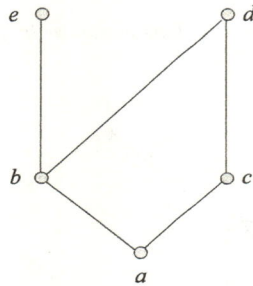

Figura 8.4: *Diagrama de Hasse de la relación "divide a"*

Ejercicio 277 *Dado el diagrama de Hasse de la figura 8.4 asigna valores a sus puntos de forma que la relación entre ellos sea la de "divide a"*

	2	3	4	6	8	10	12	IMPOSIBLE
a	★							
b			★					
c				★				
d							★	
e					★			

8.3. Funciones

Es una de las nociones más importantes en matemáticas, ya que formaliza el concepto intuitivo de asignar un objeto a otro u otros objetos, por ejemplo asignar un número de matrícula a un vehículo en circulación, asignar una nota a un estudiante, etc. Veamos su definición formal.

8.3. FUNCIONES

8.3.1. Definiciones básicas

- *Función:* Si $\mathbf{A}_1, \cdots, \mathbf{A}_n, \mathbf{B}$ son conjuntos, una *función n-aria* sobre estos conjuntos es una relación $(n+1) - aria$

$$\mathbf{f} \subseteq \mathbf{A}_1 \times \cdots \times \mathbf{A}_n \times \mathbf{B}$$

tal que para cada elemento $\langle a_1, \cdots, a_n \rangle \in Dom(f)$ existe solamente un elemento $b \in Rang(\mathbf{f})$ tal que $\langle a_1, \cdots, a_n, b \rangle \in \mathbf{f}$.

1. Entonces se dice que b es *la imagen* de $\langle a_1, \cdots, a_n \rangle$ por $\mathbf{f}$ (o que $\mathbf{f}$ asigna b a $\langle a_1, \cdots, a_n \rangle$ y se escribe $\mathbf{f}(a_1, \cdots, a_n) = b$.
2. Decimos también que $\langle a_1, \cdots, a_n \rangle$ es *la antiimagen* de b por $\mathbf{f}$.
3. Una función de $\mathbf{D}$ en $\mathbf{B}$, que se representa $\mathbf{f} : \mathbf{D} \longrightarrow \mathbf{B}$ es una función donde $\mathbf{D} = Dom(\mathbf{f})$ y $Rang(\mathbf{f}) \subseteq \mathbf{B}$.

Notación 278 *Se puede utilizar* $Rec(\mathbf{f})$ *(recorrido) como equivalente a* $Rang(\mathbf{f})$.

Ejemplo 279 *No todas las relaciones son funciones:*

1. *La relación*

$$\mathbf{R} = \{\langle 1, 2 \rangle, \langle 2, 4 \rangle, \langle 4, 8 \rangle, \langle 8, 16 \rangle, \langle 16, 32 \rangle\}$$

es función. Asigna a un elemento su doble.
Podemos escribir $\mathbf{f} : \{1, 2, 4, 8, 16\} \longrightarrow \{2, 4, 8, 16, 32\}$ *con* $\mathbf{f}(x) = 2x$ *para todo* $x \in \{1, 2, 4, 8, 16\}$.

2. *La relación*

$$\mathbf{R} = \{\langle 1, 2 \rangle, \langle 2, 1 \rangle, \langle 2, 4 \rangle, \langle 4, 2 \rangle\}$$

no es función porque hay dos pares ordenados que tienen diferente la segunda componente: $2\mathbf{R}1$ *y* $2\mathbf{R}4$ *(a 2 no se le asigna una única imagen).*

3. *La relación de ser amado/a en el conjunto de todas las personas es función sólo si una persona sólo tiene un/a amante.*

4. *La relación madre-hijo en el conjunto de todas las personas no es función, porque existe alguna madre con más de un hijo.*

Composición de funciones

Si $\mathbf{f} : \mathbf{A} \longrightarrow \mathbf{B}$ y $\mathbf{g} : \mathbf{C} \longrightarrow \mathbf{D}$ son dos funciones y se verifica $\mathbf{B} \subseteq \mathbf{C}$, entonces se puede definir la *composición de* $\mathbf{f}$ *y* $\mathbf{g}$ como la función

$$\mathbf{g} \circ \mathbf{f} : \mathbf{A} \longrightarrow \mathbf{D}$$

que verifica: $(\mathbf{g} \circ \mathbf{f})(a) = d$ si existe algún c tal que $\mathbf{f}(a) = c$ y $\mathbf{g}(c) = d$, y entonces $(\mathbf{g} \circ \mathbf{f})(a) = \mathbf{g}(\mathbf{f}(a))$.
Obsérvese que $\mathbf{g} \circ \mathbf{f}$ se lee "$\mathbf{f}$ compuesta con $\mathbf{g}$".

Propiedades de las funciones

- $f : A \longrightarrow B$ es una *función inyectiva* syss f es una función y se cumple la condición siguiente:
  Si $f(a) = b$ y $f(c) = b$, entonces $a = c$ (dos elementos diferentes de A no pueden tener la misma imagen por f).

- $f : A \longrightarrow B$ es *suprayectiva (epiyectiva o exhaustiva)* syss $Rang(f) = B$ (todo elemento de B tiene alguna antiimagen).

- $f : A \longrightarrow B$ es *biyectiva* syss f es inyectiva y suprayectiva (A y B tienen el mismo número de elementos y f empareja los elementos de A y de B). La función $f : A \longrightarrow A$ definida por $f(a) = a$ se llama *función identidad* sobre A (la notaremos Id_A), y es el ejemplo más sencillo de función biyectiva.

Ejemplo 280 *Si* $f : A \to B$ *es una función. En cada uno de los siguientes ejemplos decid qué propiedades tiene* f.

1. $A = \{a, b, c\}$, $B = \{1, 2, 3, 4\}$ y $f = \{\langle a, 2 \rangle, \langle b, 2 \rangle, \langle c, 3 \rangle\}$.

2. $A = B$ *el conjunto de los números naturales y* $f(x) = 2x$.

3. A *es el conjunto de todas las fechas del siglo XX escritas en la forma dia-mes-año,* B *es el conjunto de los siete días de la semana y* $f(x, y, z) = t$ *si* t *es el día de la semana correspondiente al día* x *del mes* y *del año* z.

4. A *es el conjunto de ciudadanos que votan en una determinada mesa electoral,* B *es el conjunto de los números de identificación para esa mesa electoral:*

$$f = \{\langle x, y \rangle \ / \ y \text{ es número de identificación de } x\}$$

En un mundo ideal donde las listas se hacen bien.

	inyectiva	suprayectiva	biyectiva	ninguna
1.				★
2.	★			
3.		★		
4.	★	★	★	

Ejemplo 281 *Si* $f : A \to B$ *es una función. En cada uno de los siguientes ejemplos decid qué propiedades tiene* f.

1. $A = \{1, 2, 3\}$, $B = \{k, l, m\}$ y $f = \{\langle 1, k \rangle, \langle 2, l \rangle, \langle 3, m \rangle\}$.

2. A *es el conjunto de los números naturales,* B *es el conjunto de números naturales pares y* $f(x) = 2x$ *(el doble de* x*).*

3. $A = B$ *es el conjunto de las mujeres vivas actualmente y* $f(a) = $ *madre de* a.

8.3. FUNCIONES

4. **A** *es el conjunto de las papeletas introducidas en una urna de un colegio electoral,* **B** *es el conjunto de candidatos elegibles y* **f**$(x) = y$ *si* y *es el candidato votado por* x. *(Suponemos que no hay ningún voto en blanco.)*

	inyectiva	suprayectiva	biyectiva	ninguna	no es función de **A** en **B**
1.	★	★	★		
2.	★	★	★		
3.				★	
4.					★

En el apartado 3 no es una función que esté definida sobre el conjunto de las mujeres vivas porque a aquellas cuya madre haya fallecido la función no dará ningún valor.

8.3.2. Conjuntos finitos y conjuntos infinitos

Notamos $\mathbb{N} = \{n \mid n \text{ es un número natural}\}$. Habitualmente veremos escrito

$$\mathbb{N} = \{0, 1, 2, 3, \cdots\}$$

aunque esta notación no es correcta, ya que entre llaves sólo se deberían listar la colección completa de elementos de un conjunto.

En $\mathbb{N}$ se define la relación de orden total:

$$a \leq b \text{ syss } b - a \in \mathbb{N}$$

es la ordenación usual en los números naturales.

Notamos

$$\{0, 1, \cdots, n\} = \{x \mid x \in \mathbb{N} \text{ y } x \leq n\}$$

el subconjunto de los números naturales menores o iguales que n.

Podemos definir los conceptos de conjuntos finitos e infinitos utilizando la propiedad de que cuando existe una función biyectiva entre dos conjuntos, éstos tienen el mismo cardinal.

- *Infinito.* **A** es un conjunto *infinito* si existe una función biyectiva entre **A** y un subconjunto propio de **A** —**X** es un subconjunto propio de **A** si $\mathbf{X} \subseteq \mathbf{A}$ y $\mathbf{X} \neq \mathbf{A}$.

- *Finito.* **A** es un conjunto *finito* si no es infinito. Esto es, no hay ninguna función biyectiva entre él y un subconjunto propio suyo.

Comentario 282 *Por supuesto, se puede demostrar que ser finito equivale a que exista un $n \in \mathbb{N}$ y una función biyectiva* $\mathbf{f} : \{1, \cdots, n\} \longrightarrow \mathbf{A}$. *Entonces el cardinal* $|\mathbf{A}| = n$.

- *Numerable.* Si **A** es un conjunto infinito, decimos que **A** es *numerable* si existe una función biyectiva $\mathbf{f} : \mathbb{N} \longrightarrow \mathbf{A}$.

La pregunta inmediata es si hay conjuntos infinitos no numerables. La respuesta es sí. Por ejemplo, el conjunto de todos lo números reales es infinito pero no es numerable (no es posible definir una función biyectiva con $\mathbb{N}$)[1]. Hay toda una parte de las matemáticas que se ocupa de estudiar este interesante tema de los diferentes tipos de infinitos. Nosotras lo dejaremos aquí porque eso sobrepasa los objetivos de este capítulo.

Ejemplo 283 *Si notamos*

$$\mathbb{Z} = \{z \mid z \text{ es un número entero}\}$$

que es conjunto formado por los números $0, 1, -1, 2, -2, \cdots$ *, veremos que es infinito numerable.*

Definimos $\mathbf{f} : \mathbb{N} \longrightarrow \mathbb{Z}$ *tal que*

$$\mathbf{f}(n) = \begin{cases} \dfrac{n}{2} & \text{, si } n \text{ es par (0 se considera par)} \\ -\dfrac{n-1}{2} & \text{, si } n \text{ es impar} \end{cases}$$

así

$$\mathbf{f}(1) = 0 \qquad \mathbf{f}(2) = 1 \qquad \mathbf{f}(3) = -1, \ldots,$$

y se demuestra que es inyectiva y suprayectiva:

▶ *Inyectiva. Si* $\mathbf{f}(n) = \mathbf{f}(m)$, *miramos su signo. Si son positivos, n y m son ambos pares y tenemos* $\mathbf{f}(n) = \dfrac{n}{2} = \dfrac{m}{2} = \mathbf{f}(m)$; *por tanto, $n = m$. Si son negativos,* $\mathbf{f}(n) = -\dfrac{n-1}{2} = -\dfrac{n-1}{2} = \mathbf{f}(m)$ *y también deducimos $n = m$.*

▶ *Suprayectiva. Dado $z \in \mathbb{Z}$ si z positivo, tomamos $n = 2z$ y $\mathbf{f}(n) = z$. Si z es negativo, tomamos $n = -2z + 1$ y $f(n) = z$.*

8.4. Ejercicios del CD

Los ejercicios siguientes están todos resueltos en el CD que acompaña a este libro, en el capítulo 8. Por limitación de espacio no hemos incluido en el libro ni tan siquiera los enunciados de todos los ejercicios que allí recogemos. Hay tres bloques de cada tipo:

- *RELACIONES Y FUNCIONES: RELACIONES*
- *RELACIONES Y FUNCIONES: DIAGRAMAS*
- *RELACIONES Y FUNCIONES: FUNCIONES*

---

[1]En 1873 G. Cantor demostró la no numerabilidad del conjunto de los números reales en una carta enviada a Dedekind. Era el nacimiento de la teoría de conjuntos. En 1883 Cantor publicó su *Fundamentos de una teoría general de conjuntos,* donde desarrolla una teoría de los números transfinitos. Para una introducción histórica podéis consultar [2].

8.4. EJERCICIOS DEL CD

Dos de ellos vienen con solución y del otro sólo se suministra el enunciado.

RELACIONES Y FUNCIONES: RELACIONES (1)

1. Sea $\mathbf{R} = \{\langle \emptyset, \{\emptyset\}\rangle, \langle \emptyset, \emptyset\rangle, \langle \{\emptyset\}, \{\emptyset\}\rangle\}$, $\mathbf{A} = \emptyset$, $\mathbf{B} = \{\emptyset\}$ y $\mathbf{C} = \{\{\emptyset\}\}$
   Contestad SI o NO:

   a) $\emptyset \in \mathbf{R} \upharpoonright \mathbf{A}$
   b) $\mathbf{R} \upharpoonright \mathbf{B} = \{\langle \emptyset, \{\emptyset\}\rangle, \langle \emptyset, \emptyset\rangle\}$
   c) $\mathbf{R} \upharpoonright \mathbf{C} = \{\langle \{\emptyset\}, \{\emptyset\}\rangle\}$
   d) $\langle \{\emptyset\}, \emptyset\rangle \in \mathbf{R}^{-1}$

	SI	NO
a		
b		
c		
d		

2. Decid si es cierto para todas las relaciones $\mathbf{R}$ y $\mathbf{S}$.

   a) Si $Dom(\mathbf{R}) \subseteq Dom(\mathbf{S})$ y $Rang(\mathbf{R}) \subseteq Rang(\mathbf{S})$, entonces $\mathbf{R} = \mathbf{S}$
   b) Si $\mathbf{R}$ es reflexiva, entonces $\{\langle \mathbf{x}, \mathbf{x}\rangle \mid \mathbf{x} \in Camp(\mathbf{R})\} = \mathbf{R}$.
   c) Si $\mathbf{R}$ y $\mathbf{S}$ son transitivas, entonces, $\mathbf{R} \cap \mathbf{S}$ es transitiva.
   d) Si $\mathbf{R}$ es una relación asimétrica, entonces $\mathbf{R}$ es antisimétrica.

	SI	NO
a		
b		
c		
d		

3. En cada uno de los siguientes ejemplos decid qué propiedades tiene la relación R.

   a) La relación de ser de la misma altura en el conjunto de todas las personas.
   b) La relación de ser exactamente un año más joven en el conjunto de todas las personas.
   c) La relación de divisibilidad exacta en el conjunto de los naturales.

d) La relación abuelo-nieto en el conjunto de todas las personas.

	Simétrica	Reflexiva	Transitiva	Ninguna
a				
b				
c				
d				

4. En cada uno de los siguientes ejemplos decid qué propiedades tiene la relación R.

   a) $\mathbf{R} = \{\langle 1,2\rangle, \langle 5,10\rangle, \langle 2,3\rangle, \langle 1,3\rangle, \langle 4,4\rangle\}$

   b) $\mathbf{R} = \{\langle a,a\rangle, \langle b,b\rangle, \langle c,c\rangle, \langle b,c\rangle, \langle a,c\rangle\}$

   c) $\mathbf{R} = \{\langle 1,2\rangle, \langle 2,1\rangle\}$

   d) $\mathbf{R} = \{\langle \mathbf{x},\mathbf{y}\rangle \mid \mathbf{x}$ es múltiplo de $\mathbf{y}\}$

	Asimétrica	Antisimétrica	Conectada	Ninguna
a				
b				
c				
d				

5. En cada uno de los siguientes ejemplos decid qué propiedades tiene la relación R

   a) $\mathbf{R} = \{\langle a,a\rangle, \langle b,b\rangle, \langle c,c\rangle\}$

   b) $\mathbf{R} = \{\langle \mathbf{x},\mathbf{y}\rangle \in N^2 \mid \mathbf{y} = \mathbf{x} - 4\}$

   c) $\mathbf{R} = \{\langle \mathbf{x},\mathbf{y}\rangle \in N^2 \mid \mathbf{x} + \mathbf{y} = 10$ ó $\mathbf{x} - \mathbf{y} = 10\}$

   d) $\mathbf{R} = \{\langle \mathbf{x},\mathbf{y}\rangle \in H^2 \mid \mathbf{x}$ conoce a $\mathbf{y}\}$

	Serial	Euclídea	Intransitiva	Irreflexiva	Ninguna
a					
b					
c					
d					

6. Sean $\mathbf{R} = \{\langle 1,1\rangle, \langle 2,2\rangle, \langle 3,3\rangle\}$ y $\mathbf{S} = \{\langle 1,2\rangle, \langle 2,1\rangle, \langle 1,1\rangle, \langle 2,2\rangle\}$. Contestad SI o NO. (Justificad la respuesta.)

   a) ¿Son ambas relaciones reflexivas?

   b) ¿Son ambas simétricas?

   c) ¿Son ambas antisimétricas?

8.4. EJERCICIOS DEL CD

d) ¿Son ambas transitivas?

	SI	NO
a		
b		
c		
d		

RELACIONES Y FUNCIONES: DIAGRAMAS (1)

Nota: Si hay varias soluciones, elegid la más económica. Para comprobar algunos resultados podéis usar el programa TOM's world en http://logicae.usal.es

1. Añade nuevos pares a la relación (marcando con un aspa)

$$\{\langle 0,1 \rangle, \langle 1,1 \rangle, \langle 0,0 \rangle, \langle 1,2 \rangle\}$$

para que sea:

a) Reflexiva y transitiva, pero no simétrica

b) Reflexiva y simétrica, pero no transitiva

c) Simétrica y transitiva, pero no reflexiva

d) Reflexiva, simétrica y transitiva

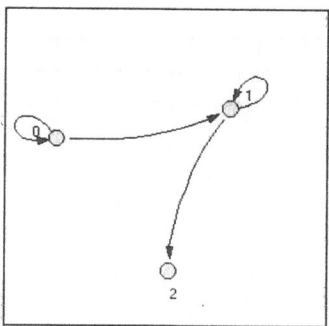

	$\langle 2,2 \rangle$	$\langle 1,0 \rangle$	$\langle 2,1 \rangle$	$\langle 0,2 \rangle$	$\langle 2,0 \rangle$	IMPOSIBLE
a						
b						
c						
d						

2. Añade nuevos pares a la relación (marcando con un aspa)

$$\{\langle 0,1 \rangle, \langle 2,3 \rangle\}$$

para que sea:

a) Serial y conectada, pero ni reflexiva, ni irreflexiva
b) Serial, pero ni conectada ni reflexiva
c) Asimétrica y antisimétrica
d) Euclídea

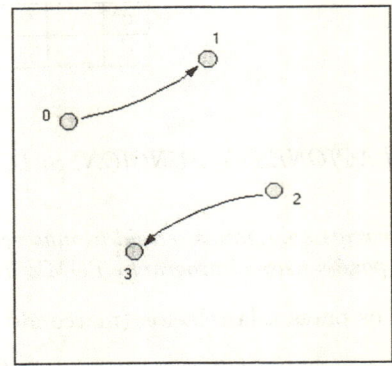

	⟨0,0⟩	⟨1,1⟩	⟨2,2⟩	⟨3,3⟩	⟨2,0⟩	⟨3,2⟩
a						
b						
c						
d						

⟨1,2⟩	⟨2,3⟩	⟨2,1⟩	⟨3,1⟩	⟨3,0⟩	IMPOSIBLE

3. Dado el diagrama de Hasse —en donde los puntos relacionados se unen mediante una línea ascendente—

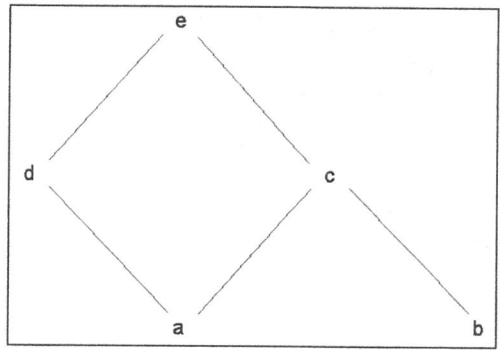

asigna valores a sus puntos de forma que la relación entre ellos sea la de *"ser un subconjunto de"*; esto es, $\subseteq$

	$\emptyset$	{1}	{2}	{3}	{1,2}	{1,3}
a						
b						
c						
d						
e						

{2,3}	{1,2,3}	IMPOSIBLE

4. Dado el diagrama de Hasse —en donde los puntos relacionados se unen mediante una línea ascendente —

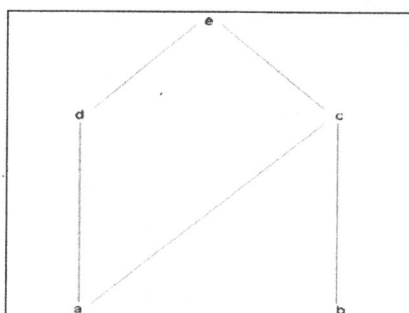

asigna valores a sus puntos de forma que la relación entre ellos sea la de "divide a"

	2	3	5	6	10	15	30	IMPOSIBLE
a								
b								
c								
d								
e								

RELACIONES Y FUNCIONES: FUNCIONES (1)

1. Decid si las siguientes relaciones son o no funciones. (Justificad la respuesta.)

   a) $\mathbf{R} = \{\langle a, k\rangle, \langle b, l\rangle, \langle c, m\rangle\}$

   b) $\mathbf{S} = \{\langle a, k\rangle, \langle a, l\rangle, \langle a, m\rangle, \langle b, l\rangle, \langle c, m\rangle\}$

   c) $\mathbf{T} = \{\langle a, a\rangle, \langle b, b\rangle, \langle c, c\rangle\}$

   d) $\mathbf{V} = \{\langle x, y\rangle \in \mathbf{H} \times \mathbf{H} \mid y$ es la madre de $x\}$ con $\mathbf{H}$ el conjunto de los seres humanos.

   e) $\mathbf{W} = \{\langle x, y\rangle \in \mathbf{H} \times \mathbf{H} \mid y$ es hijo o hija de $x\}$ con $\mathbf{H}$ el conjunto de los seres humanos.

	SI	NO
a		
b		
c		
d		
e		

2. Decid si las siguientes relaciones son o no funciones. (Justificad la respuesta.)

   a) $\mathbf{R} = \{\langle a, a, a\rangle, \langle a, b, a\rangle, \langle a, c, a\rangle\}$

   b) $\mathbf{S} = \{\langle a, b, c\rangle, \langle a, b, a\rangle, \langle b, c, a\rangle\}$

   c) $\mathbf{T} = \{\langle x, y, z\rangle \notin^3 \mid x - y = z\}$ con $\mathbb{N} = \{1, 2, 3, ...\}$ el conjunto de los números naturales.

   d) $\mathbf{V} = \{\langle x, y, z\rangle \in \mathbf{H}^3 \mid z$ es hijo de x e $y\}$ con $\mathbf{H}$ el conjunto de los seres humanos.

   e) $\mathbf{W} = \{\langle x, y, z\rangle \in \mathbf{C}^3 \mid z$ es la combinación de x e $y\}$ con $\mathbf{C}$ el conjunto de los colores.

	SI	NO
a		
b		
c		
d		
e		

8.4. EJERCICIOS DEL CD

3. Decid si las siguientes relaciones son o no funciones. (Justificad la respuesta.)

    a) $\mathbf{R} = \{\langle x, y \rangle \in \mathbf{A} \times \mathbf{L} \mid x$ es el autor del libro $y\}$ con $\mathbf{A}$ el conjunto de los autores o las autoras y L el conjunto de los libros de la Biblioteca Nacional.

    b) $\mathbf{S} = \{\langle x, y, z \rangle \in \mathbb{N}^3 \mid 2 \cdot x \cdot y = z\}$ con $\mathbb{N} = \{1, 2, 3, ...\}$ el conjunto de los números naturales.

    c) $\mathbf{T} = \{\langle x, y, z \rangle \in \mathbf{H}^3 \mid z$ es el hijo primogénito de x e $y\}$ con $\mathbf{H}$ el conjunto de los seres humanos.

    d) $\mathbf{V} = \left\{ \begin{array}{c} \langle x, y, z \rangle \in \mathbf{A} \times \mathbf{P}^2 \mid z \text{ es la palabra resultado} \\ \text{de borrar la letra } x \text{ de la palabra } y \end{array} \right\}$ con $\mathbf{A}$ el alfabeto español y $\mathbf{P}$ el conjunto de palabras del diccionario de la Real Academia Española de la Lengua.

    e) $\mathbf{W} = \{\langle x, y \rangle \in \mathbf{H} \times \mathbf{N} \mid y$ es el NIF de $x\}$ con $\mathbf{H}$ el conjunto de los contribuyentes a Hacienda y $\mathbf{N}$ el conjunto de posibles NIF (número de identificación fiscal).

	SI	NO
a		
b		
c		
d		
e		

4. Decid si las siguientes relaciones son o no funciones. (Justificad la respuesta.)

    a) $\mathbf{R} = \{\langle x, y, z, t \rangle \in \mathbb{N}^4 \mid t = 2^x \cdot 3^y \cdot 5^z\}$ con $\mathbb{N} = \{1, 2, 3, ...\}$ el conjunto de los números naturales.

    b) $\mathbf{S} = \{\langle x, y, z, t \rangle \in \mathbb{N}^4 \mid x \leq y \leq z \leq t\}$ con $\mathbb{N} = \{1, 2, 3, ...\}$ el conjunto de los números naturales.

    c) $\mathbf{T} = \{\langle x, y, z, t \rangle \in \mathbf{C}^3 \times \mathbf{Ca} \mid t$ trayecto para ir de x a y sin pasar por $z\}$ con $\mathbf{C}$ el conjunto de las ciudades de más de 5.000 habitantes y Ca el conjunto de las carreteras del mapa oficial.

    d) $\mathbf{V} = \{\langle x, y, t \rangle \in \mathbf{C}^2 \times \mathbf{Ca} \mid t$ es la única carretera que pasa por x e $y\}$ con $\mathbf{C}$ el conjunto de las ciudades de más de 5.000 habitantes y Ca el conjunto de las carreteras del mapa oficial.

    e) $\mathbf{W} = \{\langle x, y, z, t \rangle \in \mathbb{N}^4 \mid t$ es el menor de entre $x, y, z\}$ con $\mathbb{N} =$

$\{1, 2, 3, ...\}$ el conjunto de los números naturales.

	SI	NO
a		
b		
c		
d		
e		

Parte III

LÓGICA DE PRIMER ORDEN

Capítulo 9

El lenguaje de la lógica de primer orden

En esta parte del libro vamos a introducir los conceptos fundamentales de la lógica clásica de primer orden. Desde una perspectiva muy general y a la luz de los capítulos previos, nos interesa mantener lo siguiente:

1. La caracterización de la lógica como el *estudio de la consecuencia* (o de los conjuntos consistentes de enunciados).

2. La necesidad de encontrar un *lenguaje formal*.

3. El objetivo de definir *cálculos deductivos* que mecanicen el procedimiento de determinar si a partir de ciertas hipótesis se siguen ciertas conclusiones.

4. La definición de *una* lógica por medio de la ecuación

$$Lógica = Gramática + Semántica (+ Cálculo)$$

En todo esto coincide la lógica proposicional con la de primer orden, ¡naturalmente! Los detalles cambian, pues el lenguaje de la lógica de primer orden —abreviadamente LPO— es considerablemente más complejo porque analizamos en él las sentencias atómicas destacando sus componentes —que ya no son sentencias— y los cuantificadores.

En este capítulo estudiamos el lenguaje de la lógica de primer orden, su gramática y la formalización en él de los enunciados del lenguaje natural. Los conceptos de *estancia libre y ligada* de una variable y el de *sustitución* se definirán adecuadamente, así como el de *parámetro*.

9.1. Introducción

Este lenguaje supone un enriquecimiento de los recursos hasta ahora manejados, pero su construcción no se empieza desde cero, ya que nos basamos en los lenguajes lógicos previamente estudiados. Concretamente:

1. Contiene al proposicional y por lo tanto los conectores se definen de la misma manera, la estándar.

2. Contiene al de primer orden de relatores monarios y por lo tanto la cuantificación amplía los casos allí estudiados, pero no los modifica.

9.1.1. Análisis lógico del lenguaje natural

Como en las lógicas mencionadas con anterioridad, sólo nos interesa plasmar el uso aseverativo del lenguaje y por consiguiente los enunciados interrogativos, dubitativos, exclamativos y exhortativos no cuentan. Pero ahora analizaremos incluso los enunciados simples, haremos un pequeño recorrido por el *"mundo subatómico"*.

El lenguaje formal que vamos a definir en la sección 9.2 no precisará de las explicaciones de estas notas introductorias; sin embargo, nos parece que pueden ser útiles por dos razones:

1. Un análisis lógico del lenguaje natural está posiblemente en el origen de los lenguajes formales.

2. En la sección 9.4 nos ayudará en la formalización.

Designadores

La cadena sonora que producimos al hablar —o la gráfica de los textos escritos— se puede segmentar de varias maneras; la mayoría no se refieren o designan a ningún individuo, pero hay segmentos que sí que lo hacen y a éstos los llamamos *designadores*. Los hay de varios tipos; los *nombres propios* son los más cortos, sencillos, unívocos e independientes del contexto y constituyen el paradigma de designador.

Ejemplo 284 *Nombres*

nombres de ciudades: *'Salamanca'*   *'Florencia'*   *'Lima'*
nombres de números: '1'   '3'   '5'   '666'   '2003'
nombres de personas: *'Pedro Almodóvar'*   *'Bertrand Russell'*
nombres de instituciones: *'UNESCO'*   *'FMI'*   *'OMC'*

Los *pronombres personales* —yo, mi, me, etc.— también son designadores, pero no son independientes del contexto.

Ejemplo 285 *Pronombres*

'Yo' escribo un bonito libro   *'Ella' no 'le' habla*
'Tú' no 'la' quieres   *Alba Guerrero es 'mi' sobrina*
contienen designadores que serán unívocos siempre que seamos capaces de saber a quién se refieren.

Los *deícticos* son también designadores, actúan señalando al objeto al que se refieren en un entorno conocido.

9.1. INTRODUCCIÓN

Ejemplo 286 *Deícticos*

'Aquí' hay mucha desidia   'Hoy' es martes
'Esto' es excelente
contienen designadores dependientes del entorno espacio-temporal.

Notación 287 *En el lenguaje formal que vamos a introducir usaremos las primeras letras minúsculas del alfabeto latino para designadores simples, con subíndices si fuera necesario: a, b, c, d, e, a_1, a_2, etc.*

Functores

Los nombres son designadores simples, ninguna parte propia suya es a su vez un designador, pero hay otros designadores compuestos de functores y designadores.

Ejemplo 288 *Designadores compuestos*

'La madre de Ulises Tindón'   '$3+2$'   '$\{1,2\} \cup \{3,5\}$'
'El río que baña la ciudad de Salamanca'
son designadores complejos, denotan una persona, un número, un conjunto, un río.

Se llaman *functores* a las expresiones lingüísticas que junto a designadores constituyen un designador. En el ejemplo anterior, lo son: 'La madre de $\cdots$' '$\cdots + \cdots$',   '$\cdots \cup \cdots$'   'El río que baña la ciudad de $\cdots$'

Un functor que sólo requiere de un designador para formar un nuevo designador es un *functor monádico* —o unario—. Por ejemplo: 'El siguiente de $\cdots$', 'La abuela materna de $\cdots$', '$\sqrt[2]{\cdots}$'

Cuando hacen falta dos designadores para formar un designador, se trata de un *functor binario*. Por ejemplo: '$\cdots + \cdots$', 'El primogénito de $\cdots$ y de $\cdots$', '$\frac{\cdots}{\cdots}$'

En general, cuando hacen falta n designadores para formar un designador, el functor es n−ario.

Notación 289 *En el lenguaje formal que vamos a introducir usaremos las siguientes letras minúsculas del alfabeto latino para functores, con subíndices si fuera necesario: f, g, h, f_1, f_2, etc. Podemos ponerle un superíndice que indique el grado; para cada $n \in \mathbb{N}$: f^n, g^n, h^n, f_1^n, f_2^n, etc.*

Comentario 290 *Los nombres señalan su objeto sin indicar nada de él, mientras que los designadores complejos manifiestan alguna relación que éste guarda con los que lo componen. Aunque 'María Manzano' y 'la madre de Ulises Tindón' me designen a mí, tengan la misma referencia, la información que proporcionan no es la misma, el **sentido** varía. Eso hace que mientras que el enunciado 'María Manzano es la madre de Ulises Tindón' sea claramente informativo —dice* que tengo un hijo llamado Ulises Tindón— el enunciado 'María Manzano es María Manzano' proporciona información nula[1].

Sentencias

Ya hemos seleccionado a los designadores, como parte importante del análisis lógico que vamos a posibilitar con nuestro lenguaje formal de primer orden. De ellos no tiene sentido preguntarse si son verdaderos o falsos, designan algo: 'el búho de la cadena SER' no es verdadero ni falso, es una persona; '3 + 4' no es ni verdadero ni falso, es un número. Sin embargo, como en la lógica proposicional, nos interesarán también, y muy especialmente, las expresiones lingüísticas de las que tenga sentido preguntarse si son verdaderas o falsas. Esto es, los enunciados —aseverativos— de la lengua natural, que se componen entre sí para formar enunciados complejos exactamente igual que en la lógica proposicional (recordad la sección 1.3). En el uso distendido de la lengua llamamos indistintamente proposiciones o sentencias a los enunciados aseverativos, como ya hacíamos en la lógica proposicional.

Comentario 291 *Cabría distinguir entre proposiciones y sentencias: una misma proposición puede ser expresada mediante enunciados o sentencias muy diversos, desde hacerlo en distinta lengua, hasta pequeñas variaciones estilísticas dentro de la misma. Nosotros de momento los usamos como sinónimos, pero queremos que sepáis que se puede hilar mucho más fino.*
Fuera de la lógica, las sentencias son los enunciados aseverativos y por tanto ambos términos serían aquí intercambiables, al no considerarse ningún otro tipo de enunciados. En el lenguaje lógico el término 'sentencia' tiene un significado más preciso: las sentencias son las fórmulas sin variables libres.

Ejemplo 292 *Rafael Manzano es el búho de la cadena SER* $\quad 3 + 4 = 7$
son enunciados verdaderos en el mundo real y en el universo matemático, respectivamente.

Ejemplo 293 *Hoy es miércoles* $\quad$ *Tú no me quieres*
son enunciados que serán verdaderos en el mundo real siempre que el día en el que sea proferido sea un miércoles y el que habla lo haga con una persona que no le ama. Necesitamos un contexto para determinar su valor de verdad.

Quisiera poder pasar de puntillas sobre la compleja relación entre *pensamiento* y *lenguaje* —ya lo hacemos cuando usamos indistintamente proposición y enunciado—, pero lo que no podré evitar es mencionar al menos otra relación igualmente problemática: la relación *mundo* y *lenguaje*. De la misma forma que admitimos que con los designadores se establece una correspondencia entre lenguaje y objetos de un mundo —real o ficticio—, se podría considerar que también la hay entre los enunciados y los hechos del mundo, que los primeros *describen* a los segundos.

---

[1] Por supuesto que en determinadas circunstancias, haciendo una inflexión en el 'es' podría significar que 'María Manzano es justamente "aquella" que...'.

9.1. INTRODUCCIÓN

Relatores

Ya hemos visto que hay expresiones lingüísticas que componen designadores para constituir otro designador, los llamados functores. Los *relatores* se parecen a ellos porque también combinan designadores, pero aquí el resultado es una expresión que puede ser verdadera o falsa, *una sentencia*.

Ejemplo 294 *Trotsky ama a Frida*   '$\emptyset \subseteq \{1,2\}$'   '$5 < 7$'
Diego Rivera es el esposo de Frida   '$1 + 2 = 5$'
son ejemplos de enunciados, no todos verdaderos.

Se llaman *relatores* a las expresiones lingüísticas que junto a designadores constituyen un enunciado. En el ejemplo anterior, lo son: '$\cdots$ ama a $\cdots$' '$\cdots \subseteq \cdots$'   '$\cdots < \cdots$'   '$\cdots$ es esposo de$\cdots$'   '$\cdots = \cdots$'

Un relator que sólo requiere de un designador para formar un enunciado es un *relator monádico* —o unario—. Por ejemplo: '$\cdots$ canta maravillosamente', '$\cdots$ es un número primo'

Cuando hacen falta dos designadores para formar una sentencia, se trata de un *relator binario*. Por ejemplo: '$\cdots \subseteq \cdots$'   '$\cdots$ lee a $\cdots$'

En general, cuando hacen falta n designadores para formar un enunciado, el relator es $n-$ario.

Notación 295 *En el lenguaje formal que vamos a introducir usaremos las siguientes letras mayúsculas del alfabeto latino para relatores, con subíndices si fuera necesario: R, S, T, R_1, R_2, etc. Podemos ponerle un superíndice que indique el grado; para cada $n \in \mathbb{N}$: R^n, S^n, T^n, R_1^n, R_2^n, etc.*

Conectores

Usamos los mismos conectores que en la lógica proposicional

$$\neg \quad \wedge \quad \vee \quad \rightarrow \quad \leftrightarrow$$

y con el mismo significado que allí —la definición está en la página 58.

Variables

Las variables constituyen un recurso muy útil a la hora de formalizar enunciados complejos, especialmente como vehículo de cuantificación. En matemáticas se usan las variables para expresar enunciados generales; por ejemplo,

$$\mathbf{X} \cap \mathbf{Y} \subseteq \mathbf{X}$$

dice que la intersección de dos conjuntos $\mathbf{X}$ e $\mathbf{Y}$ es un subconjunto de $\mathbf{X}$ y afirma que es verdadero para todos los conjuntos $\mathbf{X}$ e $\mathbf{Y}$. En el lenguaje formal que vamos a definir, este uso no lo adoptaremos; la cuantificación no será encubierta sino explícita, la expresamos con el signo $\forall$:

$$\forall \mathbf{X} \forall \mathbf{Y} \ \mathbf{X} \cap \mathbf{Y} \subseteq \mathbf{X}$$

Pero también en matemáticas se usan variables en enunciados que quedan indeterminados mientras no sepamos a qué se refieren; por ejemplo,

$$x + x^2 < 1000$$
$$x^2 - 3x + 2 = 0$$

no son ni verdaderos ni falsos hasta que no se sepa el valor asignado a x. Es así como usaremos las variables en lógica.

En castellano usamos pronombres en este segundo caso; por ejemplo: *'Tú' te lo has buscado* equivale a *'x se lo ha buscado'* y cuando el contexto lo aclare, *'Juan Sintierra se lo ha buscado'*[2].

Notación 296 *En el lenguaje formal que vamos a introducir usaremos las últimas letras minúsculas del alfabeto latino para variables individuales, con subíndices si fuera necesario:* x, y, z, u, v, w, x_1, x_2, *etc.*

Términos y fórmulas

Si en una sentencia sustituimos uno o varios designadores por variables, el resultado es una *fórmula abierta*. Si en el enunciado *'Benigno le habla a Alicia'* sustituimos los designadores por variables, obtenemos *'x le habla a y'*. Esta nueva expresión no es ni verdadera ni falsa hasta que no sepamos a quién refieren las variables.

Si en un designador sustituimos uno o varios designadores por variables, el resultado es un *término abierto*. Si en el designador *'el marido de Virginia Wolf'* sustituimos el designador por una variable, obtenemos *'el marido de x'*. Esta nueva expresión ha dejado de referirse a *Leonard Wolf*, el marido de Virginia; ahora ya no designa a nadie en particular.

Desde ahora y en previsión de lo que en el lenguaje formal haremos, los términos incluirán a los términos abiertos y a los designadores; las fórmulas a las sentencias y a las fórmulas abiertas.

Cuantificadores

Las expresiones lingüísticas que nos sirven para decir algo de todos los objetos de una determinada clase son los cuantificadores universales, los cuantificadores existenciales se emplean para destacar que al menos un objeto tiene una cierta propiedad.

Ejemplo 297 *'Todas' las dragonas cambian sus nombres con 'alguna' mariposa.*
'Todo' múltiplo de cinco termina en 0 o en 5.
'Algunos' poetas mueren jóvenes.

La primera puede parafrasearse así: *"para cada x si x es una dragona, entonces existe un y tal que y es una mariposa $\wedge$ x cambia su nombre con y".*

---

[2]También el contexto aclarará si lo que ha buscado Juan Sintierra es un piso o la ira del hablante.

9.1. INTRODUCCIÓN

Notación 298 *En el lenguaje formal que vamos a introducir usaremos los signos $\forall$ y $\exists$ para el cuantificador universal y el existencial, respectivamente.*

9.1.2. ¿Por qué necesitamos la lógica de primer orden?

A esta pregunta respondemos que, aunque la lógica proposicional es formalmente muy satisfactoria, su capacidad expresiva es bastante limitada. Vamos a verlo con un ejemplo.

Ejemplo 299 Tomemos el argumento que ya planteamos de manera informal en la página 18.

Hipótesis 1 $\alpha :=$ *Carlos es un puritano*
Hipótesis 2 $\beta :=$ *Para querer hay que mancharse*
Hipótesis 3 $\gamma :=$ *Los puritanos no se manchan*
Conclusión $\delta :=$ *Carlos no quiere a Ana*

Aunque se trata de un argumento claramente correcto, en lógica proposicional tendríamos que formalizar como fórmulas atómicas todos los enunciados:

$$\alpha := p \quad \beta := q \quad \gamma := r \quad \delta := s$$

y por consiguiente,

$$\{p, q, r\} \not\vDash s$$

Para formalizar las hipótesis y la conclusión del argumento en lógica de primer orden usamos el siguiente lenguaje formal:

$Axy := x$ *ama a* y $a := Ana$
$Px := x$ *es un puritano* $c := Carlos$
$Mx := x$ *se mancha*

La formalización es la siguiente:

Hipótesis 1 $\alpha := Pc$
Hipótesis 2 $\beta := \forall x(\exists y Axy \to Mx)$
Hipótesis 3 $\gamma := \forall x(Px \to \neg Mx)$
Conclusión $\delta := \neg Aca$

En lógica de primer orden se podrá establecer[3] que efectivamente

$$\{\alpha, \beta, \gamma\} \vDash \delta$$

Comentario 300 *Es cierto que la lógica de primer orden contiene a la proposicional. Esto quiere decir que si un razonamiento es proposicionalmente correcto, lo seguirá siendo en primer orden, pero si es incorrecto proposicionalmente no tiene por qué seguir siendo incorrecto en primer orden. (Lo acabamos de ver en el ejemplo, es correcto en primer orden e incorrecto en proposicional.)*

---

[3]La demostración está en el CD en el apartado de *ACERTIJOS FANTÁSTICOS*, es el quinto.

Limitaciones de la lógica proposicional

Pese a su buen comportamiento como cálculo deductivo, al ser la capacidad expresiva de la lógica proposicional extraordinariamente limitada, no nos resulta útil en muchos casos.

La lógica de primer orden contiene a la proposicional; es decir, los esquemas[4] válidos de la proposicional siguen siéndolo en primer orden

$$\text{VAL(LP)} \subseteq \text{VAL(LPO)}$$

Pero es más potente; esto es,

$$\text{VAL(LP)} \subset \text{VAL(LPO)}$$

9.1.3. Lenguajes de orden cero, de primero y de segundo orden

Habiendo caracterizado a la lógica como el estudio de los razonamientos válidos o correctos y llegado a la conclusión de que la exigencia de rigor y precisión nos obliga a introducir un lenguaje formal, necesitamos saber cuál. Todo dependerá del nivel de abstracción requerido; cuando los enunciados simples no se analizan y en el razonamiento tan sólo intervienen los conectores, el lenguaje puede ser el proposicional (o de orden cero); cuando se analizan los enunciados atómicos y se cuantifica sobre individuos, el lenguaje ha de ser el de primer orden; cuando la cuantificación se extiende a propiedades y relaciones, precisamos del lenguaje de segundo orden[5].

Habitualmente estamos interesados en una cierta *"realidad matemática"* a la que hemos otorgado una estructuración básica: tenemos un universo o dominio de discurso, en el que están los objetos de los que queremos hablar, y ciertas relaciones y funciones definidas sobre el universo de discurso.

Ejemplo 301 *Imaginad que lo que nos interesa es el estudio de las relaciones de orden.*

En el capítulo 8 las definimos, pero seguro que ya os las habíais "encontrado" antes. Por muy limitada que haya sido vuestra experiencia matemática, apuesto a que no os resultan desconocidas ciertas estructuras de orden.

- En el instituto se enseña el orden de los naturales, de los enteros y de otros números. También nos familiarizamos con el concepto de *"ser un subconjunto de"* y vemos que así se establece una relación de orden, que en algunos dominios especiales podría incluso ser lo que llamamos *"una cadena"*.

---

[4] Por esquema proposicional entiendo una sucesión de signos obtenida con las reglas de formación del cálculo proposicional, pero que en vez de fórmulas contiene metavariables que se refieren a fórmulas: A, B, C;...

El esquema tiene una forma lógica proposicional, pero las metavariables se sustituyen en VAL(LP) por fórmulas proposicionales y en VAL(LPO) por fórmulas de primer orden.

[5] Para estudiar la lógica de segundo orden puede usarse: María Manzano. (1996): *Extensions of First Order Logic*. Cambridge University Press.

9.1. INTRODUCCIÓN

- Por otra parte, tal vez habéis estudiado *Filosofía de la Ciencia* y os planteasteis cómo se establece un concepto métrico o una escala (por ejemplo, la masa, la dureza de los metales, la intensidad de un seísmo) y llegasteis a la conclusión de que fue preciso un proceso de comparación entre sucesos o cualidades y el establecimiento de una relación de orden.

- Posiblemente algunos de vosotros sabéis qué son los retículos.

- Más adelante quizá estudies teoría de conjuntos axiomática[6], y entonces seguro que emplearéis el *axioma de elección*, el *teorema del buen orden* o el *lema de Zorn*.

Con todo ello quiero decir que ya conocéis que en "el" universo matemático hay ciertas estructuras matemáticas de enorme importancia a las que llamamos órdenes. La ventaja de usar un lenguaje lógico es que podemos hacer abstracción de las estructuras concretas y hablar simultáneamente de todas ellas.

Decimos que una relación **R** definida sobre un conjunto **A** es de *orden* —de forma equivalente, decimos que la estructura $\mathcal{A} = \langle \mathbf{A}, \mathbf{R} \rangle$ es un orden— si es:

- $A :=$ *Reflexiva*
- $B :=$ *Antisimétrica*
- $C :=$ *Transitiva*

Cuando además es conectada,

- $D :=$ *Conectada*

decimos que **R** es un *orden lineal* —o que la estructura $\mathcal{A} = \langle \mathbf{A}, \mathbf{R} \rangle$ es de orden lineal.

Cuando
- $E :=$ Todos los subconjuntos de **A** tienen primer elemento

decimos que la relación **R** es un *buen orden*.

¿Qué lenguaje necesitamos para hablar de lo que nos interesa, las relaciones de orden?

Claramente el lenguaje proposicional es insuficiente porque en él sólo caben razonamientos de este tipo:

1. Si en la relación **R** falla la transitividad, no puede ser de orden.

$$\neg C \vDash \neg((A \wedge B) \wedge C)$$

2. Si la relación **R** es un orden lineal, también es un orden (parcial).

$$(((A \wedge B) \wedge C) \wedge D) \vDash ((A \wedge B) \wedge C)$$

---

[6] Un curso breve de teoría de conjuntos está disponible en la *Summa Logicae* —en http://logicae.usal.es. Antonia Huertas y María Manzano, *El Universo Matemático*.

La propiedad de ser un orden lineal es axiomatizable en primer orden

Sin embargo, si tomamos un lenguaje de primer orden con un relator binario R, podremos expresar las características de una relación de orden así:

$A := \forall x R x x$
$B := \forall x y ((Rxy \wedge Ryx) \to x = y)$
$C := \forall x y z ((Rxy \wedge Ryz) \to Rxz)$
$D := \forall x y (Rxy \vee Ryx)$

Estas fórmulas son verdaderas en las estructuras de los naturales y de los enteros con su orden,

$$\langle \mathbb{N}, \leqslant \rangle \qquad \langle \mathbb{Z}, \leqslant \rangle$$

y en

$$\langle \{\emptyset, \{1\}, \{1,2\}\}, \subseteq \rangle$$

y en muchas otras.

En concreto, $\{A, B, C, D\}$ *axiomatiza la propiedad de ser un orden lineal*: esto es, una estructura $\mathcal{A}$ cualquiera que contenga un universo y una relación binaria sobre dicho universo es un orden lineal si y sólo si

$$\mathcal{A} \Vdash \{A, B, C, D\}$$

—esto último lo decimos así: $\mathcal{A}$ es un modelo de $\{A, B, C, D\}$—

Comentario 302 *Cuando además del lenguaje de primer orden tengamos un cálculo deductivo, todas las propiedades de los órdenes lineales las demostraremos en el cálculo y valdrán simultáneamente para todas las estructuras que sean órdenes lineales. De esta forma, al situarnos en este nivel de abstracción que el lenguaje lógico permite, conseguimos economizar recursos.*

¿Se pueden expresar en primer orden todas las propiedades imaginables de las estructuras matemáticas? ¿Sirve la lógica de primer orden para axiomatizar toda la matemática?

La respuesta es que no. En nuestro caso, para expresar la propiedad de ser un buen orden se precisa de la cuantificación sobre propiedades; es decir, de la lógica de segundo orden LSO. En LSO E —todos los subconjuntos de $\mathbf{A}$ tienen primer elemento— se expresa:

$$E := \forall X (\exists y X y \to \exists v (Xv \wedge \forall z (Xz \to Rvz \wedge v \neq z)))$$

Como hemos visto, el lenguaje de la lógica de segundo orden es más expresivo que el de primer orden y éste que el de orden cero.

Sin embargo, las propiedades lógicas de estos lenguajes van decreciendo: mientras que la lógica proposicional posee un cálculo deductivo correcto, completo y es decidible, la de primer orden posee un cálculo correcto y completo, pero ya no es decidible, y la de segundo orden ni es decidible ni posee un cálculo completo.

Para expresar gráficamente lo anterior, pensad en la balanza (me refiero a la de la figura 1.2): en un platillo se pone la capacidad expresiva de la lógica y en el otro la deductiva. En la lógica proposicional pesan más las propiedades lógicas del cálculo, en la de segundo orden la capacidad expresiva, la de primer orden está más equilibrada. Sabiendo esto, somos nosotros los que decidiremos en cada caso qué lógica necesitamos, qué virtudes nos interesa preservar.

9.2. Gramática de L_1

¿Cómo se construye un lenguaje formal?

Un lenguaje formal consta de un alfabeto básico y de unas reglas precisas de formación de fórmulas.

Nosotros emplearemos distintos lenguajes de primer orden, dependiendo del uso que queramos darle. Por ejemplo, para hablar de relaciones de orden nos bastará con un lenguaje que posea un signo de relación; si queremos hablar de grupos, necesitaremos un signo para la operación binaria y una constante para el elemento neutro. Dependiendo de la aplicación que vaya a dársele, el lenguaje de primer orden se adecuará, pero hay ciertos signos que son comunes a todos los lenguajes de primer orden.

Alfabeto

El alfabeto de un lenguaje cualquiera L_1 de lógica de primer orden contiene dos tipos de signos: los comunes a todos los lenguajes de primer orden y los que son peculiares de cada lenguaje de primer orden. Entre los primeros están los conectores, los cuantificadores y las variables individuales. También incluimos aquí la igualdad. Entre los segundos están los relatores, los functores y las constantes individuales.

Nosotros usamos $\neg, \vee, \wedge, \rightarrow, \leftrightarrow$ como conectores; $\forall$ y $\exists$ como cuantificadores y las letras $x, y, z, u, v, w, x_0, x_1, x_2,..., y_0, y_1, y_2,...$ como variables individuales. Usaremos $=$ como signo de igualdad. También, como signos impropios utilizaremos paréntesis: $)$, $($.

Un lenguaje

$$L\left\langle \vec{R}, \vec{f}, \vec{c} \right\rangle$$

concreto contiene además un conjunto $\vec{R}$ de relatores, un conjunto $\vec{f}$ de functores y un conjunto $\vec{c}$ de constantes individuales. Todos o algunos de estos conjuntos pueden ser vacíos.

- Para cada número natural n, usaremos $R^n, S^n, T^n, R_0^n, R_1^n, R_2^n,...$ como relatores n-arios.

- Para cada número natural n, usaremos $f^n, g^n, h^n, f_0^n, f_1^n, f_2^n,...$ como functores n-arios.

- Como constantes individuales usaremos $a, b, c, a_0, a_1, a_2, ...$

Comentario 303 *Las constantes individuales pueden considerarse functores 0-arios, en cuyo caso el lenguaje se reduciría a:* $L\left\langle \vec{R}, \vec{f} \right\rangle$

Términos y fórmulas

Las fórmulas y los términos de L_1 se construyen siguiendo unas sencillas reglas de formación. Dichas reglas extraen del conjunto de filas de signos del alfabeto a las expresiones del lenguaje, concretamente a los *términos* y *fórmulas*.

Ejemplo 304 *Queremos que*

$$R^2 ax \qquad \forall x \exists y (T^2 xy \land R^2 xa) \qquad f^1 x = b$$

sean fórmulas, pero que no lo sean $\rightarrow f^1 x = y$, *ni* $f^2 xa \lor R^2 ab$. *La fórmula* $f^1 x = b$ *es una ecuación, a derecha e izquierda de la igualdad aparecen los términos* $f^1 x$ *y* b.

Definición 305 *El conjunto de los términos de* L_1 —*al que llamamos* $TERM(L_1)$, *o simplemente TERM*— *es* **el menor conjunto** *que se puede generar mediante las reglas:*

- *Paso Básico: (T1) Las variables y constantes individuales son términos.*

- *Paso Inductivo: (T2) Si* $\tau_1, ..., \tau_n$ *son términos,* $f^n \tau_1 ... \tau_n$ *es un término. (También podemos escribir,* $f^n(\tau_1, ..., \tau_n)$).

Definición 306 *El conjunto de las fórmulas de* L_1 *(al que llamamos* $FORM(L_1)$, *o simplemente FORM, cuando esté claro por el contexto) es* **el menor conjunto** *que se puede generar a partir de las reglas siguientes:*

- *Paso Básico: (F1) Si* $\tau_1, ..., \tau_n$ *son términos,* $R^n \tau_1 ... \tau_n$ *es una fórmula. (También podemos escribir,* $R^n(\tau_1, ..., \tau_n)$.)
  en especial:
  Si τ_1 y τ_2 son términos, $\tau_1 = \tau_2$ es una fórmula.

- *Pasos Inductivos: (F2) Si A y B son fórmulas, también lo son:* $\neg A$, $(A \land B)$, $(A \lor B)$, $(A \rightarrow B)$, $(A \leftrightarrow B)$.

- *Pasos Inductivos: (F3) Si A es una fórmula, también lo son:* $\forall x A$ *y* $\exists x A$.

Definición 307 *Llamamos* **expresiones de** L_1 *al conjunto formado por los términos y las fórmulas de* L_1; *es decir,*

$$EXPR(L_1) = TERM(L_1) \cup FORM(L_1)$$

Comentario 308 *Adviértase que tal y como hemos definido el conjunto de fórmulas, como el menor conjunto que cumple las reglas* **F1** *a* **F3**, *si un conjunto* **Q** *cumple las mencionadas reglas, entonces* $FORM(L_1) \subseteq \mathbf{Q}$, *lo que significa que todas las fórmulas están en dicho conjunto. De forma similar para términos.*

9.2. GRAMÁTICA DE L_1

Definición 309 *Llamamos **fórmulas atómicas** a las obtenidas mediante la regla **F1**. En especial, las formadas con la igualdad son ecuaciones.*

Definición 310 ***Forma lógica:** Las fórmulas obtenidas mediante las reglas **F2** y **F3** reciben las denominaciones siguientes:*

Forma lógica	Denominación
$\neg A$	negación
$(A \land B)$	conjunción
$(A \lor B)$	disyunción
$(A \to B)$	condicional
$(A \leftrightarrow B)$	bicondicional
$\forall x A$	generalización
$\exists x A$	particularización

Comentario 311 *Demostrar que una sucesión de signos del alfabeto L_1 es una fórmula consiste en mostrar que se construyó conforme a las reglas del cálculo de fórmulas; es decir, **F1** a **F3**.*

Ejemplo 312 *¿Es una fórmula $\forall u \forall v ((Ru \land Rv) \to u = v)$?*

$\boxed{VERDADERO}$

La demostración es como sigue:

1. $u \in TERM$ $T1$
2. $v \in TERM$ $T1$
3. $Ru \in FORM$ $F1$
4. $Rv \in FORM$ $F1$
5. $(Ru \land Rv) \in FORM$ $F2$ en 3 y 4
6. $u = v \in FORM$ $F1$
7. $(Ru \land Rv) \to u = v \in FORM$ $F2$ en 5 y 6
8. $\forall v ((Ru \land Rv) \to u = v) \in FORM$ $F3$ en 7
9. $\forall u \forall v ((Ru \land Rv) \to u = v) \in FORM$ $F3$ en 8

Comentario 313 *El saber identificar la **forma lógica** de una fórmula dada es fundamental para manipular el cálculo deductivo correctamente.*

Ejemplo 314 *Veamos algunos ejemplos de fórmulas de primer orden:*
Siendo P, Q y R relatores monarios, f un functor monario, a, b, c constantes individuales, R^2 y F^2 relatores binarios.

1. *Fórmulas atómicas:* Ra $fa = x$ $Rffa$

2. *Negaciones:* $\neg \forall x \forall y (Px \to Qx))$ $\neg Qx$ $\neg b = c$
    $\neg (\forall x \forall y (R^2 xy \leftrightarrow fx = y) \land \forall x \forall y \forall z (R^2 xy \land R^2 xz \to y = z))$

268 CAPÍTULO 9. EL LENGUAJE DE LA LÓGICA DE PRIMER ORDEN

3. *Conjunciones:* $Ru \land (Rv \to u = v)$ $\exists y \forall x (Rx \leftrightarrow x = y) \land Rx$
   $\forall u \forall v ((Ru \land Rv) \to u = v) \land \exists x Rx$

4. *Disyunciones:* $\forall x (Px \to Qx) \lor \exists x (Px \land Rx)$ $Rx \lor Qx$ $a = b \lor a = c$
   $\forall x \forall y (R^2 xy \to R^2 yx) \lor \neg \forall x \forall y \forall z (R^2 xy \land R^2 yz \to R^2 xz)$

5. *Condicionales:* $\forall x (Px \to Ra) \to \exists x F^2 xx$ $\exists x \exists y F^2 xy \to Ra$
   $\forall x (Px \lor Rx) \to \exists x \exists y (F^2 xy \lor F^2 yx)$

6. *Bicondicionales:* $\forall x (Rx \to fx = \alpha) \leftrightarrow (\forall x Rx) \land f\alpha = \alpha)$
   $\exists x Px \leftrightarrow Qa$ $\forall x (Px \to Qa) \leftrightarrow (\forall x Px \lor \exists x Rx)$

7. *Generalizaciones:* $\forall x (R^2 xa \to R^2 xb)$ $\forall x (Qx \to \forall y (Ry \to \neg R^2 xy)$
   $\forall x \forall y \forall z (R^2 xfxy \land R^2 fyxz \to R^2 xz)$

8. *Particularizaciones:* $\exists x (R^2 xa \lor R^2 xc)$ $\exists x \neg a = x$
   $\exists x \forall y fx = y$ $\exists x Px$

9.2.1. Subfórmulas

Llamamos *subfórmulas* a todas aquellas partes de una fórmula que son también fórmulas (generadas por **F1** a **F3**). Descomponer una fila de signos en subfórmulas es una manera de demostrar que se trata de una fórmula. La manera más sencilla de hacerlo es mediante *árboles genealógicos*, que describen el proceso de generación de la fórmula conforme a las reglas. Como en el caso proposicional, para no confundirlos con los árboles lógicos, que se verán después, yo los hago de abajo arriba, con aspecto de auténtico árbol genealógico.

Ejemplo 315 *Hagamos el árbol genealógico de* $\exists x (R^2 xa \lor R^2 xc)$

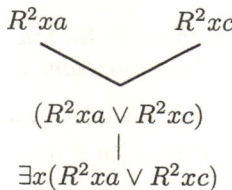

Ejemplo 316 *El árbol genealógico de*

$$\forall x (Qx \to \forall y (Ry \to \neg R^2 xy))$$

es

9.2. GRAMÁTICA DE L_1

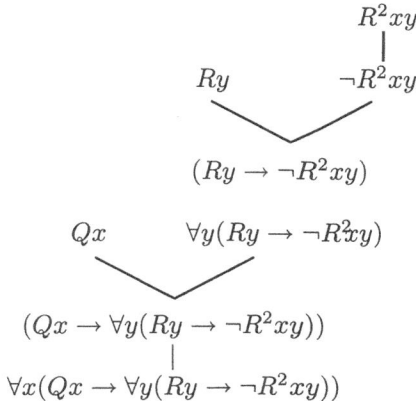

9.2.2. Convenciones sobre notación

Entre las convenciones se suele incluir la supresión de paréntesis. Además de las reglas especificadas en la página 33, utilizaremos dos reglas más:

1. *Regla de agrupamiento de cuantificadores* que dice lo siguiente:
   Una secuencia de cuantificadores del mismo tipo pueden simplificarse. De esta forma, en vez de
   $$\forall x \forall y \forall z A$$
   escribiremos
   $$\forall xyz A$$
   y en vez de
   $$\forall x \forall y \exists z \exists v \forall w A$$
   escribiremos
   $$\forall xy \exists zv \forall w A$$

2. Usaremos también $\tau \neq t$ como abreviatura de $\neg \tau = t$

Comentario 317 *Por supuesto, la apariencia gráfica de los conectores y cuantificadores es puramente convencional. Los que nosotros usamos son los más frecuentes, pero también se usan:*

$\neg$	$\wedge$	$\vee$	$\rightarrow$	$\leftrightarrow$	$\forall$	$\exists$
$\sim$	&	$\curlyvee$	$\supset$	$\equiv$	$\bigwedge$	$\bigvee$
$-$	$\cdot$	ó		$=$	(x)	

9.3. Inducción y recursión

A continuación enuncio los métodos de demostración y definición que seguiremos tanto para términos como para fórmulas en LPO. La justificación del procedimiento se encuentra en otros tantos teoremas de recursión e inducción que se demuestran en los apartados correspondientes de *Metateoría* que están en el CD, en el apéndice C.

Comentario 318 *Además de justificar mediante demostraciones matemáticas este modo de proceder, allí hacemos extensiva la justificación a las propias técnicas utilizadas, concretamente las inductivas. Nuestro marco teórico es la teoría de conjuntos y a ella recurriremos en busca de fundamentos. Empezaremos por la inducción matemática, diremos qué es, para qué sirve y sobre qué principio reposa. Recomiendo encarecidamente su lectura a todos los que les interesen las razones últimas del hacer matemático.*

A continuación introduciremos los principios de inducción y recursión para fórmulas que se basan en los anteriores.

Demostraciones por inducción semiótica para términos

Si queremos demostrar que todos los términos tienen una determinada propiedad, tenemos que demostrarlo en dos pasos:

- Paso Básico: (1) Todos los términos atómicos la tienen.

- Pasos inductivos: (2) Los términos complejos la heredan de sus componentes.

La justificación la proporciona el teorema correspondiente que está en el CD, en el apéndice C.

Demostraciones por inducción semiótica para fórmulas

Si queremos demostrar que todas las fórmulas de primer orden tienen una determinada propiedad, tenemos que demostrarlo en tres pasos:

- Paso Básico: (1) Todas las fórmulas atómicas la tienen.

- Paso Inductivo: (2) Las fórmulas compuestas la heredan de sus componentes, si se usan conectores.

- Paso Inductivo: (3) Las fórmulas compuestas, obtenidas con cuantificadores la heredan de sus componentes.

La justificación la procura su teorema correspondiente, que está en el CD, en el apéndice C.

9.3. INDUCCIÓN Y RECURSIÓN

Definiciones recursivas para primer orden

Si queremos definir un concepto para todos los términos, tenemos que definirlo en dos pasos:

- Paso Básico: (1) Lo definimos para todos los términos atómicos
- Pasos Inductivos: (2) Lo definimos para términos functoriales en función de sus componentes

Si queremos definir un concepto para todas las fórmulas, tenemos que definirlo en tres pasos:

- Paso Básico: (1) Lo definimos para fórmulas atómicas.
- Pasos Inductivos: (2) Se define para las fórmulas compuestas en función de sus componentes, si se usan conectores.
- Pasos Inductivos: (3) Se define para fórmulas cuantificadas en función de la definición hecha para el núcleo.

Notación uniforme

En la página 35 introdujimos la notación uniforme para LP, ahora la extendemos para incluir los cuantificadores. Las fórmulas cuantificadas y sus negaciones se agrupan en dos categorías, las que actúan universalmente —fórmulas de tipo γ— y las que lo hacen existencialmente —fórmulas de tipo δ.

Universal		Existencial	
γ	$\gamma(t)$	δ	$\delta(c)$
$\forall x A$	$S_x^t A = (A(t))$	$\exists x A$	$S_x^c A = (A(c))$
$\neg \exists x A$	$\neg S_x^t A(\neg A(t))$	$\neg \forall x A$	$\neg S_x^c A = (\neg A(c))$

Demostraciones mediante inducción estructural de primer orden

Usando la notación uniforme las demostraciones inductivas pueden seguir este esquema:

- Paso Básico: Todos los literales tienen la propiedad $\mathcal{P}$.
- Pasos Inductivos:
  - Si σ_1 tiene la propiedad $\mathcal{P}$, σ también.
  - Si α_1 y α_2 tienen la propiedad $\mathcal{P}$, α también.
  - Si β_1 y β_2 tienen la propiedad $\mathcal{P}$, β también.
  - Si $\gamma(t)$ tienen la propiedad $\mathcal{P}$ para cada término $t \in \text{TERM}(L^{PAR})$, entonces γ también tiene la propiedad $\mathcal{P}$.
  - Si $\delta(c)$ tienen la propiedad $\mathcal{P}$ para cada $c \in \text{PAR}$, entonces δ también tiene la propiedad $\mathcal{P}$.

Definiciones mediante recursión estructural de primer orden

Se define una función **F** sobre el conjunto de fórmulas de primer orden tal que:

- Paso Básico: El valor de **F** se indica explícitamente para todos los literales.

- Pasos Inductivos:

    - El valor de **F** para σ se define en términos de σ_1.
    - El valor de **F** para α se indica en términos de α_1 y α_2.
    - El valor de **F** para β se especifica en términos de β_1 y β_2.
    - El valor de **F** para γ se especifica en términos de los valores de **F** para $\gamma(t)$.
    - El valor de **F** para δ se especifica en términos de los valores de **F** para $\delta(c)$.

En la parte correspondiente a Metateoría —apéndice C, que está en el CD— demostraremos los principios de inducción estructural.

9.4. Formalización

El que la formalización preceda a la interpretación semántica tiene una justificación: posibilita una introducción intuitiva de los relatores, functores y cuantificadores. Sin embargo, es bastante más fácil cuando se domina mejor el lenguaje formal y se ha definido el concepto de verdad en una estructura. Es por eso por lo que seguiremos formalizando en los siguientes capítulos.

No hay reglas para la formalización, sólo la práctica puede ayudarnos. Primero necesitamos precisar el dominio de cuantificación, cual va a ser nuestro universo de discurso. Tendremos que analizar el texto e identificar sus partes constituyentes, utilizando en la formalización las categorías adecuadas del lenguaje lógico, que repasamos abreviadamente a continuación:

1. Constantes individuales
   Nos servirán para formalizar los designadores simples.

2. Relatores
   Los usamos para expresar propiedades y relaciones entre individuos.

3. Functores
   Los usamos como componentes de los designadores complejos.

4. Negación
   La negación de un enunciado verdadero será falsa y la de uno falso será verdadera.

9.4. FORMALIZACIÓN

5. Conjunción
   La conjunción de dos enunciados es verdadera si y sólo si ambos lo son.

6. Disyunción
   La disyunción de dos enunciados es verdadera si al menos uno de ellos lo es.

7. Condicional
   Un enunciado condicional es falso cuando el antecedente es verdadero y el consecuente falso, en el resto de los casos es verdadero.

8. Bicondicional
   Un enunciado bicondicional es verdadero cuando y sólo cuando sus dos miembros son simultáneamente verdaderos o falsos.

9. Generalización
   Cuando queremos indicar que *"todos los individuos del universo de discurso verifican A"*, escribimos: $\forall x A$. La interpretación que le daremos será la siguiente:
   Una generalización es verdadera cuando se verifica para todos los individuos del universo.

10. Particularización
    Cuando queremos expresar que *"al menos un individuo del universo verifica A"*, escribimos: $\exists x A$. La interpretación que le daremos será la siguiente:
    Una particularización es verdadera cuando se verifica para al menos un individuo del universo.

A continuación practicaremos con unos cuantos ejemplos, puesto que este lenguaje contiene al que estudiamos en el capítulo 7 las formalizaciones propuestas son algo más complejas que las de allí.

Ejemplo 319 *Hable con ella*

Universo de discurso: protagonistas película de Almodóvar

$a := Alicia$ $\qquad Qxy := x\ ama\ a\ y$
$b := Benigno$ $\qquad Hxy := x\ le\ habla\ a\ y$
$Ex := x\ es\ un\ enfermero$ $\qquad Cxy := x\ confía\ en\ y$

a. Alicia no ama a nadie, ni a sí misma, pero Benigno, que es enfermero, la ama
$$\forall x \neg Qax \land \neg Qaa \land Eb \land Qba$$

b. Benigno le habla a Alicia, pero ella no habla con aquellos que la aman, ni con nadie
$$Hba \land \forall x\, (Qxa \rightarrow \neg Hax) \land \forall x \neg Hax$$

c. Alicia es amada pero sólo le hablan los que confían en Benigno
$$\exists x Qxa \land \forall x\, (Hxa \rightarrow Cxb)$$

d. Los otros enfermeros no le hablan a Alicia y desconfían de Benigno

$$\forall x\,(x \neq b \wedge Ex \rightarrow \neg Hxa \wedge \neg Cxb)$$

Ejemplo 320 *Lanzarote del Lago*

Universo de discurso: personajes de la novela de Chrétien de Troyes

$a := $ Arturo $\qquad Axy := x$ es amigo de y
$i := $ Ginebra $\qquad Qxy := x$ ama a y
$e := $ Lanzarote $\qquad Oxy =_{Df} \neg Qxy$
$\qquad\qquad\qquad\quad Oxy := x$ odiar a y

a. Lanzarote ama a la reina Ginebra, pero ella no ama a todos los que la aman.

$$Qei \wedge \neg \forall x\,(Qxi \rightarrow Qix)$$

b. Lanzarote no ama a ninguno de sus amigos.

$$\forall x\,(Axe \rightarrow \neg Qex)$$

c. Los amigos de Lanzarote odian a aquellos a quienes Lanzarote ama.

$$\forall x\,(Axe \rightarrow \forall y\,(Qey \rightarrow \neg Qxy))$$

Ejemplo 321 *Hay ca-cer-olas (en el mar ya están hechas)*

Universo de discurso: cocineros

$Dx := x$ vive en Donostia
$Fx := x$ es famoso
$Axy := x$ admira a y

a. Únicamente los cocineros famosos se admiran a sí mismos

$$\forall x\,(Fx \leftrightarrow Axx)$$

b. No todos los cocineros que viven en Donostia admiran a los cocineros famosos

$$\exists x\,(Dx \wedge \exists z\,(Fz \wedge \neg Axz))$$

c. Exactamente dos cocineros viven en Donostia

$$\exists xy\,(x \neq y \wedge Dx \wedge Dy \wedge \forall z\,(Dz \rightarrow z = x \vee z = y))$$

Ejemplo 322 *El dragón y la mariposa*

Universo de discurso: criaturas de Michel Ende y sus nombres

$c := $ Plácida $\qquad Mx := x$ es una mariposa
$b := $ Bárbara $\qquad Dx := x$ es una dragona
$a := $ "Plácida" $\qquad Cxy := x$ cambia su nombre con y
$e := $ "Bárbara" $\qquad Nxy := x$ es el nombre de y

9.4. FORMALIZACIÓN

a. *Todas las dragonas cambian sus nombres con alguna mariposa*
$$\forall x \, (Dx \rightarrow \exists y \, (My \land Cxy))$$

b. *No hay dos mariposas que tengan el mismo nombre*
$$\neg \exists xy \, (Mx \land My \land x \neq y \land \exists z \, (Nzx \land Nzy))$$

c. *Si Plácida cambia su nombre con Bárbara, Plácida se llamará "Bárbara" y Bárbara "Plácida".*
$$Ccb \rightarrow Nec \land Nab$$

Ejemplo 323 *Tragicomedia de Calisto y Melibea*

Universo de discurso: Todo *(Seres humanos y tiempo están incluidos)*

$a := Calisto$ $Px : x$ *es una persona*
$e := Melibea$ $Tx : x$ *es un instante de tiempo*
$i := Segismundo$ $Axyz : x$ *ama a y en el instante z*

En lógica temporal la formalización sería más directa, aquí lo que hacemos es tomar un universo de discurso que incluye el tiempo.

a. *Alguna vez amó Calisto a Melibea*
$$\exists x (Tx \land Aaex)$$

b. *El amor de Melibea por Calisto fue siempre correspondido*
$$\forall x \, (Tx \rightarrow (Aeax \rightarrow Aaex))$$

c. *Melibea no amaba a Calisto en el mismo instante en que Calisto amaba a Melibea*
$$\exists x (Tx \land \neg Aeax \land Aaex)$$

Ejemplo 324 *Erasmo de Rotterdam*

Dada la fórmula
$$\forall xy (A^2 xy \rightarrow \neg S^2 xy)$$

y las claves de formalización siguientes:

$Sx :=\ x$ *es un señor*
$S^2 xy :=\ x$ *sirve a y*
$A^2 xy :=\ x$ *ama a y*
(*aborrecer lo tomaremos como no amar*)

Elegid su (o sus) adecuada expresión en castellano:

	1	2	3	4
ADECUADA	★	★	★	

1. No puedes amar y servir a la vez.

2. Si le amas, no le sirvas.

3. Si le sirves, aborrécelo.

4. No aborrezcas a los que no tienes que servir.

Ejemplo 325 Tian Rui, el jade celeste

Universo de discurso: Seres

$Exy : x$ engendra y
$Txy : x$ transforma y

a. Hay un único ser que todo lo engendra o transforma, pero que no es engendrado ni transformado.

$$\exists x(\forall y(\forall z(Eyz \vee Tyz) \leftrightarrow x = y) \wedge \neg \exists v(v \neq x \wedge (Evx \vee Tvx)))$$

b. Todo es necesariamente generado o transformado.

$$\forall x(\exists y(Eyx \vee Tyx))$$

9.5. Variables, parámetros y términos

En esta sección definimos una serie de conceptos formales que aplicaremos más adelante.

9.5.1. Variables libres y ligadas

Considerad la siguiente fórmula:

$$A \equiv \forall x(R^2yz \rightarrow \exists z(R^2\underline{xz} \wedge \neg R^2\underline{x}y))$$

en la que las variables subrayadas están ligadas por los cuantificadores que las preceden; el resto de las variables que aparecen en la fórmula están libres. Es decir, una variable que aparece en una fórmula puede estar libre o ligada, dependiendo de si está fuera o dentro del alcance de un cuantificador. En el ejemplo la variable x está siempre ligada, y está siempre libre, mientras que z está tanto libre como ligada.

A continuación definiremos, mediante recursión para expresiones cualesquiera (términos y fórmulas), la función LBR que a cada término o fórmula le asigna el conjunto de las variables libres en ella.

Definición 326 *LBR es una función que a cada término y a cada fórmula le asigna un conjunto de variables, el de las que están libres en ella.*

- $\text{LBR}(x) = \{x\}$

9.5. VARIABLES, PARÁMETROS Y TÉRMINOS

- $\mathrm{LBR}(f^n \tau_1 ... \tau_n) = \mathrm{LBR}(\tau_1) \cup ... \cup \mathrm{LBR}(\tau_n)$
- $\mathrm{LBR}(R^n \tau_1 ... \tau_n) = \mathrm{LBR}(\tau_1) \cup ... \cup \mathrm{LBR}(\tau_n)$
- $\mathrm{LBR}(\tau_1 = \tau_2) = \mathrm{LBR}(\tau_1) \cup \mathrm{LBR}(\tau_2)$
- $\mathrm{LBR}(\neg A) = \mathrm{LBR}(A)$
- $\mathrm{LBR}(A \wedge B) = \mathrm{LBR}(A \vee B) = \mathrm{LBR}(A \to B) =$
  $\mathrm{LBR}(A \leftrightarrow B) = \mathrm{LBR}(A) \cup \mathrm{LBR}(B)$
- $\mathrm{LBR}(\forall x A) = \mathrm{LBR}(\exists x A) = \mathrm{LBR}(A) - \{x\}$

Notación 327 *A los términos sin variables libres los llamamos términos cerrados o designadores, a las fórmulas sin variables libres las llamamos fórmulas cerradas o sentencias.*

Notación 328 *Cuando la variable $x \in LBR(A)$, podemos escribir $A(x)$ para hacerlo más explícito.*

Ejemplo 329 *Para cada una de las fórmulas siguientes definimos su LBR:*

1. $LBR(\exists xy(Rxy \wedge Ax) \vee Az) = \{z\}$
2. $LBR(\exists xy(Rxy \wedge Ax) \vee Ax) = \{x\}$
3. $LBR(\exists xy(Rxy \wedge Ax \vee Ax)) = \emptyset$
4. $LBR(\exists v Av \to (R^3 vuz \wedge \neg Bu)) = \{v, u, z\}$
5. $LBR(\neg(\forall y(Px \wedge \forall x(Rx \to Ry)) \to \exists z Sxyz)) = \{x, y\}$

9.5.2. Parámetros

Aunque todavía no hemos presentado el cálculo deductivo de primer orden y de hecho no lo haremos en este capítulo, tenemos una cierta idea de cómo debería ser una prueba en un cálculo deductivo, obtenida de la observación de cómo razonamos informalmente. Hay un detalle que, aunque importante, no se destaca convenientemente, y que tiene que ver con los enunciados existenciales. Suponed que en el transcurso de una demostración llegamos a la fórmula $\exists x A$. Dado que sabemos que existe un individuo con la propiedad A, puede que queramos introducir 'un nombre' para ese individuo. Por supuesto, no podemos decir nada parecido a 'sea 7 un individuo con la propiedad A' porque 7 ya tiene un significado determinado y puede que no tenga la propiedad A. Tendría que ser un nombre al que no se le haya asignado ningún objeto, algo así como 'el nombre de un anónimo'.

¿Cómo lo haremos?

La solución es introducir una nueva colección de constantes, que no pertenezcan al lenguaje previo, garantizándonos así el anonimato. Estas nuevas constantes nos sirven de parámetros y nos serán muy útiles para especificar las reglas del cálculo deductivo.

Definición 330 *Sea*
$$L\langle \vec{R}, \vec{f}, \vec{c}\rangle$$
un lenguaje de primer orden, abreviadamente L_1, y sea PAR un conjunto de constantes nuevas, que no están en $\vec{c}$ —esto es, $\vec{c} \cap PAR = \emptyset$—. A los elementos de PAR los llamamos **parámetros** *y usamos L^{PAR} como abreviatura de*
$$L\langle \vec{R}, \vec{f}, \vec{c} \cup PAR\rangle$$

9.5.3. Sustitución de una variable por un término

La sustitución es una función que a cada término, a cada variable y a cada expresión le asigna una nueva expresión que resulta de sustituir la variable por el término en la expresión original. Frecuentemente esta operación consiste simplemente en borrar la variable y colocar en su lugar el término. Sin embargo, no queremos que se alteren las estancias libres o ligadas de las variables, por lo que en algunos casos habrá que realizar reajustes e incluso no llevar a término la sustitución. Tampoco es conveniente que como resultado de la sustitución el significado de la fórmula se altere sustancialmente; deseamos que lo que antes se afirmaba sobre la variable se haga ahora sobre el término.

Por ejemplo, la fórmula
$$\forall x Rxy$$
dice que todos los elementos están relacionados mediante la relación nombrada mediante R con un cierto individuo, sin determinar. Si se interpreta esta fórmula en el universo de los números naturales y se especifica la relación como la de orden, la fórmula es claramente falsa, ya que el orden de los naturales carece de extremo superior. Si sustituimos y por z obtenemos la fórmula
$$\forall x Rxz$$
que dice lo mismo que la anterior. No obstante, si reemplazásemos y por x obtendríamos la fórmula
$$\forall x Rxx$$
que dice que la relación es reflexiva, algo claramente verdadero con la interpretación anterior. Sin embargo, no queremos que con la sustitución se produzcan estos cambios de significado y lo que haremos es, antes de sustituir y por x, cambiar la variable cuantificada por una nueva: por ejemplo v; de esta forma escribimos
$$\forall v Rvx$$
que no cambia el sentido de la fórmula original, ni su valor de verdad.

Definición 331 *La definición recursiva de la sustitución de una variable por un término en una expresión es como sigue:*

- $S_x^t(z) = \begin{cases} t & \text{si } x \equiv z \\ z & \text{en caso contrario} \end{cases}$

9.5. VARIABLES, PARÁMETROS Y TÉRMINOS

- $S_x^t(f^n\tau_1...\tau_n) = f^n S_x^t(\tau_1)...S_x^t(\tau_n)$
- $S_x^t(R^n\tau_1...\tau_n) = R^n S_x^t(\tau_1)...S_x^t(\tau_n)$
- $S_x^t(\tau_1 = \tau_2) = S_x^t(\tau_1) = S_x^t(\tau_2)$
- $S_x^t(\neg A) = \neg S_x^t(A)$
- $S_x^t(A \wedge B) = S_x^t(A) \wedge S_x^t(B)$
- $S_x^t(A \vee B) = S_x^t(A) \vee S_x^t(B)$
- $S_x^t(A \to B) = S_x^t(A) \to S_x^t(B)$
- $S_x^t(A \leftrightarrow B) = S_x^t(A) \leftrightarrow S_x^t(B)$

- $S_x^t(\forall z A) = $

$\forall z A$	si $x \notin \text{LBR}(\forall z A)$
$\forall z S_x^t(A)$	si $x \in \text{LBR}(\forall z A)$; $z \notin \text{LBR}(t)$
$\forall v S_x^t S_z^v(A)$	si $x \in \text{LBR}(\forall z A)$; $z \in \text{LBR}(t)$; v es una variable nueva

- $S_x^t(\exists z A) = $

$\exists z A$	si $x \notin \text{LBR}(\exists z A)$
$\exists z S_x^t(A)$	si $x \in \text{LBR}(\exists z A)$; $z \notin \text{LBR}(t)$
$\exists v S_x^t S_z^v(A)$	si $x \in \text{LBR}(\exists z A)$; $z \in \text{LBR}(t)$; v es una variable nueva

Notación 332 *Cuando t sea un término cerrado y sea $x \in LBR(A)$, escribiremos $A(t)$ en vez de $S_x^t(A(x))$.*

Ejemplo 333 *Practiquemos la sustitución:*

1. $S_x^a(Px \wedge Lx) = Pa \wedge La$

2. $S_x^a(\neg \exists x(Px \wedge Lx) \wedge Tx) = \neg \exists x(Px \wedge Lx) \wedge Ta$

3. $S_x^a(\forall x(Tx \to Px)) = \forall x(Tx \to Px)$

4. $S_x^a(\forall z((Pz \wedge Tx) \to \neg Lx)) = \forall z((Pz \wedge Ta) \to \neg La)$

5. $S_x^a((\exists x Lx \wedge Tx) \wedge \neg \exists x(Lx \wedge Tx)) = ((\exists x Lx \wedge Ta) \wedge \neg \exists x(Lx \wedge Tx))$

6. $S_x^z(\forall x(Px \vee \neg Px)) = \forall x(Px \vee \neg Px)$

7. $S_x^z(\forall x Px \vee \neg Px) = \forall x Px \vee \neg Pz$

8. $S_x^z(\forall z((Pz \wedge Tx) \to \neg Lx) = \forall v((Pv \wedge Tz) \to \neg Lz)$

9.6. Ejercicios del CD

Los ejercicios siguientes están todos resueltos en el CD que acompaña a este libro, en el capítulo 9. Por limitación de espacio no hemos incluido en el libro ni tan siquiera los enunciados de todos los ejercicios que allí recogemos. Hay tres bloques de cada uno de estos tipos:

- *EL LENGUAJE DE LA LÓGICA DE PRIMER ORDEN: FORMALIZACIÓN*

- *EL LENGUAJE DE LA LÓGICA DE PRIMER ORDEN: FORMALIZACIÓN INVERSA*

Dos de ellos vienen con solución y del otro sólo se suministra el enunciado.

EL LENGUAJE DE LA LÓGICA DE PRIMER ORDEN
FORMALIZACIÓN (1)

1. *Sapo y Sepo, inseparables*

    Elegid la formalización adecuada. Emplead las siguientes claves:
    Universo de discurso: *animales de Arnold Lobel*

    $a :=$ Sapo $\qquad\qquad\qquad\qquad$ $Sx := x$ prepara sandwiches
    $e :=$ Sepo $\qquad\qquad\qquad\qquad$ $Cxy := x$ está cansado de y
    $Ix := x$ está sentado en la isla de Sapo $\qquad$ $Axy := x$ es amigo de y
    $Tx := x$ está muy triste $\qquad\qquad$ $Dxy =_{Df} \neg Axy$
    $\qquad\qquad\qquad\qquad\qquad\qquad$ $Dxy := x$ desdeña a y

    a) Sapo está cansado de su amigo Sepo, incluso de sí mismo
    b) Sapo está muy triste, sentado en su isla, completamente solo
    c) Sepo prepara sandwiches, pero no es el único amigo de Sapo que lo hace
    d) A los que preparan sandwiches no los desdeña nadie

$\forall x\,(Sx \to \forall y Ayx)$	$Se \land \exists x\,(x \neq e \land (Axa \land Sx))$

$Cae \land Caa$	$(Ta \land Ia) \land \neg\exists x\,(x \neq a \land Ix)$	Ninguna

2. *Coyoacán, México*

    Elegid la formalización adecuada. Emplead las siguientes claves:
    Universo de discurso: *Intelectuales*

    $a :=$ Frida $\qquad\qquad$ $o :=$ Trotsky
    $i :=$ Diego Rivera $\qquad$ $Qxy := x$ ama a y

9.6. EJERCICIOS DEL CD

- a) Trotsky ama a Frida, pero Frida no ama a nadie
- b) Frida sólo ama a Trotsky
- c) Diego Rivera ama a Frida, pero ella ama a otros, al menos a dos más
- d) Frida ama a lo sumo a quien ame a Trotsky

| $\forall x(Qax \to Qxo)$ | $Qoa \land \neg \exists x(Qax)$ | $Qao \land \neg \exists x(Qax \land x \neq o)$ |

| $Qia \land \exists xy((Qax \land Qay) \land (x \neq i \land (x \neq y \land y \neq i)))$ | Ninguna |

3. *Mundo circense*

   Elegid la formalización adecuada. Emplead las siguientes claves:
   Universo de discurso: *criaturas del circo*

   $Sx := x$ es un saltimbanqui
   $Fx := x$ es funambulista,
   $Rxy := x$ respeta a y

   - a) Al menos alguien es funambulista
   - b) Al menos dos personas son saltimbanquis
   - c) Los funambulistas respetan a los saltimbanquis
   - d) Los que respetan a todos los saltimbanquis, respetan a todos los funambulistas

| $\forall x(\forall y(Sy \to Rxy) \to \forall z(Fz \to Rxz))$ | $\exists xy(x \neq y \land (Sx \land Sy))$ |

| $\exists x Fx$ | $\forall y(Fy \to \forall z(Sz \to Ryz))$ | Ninguna |

4. *Diván*

   Elegid la formalización adecuada. Emplead las siguientes claves:
   Dominio: *especie humana*

   $e :=$ Freud $\qquad Cx := x$ tiene complejo de Edipo
   $a :=$ Lacan $\qquad Nx := x$ es un neurótico obsesivo
   $Axy := x$ ayuda a y

   - a) Freud no ayuda a todos
   - b) Lacan ayuda a los neuróticos obsesivos, pero a nadie más
   - c) Si todos ayudasen a los neuróticos obsesivos, entonces nadie tendría complejo de Edipo
   - d) Si hubiera al menos dos personas que no fueran neuróticas obsesivas, entonces habría dos personas que se ayudarían mutuamente

| $\forall x(Nx \leftrightarrow Aax)$ | $\neg \forall x Aex$ | $\forall x(\forall y(Ny \to Axy) \to \neg \exists z Cz)$ |

| $\exists xy(x \neq y \land (\neg Nx \land \neg Ny)) \to \exists xy(x \neq y \land Axy)$ | Ninguna |

EL LENGUAJE DE LA LÓGICA DE PRIMER ORDEN
FORMALIZACIÓN INVERSA (1)

1. *Erasmo de Rotterdam*

   Dada la fórmula

   $$\neg \exists xyz(Sy \land Sz \land S^2xy \land S^2xz \land A^2xy \land A^2xz \land y \neq z)$$

   y las claves de formalización siguientes:

   $Sx :=\ x$ es un señor
   $S^2xy :=\ x$ sirve a y
   $A^2xyz :=\ x$ ama a y

   elegid su (o sus) adecuada expresión en castellano:

   a) Nadie puede amar o servir a dos señores

   b) El que ama a dos señores, no les sirve

   c) Si sirves a dos señores, no les amas

   d) Nadie puede servir y amar a dos señores

2. *Temporalidad añadida*

   Dada la fórmula

   $$\neg \exists x(Hx \land \exists v(Hv \land \forall z(Tz \to Axyz)))$$

   y las claves de formalización siguientes:

   $Hx :=\ x$ es un ser humano
   $Tx :=\ x$ es un instante de tiempo
   $Pxy :=\ x$ es posterior a y
   $Axyz :=\ x$ admira a y en el instante z

   elegid su (o sus) adecuada expresión en castellano:

   a) Todos los que nos admiran, lo seguirán haciendo después

   b) Todos cesarán de admirarnos en algún instante

   c) Nadie es capaz de mantener la admiración por otro eternamente

   d) El que admira hoy, será admirado mañana

3. *Parentescos*

   Dadas las fórmulas

   a) $\exists xy Hyx \land \exists z \neg \exists v Hvz$

b) $\forall x \exists y Myx$

c) $\neg \forall x \exists y Hyx$

d) $\exists xy(x \neq y \wedge \exists z\,(Mzx \wedge Mzy))$

y las claves de formalización siguientes:

$Hxy :=\ x$ es hijo de y
$Mxy :=\ x$ es madre de y

elegid su (o sus) adecuada expresión en castellano

1 Todo el mundo tiene una madre

2 Puede haber personas que tengan la misma madre

3 Hay quienes tienen hijos y quienes no

4 No todos tienen hijos

Capítulo 10

Semántica

En este capítulo los conceptos clave son los de *validez* y *consecuencia*. Aunque las definiciones son exactamente las mismas que en proposicional; esto es, validez es verdad en toda interpretación y consecuencia es que todo modelo de las hipótesis lo sea de la conclusión, aquí la noción de modelo es mucho más rica, no limitándose a la mera asignación de valores de verdad a las sentencias atómicas. Un modelo es un micro-cosmos, con su universo y su pequeña organización interna.

Gran parte de la sección 10.3 la dedico a practicar el doble juego de encontrar modelos de sentencias o de hallar sentencias que describan modelos. En la sección 10.4 se anticipan algunos de los resultados que se demostrarán en los apéndices C y D de este libro —que están en el CD— y se mencionan los que, sin demostrarse aquí, son igualmente importantes —por ejemplo, la indecidibilidad de la lógica de primer orden—. Hemos *atrapado la lógica* de primer orden (en el sentido adelantado en la sección 3.5), pero no la controlamos tan bien como a la proposicional, que obedecía a un sencillo algoritmo.

En la sección 10.5 anticipo algunos de los caminos por los que discurre la investigación en lógica.

10.1. Introducción

El esquema abstracto de esta parte de la lógica podría plantearse de esta manera: tenemos un lenguaje L_1 y una clase de objetos $\mathfrak{K}$ que son las denominadas estructuras o modelos —o incluso sistemas—, y entre estos dos tipos de realidades tendemos un puente, *la noción de verdad* (ver figura: 10.1). Por supuesto que por él circularemos en los dos sentidos; de la realidad matematizada, parcelada y estructurada que constituye nuestro *universo matemático* a las fórmulas del lenguaje que intentan describirla, y de las sentencias del lenguaje a las realizaciones o modelos matemáticos que se encuentran en el universo.

Comentario 334 *Este planteamiento, aparentemente tan simple, proporciona una gran flexibilidad y alcance a esta rama de la* **Summa Logicae,** *en donde se*

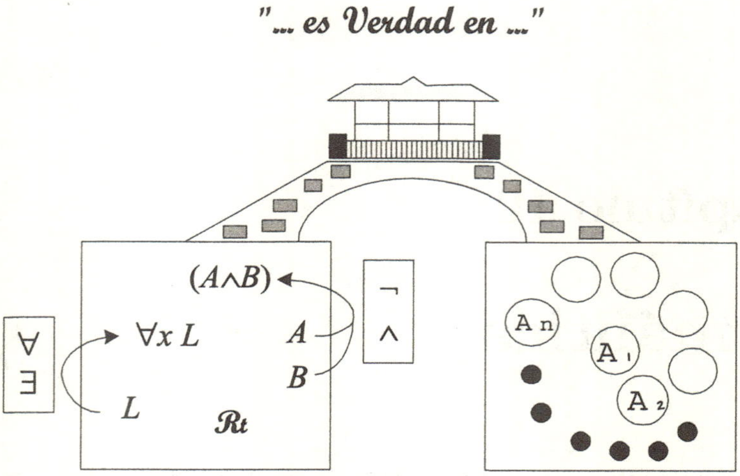

Figura 10.1: *La verdad es el Puente (¿sobre el Drina?)*

estudian en profundidad las relaciones entre álgebra universal y lógica. El gran impulsor de estas investigaciones fue Tarski, que habiendo precisado y definido los conceptos semánticos de verdad y consecuencia, posibilitó esta modernización y generalización de la semántica que conocemos como **teoría de modelos**.

Para interpretar fórmulas del lenguaje de primer orden debemos explicitar nuestro dominio de cuantificación y precisar a qué individuos, funciones y relaciones definidas sobre nuestro universo o dominio refieren las constantes, los functores y los relatores del lenguaje. En este capítulo el concepto fundamental va a ser el de *verdad en una estructura*; a partir de él se define el de *consecuencia*.

Siguiendo a Tarski, diremos que una sentencia C es verdadera en una estructura $\mathcal{A}$ —o lo que es lo mismo, que $\mathcal{A}$ es modelo de C (notación: $\mathcal{A} \Vdash C$)— si es realmente el caso que se dé C en $\mathcal{A}$.

La explicación tópica y el ejemplo paradigmático es:

"La sentencia 'La nieve es blanca' es verdadera si realmente la nieve es blanca."

Naturalmente, no lo diremos así, sino que precisaremos qué queremos decir al afirmar que *"se dé realmente el caso"*. Para definir el valor de verdad de una fórmula fijamos previamente la interpretación de los signos básicos que aparecen en ella. Sobre dicha interpretación nos fundamentamos para hacer que todos los términos del lenguaje denoten individuos de la estructura, y que todas las fórmulas del lenguaje sean verdaderas o falsas en la misma. Por supuesto, para poder asignar valores de verdad a las fórmulas con variables libres necesitamos atribuirles elementos del universo. De esta forma una interpretación se define

10.2. ESTRUCTURAS DE PRIMER ORDEN

como un par ordenado,
$$\Im = \langle \mathcal{A}, H \rangle$$
siendo H una asignación de valores en $\mathbf{A}$ a las variables del lenguaje.

La gestación del concepto de verdad en una estructura fue larga, según nos hace notar Hodges[1]. En un primer momento se entendía bien el significado de

la fórmula $\forall x(Rx \to Rx)$ *es verdadera*

pero se tardó mucho más en entender y, sobre todo en definir[2] y precisar, el significado de

la fórmula $\forall xyx(fxfyz = ffxyz)$ *es verdadera en un grupo*

Esto es, costó llegar a la distinción siguiente:

1. Ser *válida*, escribimos
$$\vDash \forall x(Rx \to Rx)$$
—que quiere decir, que para *cada* estructura $\mathcal{A}$ la sentencia es verdadera en ella, formalmente: $\mathcal{A} \Vdash \forall x(Rx \to Rx)$, para cada $\mathcal{A}$.

2. Ser *verdadera en* un cierto grupo $\mathcal{G}$
$$\mathcal{G} \Vdash \forall xyx(fxfyz = ffxyz)$$

Esto es, validez es verdad en toda estructura posible.

Resumen 335 *Para interpretar fórmulas necesitamos especificar:*

1. *Dominio de cuantificación.*

2. *Cómo interpretamos las constantes, los functores y los relatores del lenguaje.*

3. *El concepto fundamental de* **verdad bajo una interpretación**. *(A partir de él se define el de consecuencia.)*

10.2. Estructuras de primer orden

En el capítulo 7 ya trabajábamos con estructuras de primer orden —llamadas también *modelos*— que constaban de un universo o dominio de cuantificación junto a una serie de subconjuntos del universo. Ahora ampliamos el concepto de estructura para dar cabida a la interpretación de todas las categorías del lenguaje de primer orden. Antes de pasar a la definición precisa del concepto vamos a verlo con algunos ejemplos.

---

[1] Véase el precioso artículo de Hodges, "Truth in a structure".
[2] No aparece hasta el artículo de Tarski y Vaugth de 1957, "Arithmetical extensions of relational systems", publicado en el JSL

Ejemplos de estructuras

1. *Hable con ella*

   El universo lo componen los protagonistas de la película de Almodóvar, junto a otros cinco personajes. Los primeros están destacados en la estructura, pues poseen nombre propio. Las propiedades consideradas son las de ser *enfermero* y *periodista*. Las relaciones son las de *querer a*, *hablar con* y *confiar en*. Hemos procurado que en esta estructura las relaciones reflejen las de la película.
   Sea
   $$\mathcal{A} = \langle \mathbf{A}, a^{\mathcal{A}}, b^{\mathcal{A}}, m^{\mathcal{A}}, l^{\mathcal{A}}, E^{\mathcal{A}}, P^{\mathcal{A}}, Q^{\mathcal{A}}, C^{\mathcal{A}}, H^{\mathcal{A}} \rangle$$
   $$\mathbf{A} = \{\text{Alicia, Benigno, Marco, Lydia, a, b, c, d, e}\}$$

   $$a^{\mathcal{A}} = \text{Alicia} \quad m^{\mathcal{A}} = \text{Marco} \quad b^{\mathcal{A}} = \text{Benigno} \quad l^{\mathcal{A}} = \text{Lydia}$$
   $$E^{\mathcal{A}} = \{\text{Benigno}\} \quad P^{\mathcal{A}} = \{\text{Marco}\} \quad C^{\mathcal{A}} = \emptyset$$
   $$H^{\mathcal{A}} = \{\langle \text{Benigno, Alicia} \rangle, \langle \text{Marco, Benigno} \rangle, \langle \text{Benigno, Marco} \rangle\}$$
   $$Q^{\mathcal{A}} = \{\langle \text{Benigno, Alicia} \rangle, \langle \text{Marco, Lydia} \rangle\}$$

2. *El dragón y la mariposa*

   El universo lo componen los protagonistas del cuento de Arnold Lobel y sus nombres. Estos cuatro objetos están destacados en la estructura, pues poseen nombre propio. Las propiedades consideradas son las de ser *mariposa* y *dragona*. Las relaciones son las de *cambiar el nombre con* y *ser el nombre de* (una vez efectuado el cambio).
   Sea
   $$\mathcal{A} = \langle \mathbf{A}, a^{\mathcal{A}}, b^{\mathcal{A}}, c^{\mathcal{A}}, e^{\mathcal{A}}, M^{\mathcal{A}}, D^{\mathcal{A}}, C^{\mathcal{A}}, N^{\mathcal{A}} \rangle$$
   $$\mathbf{A} = \{\text{Bárbara, Plácida, "Bárbara", "Plácida"}\}$$

   $$a^{\mathcal{A}} = \text{"Plácida"} \quad b^{\mathcal{A}} = \text{Bárbara} \quad e^{\mathcal{A}} = \text{"Bárbara"} \quad c^{\mathcal{A}} = \text{Plácida}$$
   $$M^{\mathcal{A}} = \{\text{Bárbara}\} \quad D^{\mathcal{A}} = \{\text{Plácida}\}$$
   $$C^{\mathcal{A}} = \{\langle \text{Bárbara, Plácida} \rangle, \langle \text{Plácida, Bárbara} \rangle\}$$
   $$N^{\mathcal{A}} = \{\langle \text{"Bárbara", Plácida} \rangle, \langle \text{"Plácida", Bárbara} \rangle\}$$

3. Sea
   $$\mathcal{A} = \langle \mathbf{A}, c_1^{\mathcal{A}}, c_2^{\mathcal{A}}, c_3^{\mathcal{A}}, c_4^{\mathcal{A}}, c_5^{\mathcal{A}}, A^{\mathcal{A}}, R^{\mathcal{A}} \rangle$$
   la estructura siguiente (figura 10.2):
   $$\mathbf{A} = \{1, 2, 3, 4, 5\} \quad A^{\mathcal{A}} = \{i \mid i \text{ tiene un acento circunflejo}\}$$
   $$R^{\mathcal{A}} = \{<i,j> \mid \text{ hay una flecha de } i \text{ hacia } j\} \quad c_i^{\mathcal{A}} = i \text{ para } i \in \{1, 2, .., 5\}$$

10.2. ESTRUCTURAS DE PRIMER ORDEN

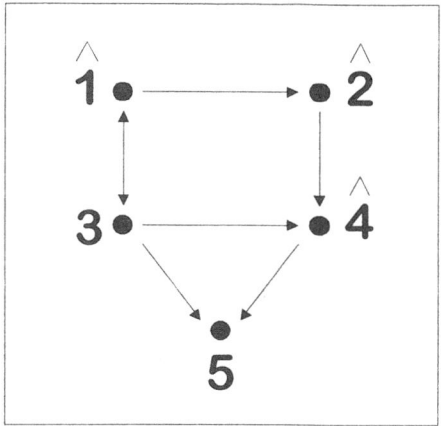

Figura 10.2: *Primer diagrama de flechas*

En el diagrama aparecen con acento circunflejo los elementos de $A^{\mathcal{A}}$ y representamos mediante flechas la relación $R^{\mathcal{A}}$. Así que

$$A^{\mathcal{A}} = \{1, 2, 4\}$$
y
$$R^{\mathcal{A}} = \{\langle 1,2\rangle, \langle 2,4\rangle, \langle 4,5\rangle, \langle 1,3\rangle, \langle 3,1\rangle, \langle 3,5\rangle, \langle 3,4\rangle\}$$

4. Sea
$$\mathcal{A} = \langle \mathbf{A}, c_1^{\mathcal{A}}, c_2^{\mathcal{A}}, c_3^{\mathcal{A}}, c_4^{\mathcal{A}}, c_5^{\mathcal{A}}, A^{\mathcal{A}}, R^{\mathcal{A}} \rangle$$

la estructura del diagrama (figura 10.3), con el mismo universo y la misma definición de $A^{\mathcal{A}}$ y de $R^{\mathcal{A}}$ (la definición intensional es la misma, aunque extensionalmente no lo sean).

5. Sea
$$\mathcal{A} = \langle \mathbf{A}, a^{\mathcal{A}}, b^{\mathcal{A}}, c^{\mathcal{A}}, f^{\mathcal{A}}, R^{\mathcal{A}} \rangle$$

la estructura siguiente:

$$\mathbf{A} = \mathbb{N} \quad a^{\mathcal{A}} = 2 \quad b^{\mathcal{A}} = 3 \quad c^{\mathcal{A}} = 5 \quad f^{\mathcal{A}} = + \quad R^{\mathcal{A}} = <$$

El universo es el de los números naturales, tres de ellos se destacan en la estructura, así como la función de *suma* y la relación de *estrictamente menor que*.

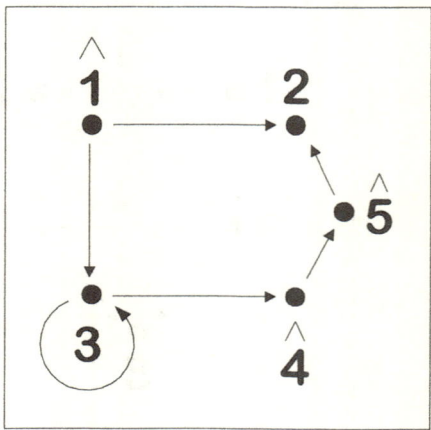

Figura 10.3: *Segundo diagrama de flechas*

Definición de estructura

En los ejemplos anteriores el universo de discurso variaba notablemente según los casos, como también lo hacían los individuos, conjuntos, relaciones y funciones destacados en él. Por consiguiente, la definición de estructura debe ser muy general, para así dar cabida a la mayor diversidad posible. Usaremos letras mayúsculas de tipo gótico (o similar) para referirnos a estructuras. Aunque no sea imprescindible, nosotros presuponemos la existencia de un lenguaje de primer orden,

$$L\left\langle \overrightarrow{R}, \overrightarrow{f}, \overrightarrow{c} \right\rangle$$

y definimos una estructura adecuada, entendiendo por tal la que proporciona interpretación a sus signos peculiares en un cierto dominio.

Definición 336 $\mathcal{A}$ *es una estructura adecuada para*

$$L\left\langle \overrightarrow{R}, \overrightarrow{f}, \overrightarrow{c} \right\rangle$$

syss $\mathcal{A} = \left\langle \mathbf{A}; \overrightarrow{R^{\mathcal{A}}}, \overrightarrow{f^{\mathcal{A}}}, \overrightarrow{c^{\mathcal{A}}} \right\rangle$, *donde:*

1. $\mathbf{A} \neq \emptyset$ *es el universo o dominio de la estructura.* $\mathbf{A}$ *debe ser un conjunto no vacío.*

2. *Para cada relator n-ario* $R \in \overrightarrow{R}$ *su interpretación* $R^{\mathcal{A}}$ *es una relación n-aria definida sobre el universo; es decir,* $R^{\mathcal{A}} \subseteq \mathbf{A}^n$.

3. *Para cada functor n-ario* $f \in \overrightarrow{f}$ *su interpretación* $f^{\mathcal{A}}$ *es una función n-aria definida sobre el universo; es decir,* $f^{\mathcal{A}} : \mathbf{A}^n \longrightarrow \mathbf{A}$.

10.3. CONCEPTOS CLAVE

4. *Para cada* $c \in \vec{c}$ *su interpretación* $c^{\mathcal{A}}$ *es un elemento del universo; es decir,* $c^{\mathcal{A}} \in \mathbf{A}$.

10.3. Conceptos clave

En esta sección definiremos los conceptos fundamentales de la semántica; a saber, *satisfacibilidad* y *consecuencia*. Constataréis que dependiendo de la distancia desde la que las contempléis, las definiciones son las mismas, o no se parecen demasiado a las de la lógica proposicional; la idea que subyace es idéntica, pero el detalle no lo es en absoluto. Aquí el concepto estrella, el de *"verdad en una estructura"*, es mucho más rico que el de *"verdad en una interpretación"* de la lógica proposicional, porque una estructura es una parcela de la *"realidad matemática"* sobre la que ya se ha proyectado una cierta organización, al menos la que el lenguaje formal presupone.

10.3.1. Interpretación de L_1

Las fórmulas de
$$L(\vec{R}, \vec{f}, \vec{c})$$
se interpretan en una estructura
$$\mathcal{A} = \left\langle \mathbf{A}, \vec{R^{\mathcal{A}}}, \vec{f^{\mathcal{A}}}, \vec{c^{\mathcal{A}}} \right\rangle$$

Los designadores de L_1 denotan individuos de $\mathbf{A}$ y las sentencias son verdaderas o falsas en $\mathcal{A}$. La idea es bastante simple: ya vimos que los relatores, functores y constantes individuales del lenguaje se interpretan como las relaciones, funciones e individuos destacados en la estructura. Las fórmulas atómicas se interpretan de modo conjuntista; es decir, la fórmula Ra será verdadera en $\mathcal{A}$ siempre que $a^{\mathcal{A}} \in R^{\mathcal{A}}$, y Sab será verdadera en $\mathcal{A}$ siempre que $\langle a^{\mathcal{A}}, b^{\mathcal{A}} \rangle \in S^{\mathcal{A}}$. Por su parte, el término fa denota el valor de la función $f^{\mathcal{A}}$ para el argumento $a^{\mathcal{A}}$; esto es: $f^{\mathcal{A}}(a^{\mathcal{A}})$.

Antes de pasar a la definición formal vamos a practicar con algunos ejemplos sencillos.

Sentencias verdaderas en una estructura

En la sección anterior definimos ciertas estructuras. Ahora, en los lenguajes adecuados a cada caso pondremos algunos ejemplos de sentencias verdaderas en ellas.

1. En el micro-mundo de *Hable con ella* —me refiero a la estructura de la página 288— son verdaderas las sentencias

$$Eb \quad Pm \quad Hba \quad \neg Hab \quad \neg Cmb \quad Qml \quad Qba$$

y, por lo tanto, también

$$Eb \land Pm \qquad Hba \to \neg Hab \qquad (\neg Cmb \land Qml) \to Qba$$

entre muchas otras. Como imagináis, la razón es que

$$b^{\mathcal{A}} \in E^{\mathcal{A}} \qquad m^{\mathcal{A}} \in P^{\mathcal{A}} \qquad etc$$
$$\langle a^{\mathcal{A}}, b^{\mathcal{A}} \rangle \notin H^{\mathcal{A}} \qquad \langle b^{\mathcal{A}}, a^{\mathcal{A}} \rangle \in Q^{\mathcal{A}}$$

y que los conectores funcionan de forma estándar.

2. En el ejemplo de *Números naturales* —me refiero a la estructura del apartado 5 de la página 289— son verdaderas las fórmulas

$$Rab \qquad fba = c \qquad \neg Rfbac$$
$$\text{porque}$$
$$2 < 3 \qquad 3 + 2 = 5 \qquad \neg 3 + 2 < 5$$

siendo así, también son verdaderas

$$Rab \land fba = c \qquad Rfbac \to fab = b$$

por cómo funcionan los conectores y el valor de las sentencias atómicas en la estructura.

3. En el ejemplo del primer diagrama de flechas de la figura 10.2 son verdaderas las sentencias atómicas

$$Rc_3c_4 \qquad \neg Rc_1c_1$$
$$\text{porque}$$
$$\langle 3, 4 \rangle \in R^{\mathcal{A}} \text{ pero } \langle 1, 1 \rangle \notin R^{\mathcal{A}}$$

y también son verdaderas las fórmulas compuestas

$$Rc_3c_5 \land Rc_1c_2 \qquad (Rc_1c_3 \lor Rc_5c_5) \to Ac_4$$
$$\text{porque}$$
$$\langle 3, 5 \rangle \in R^{\mathcal{A}} \text{ y } \langle 1, 2 \rangle \in R^{\mathcal{A}} \text{ y porque } 4 \in A^{\mathcal{A}}$$

Hemos visto que conociendo la interpretación de los signos peculiares del lenguaje determinamos el valor de las sentencias atómicas y a partir de él calculamos el de las sentencias sin cuantificadores, pues la interpretación de los conectores es la misma que en lógica proposicional. No hemos dado aún reglas para determinar el valor de las sentencias que contienen cuantificadores. La razón es sencilla: debo dar una definición recursiva, pero el núcleo de una sentencia cuantificada no suele ser una sentencia, sino una fórmula abierta. No puedo definir el valor de $\exists x Ax$ en función de Ax porque yo no he dicho aún cómo interpretar las fórmulas con variables libres; Ax no es ni verdadero ni falso en la estructura correspondiente al diagrama de flechas de la figura 10.2, no sabemos x a qué elemento se refiere.

10.3. CONCEPTOS CLAVE

Definición de interpretación

Por supuesto que sabemos cómo nos gustaría que funcionase la cuantificación, restringida al universo de la estructura; $\forall x R^2 xx$ debería ser verdadera en $\mathcal{N} = \langle \mathbb{N}, \leq \rangle$ mientras que $\forall xy(R^2xy \to R^2yx)$ falsa. En el primer caso porque todo número natural está relacionado consigo mismo mediante $\leq$; esto es, la relación es reflexiva. En el segundo porque $\leq$ no es simétrica. Sin embargo, para definir formalmente el valor de verdad de una fórmula cualquiera necesitaríamos asignar previamente valores a las variables; así, cuando sepamos cómo se interpreta la variable x sabremos si Ax es verdadera o falsa en la estructura $\mathcal{A}$ con la asignación considerada. Basada en esa asignación se establece el valor de verdad de una fórmula cualquiera —en especial, podremos decidir sobre $\exists x Ax$.

Asignación Una asignación es una función F que otorga un elemento del universo a cada variable; es decir,

$$F : \text{VAR} \longrightarrow \mathbf{A}$$

Asignación variante Dada una asignación cualquiera F, una variable x y un individuo del universo de la estructura $\mathbf{x}$, definimos $F_x^{\mathbf{x}}$ de la siguiente manera:

$$F_x^{\mathbf{x}} = (F - \{\langle x, F(x)\rangle\}) \cup \{\langle x, \mathbf{x}\rangle\}$$

Esta asignación coincide con la asignación F en todo, excepto, tal vez, en el valor de la variable x. En la asignación variante ese valor es $\mathbf{x}$, mientras que en la asignación original podía ser cualquier elemento de $\mathbf{A}$.

Interpretación Dada una estructura $\mathcal{A}$ y una asignación F, definimos una interpretación $\Im$

$$\Im = \langle \mathcal{A}, F \rangle$$

extendiendo la función F de forma que otorgue denotación a todos los términos (no solamente a las variables) y un valor de verdad (0: falso, 1: verdadero) a cada fórmula del lenguaje formal L_1; es decir,

$$\Im : \text{EXPR } (L_1) \longrightarrow \mathbf{A} \cup \{0, 1\}$$

tal que

$$\Im \,[\text{TERM } (L_1)] \subseteq \mathbf{A} \text{ y } \Im \,[\text{FORM } (L_1)] = \{1, 0\}$$

Notación 337 *Dada una interpretación $\Im = \langle \mathcal{A}, F \rangle$ y una asignación variante $F_x^{\mathbf{x}}$, escribiremos $\Im_x^{\mathbf{x}}$ para designar a la interpretación $\langle \mathcal{A}, F_x^{\mathbf{x}} \rangle$.*

Definición 338 *La definición de $\Im$ para TERM (L_1) se hará mediante el procedimiento de recursión semiótica, así:*

- **Paso Básico: T1.** *Para cada variable individual x, la interpretación viene determinada por la asignación; es decir,*

$$\Im(x) = F(x)$$

- **Pasos Inductivos: T2.** *Para cada constante b, la interpretación está en la estructura $\mathcal{A}$; es decir,*

$$\Im(b) = b^{\mathcal{A}}$$

- **Pasos Inductivos: T3.** *Para cada término functorial $f\tau_1...\tau_n$, la interpretación es el valor de la función $f^{\mathcal{A}}$ para los argumentos $\Im(\tau_1),...,\Im(\tau_n)$:*

$$\Im(f\tau_1...\tau_n) = f^{\mathcal{A}}(\Im(\tau_1),...,\Im(\tau_n))$$

Definición 339 *La definición de $\Im$ para $FORM(L_1)$ se hará mediante el procedimiento de recursión semiótica, de la manera siguiente:*

- **Paso Básico: F1.** *Para cada fórmula atómica $R\tau_1...\tau_n$, la interpretación es así:*

$$\Im(R\tau_1...\tau_n) = 1 \; syss \; \langle\Im(\tau_1),...,\Im(\tau_n)\rangle \in R^{\mathcal{A}}$$

En especial, cuando es una igualdad,

$$\Im(\tau_1 = \tau_2) = 1 \; syss \; \Im(\tau_1) = \Im(\tau_2)$$

- **Pasos Inductivos: F2.** *Los conectores reciben la interpretación habitual*

$\Im(\neg C) = 1 \quad syss \quad \Im(C) = 0$
$\Im(C \wedge D) = 1 \quad syss \quad \Im(C) = 1 \; y \; \Im(D) = 1$
$\Im(C \vee D) = 1 \quad syss \quad \Im(C) = 1 \; o \; \Im(D) = 1$
$\Im(C \to D) = 1 \quad syss \quad \Im(C) = 0 \; o \; \Im(D) = 1$
$\Im(C \leftrightarrow D) = 1 \quad syss \quad \Im(C) = \Im(D)$

- **Pasos Inductivos: F3.** *Las fórmulas cuantificadas reciben la siguiente interpretación:*
Una generalización es verdadera cuando el núcleo lo es para cada elemento del universo

$$\Im(\forall xC) = 1 \; syss \; \text{para cada } \mathbf{a} \in \mathbf{A} : \Im_x^{\mathbf{a}}(C) = 1$$

Una particularización es verdadera cuando lo es para algún miembro del universo

$$\Im(\exists xC) = 1 \; syss \; \text{existe un } \mathbf{a} \in \mathbf{A} \text{ tal que} : \Im_x^{\mathbf{a}}(C) = 1$$

10.3. CONCEPTOS CLAVE

10.3.2. Satisfacibilidad e insatisfacibilidad

Las definiciones de satisfacibilidad e insatisfacibilidad tanto para una fórmula sola como para un conjunto de fórmulas son las mismas que en proposicional, concretamente las dadas en la sección 3.3.2 de la página 59. Por supuesto, el detalle cambia considerablemente:

1. Cuando allí hablábamos de una interpretación nos referíamos a una función $\Im$ definida recursivamente, que a cada fórmula le otorgaba un valor de verdad, basada en una mera asignación de valores de verdad a las letras proposicionales de LP.

2. Aquí, cuando hablamos de interpretación $\Im$ para LPO hay que entenderla como un par
$$\Im = \langle \mathcal{A}, F \rangle$$
formado por una estructura y una asignación de individuos en el universo de la estructura a las variables individuales del lenguaje. Recursivamente hemos definido una denotación $\Im(t)$ para cada término y un valor de verdad $\Im(C)$ para cada fórmula.

A la notación número 67 de la sección 3.3.2 le añadimos:

Notación 340 *Modelo de una fórmula*

1. *Cuando la fórmula C sea una sentencia, en vez de $\Im \Vdash C$ escribiremos $\mathcal{A} \Vdash C$ y diremos que C es verdadera en $\mathcal{A}$ o que $\mathcal{A}$ es modelo de C.*

2. *Cuando en la fórmula C aparezcan libres a lo sumo las variables $x_1, ..., x_n$ emplearemos la notación*
$$\mathcal{A}\,[x_1/\mathbf{x}_1, ..., x_n/\mathbf{x}_n] \Vdash C$$
para indicar que la fórmula C es verdadera en $\mathcal{A}$ cuando las variables libres se interpretan como los individuos $\mathbf{x}_1, ..., \mathbf{x}_n$ del universo.

A la notación número 69 allí especificada añadimos:

Notación 341 *Modelo de un conjunto de fórmulas*

1. *Cuando las fórmulas de Γ sean sentencias, en vez de $\Im \Vdash \Gamma$ escribiremos $\mathcal{A} \Vdash \Gamma$ y diremos que $\mathcal{A}$ es un modelo de Γ.*

Comentario 342 *El prescindir de las asignaciones cuando se trata de sentencias y la notación*
$$\mathcal{A}\,[x_1/\mathbf{x}_1, ..., x_n/\mathbf{x}_n] \Vdash C$$
*para fórmulas con a lo sumo estas n variables libres, se justifica con el teorema denominado de **coincidencia de primer orden**, cuya demostración está en el CD, en el apéndice C.*

Otros ejemplos de sentencias verdaderas en una estructura

1. Veremos algunas sentencias que son verdaderas en la estructura $\mathcal{A}$ del ejemplo de la figura 10.2, así como otras que son falsas:

   a) $\mathcal{A} \Vdash Rc_3c_4$ porque $\langle 3, 4 \rangle \in R^{\mathcal{A}}$

   b) $\mathcal{A} \nVdash Ac_5$ porque $5 \notin A^{\mathcal{A}}$

   c) $\mathcal{A} \nVdash Rc_1c_1$ porque $\langle 1, 1 \rangle \notin R^{\mathcal{A}}$

   d) $\mathcal{A} \Vdash Rc_3c_5 \wedge Rc_1c_2$ porque $\langle 3, 5 \rangle \in R^{\mathcal{A}}$ y $\langle 1, 2 \rangle \in R^{\mathcal{A}}$

   e) $\mathcal{A} \nVdash (Rc_1c_3 \vee Rc_5c_5) \rightarrow Ac_5$ porque $\langle 1, 3 \rangle \in R^{\mathcal{A}}$ y $5 \notin A^{\mathcal{A}}$

   f) $\mathcal{A} \Vdash \exists x Rxc_2$ porque hay un elemento del universo, concretamente el 1 tal que $\langle 1, 2 \rangle \in R^{\mathcal{A}}$

2. Considerando de nuevo la estructura $\mathcal{A}$ del ejemplo correspondiente a la figura 10.2 indicaremos la verdad o falsedad en ella de las sentencias siguientes:

   a) $\mathcal{A} \nVdash \forall z(Az \rightarrow \forall u(Au \leftrightarrow (Rzu \vee Ruz)))$ porque para el 1 se cumple $1 \in A^{\mathcal{A}}$ pero $\langle 1, 1 \rangle \notin R^{\mathcal{A}}$.

   b) $\mathcal{A} \Vdash \forall x(\exists y Ryx \vee Ax)$ porque todos los elementos del universo son final de alguna flecha o tienen acento circunflejo.

   c) $\mathcal{A} \Vdash \exists x Ax \wedge \forall z(Rzz \vee \exists x Rxz)$ porque $A^{\mathcal{A}} \neq \emptyset$ y a todo punto llega una flecha.

   d) $\mathcal{A} \Vdash \exists x \exists y(Rxy \rightarrow \exists z Ryz)$ porque para el elemento 1 se cumple que $\langle 1, 1 \rangle \notin R^{\mathcal{A}}$ y por lo tanto, $\mathcal{A}\,[x/1, y/1] \nVdash Rxy$ de donde se sigue que
   $$\mathcal{A}\,[x/1, y/1] \Vdash (Rxy \rightarrow \exists z Ryz)$$

   e) $\mathcal{A} \Vdash \exists x(\exists y Ryx \rightarrow \exists z Rxz)$ porque para el elemento 1 se cumple que si hay una flecha que llega al 1, también hay una que sale del 1. En signos:
   $$\mathcal{A}\,[x/1] \Vdash (\exists y Ryx \rightarrow \exists z Rxz)$$
   —ya que por ejemplo, $\langle 1, 2 \rangle \in R^{\mathcal{A}}$—

   f) $\mathcal{A} \nVdash \forall x Ax \vee \exists y \exists z(Ryz \wedge Rzy \wedge \neg \exists u(\neg u = y \wedge \neg u = z \wedge Ryu))$ porque $A^{\mathcal{A}} \neq \mathbf{A}$ y no hay dos puntos relacionados con doble flecha tales que de uno de ellos no parta ninguna flecha. Los únicos elementos entre los que hay doble flecha son 1 y 3. Pero de ambos sale una flecha. En signos:
   $$\mathcal{A}\,[y/1, z/3] \nVdash (Ryz \wedge Rzy \wedge \neg \exists u(\neg u = y \wedge \neg u = z \wedge Ryu))$$

10.3. CONCEPTOS CLAVE

Fórmulas verdaderas bajo una interpretación

1. Considerad el lenguaje de primer orden que sólo posee un relator binario R. Sea $\mathcal{A}$ la estructura
$$\mathcal{A} = \langle \mathbf{A}, R^{\mathcal{A}} \rangle$$
donde
$$\mathbf{A} = \{1, 2, 3, 4, 5\}$$
$$R^{\mathcal{A}} = \left\{ \begin{array}{c} \langle 1,1 \rangle, \langle 2,2 \rangle, \langle 3,3 \rangle, \langle 4,4 \rangle, \langle 5,5 \rangle, \langle 2,3 \rangle, \langle 3,4 \rangle, \langle 3,5 \rangle, \langle 4,1 \rangle, \\ \langle 5,1 \rangle, \langle 2,1 \rangle, \langle 2,4 \rangle, \langle 2,5 \rangle \end{array} \right\}$$

Ahora las fórmulas tienen variables libres y por lo tanto no sabremos el valor de la fórmula hasta que no se determine el de las variables. Vamos a elegir valores para una asignación F de manera que sean verdaderas ciertas fórmulas:

a) Haciendo $F(x) = 3$ y $F(y) = 2$
$$\mathcal{A}F \Vdash \neg Rxy \to Ryx$$
—porque $\langle 2, 3 \rangle \in R^{\mathcal{A}}$—

b) Haciendo $F(x) = 2$ y $F(y) = 3$
$$\mathcal{A}F \Vdash \forall z (Rxz \land Ryy)$$
—porque $\langle 3, 3 \rangle \in R^{\mathcal{A}}$ $\quad \langle 2, 1 \rangle \in R^{\mathcal{A}} \quad \langle 2, 2 \rangle \in R^{\mathcal{A}} \quad \langle 2, 3 \rangle \in R^{\mathcal{A}} \quad \langle 2, 4 \rangle \in R^{\mathcal{A}} \quad \langle 2, 5 \rangle \in R^{\mathcal{A}}$—

c) Haciendo $F(x) = 2$ y $F(y) = 4$ tenemos
$$\mathcal{A}F \Vdash (Rxy \land x \neq y) \to \exists z(Rxz \land Rzy \land x \neq z \land z \neq y)$$
—porque $\langle 2, 4 \rangle \in R^{\mathcal{A}} \quad 2 \neq 4 \quad \langle 2, 3 \rangle \in R^{\mathcal{A}} \quad \langle 3, 4 \rangle \in R^{\mathcal{A}} \quad 2 \neq 3 \quad 3 \neq 4$—

d) Haciendo $F(x) = 3$ y $F(y) = 4$
$$\mathcal{A}F \Vdash \exists z(Rxz \land Ryz) \to \exists v(Rvx \land Rvy)$$
—porque $\langle 2, 3 \rangle \in R^{\mathcal{A}} \quad \langle 2, 4 \rangle \in R^{\mathcal{A}}$—

e) Haciendo $F(x) = 2$ y $F(y) = 3$
$$\mathcal{A}F \Vdash Rxy \to \exists z(Rxz \land Rzz \land \neg Ryx)$$
—porque $\langle 2, 3 \rangle \in R^{\mathcal{A}} \quad \langle 2, 4 \rangle \in R^{\mathcal{A}} \quad \langle 4, 4 \rangle \in R^{\mathcal{A}} \quad \langle 3, 2 \rangle \notin R^{\mathcal{A}}$—

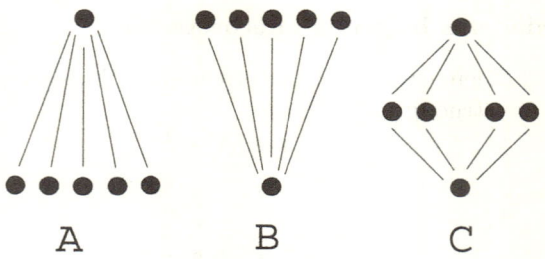

Figura 10.4: *Primer diagrama de Hasse*

Sentencias verdaderas en una clase de estructuras

1. Sean
$$\mathcal{A} = \langle \mathbf{A}, R^{\mathcal{A}} \rangle \qquad \mathcal{B} = \langle \mathbf{B}, R^{\mathcal{B}} \rangle \qquad \mathcal{C} = \langle \mathbf{C}, R^{\mathcal{C}} \rangle$$
las estructuras representadas en el dibujo 10.4 que constituyen la clase $\mathfrak{K}$. Para indicar que una sentencia C es verdadera en todas y cada una de las estructuras escribimos abreviadamente $\mathfrak{K} \Vdash C$.

a) En el lenguaje común adecuado a todas ellas —con sólo un relator binario R como signo peculiar— escribimos cinco sentencias verdaderas en $\mathfrak{K}$. La misma fórmula, al ser interpretada sobre distinta estructura, tiene un significado diferente (levemente en este caso porque los tres son diagramas de Hasse de órdenes parciales).

$$\mathfrak{K} \Vdash \forall x Rxx$$
$$\mathfrak{K} \Vdash \forall xy(Rxy \land Ryx \to x = y)$$
$$\mathfrak{K} \Vdash \forall xyz(Rxy \land Ryz \to Rxz)$$
$$\mathfrak{K} \Vdash \exists x_1...x_6(x_1 \neq x_2 \land ... \land x_5 \neq x_6)$$
$$\mathfrak{K} \Vdash \forall x \exists y Rxy$$

La primera dice que la relación es reflexiva, la segunda que es antisimétrica, transitiva la tercera, que hay al menos seis elementos y que para todo elemento existe algún elemento con el que está el primero relacionado (puede ser él mismo).

b) Estas estructuras poseen una caracterización matemática conocida: son órdenes, los axiomas que los definen son los tres primeros del apartado anterior.

c) Vamos a ir tomando las estructuras de dos en dos y en cada caso escribiremos una sentencia que las distinga.

1) $\mathcal{A} \not\Vdash \exists x \forall y Rxy$ pero $\mathcal{B} \Vdash \exists x \forall y Rxy$ porque en $\mathcal{A}$ no hay extremo inferior mientras que en $\mathcal{B}$ sí.

10.3. CONCEPTOS CLAVE

2) $\mathcal{A} \Vdash \exists x \forall y Ryx$ pero $\mathcal{B} \nVdash \exists x \forall y Ryx$ porque en $\mathcal{A}$ hay extremo superior mientras que en $\mathcal{B}$ no.

3) $\mathcal{C} \Vdash \exists x \forall y Rxy \wedge \exists x \forall y Ryx$ pero $\mathcal{B} \nVdash \exists x \forall y Rxy \wedge \exists x \forall y Ryx$
y
$\mathcal{A} \nVdash \exists x \forall y Rxy \wedge \exists x \forall y Ryx$.

2. Sean $\mathcal{A} = \langle \mathbb{Z}, 0, + \rangle$ y $\mathcal{B} = \langle \mathbb{Z}, 1, \times \rangle$ las estructuras de los enteros con el cero y la adición y la de los enteros con el uno y el producto. El lenguaje adecuado a dichas estructuras contendrá una constante individual a y un functor binario f.

   a) Buscamos una sentencia que sea verdadera en la primera pero que no lo sea en la segunda.

   1) $\mathcal{A} \Vdash \forall x \exists y fxy = a$ porque en los enteros, dado un número cualquiera, siempre existe su simétrico (o inverso) respecto de la suma; esto es, el que sumado con él da cero.

   2) $\mathcal{B} \nVdash \forall x \exists y fxy = a$ porque en los enteros, dado un número cualquiera, no siempre existe su inverso respecto de la división; esto es, $\dfrac{1}{x}$ no es un número entero, excepto para $x = 1$.

   b) Vamos a escribir cuatro sentencias verdaderas en ambas. Cuando la sentencia se interpreta sobre la estructura $\mathcal{A}$ habla de la suma y del cero, cuando se interpreta sobre $\mathcal{B}$ habla del producto y del uno.

   1) $\mathcal{A} \Vdash \forall xy \exists z fxy = z$ y $\mathcal{B} \Vdash \forall xy \exists z fxy = z$ porque tanto la suma como el producto están definidas sobre los enteros; es decir, si $\mathbf{x}$ e $\mathbf{y}$ son números enteros, $\mathbf{x} + \mathbf{y}$ y $\mathbf{x} \times \mathbf{y}$ son números enteros.

   2) $\mathcal{A} \Vdash \forall xyz fxfyz = ffxyz$ y $\mathcal{B} \Vdash \forall xyz fxfyz = ffxyz$ porque la operación es asociativa (tanto la suma como el producto); esto es: $(\mathbf{x} + \mathbf{y}) + \mathbf{z} = \mathbf{x} + (\mathbf{y} + \mathbf{z})$ y $(\mathbf{x} \times \mathbf{y}) \times \mathbf{z} = \mathbf{x} \times (\mathbf{y} \times \mathbf{z})$.

   3) $\mathcal{A} \Vdash \forall x(fxa = x \wedge fax = x)$ y $\mathcal{B} \Vdash \forall x(fxa = x \wedge fax = x)$ porque sumar cero o multiplicar por uno deja a cualquier número entero inalterado; esto es, $(\mathbf{x} + \mathbf{0}) = \mathbf{x}$ y $(\mathbf{x} \times \mathbf{1}) = \mathbf{x}$.

   4) $\mathcal{A} \Vdash \forall xy fxy = fyx$ y $\mathcal{B} \Vdash \forall xy fxy = fyx$ porque la operación es conmutativa (tanto la suma como el producto); esto es, $(\mathbf{x} + \mathbf{y}) = (\mathbf{y} + \mathbf{x})$ y $(\mathbf{x} \times \mathbf{y}) = (\mathbf{y} \times \mathbf{x})$.

Modelos de un conjunto de sentencias

En lógica entre estructuras y sentencias del lenguaje el camino es de ida y vuelta: a veces partimos de una estructura o de una clase de ellas y buscamos sentencias que las describan, como en los ejemplos anteriores. Otras veces partimos de las sentencias, que en ocasiones son los axiomas de una teoría, y buscamos sus modelos.

1. Tomemos las sentencias

$$\forall x(\exists y Rxy \to Px) \quad \neg\exists x(Px \land Rxx) \quad \exists x(Px \land \neg Rxx)$$

En cualquier estructura adecuada a este lenguaje

$$\mathcal{A} = \langle \mathbf{A},\ R^{\mathcal{A}}, P^{\mathcal{A}} \rangle$$

para que sean verdaderas debe cumplirse:

$$Dom(R^{\mathcal{A}}) \subseteq P^{\mathcal{A}} \quad P^{\mathcal{A}} \cap Dom(I_{\mathbf{A}} \cap R^{\mathcal{A}}) = \emptyset \quad P^{\mathcal{A}} \cap Dom(\sim (R^{\mathcal{A}} \cap I_{\mathbf{A}})) \neq \emptyset$$

Hagamos:

$$\mathbf{A} = \{1,2,3\} \quad P^{\mathcal{A}} = \{1,2\} \quad R^{\mathcal{A}} = \{\langle 1,2\rangle, \langle 2,3\rangle\}$$

Es fácil comprobar que se verifican las condiciones requeridas puesto que

$$Dom(R^{\mathcal{A}}) = \{1,2\} \quad I_{\mathbf{A}} = \{\langle 1,1\rangle, \langle 2,2\rangle, \langle 3,3\rangle\}$$

2. Dadas las sentencias

$$\forall x Rxx$$
$$\forall xy(Rxy \land Ryx \to x=y)$$
$$\forall xyz(Rxy \land Ryz \to Rxz)$$

Las siguientes estructuras

$$\mathcal{A} = \langle \mathbf{A}, R^{\mathcal{A}}\rangle \quad \mathcal{B} = \langle \mathbf{B}, R^{\mathcal{B}}\rangle \quad \mathcal{C} = \langle \mathbf{C}, R^{\mathcal{C}}\rangle$$

son modelo de todas ellas. Las representamos mediante los diagramas de Hasse de la figura 10.5.

Por supuesto que los universos pueden ser bien distintos; por ejemplo,

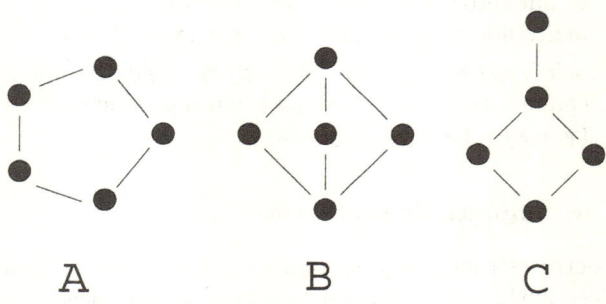

Figura 10.5: *Segundo diagrama de Hasse*

10.3. CONCEPTOS CLAVE

$$\mathbf{A} = \{\emptyset, \{1\}, \{2\}, \{1,3\}, \{1,2,3\}\}$$

$R^\mathcal{A}$ es la relación de *"ser un subconjunto de"*

$$\mathbf{B} = \{3, 6, 9, 21, 126\} \qquad R^\mathcal{B} \text{ es la relación } \textit{"divide a"}$$

$$\mathbf{C} = \{a, b, c, d, e\}$$

$$R^\mathcal{C} = \left\{ \begin{array}{l} \langle a, a \rangle, \langle b, b \rangle, \langle c, c \rangle, \langle d, d \rangle, \langle e, e \rangle, \langle a, b \rangle, \langle a, c \rangle, \langle a, d \rangle, \\ \langle a, e \rangle, \langle b, d \rangle, \langle b, e \rangle, \langle c, d \rangle, \langle c, e \rangle, \langle d, e \rangle \end{array} \right\}$$

Las tres sentencias consideradas son también verdaderas en las estructuras de la figura 10.4 dado que aquéllas también eran estructuras de orden.

3. Si añadimos a las sentencias del ejercicio anterior la que indica que en el universo hay exactamente cinco elementos; a saber, que hay al menos cinco pero no seis

$$\exists x_1...x_5(x_1 \neq x_2 \wedge ... \wedge x_4 \neq x_5) \wedge \neg \exists x_1...x_6(x_1 \neq x_2 \wedge ... \wedge x_5 \neq x_6)$$

las estructuras de la figura 10.4 se descartan, aunque siguen siendo válidas las de la figura 10.5.

10.3.3. Definibilidad en una estructura

Dada una estructura $\mathcal{A}$ de universo $\mathbf{A}$, cualquier subconjunto de $\mathbf{A}$ es una posible propiedad sobre $\mathbf{A}$. Es decir, $\wp\mathbf{A}$ contiene a todas las propiedades, extensionalmente hablando.

¿Tenemos acceso a todas ellas?, ¿las podemos definir con nuestro lenguaje formal?

Algunas están ya destacadas en la estructura, a otras nos podemos acercar mediante definiciones usando las fórmulas del lenguaje, otras al fin son innominables. El concepto de definibilidad no es absoluto, depende de la estructura y del lenguaje empleado.

Definición 343 *Sea*

$$\mathcal{A} = \left\langle \mathbf{A}, \overrightarrow{R^\mathcal{A}}, \overrightarrow{f^\mathcal{A}}, \overrightarrow{c^\mathcal{A}} \right\rangle$$

decimos que $\mathbf{R} \subseteq \mathbf{A}^n$ *es definible en* $\mathcal{A}$ *si existe una fórmula C de*

$$L\left\langle \overrightarrow{R}, \overrightarrow{f}, \overrightarrow{c} \right\rangle$$

con a lo sumo n variables libres —$x_1, ..., x_n \in LBR(C)$— tal que

$$\mathbf{R} = \{\langle \mathbf{x}_1, ..., \mathbf{x}_n \rangle \in \mathbf{A}^n \mid \mathcal{A}\left[x_1/\mathbf{x}_1, ..., x_n/\mathbf{x}_n\right] \Vdash C\}$$

Algunos ejemplos de relaciones definibles

1. *Universo*

    En todo lenguaje que incluya la igualdad el universo de cualquier estructura es definible. En efecto, sea $\mathcal{A}$ una estructura de universo $\mathbf{A}$

    $$\mathbf{A} = \{\mathbf{x} \mid \mathcal{A}\,[x/\mathbf{x}\,] \Vdash x = x\}$$

    y por lo tanto, el universo de la estructura es definible.

2. *Operaciones booleanas*

    En toda estructura $\mathcal{A}$ son definibles todos los conjuntos y relaciones obtenidos mediante operaciones booleanas sobre los que aparecen destacados en la estructura[3]

    $$R^{\mathcal{A}} \cap S^{\mathcal{A}} = \{\mathbf{x} \mid \mathcal{A}\,[x/\mathbf{x}] \Vdash Rx \wedge Sx\}$$

    $$R^{\mathcal{A}} \cup S^{\mathcal{A}} = \{\mathbf{x} \mid \mathcal{A}\,[x/\mathbf{x}] \Vdash Rx \vee Sx\}$$

    $$\sim R^{\mathcal{A}} = \{\mathbf{x} \mid \mathcal{A}\,[x/\mathbf{x}] \Vdash \neg Rx\}$$

3. *Operaciones definidas sobre relaciones*

    El dominio, el recorrido, la inversa y la compuesta de relaciones definibles son definibles, así como la restricción de una relación a un conjunto.

    $$Dom(R^{\mathcal{A}}) = \{\mathbf{x} \mid \mathcal{A}\,[x/\mathbf{x}] \Vdash \exists y Rxy\}$$

    $$(R^{\mathcal{A}})^{-1} = \{\langle \mathbf{x}, \mathbf{y}\rangle \mid \mathcal{A}\,[x/\mathbf{x}\,y/\mathbf{y}] \Vdash Ryx\}$$

    $$(R^{\mathcal{A}} \upharpoonright A^{\mathcal{A}}) = \{\langle \mathbf{x}, \mathbf{y}\rangle \mid \mathcal{A}\,[x/\mathbf{x}\,y/\mathbf{y}] \Vdash Rxy \wedge Ax\}$$

    $$R^{\mathcal{A}} \circ S^{\mathcal{A}} = \{\langle \mathbf{x}, \mathbf{y}\rangle \mid \mathcal{A}\,[x/\mathbf{x}\,y/\mathbf{y}] \Vdash \exists z(Rxz \wedge Szy)\}$$

4. *Parentesco*

    Consideramos el lenguaje de primer orden con dos relatores monarios V y M, tres relatores binarios P, H y A y hagamos que signifiquen

    $Vx :=\;\;x$ es varón $\qquad Mx :=\;\;x$ es mujer $\qquad Hxy :=\;\;x$ es hermano de y

    $\qquad Pxy :=\;\;x$ es progenitor de $y\qquad Axy :=\;\;x$ es antepasado de y

    Sea $\mathcal{A}$ una estructura adecuada

    $$\mathcal{A} = \langle \mathbf{A}, V^{\mathcal{A}}, M^{\mathcal{A}}, P^{\mathcal{A}}, H^{\mathcal{A}}, A^{\mathcal{A}}\rangle$$

    donde $\mathbf{A}$ es la humanidad.

---

[3] Se hace extensivo a los que sin estar destacados en la estructura son definibles.

10.3. CONCEPTOS CLAVE

a) Relación binaria: " x *es hermana de* y "
   La relación **R** se puede expresar en teoría de conjuntos como composición de ciertas relaciones de la estructura

   $$\mathbf{R} = H^{\mathcal{A}} {\upharpoonright} M^{\mathcal{A}}$$

   Usando el lenguaje de primer orden la definición sería

   $$\mathbf{R} = \{\langle \mathbf{x}, \mathbf{y} \rangle \,|\, \mathcal{A}[x/\mathbf{x}\ y/\mathbf{y}] \Vdash Hxy \wedge Mx\}$$

b) Relación binaria: " x *es bisabuela de* y "
   La relación **R** se puede expresar en teoría de conjuntos como composición de ciertas relaciones de la estructura

   $$((P^{\mathcal{A}} \upharpoonright M^{\mathcal{A}}) \circ P^{\mathcal{A}}) \circ P^{\mathcal{A}}$$

   Usando el lenguaje de primer orden la definición sería

   $$\exists zv\,(Pxz \wedge Pzv \wedge Pvy \wedge Mx)$$

c) Relación binaria: " x *es prima de* y "
   La relación **R** se puede expresar en teoría de conjuntos como restricción de la composición de ciertas relaciones de la estructura

   $$\mathbf{R} = ((P^{\mathcal{A}})^{-1} \circ H^{\mathcal{A}} \circ P^{\mathcal{A}}) \upharpoonright M^{\mathcal{A}}$$

   Usando el lenguaje de primer orden la definición sería

   $$\mathbf{R} = \{\langle \mathbf{x}, \mathbf{y}\rangle \,|\, \mathcal{A}\,[x/\mathbf{x}\ y/\mathbf{y}] \Vdash \exists zv\,(Pzx \wedge Pvy \wedge Hzv \wedge Mx)\}$$

d) Relación binaria: " x *es sobrina de* y "
   La relación **R** se puede expresar en teoría de conjuntos como intersección de la composición de ciertas relaciones de la estructura

   $$(H^{\mathcal{A}} \circ P^{\mathcal{A}}) \cap (\mathbf{A} \times M^{\mathcal{A}})$$

   Usando el lenguaje de primer orden la definición sería

   $$\mathbf{R} = \{\langle \mathbf{x}, \mathbf{y}\rangle \,|\, \mathcal{A}[x/\mathbf{x}\ y/\mathbf{y}] \Vdash \exists z\,(Mx \wedge Pzx \wedge Hyz)\}$$

¿Es definible la identidad?

El que la interpretación del signo de igualdad sea la genuina relación de identidad —es decir, la identidad genérica, la que mantiene un objeto consigo mismo, pero sólo consigo mismo— no se lo debemos a la capacidad expresiva de la lógica de primer orden; sencillamente es un concepto primitivo y se toma así del metalenguaje.

Pero,

¿Se podría definir la identidad en LPO *si no tuviera la igualdad?*

¿Hay una C que la defina?; es decir, una fórmula con a lo sumo dos variables libres tal que para cada estructura $\mathcal{A}$

$$\{\langle \mathbf{x}, \mathbf{y}\rangle \in \mathbf{A} \times \mathbf{A} \mid \mathbf{x} = \mathbf{y}\} = \{\langle \mathbf{x}, \mathbf{y}\rangle \mid \mathcal{A}[x/\mathbf{x}\ y/\mathbf{y}] \Vdash C\}$$

La respuesta es que no. Sin embargo, en los casos en los que el lenguaje sólo tenga un número finito de relatores; por ejemplo, R (monario) y T (binario), la fórmula

$$(Rx \leftrightarrow Ry) \wedge \forall z(Txz \leftrightarrow Tyz) \wedge \forall z(Tzx \leftrightarrow Tzy) \tag{10.1}$$

expresa que x e y no se pueden distinguir mediante fórmulas del lenguaje de primer orden. Esta *"definición"* obedece las leyes habituales de la igualdad, pero hay modelos en donde la relación que define esta fórmula no es la de identidad genérica.

Ejemplo 344 *En el modelo* $\mathcal{A} = \langle \{1,2,3\}, T^{\mathcal{A}}, R^{\mathcal{A}}\rangle$, *siendo* $T^{\mathcal{A}} = \emptyset$ *y* $R^{\mathcal{A}} = \{1,2,3\}$, *la relación definida por la fórmula (10.1) no es la identidad.*

Comentario 345 *Aunque sea tan sólo una relación similar a la de identidad y requiera de un alfabeto con un número finito de relatores, es la mejor aproximación que tenemos en primer orden al* **Principio de Leibniz de los Indiscernibles** *—según el cual dos individuos son iguales si comparten todos sus atributos.*

10.3.4. Validez, consecuencia e independencia

Acabamos de definir las nociones de *satisfacibilidad* de una fórmula y de un conjunto de fórmulas, ahora introducimos la relación de *consecuencia* y su negación (la de *independencia*) y terminamos con la *equivalencia* entre fórmulas. El concepto de *validez* se reducirá al de consecuencia (del conjunto vacío de fórmulas). Como podéis comprobar fácilmente, las definiciones son las mismas que en proposicional.

Definición 346 *Una fórmula C es* **consecuencia** *de un conjunto de fórmulas Γ —y escribimos $\Gamma \vDash C$— syss todo modelo de Γ lo es también de C; es decir, toda interpretación que hace verdadera a cada fórmula de Γ, hace verdadera a C.*

Definición 347 *Una fórmula C es* **válida** *—y escribimos $\vDash C$— syss $\emptyset \vDash C$; es decir, toda interpretación hace verdadera a C.*

Definición 348 *Una fórmula C es* **independiente** *de un conjunto de fórmulas Γ —y escribimos $\Gamma \nvDash C$ — syss C no es consecuencia de Γ; es decir, hay modelos de Γ que no lo son de C.*

Definición 349 *Un conjunto Δ de fórmulas* **es independiente** *syss para cada $C \in \Delta$ se cumple que $\Delta - \{C\} \nvDash C$.*

10.3. CONCEPTOS CLAVE

Pruebas de independencia

Para demostrar que una fórmula es independiente de un conjunto de fórmulas basta con encontrar un modelo del conjunto que no lo sea de la fórmula.

1. Queremos demostrar que $\forall x \exists y Rxy \nvDash \exists y \forall x Rxy$
   Para ello, sea $\mathcal{A} = \langle \mathbf{A}, R^{\mathcal{A}} \rangle$ donde

   $$\mathbf{A} = \{0,1,2,3\} \qquad R^{\mathcal{A}} = \{\langle 0,1 \rangle, \langle 1,2 \rangle, \langle 2,3 \rangle, \langle 3,0 \rangle\}$$

2. Queremos demostrar que $\neg \exists x (Rx \land Sx) \nvDash \neg \exists x Rx \land \neg \exists x Sx$
   Para ello definimos la estructura $\mathcal{A} = \langle \mathbf{A}, R^{\mathcal{A}}, S^{\mathcal{A}} \rangle$ donde

   $$\mathbf{A} = \{0,1,2,3\} \qquad R^{\mathcal{A}} = \{0,1\} \qquad S^{\mathcal{A}} = \{2,3\}$$

3. Queremos demostrar que $\forall xyz(Rxy \land Ryz \to Rxz) \nvDash \forall xy(Rxy \to Ryx)$
   Para ello, sea $\mathcal{A} = \langle \mathbf{A}, R^{\mathcal{A}} \rangle$ donde

   $$\mathbf{A} = \{0,1,2,3\} \qquad R^{\mathcal{A}} = \{\langle 0,1 \rangle, \langle 1,2 \rangle, \langle 0,2 \rangle\}$$

4. Para demostrar que el conjunto $\Delta = \{\delta_1, \delta_2, \delta_3\}$ es independiente veremos que para cada $\delta \in \Delta$ se cumple: $\Delta - \{\delta\} \nvDash \delta$

   $$\begin{aligned}
   \delta_1 &:= \forall xyz(Rxy \land Ryz \to Rxz) \\
   \delta_2 &:= \forall xy(Rxy \land Ryx \to x = y) \\
   \delta_3 &:= \forall xy(Rxy \lor Ryx)
   \end{aligned}$$

   a) $\{\delta_2, \delta_3\} \nvDash \delta_1$ Necesitamos una relación antisimétrica y conectada pero no transitiva. Para ello, sea $\mathcal{A} = \langle \mathbf{A}, R^{\mathcal{A}} \rangle$ donde

   $$\mathbf{A} = \{0,1,2\} \qquad R^{\mathcal{A}} = \{\langle 0,1 \rangle, \langle 1,2 \rangle, \langle 2,0 \rangle\}$$

   b) $\{\delta_1, \delta_3\} \nvDash \delta_2$ Necesitamos una relación transitiva y conectada pero no antisimétrica. Para ello, sea $\mathcal{A} = \langle \mathbf{A}, R^{\mathcal{A}} \rangle$ donde

   $$\mathbf{A} = \{0,1\} \qquad R^{\mathcal{A}} = \{\langle 0,1 \rangle, \langle 1,0 \rangle, \langle 0,0 \rangle, \langle 1,1 \rangle\}$$

   c) $\{\delta_1, \delta_2\} \nvDash \delta_3$ Necesitamos una relación transitiva y antisimétrica pero no conectada. Para ello, sea $\mathcal{A} = \langle \mathbf{A}, R^{\mathcal{A}} \rangle$ donde

   $$\mathbf{A} = \{0,1,2\} \qquad R^{\mathcal{A}} = \{\langle 0,0 \rangle, \langle 1,1 \rangle, \langle 2,2 \rangle\}$$

10.3.5. Equivalencia lógica

Definición 350 *Dos fórmulas C y D son **lógicamente equivalentes** si y sólo si*

$$C \vDash D \ y \ D \vDash C$$

Notación 351 *Usaremos el signo* $\equiv$ *para expresar este* **metaconcepto**, *escribiremos* $C \equiv D$.

Véase la página 64 de LP en donde se enuncian las principales propiedades booleanas de los conectores $\vee, \wedge$ y $\neg$: asociatividad de $\vee$ y $\wedge$, conmutatividad, distributividad, leyes de De Morgan, idempotencia, absorción, doble negación, etc.

Por lo que respecta a la interdefinición de los conectores en lógica proposicional, se puede demostrar que nos bastan dos de ellos —por ejemplo, $\neg$ y $\vee$— para tener un lenguaje igualmente expresivo que el que ya teníamos. Evidentemente, estos resultados siguen siendo aplicables a LPO.

A continuación enunciamos algunas equivalencias propias de LPO, en donde aparecen cuantificadores.

Equivalencias básicas

1. $\forall x A \equiv \neg \exists x \neg A$

2. $\neg \forall x A \equiv \exists x \neg A$

3. $\neg \exists x A \equiv \forall x \neg A$

Cuantificadores y conectores

1. $\forall x A \wedge \forall x B \equiv \forall x (A \wedge B)$

2. $\exists x A \vee \exists x B \equiv \exists x (A \vee B)$

Cuantificación múltiple

1. $\forall x \forall y A \equiv \forall y \forall x A$

2. $\exists x \exists y A \equiv \exists y \exists x A$

Cuantificación vacía Si x no está libre en B, se cumple:

1. $\forall x A \wedge B \equiv \forall x (A \wedge B)$

2. $\forall x A \vee B \equiv \forall x (A \vee B)$

3. $\exists x A \wedge B \equiv \exists x (A \wedge B)$

4. $\exists x A \vee B \equiv \exists x (A \vee B)$

Cuantificación y sustitución Si x no está libre en A y $x \neq y$, se cumple:

1. $\forall x A \equiv \forall y S_x^y A$

2. $\exists x A \equiv \exists y S_x^y A$

10.4. Metalógica

Consultad la sección 3.4 de LP, todo lo allí expuesto se extiende con facilidad a nuestro lenguaje y será demostrado en el apéndice C del CD. En particular, la relación de consecuencia sigue conservando las propiedades de *monotonía*, *reflexividad* y *corte*. Y por supuesto, el *teorema básico* sigue teniendo vigencia. Todas las propiedades algebraicas de los conectores booleanos, basadas en la interpretación de los mismos como funciones veritativas, se mantienen, ya que no hemos variado dichas interpretaciones.

Simplificación del lenguaje formal

De la definición de satisfacción de fórmulas se sigue que no necesitamos todos los conectores y cuantificadores que hemos introducido. Para algunos propósitos —por ejemplo, en las pruebas por inducción semiótica, en la mayor parte de las implementaciones informáticas—, conviene tener un lenguaje reducido, más económico. Sin embargo, no queremos restarle expresividad.

Se obtiene un lenguaje al menos tan expresivo como L_1 cuando habiendo elegido un subconjunto propio del de sus signos lógicos demostramos que todas las fórmulas de L_1 pueden definirse mediante fórmulas equivalentes, usando el conjunto reducido de signos lógicos. De esta manera el lenguaje básico queda notablemente aligerado y cuando tengamos que demostrar mediante inducción semiótica algún metateorema para todas las fórmulas, lo agradeceremos. No obstante, podemos conservar en la práctica del lenguaje objeto todos los signos, ya que las fórmulas que incluyen el resto de conectores pueden ser consideradas abreviaturas.

Como se demostrará en la sección C.5.1 del apéndice C del CD:

- Podemos suponer que nuestro lenguaje sólo contiene el cuantificador existencial $\exists$ y los conectores $\neg$ y $\vee$. Las fórmulas que incluyen $\forall$ y el resto de conectores $\bot, \wedge, \rightarrow, \leftrightarrow$ pueden considerarse abreviaturas.

- De forma semejante, el lenguaje podría tener sólo el existencial $\exists$ y los conectores $\neg$ y $\wedge$. Las fórmulas que incluyen $\forall$ y el resto de conectores $\bot, \vee, \rightarrow, \leftrightarrow$ pueden considerarse abreviaturas.

- De lo anterior se desprende que nuestro lenguaje podría contener sólo el cuantificador universal, $\forall$ y los conectores $\neg$, $\vee$ y $\wedge$. Las fórmulas que incluyesen el resto de conectores $\bot, \rightarrow, \leftrightarrow$ y el particularizador $\exists$ podrían considerarse abreviaturas.

- En otros contextos se usan otros conjuntos de conectores; por ejemplo, en lógica modal, aparte de los operadores modales, se suele usar $\{\bot, \rightarrow, \forall\}$. Las fórmulas que incluyen el resto de conectores $\neg, \vee, \wedge, \leftrightarrow$ y el particularizador $\exists$ pueden ser consideradas abreviaturas.

Metapropiedades y procedimientos

De momento sólo contamos con las definiciones para determinar las propiedades semánticas que hemos definido en la sección 10.3. En capítulos posteriores introduciremos los cálculos de tableaux semánticos, de resolución y de deducción natural. Con ellos demostraremos fórmulas a partir de hipótesis; esto es, verificaremos consecuencia. Posteriormente demostraremos la *completud* y *corrección* de los cálculos introducidos; esto es,

$$\Gamma \vDash C \text{ syss } \Gamma \vdash C$$

Si se compara a la lógica de primer orden con la proposicional, vemos que hemos ganado de forma evidente en cuanto al poder expresivo se refiere, pero aunque se conservan propiedades tan importantes como las de corrección y completud, hemos pagado como tributo con las tablas de verdad. A estas alturas en lógica proposicional contábamos con un procedimiento, el de las tablas de verdad, que en un número finito de pasos determinaba si una fórmula cualquiera era válida. En lógica de primer orden no sólo no tenemos tablas de verdad, sino que se puede demostrar que LPO no es decidible; es decir, no existe ningún otro procedimiento efectivo (o algoritmo) que en un número finito de pasos nos diga si una fórmula es válida o no lo es.

Comentario 352 *Demostrar la indecidibilidad de la lógica de primer orden cae fuera de lo razonable en un curso introductorio de lógica y no lo haremos en éste. En capítulos posteriores introduciremos cálculos para la lógica de primer orden y demostraremos su completud y corrección.*

10.5. Teorías

En las secciones anteriores hemos comprobado que los acontecimientos verdaderamente importantes se libran sobre el puente[4]. Por él transitamos desde las estructuras del *universo matemático* hasta las descripciones del lenguaje formal que nos servirán para definirlas, caracterizarlas; en una palabra, *hacernos* con lo que singulariza a la estructura (o clase de estructuras) que nos interesa. Si lo logramos, la abstracción que el lenguaje formal posibilita nos ahorrará esfuerzos: podremos en una sola fórmula expresar propiedades de una clase amplia y variada de estructuras y, lo que es más, demostrar dichas fórmulas en un cálculo deductivo a partir de las sentencias que axiomatizan la estructura, en su caso. Pero también transitamos por el puente en la otra dirección: dado un conjunto de sentencias, estudiamos sus modelos, la relación que entre ellos mantengan, qué grado de similitud guardan entre sí.

---

[4]Como en la novela de Ivo Andrić: *Un puente sobre el Drina*. Editorial Debate. El puente se encuentra en la ciudad de Visegrad, a escasos kilómetros de Sarajevo (justamente la novela termina en 1914, con el asesinato del archiduque en esta ciudad, acontecimiento que marca el origen de la primera Gran Guerra), y desde su construcción en el siglo XVI ha sido testigo del tránsito entre culturas, entre imperios incluso, de los hombres que habitan en sus orillas. Actualmente une Bosnia con Serbia.

10.5. TEORÍAS

La lógica no sólo se utiliza para cifrar el razonamiento, para captar las pautas generales, los esquemas argumentales que seguimos cuando extraemos conclusiones de conjuntos cualesquiera de hipótesis. También la usamos cuando nuestro objeto de estudio se focaliza, al interesarnos en una materia determinada, en una pequeña parcela del saber. Es entonces cuando utilizamos el lenguaje formal para expresar en él lo más relevante de ese contexto restringido, sirviéndonos del cálculo deductivo para extraer conclusiones de las sentencias que caracterizan nuestro objeto de estudio. El ideal es *axiomatizarla*, utilizando un conjunto restringido de sentencias del que el resto de las verdades puedan derivarse. A los *axiomas* junto a todo lo que implican los llamamos una *teoría*. La primera teoría axiomática de la historia fue la geometría de Euclides. Otras teorías axiomáticas son la de *conjuntos* y la *aritmética de Peano*.

Por todo lo dicho, tal vez el cambio de rumbo más importante se produce cuando nuestro interés se centra en ciertos conjuntos de sentencias que constituyen una *teoría*. Esto es, conjuntos cerrados bajo la relación de deducibilidad o, lo que es lo mismo en primer orden —en donde contamos con un cálculo deductivo correcto y completo—, cerrados bajo la relación semántica de consecuencia.

Definición 353 $\Gamma \subseteq SENT(L_1)$ *es una teoría syss: si* $\Gamma \vDash C$ *entonces* $C \in \Gamma$, *para cada* $C \in SENT(L)$.

Con las teorías tenemos de salida un problema de dimensión, ya que el conjunto de sus sentencias es siempre infinito, pues todas las sentencias lógicamente válidas pertenecen a cualquier teoría —ya que las sentencias válidas son consecuencia de cualquier conjunto.

¿Cómo presentar pues una teoría, cómo describir un conjunto infinito?

Hay casos en los que la teoría que nos interesa no se presenta mediante axiomas, sino por referencia a una estructura, o de una clase de ellas.

Teoría de una estructura

Tenemos una estructura —por ejemplo, $\mathcal{N}$ el modelo estándar de los números naturales con las operaciones aritméticas usuales— y queremos estudiar el conjunto de todas las sentencias verdaderas en $\mathcal{N}$. En estos casos, la descripción que hacemos de la teoría es sencillamente esa, sentencias de primer orden verdaderas en $\mathcal{N}$

$$Th(\mathcal{N}) = \{C \in \text{SENT}(L) \mid \mathcal{N} \Vdash C\}$$

De forma semejante definimos $Th(\mathfrak{K})$ cuando se trata de una clase de estructuras:

$$Th(\mathfrak{K}) = \{C \in \text{SENT}(L) \mid \mathcal{A} \Vdash C, \text{ para cada } \mathcal{A} \in \mathfrak{K}\}$$

¿Cómo verificar la pertenencia a $Th(\mathfrak{K})$, *contamos con algún método sistemático que nos ayude a establecerla?*

Teorías axiomáticas

En ciertas ocasiones (más felices que la anteriormente comentada de $Th(\mathcal{N})$), para describir una teoría podemos utilizar un conjunto decidible de sentencias, a las que llamamos *axiomas*, y considerar que las sentencias de nuestra teoría son sus consecuencias lógicas. La primera pregunta que se nos plantea es:

¿Se pueden representar axiomáticamente todas las teorías?

La respuesta es que no. Hay teorías que no pueden ser generadas por ningún conjunto decidible de axiomas, aunque se admitan conjuntos infinitos (pero decidibles) de axiomas.

Ejemplos de teorías axiomatizables Las teorías de grupos, anillos, cuerpos, retículos y álgebras de Boole son axiomatizables, y lo que es más, lo son mediante un conjunto finito de axiomas. Las teorías de los cuerpos de característica cero, o la aritmética de Peano de primer orden —es decir, las consecuencias de los axiomas de Peano de primer orden— son axiomatizables, pero no finitamente.

Los axiomas de la aritmética de Peano de primer orden $\mathbf{AP^1}$ son:

1. $P1 := \forall x \neg \sigma x = c$

2. $P2 := \forall xy (\sigma x = \sigma y \to x = y)$

3. $P(\varphi) := \varphi(c) \land \forall x(\varphi(x) \to \varphi(\sigma x)) \to \forall x \varphi(x)$

Los axiomas dicen:

1. El cero no es el siguiente de ningún número natural.

2. La función del siguiente es inyectiva.

3. El axioma de inducción.

Este último debería decir que todo subconjunto de los naturales que contenga el cero y esté cerrado bajo la función del siguiente contiene a todos los naturales. Puesto que en LPO no podemos cuantificar sobre conjuntos, lo que hacemos es utilizar un esquema axiomático; una colección infinita de fórmulas, una para cada fórmula φ del lenguaje de primer orden. De esta manera la cuantificación no se extiende a todos los subconjuntos de los naturales, sino a los subconjuntos definibles de números naturales.

Ejemplos de teorías no axiomatizables Sin embargo, la teoría de los números naturales —es decir, las sentencias de primer orden verdaderas en el sistema $\mathcal{N}$— no es axiomatizable.

¿Qué es lo que sucede entonces con los números naturales?

10.5. TEORÍAS

Sencillamente, que la aritmética de Peano es un subconjunto propio de la teoría de los números naturales; es decir

$$\{C \in \text{SENT}(L) \mid \mathbf{AP}^1 \vdash C\} \subset Th(\mathcal{N})$$

Hay una gran diferencia entre probar que una teoría es axiomatizable y demostrar que no lo es. En el primer caso basta con dar sus axiomas, mientras que en el segundo tenemos que demostrar que no puede haberlos; para hacer esto último usamos frecuentemente el teorema de compacidad[5].

Teorías completas

Otra importante propiedad relacionada con la de axiomatizabilidad, que no todas las teorías comparten, es la de completud. Una teoría es completa si para cada sentencia B del lenguaje, o ella, o su negación es deducible en la teoría.

Por supuesto, si definimos a una teoría semánticamente, como el conjunto de las sentencias verdaderas en una cierta estructura, no tiene sentido preguntarse si dicha teoría es completa: ¡Naturalmente que sí!, en una estructura una sentencia cualquiera es o verdadera o falsa. Sin embargo, no todas las teorías se presentan de este modo, y nos interesa poder caracterizar a una teoría completa mediante procedimientos no sintácticos. La primera cuestión que se puede demostrar es que la completud de una teoría equivale a que sean *elementalmente equivalentes* todos sus modelos; es decir, que satisfagan simultáneamente las mismas sentencias.

Las teorías completas son interesantes por varios motivos. Veamos uno: supongamos que $\mathcal{A}$ y $\mathcal{B}$ son dos modelos de una teoría completa T. Si C es una sentencia verdadera en $\mathcal{A}$, también lo será en $\mathcal{B}$. Por consiguiente, las propiedades conocidas, y expresables en primer orden, de una estructura que nos sea familiar $\mathcal{A}$ pueden también aplicarse a otra menos familiar, siempre que ambas sean modelo de la misma teoría completa. El concepto de *completud de una teoría* está muy estrechamente vinculado al de equivalencia elemental y al de decisión. Tal y como se ha definido este concepto, es una propiedad sintáctica, relacionada con el cálculo y sus reglas. Por otra parte, la *completud del cálculo* significa la equivalencia entre la noción sintáctica y semántica de consecuencia. Hay quienes prefieren reservar la palabra completud para teorías y usar en los cálculos *suficiencia*. Yo prefiero mantener el vocablo completud en ambos casos, porque son formulaciones de un mismo problema, al menos en su génesis.

Comentario 354 *No hay que confundir la completud de una lógica con la de una teoría, la palabra completud se usa en dos sentidos distintos. En una lógica completa hay muchas teorías que no lo son. Por ejemplo, $\mathbf{AP}^1$ no es una teoría completa pero todas sus sentencias son de la lógica de primer orden, que es una lógica completa. Si volvéis a mirar la figura 3.3, la lógica se podría identificar con el conjunto VAL, mientras que una teoría completa sería $Th(\mathcal{A})$.*

---

[5]Dedico en mi libro [13] un capítulo completo a demostrar las consecuencias del teorema de compacidad.

Teorías categóricas

Otra propiedad importante es la de *categoricidad*, que establece que una teoría consistente es categórica, si todos sus modelos son isomorfos. Isomorfía es identidad de estructuras; sólo la naturaleza de los objetos que constituyen el universo puede ser distinta, su número y las relaciones que entre sí mantienen es la misma.

Definición 355 *Una función H de $\mathbf{A}$ en $\mathbf{B}$ es un **isomorfismo** de $\mathcal{A}$ en $\mathcal{B}$ syss*

1. *H es biyectiva*

2. *Para cada functor $n-$ario f y cada $\mathbf{x}_1, ..., \mathbf{x}_n \in \mathbf{A}$*

$$H\left(f^{\mathcal{A}}(\mathbf{x}_1,...,\mathbf{x}_{n)})\right) = f^{\mathcal{B}}(H(\mathbf{x}_1),...,H(\mathbf{x}_n))$$

en especial, para los individuos destacados,

$$H\left(a^{\mathcal{A}}\right) = a^{\mathcal{B}}$$

3. *Para cada relator $n-$ario R y cada $\mathbf{x}_1, ..., \mathbf{x}_n \in \mathbf{A}$*

$$\langle \mathbf{x}_1,...,\mathbf{x}_n \rangle \in R^{\mathcal{A}} \quad syss \quad \langle H(\mathbf{x}_1),...,H(\mathbf{x}_n) \rangle \in R^{\mathcal{B}}$$

Notación 356 *Usamos: $\cong$ para isomorfismo.*

Definición 357 *Sea Δ una teoría consistente: Δ es categórica syss para cada $\mathcal{A}, \mathcal{B}$: Si $\mathcal{A} \Vdash \Delta$ y $\mathcal{B} \Vdash \Delta$ entonces $\mathcal{A} \cong \mathcal{B}$.*

Ahora contamos con tres procedimientos para saber si una teoría es completa:

1. El sintáctico.

2. Utilizando equivalencia elemental.

3. Utilizando categoricidad —porque si T es categórica, todos sus modelos son elementalmente equivalentes y, por tanto, es completa.

La *teoría de modelos* es la rama de la *Summa Logicae* en donde se estudian en profundidad las teorías. Podéis consultar el libro [13].

10.6. Ejercicios del CD

Los ejercicios siguientes están todos resueltos en el CD que acompaña a este libro, en el capítulo 10. Por limitación de espacio no hemos incluido en el libro ni tan siquiera los enunciados de todos los ejercicios que allí recogemos. Hay tres bloques de cada tipo:

- *SEMÁNTICA: VERDAD EN UNA ESTRUCTURA*
- *SEMÁNTICA: DEFINIBILIDAD (1)*

Dos de ellos vienen con solución y del otro sólo se suministra el enunciado.

SEMÁNTICA: VERDAD EN UNA ESTRUCTURA (1)

1. Considerad el lenguaje de primer orden cuyos signos peculiares son: P y Q como relatores monarios; R y S como relatores binarios y las constantes individuales c y d. Considerad la estructura

$$\mathcal{A} = \langle \mathbf{A}, P^{\mathcal{A}}, Q^{\mathcal{A}}, R^{\mathcal{A}}, S^{\mathcal{A}}, c^{\mathcal{A}}, d^{\mathcal{A}} \rangle$$

donde
$\mathbf{A} = \{1, 2, 3, 4\}$
$P^{\mathcal{A}} = \{1, 3\}, Q^{\mathcal{A}} = \emptyset$
$R^{\mathcal{A}} = \{\langle 1,2 \rangle, \langle 1,3 \rangle, \langle 3,4 \rangle, \langle 3,3 \rangle, \langle 2,3 \rangle, \langle 4,1 \rangle\}$
$S^{\mathcal{A}} = \{\langle 1,2 \rangle, \langle 1,3 \rangle, \langle 1,4 \rangle, \langle 3,4 \rangle, \langle 1,1 \rangle\}$
$c^{\mathcal{A}} = 1$ y $d^{\mathcal{A}} = 2$.

¿Cuáles de las siguientes sentencias son verdaderas en $\mathcal{A}$? Contestad **SI** o **NO**.

		SI	NO
a	$\mathcal{A} \Vdash Pc$		
b	$\mathcal{A} \Vdash (Pc \land Qd)$		
c	$\mathcal{A} \Vdash \forall x\, (Px \to Qx)$		
d	$\mathcal{A} \Vdash \forall x\, Scx$		
e	$\mathcal{A} \Vdash \forall x\, (Px \to \exists y Rxy)$		
f	$\mathcal{A} \Vdash \forall x\, (Rcx \to Scx)$		

2. Considerad el mismo lenguaje y la misma estructura que en el ejercicio anterior.

¿Cuáles de las siguientes sentencias son verdaderas en $\mathcal{A}$? Contestad **SI** o **NO**.

		SI	NO
a	$\mathcal{A} \Vdash \forall x \exists y\, Rxy$		
b	$\mathcal{A} \Vdash \exists y \forall x\, Sxy$		
c	$\mathcal{A} \Vdash \forall xyz\, ((Sxy \land Syz) \to Rxz)$		
d	$\mathcal{A} \Vdash \forall xy\, (\exists z\, (Rxz \land Szy) \to Rxy)$		
e	$\mathcal{A} \Vdash \forall xy\, (\exists z\, (Rxz \land Rzy) \to Sxy)$		
f	$\mathcal{A} \Vdash \forall x\, (x = d \leftrightarrow \exists y\, Ryx)$		

3. Considerad el lenguaje de primer orden cuyos signos peculiares son: P y Q como relatores monarios; R y S como relatores binarios y la constante individual c. Sea $\mathcal{A}$ la estructura

$$\mathcal{A} = \langle \mathbf{A}, P^{\mathcal{A}}, Q^{\mathcal{A}}, R^{\mathcal{A}}, S^{\mathcal{A}}, c^{\mathcal{A}} \rangle$$

donde
$\mathbf{A} = \{1, 2, 3, 4, 5\}$
$P^{\mathcal{A}} = \{1, 2, 3,\}, Q^{\mathcal{A}} = \{3, 5\}$
$R^{\mathcal{A}} = \{\langle 1,2 \rangle, \langle 1,3 \rangle, \langle 2,3 \rangle, \langle 3,3 \rangle\}, S^{\mathcal{A}} = \{\langle 1,3 \rangle, \langle 3,1 \rangle, \langle 3,3 \rangle\}$
$c^{\mathcal{A}} = 1$

¿Podríais dar alguna interpretación F de la variable x que haga verdadera a las siguientes fórmulas?

		$F(x)=1$	$F(x)=2$	$F(x)=3$	$F(x)=4$
a	$(Px \land Qx)$				
b	$(Px \to Qx)$				
c	$(Px \leftrightarrow \neg Qx)$				
d	$\exists y Ryx$				
e	$\exists y (Rxy \land Sxy)$				
f	$\exists y (Qx \lor Rxy)$				

$F(x)=5$	**NINGUNA**

4. Considerad el lenguaje de primer orden que sólo posee un relator binario R. Sea $\mathcal{A}$ la estructura

$$\mathcal{A} = \langle \mathbf{A}, R^{\mathcal{A}} \rangle$$

donde
$\mathbf{A} = \{0, 1, 2, 3\}$
$R^{\mathcal{A}} = \{\langle 0,0 \rangle, \langle 1,1 \rangle, \langle 0,2 \rangle, \langle 0,3 \rangle\}$
Sea F la asignación de valores a las variables del lenguaje tal que $F(x) = 2$ y $F(y) = 1$. Contestad **SI** o **NO**.

		SI	NO
a	$\mathcal{A}F \Vdash (Rxy \to Ryx) \land x \neq y$		
b	$\mathcal{A}F \Vdash (Rxy \land Ryx) \to x = y$		
c	$\mathcal{A}F \Vdash x = y \leftrightarrow Rxy$		
d	$\mathcal{A}F \Vdash \exists z Rxz \to \exists v Ryv$		
e	$\mathcal{A}F \Vdash \forall z Rxz \to \neg \forall v Ryv$		
f	$\mathcal{A}F \Vdash \forall uv((Rux \land Rvx) \to \exists z Rzy)$		

10.6. EJERCICIOS DEL CD

5. Considerad las sentencias A, B, C, D, E y las estructuras $\mathcal{A}, \mathcal{B}, \mathcal{C}, \mathcal{D}, \mathcal{E}$ siguientes:

$A := \forall x\, (\exists y Rxy \rightarrow Px)$	$\mathcal{A} = \langle \mathbf{A}, P^{\mathcal{A}}, Q^{\mathcal{A}}, R^{\mathcal{A}} \rangle$
$B := \forall x\, (Px \rightarrow Qx)$	$\mathcal{B} = \langle \mathbf{B}, P^{\mathcal{B}}, Q^{\mathcal{B}}, R^{\mathcal{B}} \rangle$
$C := \exists x\, (Qx \wedge \forall y \neg Rxy)$	$\mathcal{C} = \langle \mathbf{C}, P^{\mathcal{C}}, Q^{\mathcal{C}}, R^{\mathcal{C}} \rangle$
$D := \exists x Rxx$	$\mathcal{D} = \langle \mathbf{D}, P^{\mathcal{D}}, Q^{\mathcal{D}}, R^{\mathcal{D}} \rangle$
$E := \exists x \neg Rxx$	$\mathcal{E} = \langle \mathbf{E}, P^{\mathcal{E}}, Q^{\mathcal{E}}, R^{\mathcal{E}} \rangle$

$\mathbf{A} = \{1\}$	$P^{\mathcal{A}} = \{1\}$
$Q^{\mathcal{A}} = \{1\}$	$R^{\mathcal{A}} = \{\langle 1,1 \rangle\}$
$\mathbf{B} = \{1,2\}$	$P^{\mathcal{B}} = \{1,2\}$
$Q^{\mathcal{B}} = \{2\}$	$R = \{\langle 1,1\rangle, \langle 1,2\rangle, \langle 2,1\rangle, \langle 2,2\rangle\}$
$\mathbf{C} = \{1,2\}$	$P^{\mathcal{C}} = \{2\}$
$Q^{\mathcal{C}} = \{1\}$	$R^{\mathcal{C}} = \{\langle 2,1\rangle\}$
$\mathbf{D} = \{1,2,3\}$	$P^{\mathcal{D}} = \{1\}$
$Q^{\mathcal{D}} = \{1,2,3\}$	$R^{\mathcal{D}} = \{\langle 1,1\rangle, \langle 1,2\rangle\}$
$\mathbf{E} = \{1,2,3\}$	$P^{\mathcal{E}} = \{1\}$
$Q^{\mathcal{E}} = \{1,2\}$	$R^{\mathcal{A}} = \{\langle 1,1\rangle, \langle 2,2\rangle, \langle 3,3\rangle\}$

Siempre que sea posible, elegid estructuras en las que:

a) Las sentencias A, C y E sean verdaderas y las restantes falsas.

b) Las sentencias A, B y D sean verdaderas y las restantes falsas.

c) Todas las sentencias sean verdaderas.

d) Las sentencias B y C sean verdaderas y las restantes falsas.

e) Todas las sentencias sean falsas.

f) Las sentencias B, C y D sean verdaderas y las restantes falsas.

$\mathcal{A}$	$\mathcal{B}$	$\mathcal{C}$	$\mathcal{D}$	$\mathcal{E}$	IMPOSIBLE

SEMÁNTICA: DEFINIBILIDAD (1)

1. Considerad el lenguaje L_1 de primer orden cuyos signos peculiares son P y Q como relatores monarios. Y sea $\mathcal{A}$ una estructura adecuada para L_1. Esto es, $\mathcal{A} = \langle \mathbf{A}, P^{\mathcal{A}}, Q^{\mathcal{A}} \rangle$.
Asociad el conjunto definido y la fórmula de primer orden que lo define.

   a) El complementario de $P^{\mathcal{A}}$

   b) La unión del complementario de $P^{\mathcal{A}}$ con $Q^{\mathcal{A}}$

   c) La diferencia de $P^{\mathcal{A}}$ con el complementario de $Q^{\mathcal{A}}$

d) La diferencia simétrica de $P^{\mathcal{A}}$ y $Q^{\mathcal{A}}$

	$\neg(Px \leftrightarrow Qx)$	$Px \wedge \neg Qx$
a. $\sim P^{\mathcal{A}}$		
b. $\sim P^{\mathcal{A}} \cup Q^{\mathcal{A}}$		
c. $P^{\mathcal{A}} - (\sim Q^{\mathcal{A}})$		
d. $P^{\mathcal{A}} \triangle Q^{\mathcal{A}}$		

$Px \vee \neg Qx$	$\neg Px$	*

* = Ninguna

2. Considerad el lenguaje L_1 de primer orden cuyos signos peculiares son R y S como relatores binarios. Y sea $\mathcal{A}$ una estructura adecuada para L_1. Esto es,

$$\mathcal{A} = \langle \mathbf{A}, R^{\mathcal{A}}, S^{\mathcal{A}} \rangle$$

Asociad el conjunto definido y la fórmula de primer orden que lo define.

a) La inversa de $R^{\mathcal{A}}$

b) La relación compuesta de $R^{\mathcal{A}}$ con $R^{\mathcal{A}}$

c) La unión de $R^{\mathcal{A}}$ con el complementario de $S^{\mathcal{A}}$

d) La intersección de $R^{\mathcal{A}}$ con su inversa

	$Rxy \wedge \neg Sxy$	Ryx
a. $(R^{\mathcal{A}})^{-1}$		
b. $R^{\mathcal{A}} \circ R^{\mathcal{A}}$		
c. $R^{\mathcal{A}} \cup \sim S^{\mathcal{A}}$		
d. $R^{\mathcal{A}} \cap (R^{\mathcal{A}})^{-1}$		

$Rxy \wedge Ryx$	$\exists z(Rxz \wedge Rzy)$	*

* = Ninguna

3. Consideramos el lenguaje de primer orden con dos relatores monarios V y M, tres relatores binarios P, H y A y hagamos que signifiquen

$Vx :=$ x es varón $\qquad Mx :=$ x es mujer $\qquad Hxy :=$ x es hermano de y

$Pxy :=$ x es progenitor de y $\qquad Axy :=$ x es antepasado de y

10.6. EJERCICIOS DEL CD

Sea $\mathcal{A}$ una estructura adecuada

$$\mathcal{A} = \langle \mathbf{A}, V^{\mathcal{A}}, M^{\mathcal{A}}, P^{\mathcal{A}}, H^{\mathcal{A}}, A^{\mathcal{A}} \rangle$$

donde $\mathbf{A}$ es la humanidad. Asociad mediante flechas el conjunto o relación definida y la fórmula que lo define:

a) Relación binaria: " x es madre de y "

b) Relación binaria: " x es tía de y "

c) Relación binaria: " x es abuela de y "

d) Relación binaria: " x es nieta de y "

	$\exists z \, (Pxz \wedge Pzy \wedge Mx)$	$Pxy \wedge Mx$
a. $P^{\mathcal{A}} \upharpoonright M^{\mathcal{A}}$		
b. $(H^{\mathcal{A}} \upharpoonright M^{\mathcal{A}}) \circ P^{\mathcal{A}}$		
c. $(P^{\mathcal{A}} \upharpoonright M^{\mathcal{A}}) \circ P^{\mathcal{A}}$		
d. $(P^{\mathcal{A}} \circ (P^{\mathcal{A}} \cap (\mathbf{A} \times M^{\mathcal{A}})))^{-1}$		

$\exists z \, (Pyz \wedge Pzx \wedge Mx)$	$\exists z \, (Hxz \wedge Mx \wedge Pzy)$	Ninguna

4. Considerad el lenguaje L_1 de primer orden cuyo único signo peculiar es el relator binario R. Y sea $\mathcal{A}$ una estructura adecuada para L_1. Esto es,

$$\mathcal{A} = \langle \mathbf{A}, R^{\mathcal{A}} \rangle$$

donde $\mathbf{A} = \{1, 2, 3, 4, 5, 6, 7\}$ y $R^{\mathcal{A}}$ es el orden parcial reflexivo representado por el diagrama siguiente:

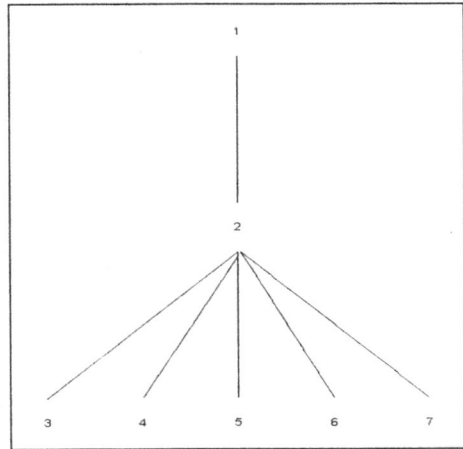

Ejercicios del CD: Diagrama de Hasse

Seleccionad una fórmula que defina:

a) La clase unitaria $\{1\}$

b) La clase unitaria $\{2\}$

c) La clase unitaria $\{3\}$

d) El conjunto $\{3, 4, 5, 6, 7\}$

$\exists z\,(Rxz \wedge Rzx)$	$\forall y Ryx$	$\exists y\,(\neg Rxy \wedge \forall v(v \neq y \to Rvx)$	$*$

$\exists yz(Rxy \wedge Rxz \wedge y \neq z \wedge x \neq y \wedge x \neq z \wedge$
$\forall v(v \neq x \wedge v \neq y \wedge v \neq z \to \neg Rxv)$

$* = $ Ninguna

Capítulo 11

Tableaux para lógica de primer orden

Vamos a volver a presentar un cálculo de tableaux, esta vez para la lógica de primer orden. Aunque se trata de una extensión del que vimos en el capítulo 4 conseguida al añadir reglas de expansión tanto para los cuantificadores como para la igualdad, sus propiedades e incluso su caracterización es algo distinta.

Como procedimiento para establecer la satisfacibilidad de fórmulas —o conjuntos de ellas— nos sirvió maravillosamente en lógica proposicional. Desgraciadamente no se puede decir lo mismo de los tableaux de primer orden, y el problema no radica en que hayamos hecho una mala elección de reglas que pudiera solventarse cambiándolas, rediseñando el cálculo. El problema reside en que la lógica de primer orden es *indecidible* y éste es un resultado que se conoce desde los años treinta[1]. Como consecuencia de este resultado, en lógica de primer orden no puede existir ningún procedimiento para verificar la satisfacibilidad.

No obstante, podemos usar los tableaux cerrados para demostrar *insatisfacibilidad*: un tableau cerrado prueba que la fórmula (o el conjunto de fórmulas es insatisfacible), un tableau abierto no prueba nada. Por lo dicho aquí, los tableaux sirven para demostrar *validez* y *consecuencia*.

Como cálculo deductivo tanto el proposicional como el de primer orden son *correctos* y *completos*: con sus reglas generaremos el conjunto de las fórmulas válidas.

---

[1] Church, A. (1936): "An unsolvable problem of elementary number theory". *American Journal of Mathematics.* vol. 58.

Church, A. (1936): "A note on the Entscheidungsproblem". *The Journal of Symbolic Logic.* vol. 1, number 1, marzo de 1936, pp. 40-41.

11.1. Introducción

Rasgos comunes a los tableaux proposicionales y de primer orden

Por tratarse en ambos casos de un cálculo de tableaux:

1. Es un *procedimiento refutativo*: para demostrar que una fórmula es un teorema (que es válida, semánticamente) intentamos demostrar justo lo contrario, que no lo es. Partimos de su negación y sólo quedaremos satisfechos cuando hayamos demostrado que no podrá ser verdadera jamás.

2. La expresión que afirma que no lo es (usualmente la negación de la fórmula) se va subdividiendo en casos de manera sistemática. En esta parte intervienen las denominadas *reglas de expansión*.

3. Hay reglas que permiten *cerrar ramas*: condiciones sintácticas imposibles.

4. Un *tableau cerrado* que comienza por $\neg A$ es una prueba de A.

5. El procedimiento se extiende para demostrar fórmulas a partir de hipótesis.

6. Sirve para generar todas y solas las fórmulas válidas: ambos cálculos son *correctos* y *completos*. (Incluso en sentido fuerte, para consecuencia, no sólo para validez.)

Hay una manera semántica de entender los tableaux que jugó un papel decisivo en el capítulo 4 y que ahora sigue siendo importante, aunque a menor escala:

1. Cada rama de un tableau puede entenderse como una descripción parcial de un modelo.

2. La conexión entre el planteamiento semántico y el sintáctico es la misma: si buscamos un modelo en el que A sea falso (partimos de $\neg A$) y el tableau se cierra, no hay modelo posible y por lo tanto A debe ser válida.

Diferencias entre cálculos

Cuando añadimos los cuantificadores, la situación se complica:

1. Hay infinitas formas de aplicar las reglas de expansión a una fórmula cuantificada.

2. Las fórmulas resultantes de la aplicación de la regla no siempre disminuyen en tamaño. El concepto de rama completa y acabada no aplica.

3. Hay tableaux infinitos, que no muestran nada.

4. El procedimiento de prueba en primer orden no proporciona un método de decisión que en un número finito de pasos diga si la fórmula es válida o no lo es:

11.2. REGLAS DE TABLEAUX PARA LOS CUANTIFICADORES

a) Siempre que la fórmula sea válida hay una prueba mediante tableaux (esta es la completud del procedimiento), pero encontrarla sin una buena estrategia de demostración podría resultar imposible, ya que aquí el tamaño de las fórmulas puede no reducirse en cada aplicación de una regla de inferencia.

b) Si no lo es, el tableau puede no terminar nunca. (Si aún no ha acabado no sabes si finalmente acabará o si se trata de un tableau infinito.)

¿Para qué usamos los tableaux de primer orden?

Para demostrar que nuestras fórmulas poseen algunas de las propiedades semánticas podemos sistematizar el procedimiento de los tableaux de manera que sirvan para:

1. Establecer la *insatisfacibilidad* de una fórmula o conjunto de fórmulas. Al acabar el tableau, si todas las ramas están cerradas sabemos que carece de modelo. Sin embargo, no sirve para establecer la satisfacibilidad: un árbol abierto no vale para nada.

2. Establecer la *validez* de una fórmula; se demuestra que su negación es insatisfacible.

3. Para demostrar *consecuencia* a partir de hipótesis; probamos que el conjunto formado por las hipótesis y la negación de la conclusión es insatisfacible.

Si consultáis la página 77 os daréis cuenta de que algunos de los usos de los tableaux en LP han desaparecido.

Como cálculo deductivo posee ciertas ventajas sobre sus directos competidores

1. Pueden ser implementados en el ordenador —aunque, a menudo, la eficiencia es pobre en comparación con otros sistemas de prueba.

2. Son fácilmente generalizables a otras lógicas (modal, temporal, etc.).

3. Su aprendizaje es bastante sencillo.

11.2. Reglas de tableaux para los cuantificadores

En la sección 9.5.2 comentamos cómo, en las demostraciones informales, se introducen nuevas constantes en el lenguaje. En nuestro aparato formal estas constantes nuevas las hemos llamado *parámetros* y no forman parte del lenguaje original. El papel que desempeñan en nuestro cálculo formal es el esperado: demostraremos sentencias de L_1 pero usaremos sentencias de L^{PAR} —el lenguaje obtenido al extender L_1 con una lista infinita numerable de nuevos parámetros.

Sea L_1 un lenguaje de primer orden y L^{PAR} el que contiene un número infinito de constantes, y sea A una L_1–fórmula. Hacemos un *tableau para A* empezando con A y aplicando *las reglas de los tableaux*. Las reglas son exactamente las de la lógica proposicional (en la sección 4.2.1), con dos reglas más para los cuantificadores (y otras dos reglas para la igualdad —véase más tarde en la sección 11.3).

- γ–reglas:

    1. Si t es un término cerrado de L^{PAR} y x una variable, entonces de $\forall x A$ podemos deducir $A(t)$.
    2. Si t es un término cerrado de L^{PAR} y x una variable, de $\neg \exists x A$ podemos deducir $\neg A(t)$.

- δ–reglas: sea x una variable.

    1. De $\exists x A$ podemos deducir $A(c)$ para cualquier constante $c \in$ PAR que no haya sido usada aún en la rama.
    2. De $\neg \forall x A$ podemos deducir $\neg A(c)$ para cualquier constante $c \in$ PAR que no haya sido usada aún en la rama.

Comentario 358 *En las reglas γ se puede usar cualquier término cerrado, incluyendo uno que contenga parámetros. En las reglas δ debemos usar un parámetro que no haya sido usado anteriormente en el árbol. Informalmente, debe ser un parámetro que no tenga ningún significado atribuido en el lenguaje original L_1 y debe ser nuevo en el tableau para que no haya adquirido ningún significado en el transcurso de la prueba.*

11.2.1. Ejemplos con una única fórmula

Practiquemos con las nuevas reglas γ y δ.

Un ejemplo sencillo

Ejemplo 359 *Éste es un tableau para* $\forall x \exists y Pxy$

1. $\forall x \exists y Pxy$
2. $\exists y Pcy$ $\gamma 1$
3. Pcd $\delta 2$

Notas

- La línea 2 se obtuvo de la línea 1 usando la γ–regla 'de $\forall x A$ se deduce $A(t)$ para cualquier término cerrado de L^{PAR}, t'. Aquí, $A(x)$ era '$\exists y Pxy$'. Elegimos que t fuese una constante, c. (Podríamos haber usado cualquier otro término cerrado.)

11.2. REGLAS DE TABLEAUX PARA LOS CUANTIFICADORES

- La línea 3 se obtuvo de la línea 2 aplicando la δ−regla 'de $\exists y A$ se deduce $A(c)$ donde c es una constante nueva de PAR'. Aquí, $A(y)$ era Pcy. Usamos la constante nueva d. *No podíamos haber usado c porque ya había sido previamente usada en la rama (línea 2).*

Ejemplo 360 *Otro tableau para* $\forall x \exists y Pxy$

Podríamos haber seguido aplicando las reglas:

1. $\forall x \exists y Pxy$
2. $\exists y Pcy$ $\gamma 1$
3. Pcd $\delta 2$
4. $\exists y Pdy$ $\gamma 1$
5. $\exists y Pfcady$ $\gamma 1$
6. Pde $\delta 4$
7. $Pfcadb$ $\delta 5$

es también un tableau para $\forall x \exists y Pxy$, y así sucesivamente.

Notas. Aquí hemos introducido d, e y b como parámetros de PAR en las líneas 3, 6 y 7, mientras que c y $fcad$ son términos de L^{PAR}.

¿Cómo sabemos cuándo tenemos que parar?

Intentamos cerrar el tableau, como en la lógica proposicional. Paramos cuando todas las ramas están cerradas (contienen una contradicción explícita).

Desde luego, puede ocurrir que no seamos lo suficientemente listos como para conseguir cerrarlo.

11.2.2. $\vdash$ para la lógica de predicados

Como en LP —véase la definición 131—, definimos el concepto de prueba, tanto de teoremas lógicos, como de teoremas a partir de hipótesis. En particular:

1. Sea A una sentencia. Escribimos $\vdash A$ si existe un tableau cerrado para $\neg A$.

2. Sea A una sentencia y Γ un conjunto de sentencias. Escribimos $\Gamma \vdash A$ si existe un tableau cerrado para $\Gamma \cup \{\neg A\}$. Esto es, una *refutación* de $\Gamma \cup \{\neg A\}$.

Definición 361 *Un conjunto de fórmulas Γ es **tableau-consistente** si es irrefutable; esto es, no hay ningún tableau cerrado para Γ. Lo indicamos $\Gamma \not\vdash \bot$.*

Definición 362 *Una fórmula A es **tableau-consistente** si no hay un tableau cerrado para A (syss $\not\vdash \neg A$).*

Si la rama de un tableau contiene una fórmula A y su negación $\neg A$, decimos que *se cierra en A*. Como en la lógica proposicional, no es necesario que la contradicción suceda a nivel de fórmulas atómicas, pero si una rama cierra a cualquier nivel, también lo hará al atómico. Como siempre, las reglas de los tableaux no son deterministas: nos dicen qué *podemos* hacer, pero no qué *debemos* hacer. A diferencia de lo que sucedía en LP, ahora se puede aplicar reglas de manera ininterrumpida, produciendo siempre nuevos resultados sin llegar a cerrar la rama, incluso en el caso de existir un tableau cerrado para la fórmula o el conjunto de fórmulas considerado. Las reglas de cuantificadores ocasionan este problema. Como ejemplo trivial considerad el siguiente: tenemos una rama que sólo contiene las fórmulas $\exists x \neg Px$ y $\forall x Px$. Podemos aplicar una regla δ a la primera fórmula y obtener la fórmula $\neg Pc$, donde c es un parámetro nuevo. Pero luego, mediante la aplicación de la regla γ vamos obteniendo las fórmulas Pt_1, Pt_2,... donde t_1, t_2... son todos los términos cerrados de L^{PAR} con la excepción de c. De esta forma nunca pararemos, nunca repetiremos fórmula, pero nunca cerraremos la rama. Por supuesto, en este caso lo que deberíamos hacer está clarísimo, pero hay casos más complicados. Como hemos comentado anteriormente, para la lógica de primer orden no hay ningún algoritmo. Al igual que en la lógica proposicional, ayuda una buena planificación.

Estrategias

1. Aplicar antes las reglas proposicionales que las de primer orden y para las primeras usad las estrategias conocidas (las de la página 4.2.6).

2. Entre las reglas con cuantificadores aplicar antes las reglas δ que las γ.

Ejemplo 363 *Probamos* $\vdash \exists x Px \rightarrow \neg \forall x \neg Px$.

1. $\neg(\exists x Px \rightarrow \neg \forall x \neg Px)$
2. $\exists x Px$ $\alpha 1$
3. $\neg\neg\forall x \neg Px$ $\alpha 1$
4. Pc $\delta 2$
5. $\forall x \neg Px$ $\alpha 3$
6. $\neg Pc$ $\gamma 5$

cerrado(4,6)

Observamos

- $\exists x Px \rightarrow \neg \forall x \neg Px$ es obviamente válida.

- Las antiguas reglas proposicionales (aquí, una regla α) también se usan.

- Ha resultado mejor usar las δ−reglas antes que las γ−reglas, puesto que tienen restricciones.

11.2.3. Las γ−reglas son más difíciles de aplicar que las δ−reglas

A diferencia de lo que ocurría en LP en donde como resultado de la aplicación de una regla de expansión había un único resultado (α_1 y α_2 en las reglas α;

11.2. REGLAS DE TABLEAUX PARA LOS CUANTIFICADORES

β_1 y β_2 en las reglas β; σ_1 en las reglas σ), aquí hay infinitas fórmulas posibles; $\gamma(t)$ en el caso de la regla γ y $\delta(c)$ en el de δ no es una fórmula sino un esquema que da origen a tantas fórmulas distintas como términos de L^{PAR} en el primer caso y como parámetros de PAR en el segundo.

- En la línea 4, la constante c debía ser *nueva en la rama*. (Sin problemas, ¡no se ha usado todavía ninguna constante!)
  Una constante nueva es como cualquier otra. Por lo tanto, no importa cuál usemos. Una vez que decidimos aplicar una δ−regla a una fórmula, hay esencialmente una única forma de hacerlo.

- En la línea 6 podríamos haber sustituido x por cualquier término cerrado en la fórmula $\forall x \neg P(x)$.
  ¿*Por qué escogimos* c?
  Ésta es una cuestión profunda. La respuesta es: nos dimos cuenta de que nos podía servir para cerrar el tableau. La práctica ayuda a hacer esto. Pero no hay un método general (algoritmo) para hacerlo. Después hablaremos más de esto.

Otro tableau cerrado

Ejemplo 364 *Probamos* $\vdash \exists x \forall y Cxy \rightarrow \forall y \exists x Cxy$

1. $\neg(\exists x \forall y Cxy \rightarrow \forall y \exists x Cxy)$
2. $\exists x \forall y Cxy$ $\alpha 1$
3. $\neg \forall y \exists x Cxy$ $\alpha 1$
4. $\forall y Cay$ $\delta 2$
5. $\neg \exists x Cxb$ $\delta 3$
6. Cab $\gamma 4$
7. $\neg Cab$ $\gamma 5$

cerrado(6,7)

Notas

- En la línea 4, la constante a tenía que ser *nueva en la rama*. (¡Sin problemas!)

- En la línea 5, la constante b tenía que ser *nueva en la rama*. *No podíamos haber usado* a.

- En la línea 6 podemos usar un término cerrado para sustituir y en $\forall y Cay$ (línea 4). Miramos la línea 5 y conjeturamos b, con la esperanza de cerrar el tableau.

- En la línea 7 podemos usar cualquier término cerrado para sustituir y en $\neg \exists x Cxb$ (línea 5). Elijamos a para cerrar el tableau.

Y otro tableau cerrado

Ejemplo 365 *Probamos* $\vdash \exists x(Px \vee Qx) \to \exists x Px \vee \exists x Qx$

$$
\begin{array}{lll}
1. & \neg(\exists x(Px \vee Qx) \to \exists x Px \vee \exists x Qx) & \\
2. & \exists x(Px \vee Qx) & \alpha 1 \\
3. & \neg(\exists x Px \vee \exists x Qx) & \alpha 1 \\
4. & \neg \exists x Px & \alpha 3 \\
5. & \neg \exists x Qx & \alpha 3 \\
6. & Pc \vee Qc & \delta 2 \\
\end{array}
$$

$$
\begin{array}{llll|llll}
7. & Pc & \beta 6 & & 9. & Qc & \beta 6 \\
8. & \neg Pc & \gamma 4 & & 10. & \neg Qc & \gamma 5 \\
\hline
\multicolumn{4}{c|}{cerrado(7,8)} & \multicolumn{4}{c}{cerrado(9,10)}
\end{array}
$$

11.3. Reglas de tableaux para la igualdad

Identidad en LPO

Muchas relaciones sólo tienen sentido en circunstancias restringidas; por ejemplo, *mayor que* no se predica de colores, *a la izquierda de* no tiene sentido cuando se trata de sentimientos. Sin embargo, la identidad es una relación global, se aplica a todo, incluso a aquello que cae fuera del dominio de discurso. Tiene la universalidad característica de los conectores y cuantificadores. En la lógica de primer orden se suele introducir entre los signos lógicos el de igualdad, que se estipula ha de interpretarse como identidad. Es decir, la identidad es un concepto lógico, primitivo.

En el lenguaje formal, a partir de términos cualesquiera τ y t formamos la expresión

$$\tau = t$$

que será verdadera en una interpretación $\Im$ cuando sus denotaciones coincidan; es decir,

$$\Im(\tau = t) = 1 \text{ syss } \Im(\tau) = \Im(t)$$

El cálculo deductivo nos debería permitir deducir las leyes habituales de: reflexividad, simetría, transitividad, sustitución de iguales, etc. Para ello se añaden algunas reglas al cálculo deductivo; por ejemplo, nosotros tomamos las reglas de reflexividad de la igualdad y de sustitución de iguales como reglas primitivas de inferencia y las restantes leyes mencionadas se obtienen como teoremas del cálculo.

Reglas para la igualdad

- Regla 1 (*reflexividad*)   Podemos introducir $t = t$ en una rama, en cualquier momento, para cualquier término cerrado t de L^{PAR}.

11.3. REGLAS DE TABLEAUX PARA LA IGUALDAD

- **Regla 2** (*reemplazamiento*)   Si $A(x)$ es una fórmula y t, τ son términos cerrados de L^{PAR}, entonces de $A(t)$ y $\tau = t$ (o bien $t = \tau$) podemos deducir $A(\tau)$.

Comentario 366 *Es decir, podemos sustituir un término cerrado por otro en una fórmula atómica si hemos probado que son iguales. Esta regla no se limitará a las fórmulas atómicas; es decir, $A(t)$ pudiera no serlo.*

¡Y esto es todo!

Ejemplo 367 *Probamos* $\vdash \exists x(x = x)$.

1. $\neg \exists x(x = x)$

2. $\neg(c = c)$ $\gamma 1$
3. $c = c$ $=$

$\overline{cerrado(2,3)}$

Similarmente probamos $\vdash \forall x(x = x)$.

1. $\neg \forall x(x = x)$

2. $\neg(c = c)$ $\delta 1$
3. $c = c$ $=$

$\overline{cerrado(2,3)}$

Escribimos '=' para indicar en la línea 3 que en ella se utilizó la regla 1 de la igualdad.

Otro ejemplo

Ejemplo 368 *Probamos* $\vdash \forall x \forall y(x = y \rightarrow y = x)$.

1. $\neg \forall x \forall y(x = y \rightarrow y = x)$

2. $\neg \forall y(c = y \rightarrow y = c)$ $\delta 1$
3. $\neg(c = d \rightarrow d = c)$ $\delta 2$
4. $c = d$ $\alpha 3$
5. $\neg(d = c)$ $\alpha 3$
6. $c = c$ $=$
7. $d = c$ $=(4,6)$

$\overline{cerrado(6,7)}$

La línea 7 se obtuvo sustituyendo c por d en la línea 6, usando la línea 4 ($c = d$) y la regla 2 de la igualdad. Vamos a ver cómo hemos aplicado la regla 2 a partir de las líneas 4 y 6 en la 7.

- Los términos que se intercambian son c por d
- La fórmula sobre la que se aplica la regla es $c = c$

- La igualdad que nos permite hacerlo es $c = d$

Si observamos la regla con detalle:

- 't' es c 'τ' es d.
- '$t = \tau$' es $c = d$ — línea 4.
- '$A(x)$' es $x = c$ — esto es atómico, como requiere la regla.
- '$A(t)$' es $c = c$ — línea 6 —$A(t) = S_x^t(A(x))$—
- '$A(\tau)$' es $d = c$ — línea 7 —$A(\tau) = S_x^\tau(A(x))$—

11.4. Corrección y completud

El problema de la completud lo plantearon inicialmente Post y Hilbert, pero no fue resuelto hasta 1930 por Gödel. No obstante, la prueba más usada es la de Henkin de 1949. La ventaja de ésta es que es más sencilla y versátil que la original de Gödel, prestándose a extensiones y modificaciones para adaptarse a otros sistemas lógicos, incluso a lenguajes de orden superior[2].

Como en la lógica proposicional se cumplen los denominados teoremas de *corrección* y *completud* (recordad la sección 4.3.3), que enunciamos a continuación y que se prueban en la parte de metateoría, en el apéndice D del CD. Como en proposicional, son consecuencia casi inmediata de los de *adecuación* y *suficiencia* de tableaux que para proposicional enunciamos en la sección 4.2.11.

Teorema 369 *Adecuación del cálculo de tableaux de primer orden*
Si hay un tableau cerrado para un conjunto de fórmulas Δ, entonces Δ es insatisfacible. (Δ es finito.)

Teorema 370 *Corrección del cálculo de tableaux*
Si $\Gamma \vdash_{tab} A$, entonces $\Gamma \vDash A$, para cada conjunto finito Γ y cada fórmula A.

Corolario 371 *Si $\vdash_{tab} C$, entonces $\vDash C$.*

Teorema 372 *Teorema de suficiencia del método de tableaux para primer orden*
Si Δ es insatisfacible, entonces hay un tableau para Δ cerrado. (Δ es finito.)

Teorema 373 *Completud del cálculo de tableaux para lógica de primer orden*
Si $\Gamma \vDash C$, entonces $\Gamma \vdash_{tab} C$ (Para Γ finito.)

Corolario 374 $\Gamma \vDash C$ *syss* $\Gamma \vdash_{tab} C$.

Corolario 375 $\vDash C$ *syss* $\vdash_{tab} C$.

Comentario 376 *Los teoremas valen también para conjuntos infinitos, pero sólo los demostramos para el caso finito.*

---
[2] Es curioso, pero la prueba de Henkin de completud de la teoría de tipos —para modelos generales— precedió a su prueba de completud del cálculo de primer orden.

11.4. CORRECCIÓN Y COMPLETUD

Los teoremas de corrección y completud *en perspectiva*

En lógica de primer orden, para hablar de una estructura o de una clase de ellas introducimos un lenguaje lógico adecuado cuyas fórmulas nos sirvan para describir a sus entidades matemáticas, a los conjuntos, relaciones y funciones que en ella aparezcan, pero también a los que indirectamente nos podemos referir mediante nuestras fórmulas, a las definibles en la estructura con los recursos de LPO —ver la sección 10.3.3—. Como en la lógica proposicional[3], cada modelo selecciona del conjunto de todas las sentencias a las verdaderas en ella (recordad la figura 3.2 de la página 67), que constituyen lo que denominamos *teoría de una estructura*, y que de manera exhaustiva la describen, ya que para cada sentencia del lenguaje ella o su negación ha de estar en la teoría —una u otra es verdadera en la estructura—. Ahora, en LPO el concepto de *teoría* adquiere una entidad considerable —como vimos en la sección 10.5— y la descripción de la estructura que aquí se opera es pormenorizada, cabal.

Sin embargo, igual que sucedía en proposicional, todas las teorías tienen un núcleo común (ver figura 3.3), el de las fórmulas válidas, VAL. Ya dijimos que por ser verdaderas en toda estructura estas sentencias no describen a ninguna en particular, sino aquello que es común a todas ellas, a la propia lógica. Por consiguiente, si logramos generarlas con facilidad, habremos captado la esencia de la lógica, *su perfume* —en el sentido bárbaro y radical de Süskind—. Hemos propuesto un cálculo deductivo para LPO que genera con sus reglas un conjunto TEO de teoremas lógicos; esto es, el de las fórmulas demostrables a partir del conjunto $\emptyset$ de hipótesis.

¿Hemos conseguido atrapar a la lógica con este cálculo?

Esto es lo que dilucidaremos en este capítulo y demostraremos para todos los cálculos propuestos en este libro en el apéndice D del CD.

Al crear un cálculo deductivo lo que se pretende es que sus reglas sean capaces de generar a todas las fórmulas lógicamente válidas, pero sólo a ellas. El teorema de completud, junto con el de corrección, establecen la equivalencia entre la noción sintáctica y la semántica de consecuencia para un cierto lenguaje: o entre ser válida o ser un teorema lógico. Vamos a planteárlo desde fuera, con una cierta *perspectiva lógica*: visto desde la atalaya del *metalenguaje*, en el *universo matemático* se ven así las cosas.

1. La noción semántica de verdad selecciona al conjunto VAL de las sentencias válidas, las que son verdaderas en todos los modelos —tanto en la lógica proposicional como en la de primer orden.

2. Y la sintáctica al conjunto TEO de los teoremas lógicos (ver figura 11.1).

¿Coinciden esos conjuntos?

Demostrar que
$$\text{VAL} \subseteq \text{TEO}$$

---
[3]Recordad lo dicho en la sección 3.5, *Atrapar la Lógica*.

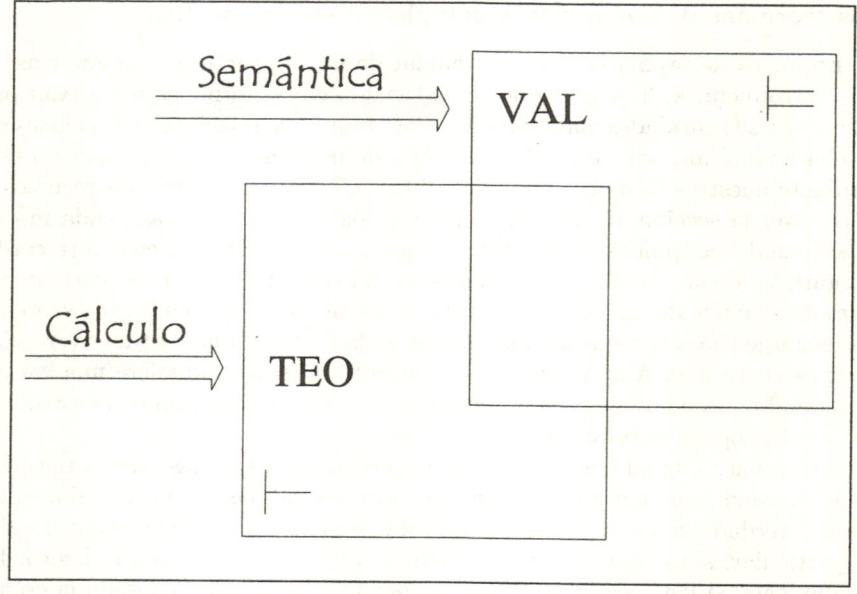

Figura 11.1: *Dos métodos de selección*

es el objetivo del teorema de completud, que

$$\text{TEO} \subseteq \text{VAL}$$

lo es del de corrección. Para cálculos correctos y completos el diagrama aparece como muestra la figura 11.2.

De manera que los teoremas de completud y de corrección nos aseguran que el objetivo se ha cubierto y que el conjunto de los teoremas lógicos coincide con el de las fórmulas lógicamente válidas

$$\text{VAL} = \text{TEO}$$

Comentario 377 *De hecho algo más fuerte es cierto; a saber, el denominado teorema de completud fuerte o teorema de completud para consecuencia, que establece que siempre que una fórmula sea consecuencia de un conjunto de fórmulas —conjunto que puede ser infinito—, también será demostrable a partir de ellas con las reglas del cálculo. En este libro hemos decidido ocuparnos tan sólo de las demostraciones que operan con conjuntos finitos de hipótesis.*

11.5. Ejercicios propuestos con solución

Probad lo siguiente construyendo tableaux cerrados:

11.5. EJERCICIOS PROPUESTOS CON SOLUCIÓN

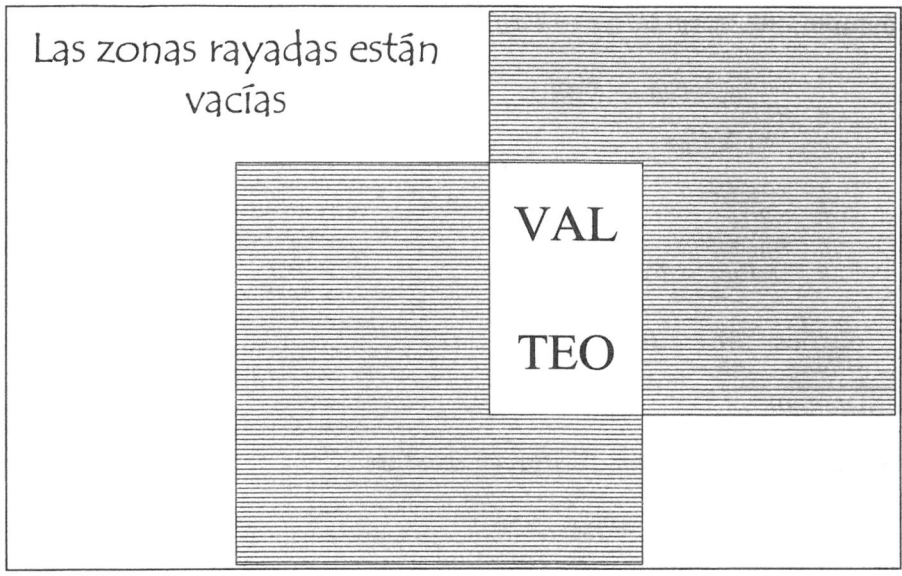

Figura 11.2: *Cálculo correcto y completo*

Ejemplo 378 $\exists x \forall y Cxy \vdash \forall x \exists y Cyx$

1. $\exists x \forall y Cxy$
2. $\neg \forall x \exists y Cyx$

3. $\forall y Cby$ $\delta 1$
4. $\neg \exists y Cya$ $\delta 2$
5. $\neg Cba$ $\gamma 4$
6. Cba $\gamma 3$

$cerrado(5,6)$

Ejemplo 379 $\forall x(\exists y Fxy \to Gbx), \forall x \forall y Fyx \vdash \exists x Gxx$

1. $\forall x(\exists y Fxy \to Gbx)$
2. $\forall x \forall y Fyx$
3. $\neg \exists x Gxx$

4. $\exists y Fby \to Gbb$ $\gamma 1$
5. $\forall y Fyb$ $\gamma 2$
6. Fbb $\gamma 5$
7. $\neg Gbb$ $\gamma 3$

8. $\neg \exists y Fby$ $\beta 4$ 10. Gbb $\beta 4$
9. $\neg Fbb$ $\gamma 8$ $cerrado(7,10)$

$cerrado(6,9)$

Ejemplo 380 $\forall x \forall y (\exists z Fyz \to Fxy), Fab \vdash \forall y \exists x Fyx$

1. $\forall x \forall y (\exists z Fyz \to Fxy)$
2. Fab
3. $\neg \forall y \exists x Fyx$

4. $\neg \exists x Fcx$ $\delta 3$
5. $\neg Fca$ $\gamma 4$
6. $\forall y (\exists z Fyz \to Fcy)$ $\gamma 1$
7. $\exists z Faz \to Fca$ $\gamma 6$

8. $\neg \exists z Faz$ $\beta 7$ 10. Fca $\beta 7$
9. $\neg Fab$ $\gamma 8$ $cerrado(5,10)$
$cerrado(2,9)$

Ejemplo 381 $\forall x \forall y (Pxy \to \neg Pyx) \vdash \forall x \neg Pxx$

1. $\forall x \forall y (Pxy \to \neg Pyx)$
2. $\neg \forall x \neg Pxx$
3. $\neg \neg Paa$ $\delta 2$

4. $\forall y (Pay \to \neg Pya)$ $\gamma 1$
5. $Paa \to \neg Paa$ $\gamma 4$

6. $\neg Paa$ $\beta 5$ 7. $\neg Paa$ $\beta 5$
$cerrado(3,6)$ $cerrado(3,7)$

Ejemplo 382 $\forall x (Gx \to Hx), \forall x (Hx \to Fx), Ga \vdash \exists x (Gx \land Fx)$

Primera versión:

1. $\forall x (Gx \to Hx)$
2. $\forall x (Hx \to Fx)$
3. Ga
4. $\neg \exists x (Gx \land Fx)$

5. $Ga \to Ha$ $\gamma 1$

6. $\neg Ga$ $\beta 5$ 7. Ha $\beta 5$
$cerrado(3,6)$ 8. $Ha \to Fa$ $\gamma 2$

           9. $\neg Ha$ $\beta 8$ 10. Fa $\beta 8$
           $cerrado(7,9)$ 11. $\neg (Ga \land Fa)$ $\gamma 4$

                                 12. $\neg Ga$ $\beta 11$ 13. $\neg Fa$ $\beta 11$
                                 $cerrado(3,12)$ $cerrado(10,13)$

11.5. EJERCICIOS PROPUESTOS CON SOLUCIÓN

Segunda versión:

1. $\forall x(Gx \rightarrow Hx)$
2. $\forall x(Hx \rightarrow Fx)$
3. Ga
4. $\neg \exists x(Gx \wedge Fx)$

5. $\neg(Ga \wedge Fa)$ $\gamma 4$

6. $\neg Ga$ $\beta 5$ 7. $\neg Fa$ $\beta 5$
cerrado(3,6)   8. $Ga \rightarrow Ha$ $\gamma 1$

9. $\neg Ga$ $\beta 8$ 10. Ha $\beta 8$
cerrado(3,9)   11. $Ha \rightarrow Fa$ $\gamma 2$

12. $\neg Ha$ $\beta 11$ 13. Fa $\beta 11$
cerrado(10,12)   *cerrado(7,13)*

Ejemplo 383 $\neg Cb \wedge \neg Cc,\ Ca \rightarrow \forall xCx \vdash \neg Ca$

1. $\neg Cb \wedge \neg Cc$
2. $Ca \rightarrow \forall xCx$
3. $\neg\neg Ca$

4. $\neg Cb$ $\alpha 1$
5. $\neg Cc$ $\alpha 1$

6. $\neg Ca$ $\beta 2$ 7. $\forall xCx$ $\beta 2$
cerrado(3,6)   8. Cb $\gamma 7$
     cerrado(4,8)

Ejemplo 384 $\exists xFxb \rightarrow \forall xGx,\ \forall xFax \vdash \forall x(Hxc \rightarrow Gx)$

1. $\exists xFxb \rightarrow \forall xGx$
2. $\forall xFax$
3. $\neg\forall x(Hxc \rightarrow Gx)$

4. $\neg\exists xFxb$ $\beta 1$ 7. $\forall xGx$ $\beta 1$
5. $\neg Fab$ $\gamma 4$ 8. $\neg(Hdc \rightarrow Gd)$ $\delta 3$
6. Fab $\gamma 2$ 9. Hdc $\alpha 8$
cerrado(5,6)   10. $\neg Gd$ $\alpha 8$
     11. Gd $\gamma 7$
     cerrado(10,11)

Ejemplo 385 $\forall x \forall y (\exists z Ayz \to Axy), \neg Att \vdash \neg Ats$

1. $\forall x \forall y (\exists z Ayz \to Axy)$
2. $\neg Att$
3. $\neg \neg Ats$

4. $\forall y (\exists z Ayz \to Aty)$ $\quad \gamma 1$
5. $\exists z Atz \to Att$ $\quad \gamma 4$

6. $\neg \exists z Atz$ $\quad \beta 5$ $\quad$ 8. Att $\quad \beta 5$
7. $\neg Ats$ $\quad \gamma 6$ $\quad\quad \overline{cerrado(2,8)}$

$\overline{cerrado(3,7)}$

Ejemplo 386 $\forall x \exists y (Ayx \wedge Cxy), Awh \vdash \exists x Chx$

1. $\forall x \exists y (Ayx \wedge Cxy)$
2. Awh
3. $\neg \exists x Chx$

4. $\exists y (Ayh \wedge Chy)$ $\quad \gamma 1$
5. $Aah \wedge Cha$ $\quad \delta 4$
6. Aah $\quad \alpha 5$
7. Cha $\quad \alpha 5$
8. $\neg Cha$ $\quad \gamma 3$

$\overline{cerrado(7,8)}$

Ejemplo 387 $\forall x \exists y (Cx \to Py \wedge Axy) \vdash \forall x (Cx \to \exists y (Py \wedge Axy))$

1. $\forall x \exists y (Cx \to Py \wedge Axy)$
2. $\neg \forall x (Cx \to \exists y (Py \wedge Axy))$

3. $\neg (Ca \to \exists y (Py \wedge Aay))$ $\quad \delta 2$
4. Ca $\quad \alpha 3$
5. $\neg \exists y (Py \wedge Aay)$ $\quad \alpha 3$
6. $\exists y (Ca \to Py \wedge Aay)$ $\quad \gamma 1$
7. $Ca \to Pb \wedge Aab$ $\quad \delta 6$

8. $\neg Ca$ $\quad \beta 7$ $\quad$ 9. $Pb \wedge Aab$ $\quad \beta 7$
$\overline{cerrado(4,8)}$ $\quad$ 10. $\neg (Pb \wedge Aab)$ $\quad \gamma 5$
$\quad\quad\quad\quad\quad\quad \overline{cerrado(9,10)}$

11.5. EJERCICIOS PROPUESTOS CON SOLUCIÓN

Ejemplo 388 $\forall x \exists y (Cx \to Py \wedge Axy) \vdash \forall x(Cx \to \exists y(Py \wedge Axy))$

1. $\exists x Fx \to \forall x Gx$
2. $\neg \forall x(\neg Gx \to \neg Fx)$

3. $\neg(\neg Ga \to \neg Fa)$ $\delta 2$
4. $\neg Ga$ $\alpha 3$
5. $\neg\neg Fa$ $\alpha 3$

6. $\neg \exists x Fx$ $\beta 1$ 8. $\forall x Gx$ $\beta 1$
7. $\neg Fa$ $\gamma 6$ 9. Ga $\gamma 8$

$cerrado(5,7)$ $cerrado(4,9)$

Ejemplo 389 Ga, $\exists x(Gx \wedge Mx)$, $\forall x(Mx \to Fx) \vdash \exists x(Gx \wedge Fx)$

1. Ga
2. $\exists x(Gx \wedge Mx)$
3. $\forall x(Mx \to Fx)$
4. $\neg \exists x(Gx \wedge Fx)$

5. $Gb \wedge Mb$ $\delta 2$
6. Gb $\alpha 5$
7. Mb $\alpha 5$
8. $Mb \to Fb$ $\gamma 3$

9. $\neg Mb$ $\beta 8$ 10. Fb $\beta 8$

$cerrado(7,9)$ 11. $\neg(Gb \wedge Fb)$ $\gamma 4$

12. $\neg Gb$ $\beta 11$ 13. $\neg Fb$ $\beta 11$

$cerrado(6,12)$ $cerrado(10,13)$

Ejemplo 390 $\forall x(Sx \wedge Fx \to Bx)$, $Sj \wedge Lj \vdash \forall x(Sx \wedge Lx \to Fx) \to Bj$

1. $\forall x(Sx \wedge Fx \to Bx)$
2. $Sj \wedge Lj$
3. $\neg(\forall x(Sx \wedge Lx \to Fx) \to Bj)$

4. $\forall x(Sx \wedge Lx \to Fx)$ $\alpha 3$
5. $\neg Bj$ $\alpha 3$
6. $Sj \wedge Lj \to Fj$ $\gamma 4$

7. $\neg(Sj \wedge Lj)$ $\beta 6$ 8. Fj $\beta 6$

$cerrado(2,7)$ 9. $Sj \wedge Fj \to Bj$ $\gamma 1$

10. $\neg(Sj \wedge Fj)$ $\beta 9$ 15. Bj $\beta 9$

                                    $cerrado(5,15)$

11. $\neg Sj$ $\beta 10$ 14. $\neg Fj$ $\beta 10$
12. Sj $\alpha 2$ $cerrado(8,14)$
13. Lj $\alpha 2$

$cerrado(11,12)$

Ejemplo 391 $\forall x(Bx\alpha \to Bxb) \vdash \forall x(\exists y(Cxy \land By\alpha) \to \exists z(Bzb \land Cxz))$

$\quad$ 1. $\forall x(Bxa \to Bxb)$
$\quad$ 2. $\neg\forall x(\exists y(Cxy \land Bya) \to \exists z(Bzb \land Cxz))$

$\quad$ 3. $\neg(\exists y(Ccy \land Bya) \to \exists z(Bzb \land Ccz))$ $\qquad \delta 2$
$\quad$ 4. $\exists y(Ccy \land Bya)$ $\qquad \alpha 3$
$\quad$ 5. $\neg\exists z(Bzb \land Ccz)$ $\qquad \alpha 3$
$\quad$ 6. $Ccd \land Bda$ $\qquad \delta 4$
$\quad$ 7. Ccd $\qquad \alpha 6$
$\quad$ 8. Bda $\qquad \alpha 6$
$\quad$ 9. $\neg(Bdb \land Ccd)$ $\qquad \gamma 5$

10. $\neg Bdb$ $\quad \beta 9$ $\qquad\qquad$ 14. $\neg Ccd$ $\quad \beta 9$
11. $Bda \to Bdb$ $\quad \gamma 1$ $\qquad$ cerrado(7,14)

12. $\neg Bda$ $\quad \beta 11$ $\qquad$ 13. Bdb $\quad \beta 11$
cerrado(8,12) $\qquad\qquad$ cerrado(10,13)

Ejemplo 392 $\forall x(Cx \to Fx) \vdash \forall x(\exists y(Txy \land Cy) \to \exists z(Txz \land Fz))$

$\quad$ 1. $\forall x(Cx \to Fx)$
$\quad$ 2. $\neg\forall x(\exists y(Txy \land Cy) \to \exists z(Txz \land Fz))$

$\quad$ 3. $\neg(\exists y(Tay \land Cy) \to \exists z(Taz \land Fz))$ $\qquad \delta 2$
$\quad$ 4. $\exists y(Tay \land Cy)$ $\qquad \alpha 3$
$\quad$ 5. $\neg\exists z(Taz \land Fz)$ $\qquad \alpha 3$
$\quad$ 6. $Tab \land Cb$ $\qquad \delta 4$
$\quad$ 7. Tab $\qquad \alpha 6$
$\quad$ 8. Cb $\qquad \alpha 6$
$\quad$ 9. $\neg(Tab \land Fb)$ $\qquad \gamma 5$

10. $\neg Tab$ $\quad \beta 9$ $\qquad$ 11. $\neg Fb$ $\quad \beta 9$
cerrado(7,10) $\qquad\qquad$ 12. $Cb \to Fb$ $\quad \gamma 1$

$\qquad\qquad\qquad$ 13. $\neg Cb$ $\quad \beta 12$ $\qquad$ 14. Fb $\quad \beta 12$
$\qquad\qquad\qquad$ cerrado(8,13) $\qquad\qquad$ cerrado(11,14)

11.5. EJERCICIOS PROPUESTOS CON SOLUCIÓN

Ejemplo 393 $\forall x(Bxh \to Bxw) \vdash \forall x(\exists y(Bxh \land Myx) \to \exists z(Bxw \land Mzx))$

    1. $\forall x(Bxh \to Bxw)$
    2. $\neg \forall x(\exists y(Bxh \land Myx) \to \exists z(Bxw \land Mzx))$

    3. $\neg(\exists y(Bah \land Mya) \to \exists z(Baw \land Mza))$ $\delta 2$
    4. $\exists y(Bah \land Mya)$ $\alpha 3$
    5. $\neg \exists z(Baw \land Mza)$ $\alpha 3$
    6. $Bah \land Mba$ $\delta 4$
    7. Bah $\alpha 6$
    8. Mba $\alpha 6$
    9. $Bah \to Baw$ $\gamma 1$

10. $\neg Bah$ $\beta 9$ 11. Baw $\beta 9$
cerrado(7,10)   12. $\neg(Baw \land Mba)$ $\gamma 5$

           13. $\neg Baw$ $\beta 12$ 14. $\neg Mba$ $\beta 12$
           cerrado(11,13)   *cerrado(8,14)*

Ejemplo 394 $\forall x(Rx \land Bx \to Cx), \neg \exists x(Gx \land Cx) \vdash \forall x(Rx \land Bx \to \neg Gx)$

    1. $\forall x(Rx \land Bx \to Cx)$
    2. $\neg \exists x(Gx \land Cx)$
    3. $\neg \forall x(Rx \land Bx \to \neg Gx)$

    4. $\neg(Rc \land Bc \to \neg Gc)$ $\delta 3$
    5. $Rc \land Bc$ $\alpha 4$
    6. $\neg \neg Gc$ $\alpha 4$
    7. $Rc \land Bc \to Cc$ $\gamma 1$

8. $\neg(Rc \land Bc)$ $\beta 7$ 9. Cc $\beta 7$
cerrado(5,8)   10. $\neg(Gc \land Cc)$ $\gamma 2$

           11. $\neg Gc$ $\beta 10$ 12. $\neg Cc$ $\beta 10$
           cerrado(6,11)   *cerrado(9,12)*

Ejemplo 395 $\forall x(Cxj \wedge Cxm \rightarrow Bxm), \exists x(Cxm \wedge \neg Bxm) \vdash \exists x(Cxm \wedge \neg Cxj)$

1. $\forall x(Cxj \wedge Cxm \rightarrow Bxm)$
2. $\exists x(Cxm \wedge \neg Bxm)$
3. $\neg \exists x(Cxm \wedge \neg Cxj)$

4. $Cqm \wedge \neg Bqm$ $\delta 2$
5. Cqm $\alpha 4$
6. $\neg Bqm$ $\alpha 4$
7. $\neg(Cqm \wedge \neg Cqj)$ $\gamma 3$

8. $\neg Cqm$ $\beta 7$
cerrado(5,8)

9. $\neg\neg Cqj$ $\beta 7$
10. $Cqj \wedge Cqm \rightarrow Bqm$ $\gamma 1$

11. $\neg(Cqj \wedge Cqm)$ $\beta 10$

14. Bqm $\beta 10$
cerrado(6,14)

12. $\neg Cqj$ $\beta 11$
cerrado(9,12)

13. $\neg Cqm$ $\beta 11$
cerrado(5,13)

11.6. Ejercicios del CD

Los ejercicios siguientes están todos resueltos en el CD que acompaña a este libro, en el capítulo 11. Hay tres bloques de cada tipo, dos de ellos vienen con solución y del otro sólo se suministra el enunciado.

ÁRBOLES: ALGUNOS EJERCICIOS BÁSICOS (1)

1. En cada uno de los siguientes casos mostrad lo enunciado mediante una prueba en el cálculo de tableaux

    a) $Pc \rightarrow Qc \vdash Pc \rightarrow (Tc \rightarrow Qc)$
    b) $Pc \rightarrow (Qc \rightarrow Tc) \vdash (Pc \wedge Qc) \rightarrow Tc$
    c) $\{(Pc \rightarrow Qc), (Pc \rightarrow \neg Qc)\} \vdash (Pc \rightarrow Tc)$
    d) $Pc \rightarrow (Qc \rightarrow Tc) \vdash Qc \rightarrow (Pc \rightarrow Tc)$

2. En cada uno de los siguientes casos mostrad lo enunciado mediante una prueba en el cálculo de tableaux

    a) $\{\forall x(Px \rightarrow Qx), \forall x Px\} \vdash \forall y Qy$
    b) $\forall x Px \vdash \forall y Py$
    c) $\exists x Px \vdash \exists y Py$
    d) $\forall x(Pc \rightarrow Qx) \vdash Pc \rightarrow \forall x Qx$

3. En cada uno de los siguientes casos mostrad lo enunciado mediante una prueba en el cálculo de tableaux

   a) $Pc \wedge \exists x Qx \vdash \exists x (Pc \wedge Qx)$
   b) $\exists x (Pc \wedge Qx) \vdash \exists x Px \wedge \exists x Qx$
   c) $Pc \vdash \forall x (x = c \rightarrow Px)$
   d) $\forall x (x = c \rightarrow Px) \vdash Pc$

4. En cada uno de los siguientes casos mostrad lo enunciado mediante una prueba en el cálculo de tableaux

   a) $\vdash \forall x (\neg Px \wedge \neg Qx) \rightarrow \neg \exists x (Px \vee Qx)$
   b) $\vdash \exists x (Px \wedge Rxy) \rightarrow \neg \forall x (Px \rightarrow \neg Rxy)$
   c) $\vdash \neg \forall x (Px \rightarrow Qx) \rightarrow \exists x (Px \wedge \neg Qx)$
   d) $\vdash \neg \forall x \exists y Rxy \rightarrow \exists x \forall y \neg Rxy$

11.7. ACERTIJOS FANTÁSTICOS

En estos ejercicios, además de los recursos que hemos proporcionado en los capítulos previos —a saber, formalización, semántica y cálculo deductivo—, hay que usar el ingenio, el sentido común, o ambos. Hay en total 22 ejercicios, cuyo enunciado, así como la solución de la mayor parte de ellos está en el CD. A continuación pongo la lista de títulos, enuncio algunos y resuelvo el décimo.

Nota: Algunos problemas están sacados de libros de pasatiempos:

1. Muriel, Mandell. *Acertijos fantásticos*, de Zugarto Ediciones.

2. Jaime y Lea Poniachik. *Cómo jugar y divertirse con su inteligencia*. Zugarto Ediciones.

3. Sainsbury. *Paradoxes.*

   También de

4. Lie Zi. *El libro de la perfecta vacuidad*, Clásicos Kairós.

5. Sándor Márai. *El último encuentro.*

6. Belén Gopegui. *La conquista del aire.*

ACERTIJOS FANTÁSTICOS (1): Una isla y algunos ingleses

En una isla deshabitada, salvo por un grupo pequeño de ingleses, funcionan cuatro clubes. Observando la lista de socios se aprecia lo siguiente:

$\alpha :=$ Cada inglés es socio de exactamente dos clubes.
$\beta :=$ Cada dos clubes tienen exactamente un socio en común.

1. Usando el siguiente lenguaje:

$$Cx := x \text{ es un club}$$
$$Ix := x \text{ es inglés}$$
$$Sxy := x \text{ es socio de } y.$$

Formalizad α y β. Formalizad también el enunciado γ que expresa que hay exactamente cuatro clubes.

2. Encontrad un modelo

$$\mathfrak{M} = \langle \mathbf{A}, C^{\mathfrak{M}}, I^{\mathfrak{M}}, S^{\mathfrak{M}} \rangle$$

de α, β y γ.

ACERTIJOS FANTÁSTICOS (2): Coloca las cartas

ACERTIJOS FANTÁSTICOS (3): Cuarteto de hermanos

Tras fracasar en su intento de engañar al hábil mercader Abou, el genio enfureció sobremanera y en un rapto de ira los convirtió en animales, tanto a él como a sus hermanos: Ahmed, Sharif y Omar. A uno en cerdo, a otro en burro, en camello y en cabra a los otros.

¿Podrías ayudarnos a descubrir en qué se convirtió cada uno?

Sabemos que:

$\alpha_1 :=$ Ahmed no se convirtió en cerdo ni en cabra
$\alpha_2 :=$ Sharif no era camello ni cerdo
$\alpha_3 :=$ Abou no se convirtió en una cabra ni en un cerdo
$\alpha_4 :=$ Omar no era cabra ni camello
$\alpha_5 :=$ Si Ahmed no era un camello, entonces Omar no era un cerdo

1. Formalizad α_1 hasta α_5 usando el siguiente lenguaje:

$Cx := x$ es un cerdo $a :=$ Ahmed
$Mx := x$ es un camello $s :=$ Sharif
$Rx := x$ es una cabra $b :=$ Abou
$Bx := x$ es un burro $o :=$ Omar

11.7. ACERTIJOS FANTÁSTICOS

2. Encontrad un modelo de $\{\alpha_1, ..., \alpha_5\}$

$$\mathfrak{A} = \langle \mathbf{A}, a^{\mathfrak{A}}, s^{\mathfrak{A}}, b^{\mathfrak{A}}, o^{\mathfrak{A}}, C^{\mathfrak{A}}, M^{\mathfrak{A}}, R^{\mathfrak{A}}, D^{\mathfrak{A}} \rangle$$

y explicad por qué $\mathfrak{A} \Vdash \alpha_1, ..., \mathfrak{A} \Vdash \alpha_5$

3. En el modelo anterior habréis resuelto en qué animal se ha convertido cada uno de los hermanos, pudiendo afirmar que

$$\varphi := Ct_1 \wedge Rt_2 \wedge Mt_3 \wedge Dt_4$$

para ciertos
$$t_i \in \{a, s, b, o\}$$

¿Es ésta la única solución?

En caso afirmativo, probad que dicha solución se sigue deductivamente de las hipótesis

$$\{\alpha_1, ..., \alpha_5\} \cup \mathfrak{SCI}$$

—donde $\mathfrak{SCI}$ son hipótesis de *"sentido común implícito"*—. Este conjunto de hipótesis es necesario para que

$$\{\alpha_1, ..., \alpha_5\} \cup \mathfrak{SCI} \vdash \varphi$$

y lo característico es que son obviedades que aceptamos implícitamente en el uso común del lenguaje —por ejemplo, que un camello no es un cerdo ni una cabra.

ACERTIJOS FANTÁSTICOS (4): Bestias de carga

ACERTIJOS FANTÁSTICOS (5): La conquista del aire (Belén Gopegui)

ACERTIJOS FANTÁSTICOS (6): El barbero de las Batuecas

ACERTIJOS FANTÁSTICOS (7): Protágoras

ACERTIJOS FANTÁSTICOS (8): Tian Rui, el jade celeste

El libro de la perfecta vacuidad, Lie Zi. Clásicos Kairós

ACERTIJOS FANTÁSTICOS (9): Preguntas de Tang

Tang de Ying preguntó a Ge: "¿Existían las cosas al principio de los tiempos?" Xia Ge respondió: "Si al principio de los tiempos no hubiesen existido las cosas, ¿cómo sería posible que existiesen hoy? Con idéntica razón, los hombres del futuro podrían decir que hoy no existían las cosas".

El argumento contenido en este pasaje, podría reformularse así:

Hipótesis 1 $\alpha :=$ Si existen cosas en un momento dado, entonces en todo momento anterior han existido cosas.

Hipótesis 2 $\beta :=$ Existen cosas hoy.

Hipótesis 3 $\gamma :=$ El principio de los tiempos es anterior a todo.

LUEGO

Conclusión $\delta :=$ Existían cosas al inicio de los tiempos.

1. Formaliza las hipótesis y la conclusión del argumento anterior

    Utiliza el siguiente lenguaje formal:

    $Exy :=$ y existe en el momento x
    $Cx :=$ x es una cosa
    $Px :=$ x es un momento de tiempo
    $Axy :=$ x es anterior a y
    $a :=$ principio de los tiempos
    $h :=$ hoy

2. Comprueba si el razonamiento es correcto utilizando tableaux semánticos. Si es preciso, añade hipótesis de *'sentido común implícito'*.

ACERTIJOS FANTÁSTICOS (10): Confucio

Confucio se dirigía hacia el este cuando vio a dos chiquillos discutiendo. Al preguntarles el motivo de su disputa uno de ellos dijo: "Yo digo que cuando el sol sale está cerca y a mediodía, lejos. Éste dice que cuando sale está lejos y a mediodía, cerca". Uno argumentaba: "Cuando el sol sale es grande, como un toldo de carruaje. A mediodía, en cambio, del tamaño de un plato o un tazón. ¿Y no es cierto que lo grande está cerca y lo pequeño lejos?". El otro: "Cuando el sol sale es frío y a mediodía, como agua hirviendo. Y lo caliente está cerca y lo frío lejos, ¿no es así?". Confucio no supo resolver el problema. Los dos chiquillos se echaron a reír: "¿Quién dice que tú eres un hombre de grandes conocimientos?".

El primer argumento contenido en este pasaje podría reformularse así:

Hipótesis 1 $\alpha :=$ Cuando el sol sale es grande

Hipótesis 2 $\beta :=$ A mediodía el sol es pequeño

Hipótesis 3 $\gamma :=$ Lo grande está cerca y lo pequeño lejos

LUEGO

Conclusión $\delta :=$ Cuando el sol sale está cerca y a mediodía lejos.

El segundo argumento contenido en este pasaje podría reformularse así:

11.7. ACERTIJOS FANTÁSTICOS

Hipótesis 1 $\alpha :=$ Cuando el sol sale es frío

Hipótesis 2 $\beta :=$ A mediodía el sol es caliente

Hipótesis 3 $\gamma :=$ Lo caliente está cerca y lo frío, lejos

LUEGO

Conclusión $\delta :=$ Cuando el sol sale está lejos y a mediodía cerca.

1. Formaliza las hipótesis y la conclusión de los argumentos anteriores

   Utiliza el siguiente lenguaje formal:

   $Gxy :=$ x es grande en el momento y
   $Cxy :=$ x está cerca en el momento y
   $Ox :=$ x es un objeto
   $Fxy :=$ x está frío en el momento y
   $s :=$ sol
   $m :=$ mediodía

   $Pxy :=$ x es pequeño en el momento y
   $Lxy :=$ x está lejos en el momento y
   $Mx :=$ x es un momento de tiempo
   $Txy :=$ x está caliente en el momento y
   $a :=$ alba

2. Comprueba si los razonamientos son correctos utilizando tableaux semánticos. Si es preciso, añade hipótesis de *'sentido común implícito'*

3. ¿Qué podría haber dicho Confucio?

Respuestas y explicaciones a las preguntas

Formalizamos las hipótesis y la conclusión de los argumentos utilizando el lenguaje formal dado:

El primer argumento contenido en este pasaje podría formalizarse así:

Hipótesis 1 $\alpha := Gsa$ Cuando el sol sale es grande

Hipótesis 2 $\beta := Psm$ A mediodía el sol es pequeño

Hipótesis 3 $\gamma := \forall xy(Ox \wedge My \wedge Gxy \to Cxy) \wedge \forall xy(Ox \wedge My \wedge Pxy \to Lxy)$
Lo grande está cerca y lo pequeño lejos

LUEGO

Conclusión $\delta := Csa \wedge Lsm$ Cuando el sol sale está cerca y a mediodía, lejos.

El segundo argumento contenido en este pasaje podría reformularse así:

Hipótesis 1 $\alpha := Fsa$ Cuando el sol sale es frío

Hipótesis 2 $\beta := Tsm$ A mediodía el sol es caliente

Hipótesis 3 $\gamma := \forall xy(Ox \wedge My \wedge Txy \to Cxy) \wedge \forall xy(Ox \wedge My \wedge Fxy \to Lxy)$
Lo caliente está cerca y lo frío, lejos

LUEGO

Conclusión $\delta := Lsa \wedge Csm$ Cuando el sol sale está lejos y a mediodía cerca.

El primer argumento es correcto. Añadamos a las hipótesis esta otra de sentido común implícito
$$\zeta := Os \wedge Ma \wedge Mm$$
que afirma que el sol es un objeto mientras que el alba y el mediodía son momentos de tiempo. Demostraremos $\{\alpha, \beta, \gamma, \zeta\} \vdash \delta$. Para comprobarlo veremos que $\{\alpha, \beta, \gamma, \zeta, \neg \delta\}$ es inconsistente. Esto es, la inconsistencia de

$$\left\{ \begin{array}{c} Gsa, Psm, \forall xy(Ox \wedge My \wedge Gxy \to Cxy) \wedge \forall xy(Ox \wedge My \wedge Pxy \to Lxy), \\ Os \wedge Ma \wedge Mm, \neg(Csa \wedge Lsm) \end{array} \right\}$$

11.7. ACERTIJOS FANTÁSTICOS

$$Gsa$$
$$Psm$$
$$\forall xy(Ox \wedge My \wedge Gxy \to Cxy) \wedge \forall xy(Ox \wedge My \wedge Pxy \to Lxy)$$
$$Os \wedge Ma \wedge Mm$$
$$\neg(Csa \wedge Lsm)$$

$$Os \wedge Ma$$
$$Mm$$
$$Os$$
$$Ma$$
$$\forall xy(Ox \wedge My \wedge Gxy \to Cxy)$$
$$\forall xy(Ox \wedge My \wedge Pxy \to Lxy)$$
$$\forall y(Os \wedge My \wedge Gsy \to Csy)$$
$$Os \wedge Ma \wedge Gsa \to Csa$$
$$\forall y(Os \wedge My \wedge Psy \to Lsy)$$
$$Os \wedge Mm \wedge Psm \to Lsm$$

[Árbol de refutación con ramas]

$\neg(Os \wedge Ma \wedge Gsa)$ \quad Csa

$\neg(Os \wedge Ma)$ \quad $\neg Gsa$ \quad $\neg Csa$ \quad $\neg Lsm$
$\qquad\qquad\qquad\qquad \otimes \qquad\quad \otimes$

$\neg Os$ \quad $\neg Ma$ \qquad $\neg(Os \wedge Mm \wedge Psm)$ \quad Lsm
$\otimes \qquad \otimes \qquad\qquad\qquad\qquad\qquad\qquad \otimes$

$\neg(Os \wedge Mm)$ \quad $\neg Psm$
$\qquad\qquad\qquad\qquad \otimes$

$\neg Os$ \quad $\neg Mm$
$\otimes \qquad \otimes$

El segundo argumento es correcto. Añadamos a las hipótesis esta otra de sentido común implícito

$$\zeta := Os \wedge Ma \wedge Mm$$

que afirma que el sol es un objeto mientras que el alba y el mediodía son momentos de tiempo. Demostraremos $\{\alpha, \beta, \gamma, \zeta\} \vdash \delta$. Para comprobarlo veremos que $\{\alpha, \beta, \gamma, \zeta, \neg\delta\}$ es inconsistente. Esto es, la inconsistencia de

$$\left\{ \begin{array}{c} Fsa, Tsm, \forall xy(Ox \wedge My \wedge Txy \to Cxy) \wedge \forall xy(Ox \wedge My \wedge Fxy \to Lxy), \\ Os \wedge Ma \wedge Mm, \neg(Csm \wedge Lsa) \end{array} \right\}$$

$$Fsa$$
$$Tsm$$
$$\forall xy(Ox \wedge My \wedge Txy \rightarrow Cxy) \wedge \forall xy(Ox \wedge My \wedge Fxy \rightarrow Lxy)$$
$$Os \wedge Ma \wedge Mm$$
$$\neg(Csm \wedge Lsa)$$

$$Os \wedge Ma$$
$$Mm$$
$$Os$$
$$Ma$$
$$\forall xy(Ox \wedge My \wedge Txy \rightarrow Cxy)$$
$$\forall xy(Ox \wedge My \wedge Fxy \rightarrow Lxy)$$
$$\forall y(Os \wedge My \wedge Tsy \rightarrow Csy)$$
$$Os \wedge Ma \wedge Tsa \rightarrow Csa$$
$$\forall y(Os \wedge My \wedge Fsy \rightarrow Lsy)$$
$$Os \wedge Mm \wedge Fsm \rightarrow Lsa$$

```
       ¬(Os ∧ Mm ∧ Tsm)                    Csm
         /         \                      /      \
   ¬(Os ∧ Mm)    ¬Tsm              ¬Csm          ¬Lsa
      /   \        ⊗                ⊗           /     \
    ¬Os   ¬Mm                          ¬(Os ∧ Ma ∧ Fsa)  Lsa
     ⊗     ⊗                            /        \        ⊗
                                   ¬(Os ∧ Ma)   ¬Fsa
                                     /    \       ⊗
                                   ¬Os    ¬Ma
                                    ⊗      ⊗
```

Explicación 3

Las conclusiones de los razonamientos son contradictorias. Esto es, el conjunto
$$\{Csa \wedge Lsm, Csm \wedge Lsa\}$$
se convierte en contradictorio en cuanto le añadamos el enunciado de sentido común implícito
$$\forall xy(Cxy \rightarrow \neg Lxy)$$
Veamos la inconsistencia de
$$\{Csa \wedge Lsm, Csm \wedge Lsa, \forall xy(Cxy \rightarrow \neg Lxy)\}$$

11.7. ACERTIJOS FANTÁSTICOS

$$Csa \land Lsm$$
$$Csm \land Lsa$$
$$\forall xy(Cxy \rightarrow \neg Lxy)$$

$$Csa$$
$$Lsm$$
$$Csm$$
$$Lsa$$
$$\forall x(Csy \rightarrow \neg Lsy)$$
$$Csa \rightarrow \neg Lsa$$

$\neg Csa$ $\qquad\qquad$ $\neg Lsa$
$\otimes$ $\qquad\qquad\quad$ $\otimes$

Nota: Podría haber formalizado cerca como la negación de lejos y el resultado habría sido más nítido. He preferido hacerlo así porque en castellano entre cerca y lejos tenemos distancias intermedias.

ACERTIJOS FANTÁSTICOS (11): Epiménides

ACERTIJOS FANTÁSTICOS (12): Razonamientos tontos y corolarios chungos

ACERTIJOS FANTÁSTICOS (13): ¡Capturados!

ACERTIJOS FANTÁSTICOS (14): Tripulación espacial

ACERTIJOS FANTÁSTICOS (15): Montecarlo

(Javier Huete)

ACERTIJOS FANTÁSTICOS (16): Extraños en la noche

(Néstor Sancho)

ACERTIJOS FANTÁSTICOS (17): Hacia el infinito y más allá

ACERTIJOS FANTÁSTICOS (18): Platón y Sócrates

ACERTIJOS FANTÁSTICOS (19): En el bosque

(Juan Francisco de Paz)

ACERTIJOS FANTÁSTICOS (20): El último encuentro

"*¿Qué significa la fidelidad, qué esperamos de la persona a quien amamos? Yo ya soy viejo, y he reflexionado mucho sobre esto. ¿Exigir fidelidad no sería acaso un grado extremo de egolatría, del egoísmo y de la vanidad, como la mayoría de las cosas y de los deseos de los seres humanos? Cuando exigimos fidelidad a alguien, ¿es acaso nuestro propósito que la otra persona sea feliz? Y si la otra persona no es feliz en la sutil esclavitud de la fidelidad, ¿tenemos derecho a exigirle fidelidad y sacrificio? Ahora, al final de mi vida ya no me atrevería a responder a estas preguntas, si alguien me las formulase, de la misma forma inequívoca de hace cuarenta y un años...*"

Basado en lo anterior, vamos a establecer el siguiente argumento:

$\alpha_1 :=$ La condición necesaria para exigir fidelidad a alguien es que la hagamos feliz

$\alpha_2 :=$ Si no haces feliz a alguien a quien exiges fidelidad, no la amas

$\alpha_3 :=$ Si no amas o si no haces feliz a una persona, no le exijas fidelidad

$\alpha_4 :=$Ególatras son los que exigen a todos fidelidad

$\alpha_5 :=$Ególatras son los que no aman a nadie que no sea su propia persona

$\alpha_6 :=$ El viejo coronel no es Krisztina (obviamente)

LUEGO

$\varphi :=$ El viejo coronel amaba a alguien (que no era su propia persona)

1. Formalizad α_1 hasta α_5 y φ usando el siguiente lenguaje

    $Hxy :=$ x hace feliz a y $Axy :=$ x ama a y
    $Fxy :=$ x exige fidelidad a y $Ex :=$ x es unególatra
    $a :=$ el viejo coronel $b :=$ Krisztina

2. Demostrad que la conclusión se sigue de las hipótesis

$$\{\alpha_1, ..., \alpha_6\} \vdash \varphi$$

Nota: Este problema está inspirado en el libro de *Sándor Márai*, *El último encuentro*. Salamandra.

ACERTIJOS FANTÁSTICOS (21): La bravata del ogro

ACERTIJOS FANTÁSTICOS (22): Bolsas de alimentos

Capítulo 12

Otros cálculos de primer orden

En este capítulo veremos cómo se extienden los cálculos de resolución y deducción natural proposicionales a la lógica de primer orden.

En las pruebas informales con lógica con cuantificadores es necesario la introducción de símbolos de constantes que no forman parte del lenguaje original L. Para formalizar esta estrategia usaremos el lenguaje L^{PAR} definido en la sección 9.5.2, extensión de L obtenida al añadir esos nuevos símbolos de constantes o parámetros. En lo que sigue nos interesará sólo probar sentencias de L, esto es, fórmulas sin variables libres.

12.1. Resolución

En el caso proposicional vimos dos versiones del cálculo de resolución. La primera, más adecuada para hacer pruebas a mano, y la resolución lineal, más adecuada para la implementación computacional.

Las dos versiones se extienden fácilmente a primer orden. Pero tendremos dos maneras de hacerlo. En la primera (cálculo de resolución con parámetros) usaremos símbolos nuevos de constantes o parámetros de L^{PAR}. En la segunda (el cálculo de resolución con variables libres) utilizaremos unos símbolos nuevos de funciones (se llamarán funciones de Skolem) además de los símbolos nuevos de constantes; este lenguaje extensión de L se llama L^{SKO}. El cálculo de resolución con parámetros es menos convencional pero más adecuado para la construcción "manual" de pruebas; mientras que el cálculo con variables libres y funciones de Skolem es el adecuado para la automatización e implementación.

12.1.1. Introducción

Para presentar el cálculo de resolución (primero con parámetros y después con variables libres) vamos a extender a primer orden los conceptos proposicionales de *árbol de expansión clausular, esquema de resolución, prueba de una fórmula* y *prueba de un razonamiento* (sección 5.1). Para ello deberemos introducir las *reglas de expansión clausular* para fórmulas con cuantificadores. La *regla de resolución* es exactamente la misma que en el caso proposicional. En el cálculo de resolución con parámetros no tendremos una contrapartida de la forma normal conjuntiva proposicional, pero sí en el cálculo de resolución con variables libres, donde toda sentencia se podrá convertir en la llamada *forma normal de Skolem* a partir del árbol clausular.

Características del cálculo de resolución de primer orden:

- Proporciona un procedimiento simple y mecanizable para probar la validez de una fórmula construyendo una refutación de la misma (mostrando que de su negación se deriva una contradicción).

- Permite probar la inconsistencia de un conjunto de fórmulas (mostrando que la conjunción de sus fórmulas es insatisfacible).

- Sirve para verificar que una fórmula φ es consecuencia de un conjunto de premisas Γ construyendo una prueba por refutación de $\Gamma \cup \{\neg\varphi\}$ (es decir, probando insatisfacibilidad).

- Es implementable.

- Es una extensión directa del de la lógica proposicional.

12.1.2. Cálculo de resolución

El cálculo de resolución de primer orden tiene la *regla de resolución* como única regla deductiva. Es la misma regla que en la lógica proposicional.

Regla del cálculo

Regla de resolución: De $A \vee B$ y $\neg A \vee C$ se deduce $B \vee C$.

Para demostrar que una fórmula C se deriva de un conjunto de hipótesis Γ (lo cual se escribe $\Gamma \vdash C$) se construye una refutación de $\Gamma \cup \{\neg C\}$. Ésta consiste en derivar una contradicción $\bot$ usando las reglas de expansión clausular, de simplificación y la regla de resolución. Como la regla sólo se aplica a disyunciones, lo habitual es que previamente se transformen las fórmulas construyendo el *árbol de expansión clausular* de $\Gamma \cup \{\neg C\}$.

12.1.3. Árbol de expansión clausular con parámetros

Las reglas para construir el árbol de expansión clausular en la lógica de primer orden son una extensión de las del caso proposicional definidas en la página 112, añadiendo reglas para descomponer las fórmulas con cuantificadores. El resultado final del proceso serán disyunciones de L^{PAR} sin cuantificadores ni variables libres.

12.1. RESOLUCIÓN

Notación 396 *Recordad la notación $A(t) := S_x^t(A)$, la fórmula resultado de sustituir todas las ocurrencias de la variable libre x en A por el término cerrado t.*

Nuevas reglas de expansión clausular

- $\gamma - regla$:

  1. De $\forall x A$ se deduce $A(t)$ para un término cerrado t cualquiera de L^{PAR}.
  2. De $\neg \exists x A$ se deduce $\neg A(t)$ para un término cerrado t cualquiera de L^{PAR}.

  Lo representaremos:

$$\begin{array}{ccc} [\forall x A] & & [\neg \exists x A] \\ | & y & | \\ [A(t)] & & [\neg A(t)] \end{array}$$

- $\delta - regla$:

  1. De $\exists x A$ se deduce $A(c)$ para una constante nueva (parámetro) c de L^{PAR}.
  2. De $\neg \forall x A$ se deduce $\neg A(c)$ para una constante nueva (parámetro) c de L^{PAR}.

  Lo representaremos:

$$\begin{array}{ccc} [\exists x A] & & [\neg \forall x A] \\ | & y & | \\ [A(c)] & & [\neg A(c)] \end{array}$$

Comentario 397 *La aplicación de la regla γ introduce un término cerrado cualquiera. Pero habrá unos términos más convenientes que otros. ¿Cómo saber cuál elegir? La respuesta es que se elegirán los términos que más convengan para poder aplicar la regla de resolución y resolver con la expresión resultante. El proceso que nos asegura la mejor elección del término se llama **unificación** y lo veremos más adelante.*

Árbol de expansión clausular

El proceso de construcción del árbol es el mismo de la página 116, añadiendo las dos nuevas reglas de expansión para cuantificadores. Llamaremos también *cláusulas* a los nodos terminales del árbol, y les llamaremos disyunciones cuando sean nodos finales no terminales. Cuando todos los nodos finales son cláusulas diremos que el árbol es completado.

Lo que no tenemos es una extensión simple de la *FNC* proposicional. La conjunción de las cláusulas de primer orden no será equivalente a la fórmula original. Veremos más adelante el concepto de primer orden que jugará un papel equiparable al de la *FNC*, la llamada *forma normal de Skolem*.

Ejemplo 398 *El árbol clausular completado para la fórmula*

$$\neg(\forall x(Px \wedge Qx \rightarrow (\exists xPx \wedge \forall xQx)))$$

es:

$$[\neg(\forall x(Px \wedge Qx \rightarrow (\exists xPx \wedge \forall xQx)))]$$

```
         [∀x(Px ∧ Qx]              [¬(∃xPx ∧ ∀xQx)]
         (x : a) | γ₃                      |
         [Pa ∧ Qa]                 [¬∃xPx, ¬∀xQx]
         /      \                  (x : c) | δ₁
      [Pa]     [Qa]                [¬∃xPx, ¬Qc]
                                   (x : b) | γ₂
                                   [¬Pb, ¬Qc]
```

Hemos numerado la aplicación de las reglas γ y δ para poder seguir su secuencia de aplicación. Primero se han aplicado las reglas tipo α y β hasta que ya no hay más remedio que aplicar reglas de cuantificadores. Después, en δ_1 hemos introducido la constante nueva c, en γ_2 la constante b y en γ_3 la constante a. Observad que primero se aplica la regla δ (es mejor para asegurarnos de que las nuevas constantes de L^{PAR} introducidas con δ no hayan aparecido antes en la rama). Por último, hemos aplicado reglas γ sustituyendo las variables cuantificadas por términos cualesquiera (la regla γ sí permite utilizar términos ya aparecidos antes en la rama).

12.1.4. Unificación con parámetros

La aplicación de la regla γ tiene el problema de la elección del término que más nos conviene, teniendo en cuenta que al resultado del proceso de expansión clausular querremos aplicar la regla de resolución.

Para entender mejor este problema, volvamos al ejemplo anterior, donde hemos obtenido las cláusulas $[Pa]$, $[Qa]$ y $[\neg Pb, \neg Qc]$. A estas cláusulas no les podemos aplicar la regla de resolución, ya que Pa no se puede resolver con $\neg Pb$, ni Qa con $\neg Qc$. Tener tres constantes diferentes es el problema. Volvamos por un momento al árbol de expansión del ejemplo 398: primero se ha introducido c por la regla δ_1, después hemos aplicado la regla γ_2 y, en este caso, podíamos haber sustituido la variable cuantificada también por c (en lugar de una nueva constante b), ya que no hay restricciones para las constantes que se introducen con γ. Es evidente que interesa más esta otra sustitución de la variable cuantificada por un término. De la misma manera, en γ_3 también podíamos haber utilizado c en lugar de a. Entonces hubiéramos obtenido las cláusulas $[Pc]$, $[Qc]$ y $[\neg Pc, \neg Qc]$ y podríamos aplicarles la regla de resolución.

Unificar dos expresiones diferentes de L^{PAR} significa sustituir por los términos adecuados para que éstas resulten idénticas o bien una negación de la otra.

12.1. RESOLUCIÓN

Llamaremos *unificación* al proceso de unificar las disyunciones o cláusulas de un árbol de expansión clausular; éste se realizará dentro del proceso de construcción del árbol y la estrategia de unificación consiste en:

1. Aplicar primero las reglas δ que introducen constantes nuevas de L^{PAR} no aparecidas antes en la rama.

2. Cuando no haya ningún nodo final al cual aplicar una regla δ, aplicar primero las reglas γ que produzcan disyunciones susceptibles de aplicación de reglas δ.

3. Finalmente aplicar las reglas γ que no son como las del apartado anterior (las que no producen disyunciones a las cuales aplicar reglas δ posteriormente).

4. Cada vez que se aplica una regla γ, tanto si es en el caso 2 o 3, revisar todas las ocurrencias del mismo predicado donde ya se ha sustituido la variable por alguna constante o término, y elegir el más adecuado para la unificación.

Ejemplos de árbol de expansión clausular de una fórmula

Ejemplo 399 *Vamos a ver el ejemplo 398, con unificación:*

$$[\neg (\forall x(Px \wedge Qx \rightarrow (\exists x Px \wedge \forall x Qx)))]$$

$$[\forall x(Px \wedge Qx)] \qquad [\neg(\exists x Px \wedge \forall x Qx)]$$
$$(x:c) \mid \gamma_3 \qquad \qquad \mid$$
$$[Pc \wedge Qc] \qquad [\neg \exists x Px, \neg \forall x Qx]$$
$$\qquad\qquad\qquad (x:c) \mid \delta_1$$
$$[Pc] \qquad [Qc] \qquad [\neg \exists x Px, \neg Qc]$$
$$\qquad\qquad\qquad (x:c) \mid \gamma_2$$
$$\qquad\qquad\qquad [\neg Pc, \neg Qc]$$

En γ_2 sustituimos por la constante c para tener una sola constante en la cláusula. En γ_3 sustituimos por c porque tenemos $\neg Pc$ y $\neg Qc$ en la otra rama.

Ejemplo 400 *Construimos un árbol clausular para el conjunto*

$$\{\neg \forall x \exists y \forall z \exists v (Qxy \vee \neg Qvz)\}$$

Como el conjunto sólo tiene una fórmula, hacemos el de la fórmula

$$\neg \forall x \exists y \forall z \exists v (Qxy \vee \neg Qvz)$$

$$[\neg \forall x \exists y \forall z \exists v(Qxy \vee \neg Qvz)]$$
$$\delta_1 \mid (x:a)$$
$$[\neg \exists y \forall z \exists v(Qay \vee \neg Qvz)]$$
$$\gamma_2 \mid (y:\underline{b})$$
$$[\neg \forall z \exists v(Qa\underline{b} \vee \neg Qvz)]$$
$$\delta_3 \mid (z:c)$$
$$[\neg \exists v(Qa\underline{b} \vee \neg Qvc)]$$
$$\gamma_4 \mid (v:a)$$
$$[\neg (Qa\underline{b} \vee \neg Qac)]$$

$$[\neg Qa\underline{b}] \qquad [\neg\neg Qac]$$

Aquí la secuencia de aplicación de reglas γ y δ viene dada por la propia secuencia de los cuantificadores, ya que sólo tenemos una fórmula. Se ha subrayado el término b introducido por la regla γ_2 y que se podrá cambiar más adelante por otro término que sea más conveniente para unificar las disyunciones finales, siempre y cuando no sea un término introducido por una regla δ posterior. Las constantes introducidas con la regla δ (a y c) son constantes que no pueden aparecer antes. En la aplicación γ_4 hemos elegido el término a porque teníamos $\neg Qac$. Finalmente, para unificar $[\neg Qab]$ y $[\neg\neg Qac]$, la única posible solución es rectificar la primera elección de b y sustituirla por c, pero eso no se puede hacer porque c se ha introducido con una regla δ posterior a la introducción de la constante b.

No es posible la unificación de todas las cláusulas y, en este caso, el mejor resultado posible es $[\neg Qab]$ y $[\neg\neg Qac]$

No siempre es posible unificar todas las cláusulas de un árbol, pero siempre que se construya un árbol de expansión clausular se hará de manera que el resultado final sea el mejor posible.

12.1.5. Esquemas de resolución con parámetros

Definición 401 *Árbol de expansión clausular.* Sea $\Gamma = \{A_1, \cdots, A_m\}$ un conjunto finito de fórmulas de primer orden.

1. El siguiente árbol de m ramas es un árbol de expansión clausular para Γ

$$[A_1] \quad \cdots \quad [A_m]$$

2. Si E es un árbol de expansión clausular para Γ y E^* se obtiene de E mediante la aplicación de alguna regla de expansión o de simplificación, entonces E^* es un árbol de expansión clausular para Γ. Se dice que E^* es **una extensión directa** de E.

Definición 402 *Un esquema de resolución (cerrado) de un conjunto de fórmulas* Γ *se define como en lógica proposicional, consultad la definición 159 de la página 120.*

12.1. RESOLUCIÓN

Definición 403 *Una prueba por resolución de una fórmula A es un esquema de resolución cerrado para $\{\neg A\}$.*
Notaremos $\vdash_{res} A$ y diremos que A **es un teorema del sistema de resolución de primer orden**. Cuando no haya confusión con el cálculo que se está utilizando notaremos $\vdash A$.

Definición 404 *Una prueba por resolución de la inconsistencia de un conjunto de fórmulas Γ es un esquema de resolución cerrado para el conjunto Γ.*

Definición 405 *Una prueba por resolución de una fórmula C a partir de un conjunto de premisas Γ es un esquema de resolución cerrado para $\Gamma \cup \{\neg C\}$.*

Ejemplo 406 *Veamos si se verifica que*

$$\vdash \forall x \forall z \exists v (Qxz \vee \neg Qvz)$$

Primero se construye un árbol clausular para el conjunto

$$\{\neg \forall x \forall z \exists v (Qxz \vee \neg Qvz)\}$$

$$[\neg \forall x \forall z \exists v (Qxz \vee \neg Qvz)]$$
$$\delta_1 \mid (x:a)$$
$$[\neg \forall z \exists v (Qaz \vee \neg Qvz)]$$
$$\delta_2 \mid (z:c)$$
$$[\neg \exists v (Qac \vee \neg Qvc)]$$
$$\gamma_3 \mid (v:a)$$
$$[\neg (Qac \vee \neg Qac)]$$

$$[\neg Qac] \qquad [\neg \neg Qac]$$

Hay una solución a la unificación de todas las cláusulas (que son las cláusulas $[\neg Qac]$ y $[\neg\neg Qac]$). Además se deriva una contradicción a partir de estas cláusulas, por tanto se cumple el enunciado.

Ejemplo 407 *Probamos con el cálculo de resolución que*

$$\{\forall x \exists y \forall z (Px \rightarrow Qzy), \exists x Px\} \vdash \forall x \exists y Qxy$$

Primero se construye un árbol clausular unificado:

$$\begin{array}{ccc}
[\forall x \exists y \forall z (Px \rightarrow Qzy)] & [\exists x Px] & [\neg \forall x \exists y Qxy] \\
(x:a) \mid \gamma_3 & (x:a) \mid \delta_1 & (x:b) \mid \delta_2 \\
[\exists y \forall z (Pa \rightarrow Qzy)] & [Pa] & [\neg \exists y Qby] \\
(y:c) \mid \delta_4 & & (y:c) \mid \gamma_6 \\
[\forall z (Pa \rightarrow Qzc)] & & [\neg Qbc] \\
(z:b) \mid \gamma_5 & & \\
[Pa \rightarrow Qbc] & & \\
\mid & & \\
[\neg Pa, Qbc] & &
\end{array}$$

Obsérvese que todas las cláusulas están unificadas. Ahora se construye un esquema de resolución cerrado:

$$[\neg Pa, Qbc] \quad [Pa]$$
$$[Qbc] \quad [\neg Qbc]$$
$$[\perp]$$

12.1.6. Cálculo de resolución con variables libres

Es el más adecuado para la automatización del cálculo de resolución. Veremos una expansión clausular y una unificación alternativas a las expuestas anteriormente.

El problema para la automatización del método con parámetros es la aplicación de la regla γ. ¿Cómo automatizar la elección del término más adecuado para la unificación? Una solución es sustituir las variables cuantificadas por variables libres y posponer para el final la elección del término más adecuado para sustituir por esas nuevas variables libres en un proceso automatizable.

Esto solucionaría el problema de la aplicación de γ pero empeoraría la situación de la aplicación de la $\delta - regla$. Si se pospone la elección del parámetro que introducimos con la $\gamma - regla$, ¿cómo podemos tener garantía de que el parámetro que introduce δ no ha aparecido previamente en la rama? Para resolver este nuevo problema se puede introducir un tipo de parámetro algo más complejo que el de L^{PAR}. Al aplicar δ en el árbol de expansión clausular, introduciremos un nuevo término $f(v_1, \cdots, v_n)$ con un símbolo de functor f nuevo y $v_1, \cdots, v_n$ todas las variables libres introducidas por $\gamma - reglas$ anteriormente en la rama. Con este nuevo parámetro nos aseguramos que su valor, aunque depende del asignado a las variables libres que aparecen antes en la rama, será siempre nuevo. Estos símbolos de functores nuevos se llaman *símbolos de función de Skolem*. Cuando la regla δ se aplica antes de que hayan aparecido variables libres, la función de Skolem es 0-aria y el término que se introduce es una constante nueva en el sentido de L^{PAR}.

L^{SKO} es la extensión del lenguaje L donde se han añadido una cantidad numerable de símbolos de función nuevos (no de L) para cada ariedad y una cantidad numerable de constantes nuevas (son las funciones $0 - arias$).

Definición 408 *Sea*

$$L\left\langle \vec{R}, \vec{f}, \vec{c} \cup PAR \right\rangle$$

*el lenguaje de primer orden definido en la página 278, y sea SKO un conjunto de functores nuevos, que no están en $\vec{f}$ —esto es, $\vec{f} \cap SKO = \emptyset$—. A los elementos de SKO los llamamos **símbolos de funciones de Skolem** y usamos L^{SKO} como abreviatura de*

$$L\left\langle \vec{R}, \vec{f} \cup SKO, \vec{c} \cup PAR \right\rangle$$

12.1. RESOLUCIÓN

Comentario 409 L^{SKO} *es también una extensión de* L^{PAR}.

Árbol clausular y forma normal de Skolem

Las nuevas reglas de expansión clausular usando L^{SKO}:

- $\gamma - regla$:

  1. De $\forall x A$ se deduce $A(v)$ para una variable libre v que **no** aparece en el árbol.
  2. De $\neg \exists x A$ se deduce $\neg A(v)$ para una variable libre v que **no** aparece en el árbol.

  Lo representaremos:

  $$\begin{array}{ccc} [\forall x A] & & [\neg \exists x A] \\ | & \text{y} & | \\ [A(v)] & & [\neg A(v)] \end{array}$$

- $\delta - regla$:

  1. De $\exists x A$ se deduce $A(f(v_1, \cdots, v_n))$ para f un símbolo de función de Skolem n-aria nuevo en el árbol y $v_1, \cdots, v_n$ todas las variables libres usadas previamente en el árbol.
  2. De $\neg \forall x A$ se deduce $\neg A(f(v_1, \cdots, v_n))$ para f un símbolo de función de Skolem n-aria nuevo en el árbol y $v_1, \cdots, v_n$ todas las variables libres usadas previamente en el árbol.

  Lo representaremos:

  $$\begin{array}{ccc} [\exists x A] & & [\neg \forall x A] \\ | & \text{y} & | \\ [A(f(v_1, \cdots, v_n))] & & [\neg A(f(v_1, \cdots, v_n))] \end{array}$$

Comentario 410 *En el cálculo de resolución de primer orden sólo nos interesa probar sentencias, por tanto las únicas variables libres que aparecerán serán las introducidas por reglas* γ. *Cuando se aplica la regla* δ *y no hay variables libres anteriores en la rama, la función de Skolem es 0-aria, es decir una constante nueva de* L^{SKO}.

Ejemplo 411 *Construimos el árbol clausular completado de la sentencia*

$$\neg \left(\forall x (Px \wedge Qx \rightarrow (\exists x Px \wedge \forall x Qx)) \right)$$

$$[\neg\,(\forall x(Px \wedge Qx \to (\exists xPx \wedge \forall xQx))]$$

```
      [∀x(Px ∧ Qx)]              [¬(∃xPx ∧ ∀xQx)]
        (x : v) | γ₃                     |
       [Pv ∧ Qv]                 [¬∃xPx, ¬∀xQx]
                                    (x : c) | δ₁
      [Pv]      [Qv]              [¬∃xPx, ¬Qc]
                                    (x : u) | γ₂
                                    [¬Pu, ¬Qc]
```

Primero aplicamos δ y se introduce una nueva constante c en la rama, ya que no hay variables libres previas. Después se aplica γ sustituyendo las variables cuantificadas por variables libres nuevas que no aparecen cuantificadas en el árbol.

12.1.7. Unificación con variables libres

Para hacer el esquema de resolución a partir de las cláusulas obtenidas en la expansión clausular es necesario sustituir las variables libres por términos de L^{SKO} adecuados para poder aplicar la regla de resolución. El proceso de unificación en el cálculo con variables libres consistirá en buscar las sustituciones convenientes.

La *sustitución* de una variable v por un término t se ha definido en la página 278. $S_v^t(A)$ es el resultado se sustituir todas las ocurrencias de la variable libre v en A por el término cerrado t. Para abreviar notaremos $A(t)$ en lugar de $S_v^t(A)$.

Unificar dos expresiones de L^{SKO} significa aplicar una sustitución que las hace idénticas o adecuadas para resolver con la regla de resolución.

Definición 412 *Un* unificador *para una expansión clausular es una secuencia de sustituciones $S_{v_1}^{t_1}\cdots S_{v_n}^{t_n}$ que unifica las expresiones de las cláusulas.*

En el ejemplo siguiente veremos el procedimiento usual para encontrar un unificador.

Ejemplo 413 *Veamos cómo unificar las cláusulas finales del ejemplo 411:*

$$[Pv]\,,[Qv]\,,[\neg Pu, \neg Qc]$$

Para unificar las cláusulas, escribimos el sistema de ecuaciones resultante de igualar entre sí los términos correspondientes (variables o constantes) de las expresiones a unificar. Hay que unificar Pv y $\neg Pu$ $(v = u)$, por un lado, y Qv y $\neg Qc$ $(v = c)$, por otro:

$$\left.\begin{array}{c} v = u \\ v = c \end{array}\right\}$$

*Sólo **si el sistema tiene solución existe un unificador y es posible la unificación**. En este caso hay una solución $u = v = c$. Por tanto, las cláusulas*

12.1. RESOLUCIÓN

finales unificadas son $[Pc]$, $[Qc]$ y $[\neg Pc, \neg Qc]$. En este ejemplo la unificación se podía hacer a simple vista, sin tener que resolver el sistema de ecuaciones, pero hemos querido mostrar cuál es el método general automatizable para encontrar el unificador. El unificador es la secuencia de sustituciones $S_u^v S_v^c$.

No siempre existe un unificador para todas las cláusulas finales de un árbol clausular. Lo veremos en el ejemplo siguiente:

Ejemplo 414 *Construimos el árbol clausular completado de*

$$\neg \forall x \exists y \forall z \exists v (Qxy \lor \neg Qvz)$$

$$[\neg \forall x \exists y \forall z \exists v (Qxy \lor \neg Qvz)]$$
$$\delta_1 \mid (x:a)$$
$$[\neg \exists y \forall z \exists v (Qay \lor \neg Qvz)]$$
$$\gamma_2 \mid (y:u)$$
$$[\neg \forall z \exists v (Qau \lor \neg Qvz)]$$
$$\delta_3 \mid (z:fu)$$
$$[\neg \exists v (Qau \lor \neg Qvfu)]$$
$$\gamma_4 \mid (v:w)$$
$$[\neg (Qau \lor \neg Qwfu)]$$

$$[\neg Qau] \qquad [\neg \neg Qwfu]$$

Con δ_1 se introduce una constante (función de Skolem 0-aria) pero con δ_2 hay que elegir una función de Skolem nueva 1-aria, ya que hay una variable libre previa en la rama.

Para buscar el unificador escribimos el sistema de ecuaciones que proviene de emparejar las expresiones que hay que unificar:

$$\neg Qau \quad y \quad \neg \neg Qwfu \quad \Longrightarrow \quad \left. \begin{array}{l} w = a \\ fu = u \end{array} \right\}$$

Obsérvese que para unificar deberíamos sustituir la variable u por fu (una función de ella misma). Esa sustitución no se puede hacer. Por tanto, no hay un unificador, y el mejor resultado posible es $[\neg Qau]$ y $[\neg \neg Qafu]$.

Comentario 415 *En la unificación sólo se pueden sustituir variables. Una variable se puede sustituir por una constante, por una función o por otra variable. La excepción a la sustitución de una variable por cualquier término es que una variable no puede sustituirse por una función de ella misma.*

Veamos otro ejemplo en que la unificación no es posible:

Ejemplo 416 *Construimos el árbol clausular completado de*

$$\neg (\exists x \forall y Qxy) \rightarrow \forall x \exists y Qxy$$

$$[\neg\,(\exists x\forall y Qxy \to \forall x\exists y Qxy)]$$

$$
\begin{array}{ll}
[\exists x\forall y Qxy] & [\neg\forall x\exists y Qxy] \\
\delta_1 \mid (x:a) & \delta_2 \mid (x:b) \\
[\forall y Qay] & [\neg\exists y Qby] \\
\gamma_3 \mid (y:u) & \gamma_4 \mid (y:v) \\
[Qau] & [\neg Qbv]
\end{array}
$$

Con δ_1 y δ_2 se introducen constantes (función de Skolem 0-aria).
Para buscar el unificador escribimos el sistema de ecuaciones que proviene de emparejar las expresiones que hay que unificar:

$$Qau \quad y \quad \neg Qbv \quad \Longrightarrow \quad \left.\begin{array}{l} a=b \\ u=v \end{array}\right\}$$

$a = b$ no es posible porque sólo se pueden sustituir variables y en este caso tenemos dos constantes. Por tanto, no hay un unificador, y el mejor resultado posible es $[Qau]$ y $[\neg Qbu]$.

La unificación con variables libres es automatizable. En Fitting [9, capítulo 7] podéis encontrar un algoritmo de unificación, implementable en *Prolog*[1]. Éste es utilizable para los cálculos de resolución y de tableaux.

Esquema de resolución y pruebas

Una vez obtenido el árbol clausular y el mejor resultado para la unificación, se puede intentar construir un esquema de resolución cerrado.

Ejemplo 417 *Construcción de un **esquema de resolución cerrado** para*

$$\neg\,(\forall x(Px \land Qx) \to (\exists x Px \land \forall x Qx))$$

Primero se construye un árbol clausular; lo hicimos en la página 357, son los ejemplos 411 y 413.
Es muy fácil obtener un esquema de resolución cerrado.
Como consecuencia $\vdash \forall x(Px \land Qx) \to (\exists x Px \land \forall x Qx)$.

Ejemplo 418 *Probamos con el cálculo de resolución que*

$$\{\forall x\exists y\forall z(Px \to Qzy), \exists x Px\} \vdash \forall x\exists y Qxy$$

---

[1] Prolog es el lenguaje de programación lógica más conocido y utilizado.

12.1. RESOLUCIÓN

Primero se construye un árbol clausular:

$$[\forall x \exists y \forall z (Px \to Qzy)] \quad [\exists x Px] \quad [\neg \forall x \exists y Qxy]$$
$$(x:u) \mid \gamma_3 \qquad (x:a) \mid \delta_1 \quad (x:b) \mid \delta_2$$
$$[\exists y \forall z (Pu \to Qzy)] \qquad [Pa] \qquad [\neg \exists y Qby]$$
$$(y:fu) \mid \delta_4 \qquad\qquad\qquad (y:w) \mid \gamma_6$$
$$[\forall z (Pu \to Qzfu)] \qquad\qquad\qquad [\neg Qbw]$$
$$(z:v) \mid \gamma_5$$
$$[Pu \to Qvfu]$$
$$\mid$$
$$[\neg Pu, Qvfu]$$

u, v, w son variable libres; a, b son constantes nuevas en el árbol y f es una función de Skolem nueva. Para buscar un unificador, resolvemos el sistema de ecuaciones:

$$\left. \begin{array}{l} u = a \\ v = b \\ w = fu \end{array} \right\}$$

La solución es

$$u = a, v = b, w = fa$$

Las cláusulas unificadas son $[\neg Pa, Qbfa], [Pa]$ *y* $[\neg Qbfa]$.

Ahora se construye un esquema de resolución cerrado con las cláusulas unificadas obtenidas:

$$[\neg Pa, Qbfa] \quad [Pa]$$
$$[Qbfa] \quad [\neg Qbfa]$$
$$[\bot]$$

12.1.8. Skolemización y forma normal de Skolem

En el caso proposicional el árbol clausular completado proporcionaba la forma normal conjuntiva de una fórmula proposicional, bastaba para ello hacer la conjunción de todas las cláusulas terminales.

Veremos cómo en primer orden es posible obtener una *forma normal prenexa* (todos los cuantificadores están al comienzo de la fórmula) a partir del árbol clausular completado en el cálculo con variables libres. Se llama *forma normal de Skolem* y se construye así:

1. Se hace la conjunción de las cláusulas unificadas.

2. Se introduce un cuantificador universal para cada una de las variables libres que aparecen (se cierra universalmente la fórmula).

El resultado será una sentencia del tipo $\forall v_1 \cdots \forall v_n (D_1 \wedge \cdots \wedge D_k)$, con cada D_i una cláusula para cada $i = 1, \ldots n$, y las variables cuantificadas $v_1 \cdots v_n$, las variable libres de las cláusulas.

Ejemplo 419 *Construimos la forma normal de Skolem de la fórmula de primer orden:*
$$\forall x\, ((Px \vee (\exists t Qxt \wedge \forall y Rxy)) \to (\exists z Az \wedge \neg \exists t Btx))$$
Primero hacemos el árbol de expansión con variables libres:

$$[\forall x\, ((\exists t Qxt \wedge \forall y Rxy) \to (\exists z Az \wedge \neg \exists t Btx))]$$
$$(x : u) \mid \gamma$$
$$[(\exists t Qut \wedge \forall y Ruy) \to (\exists z Az \wedge \neg \exists t Btu)]$$
$$|$$
$$[\neg (\exists t Qut \wedge \forall y Ruy), \exists z Az \wedge \neg \exists t Btu]$$
$$|$$
$$[\neg \exists t Qut, \neg \forall y Ruy, \exists z Az \wedge \neg \exists t Btu]$$
$$(z : f(u)) \mid \delta$$
$$[\neg \exists t Qut, \neg \forall y Ruy, Af(u) \wedge \neg \exists t Btu]$$
$$(y : g(u)) \mid \delta$$
$$[\neg \exists t Qut, \neg Rug(u), Af(u) \wedge \neg \exists t Btu]$$
$$(t : v) \mid \gamma$$
$$[\neg Quv, \neg Rug(u), Af(u) \wedge \neg \exists t Btu]$$

$$[\neg Quv, \neg Rug(u), Af(u)] \qquad [\neg Quv, \neg Rug(u), \neg \exists t Btu]$$
$$(t : w) \mid \gamma$$
$$[\neg Quv, \neg Rug(u), \neg Bwu]$$

Observamos que las cláusulas finales están unificadas.
La forma normal de Skolem es:
$$\forall u \forall v \forall w ((\neg Quv \vee \neg Rug(u) \vee Af(u)) \wedge (\neg Quv \vee \neg Rug(u) \vee \neg Bwu))$$

La forma normal de Skolem es válida si y sólo si la forma original es válida. La utilidad de la skolemización para la demostración automática de teoremas es evidente: si queremos probar que una fórmula A es un teorema, es suficiente probar que su forma normal de Skolem es un teorema.

12.1.9. Igualdad

En la lógica de primer orden con igualdad se puede definir un cálculo de resolución que es extensión de los dos presentados más arriba. Basta añadir a la regla de resolución dos reglas deductivas nuevas:

Reglas del cálculo de resolución con igualdad

- Regla de *reflexividad*: $t = t$ se deduce siempre, para todo término cerrado t de L^{PAR}. ($t = t$ se puede introducir en cualquier lugar del esquema de resolución).

12.1. RESOLUCIÓN

- Regla de *reemplazamiento*: de $t = \tau$ y $A(t)$ se deduce $A(\tau)$, para cualquiera términos cerrados, t y τ de L^{PAR}.

Esquemas de resolución con igualdad

Se construyen como en el caso sin igualdad, pero en la derivación de nuevas disyunciones o cláusulas del esquema, además de la regla de resolución tenemos estas dos nuevas reglas.

La cláusula $[t = t]$ se puede utilizar en cualquier esquema de resolución, como consecuencia de la regla de reflexividad.

Definición 420 *Un esquema de resolución con igualdad (cerrado) de un conjunto de fórmulas Γ se define como en la definición 402 pero añadiendo también el uso de las dos nuevas reglas para la igualdad.*

Ejemplo 421 *Mostramos que se verifica*

$$\vdash \forall x \forall y \forall z \forall w ((x = y \land z = w) \to (Rxz \to Ryz))$$

Árbol clausular unificado:

$$[\neg \forall x \forall y \forall z \forall w ((x = y \land z = w) \to (Rxz \to Ryw))]$$
$$(x : a) \mid \delta_1$$
$$[\neg \forall y \forall z \forall w ((a = y \land z = w) \to (Raz \to Ryw))]$$
$$(y : b) \mid \delta_2$$
$$[\neg \forall z \forall w ((a = b \land z = w) \to (Raz \to Rbw))]$$
$$(z : c) \mid \delta_3$$
$$[\neg \forall w ((a = b \land c = w) \to (Rac \to Rbw))]$$
$$(w : d) \mid \delta_4$$
$$[\neg ((a = b \land c = d) \to (Rac \to Rbd))]$$

$$[a = b \land c = d] \qquad [\neg(Rac \to Rbd)]$$

$$[a = b] \qquad [c = d] \qquad [Rac] \qquad [\neg Rbd]$$

Ahora construimos un esquema de resolución cerrado para la igualdad, donde hemos aplicado dos veces la regla de reemplazamiento y después la regla de resolución:

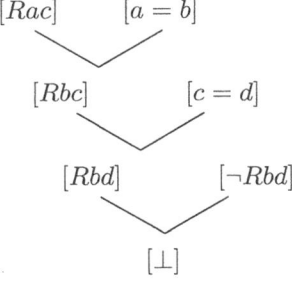

12.1.10. Ejercicios propuestos con solución

Ejercicio 422 *Probad por resolución (con parámetros) que*

$$\exists x \forall y Rxy \to \forall y \exists x Rxy$$

es un teorema (y por tanto una tautología).
Se debe construir un esquema de resolución para

$$\neg(\exists x \forall y Rxy \to \forall y \exists x Rxy)$$

Para ello se comienza construyendo un árbol clausular unificado y a continuación se construye un esquema de resolución:

$$[\neg(\exists x \forall y Rxy \to \forall y \exists x Rxy)]$$

$[\exists x \forall y Rxy]$ $\quad$ $[\neg \forall y \exists x Rxy]$
$(x:a) \mid \delta_1$ $\quad$ $(y:b) \mid \delta_2$
$[\forall y Ray]$ $\quad$ $[\neg \exists x Rxb]$
$(y:b) \mid \gamma_3$ $\quad$ $(x:a) \mid \gamma_4$
$[Rab]$ $\quad$ $[\neg Rab]$

El conjunto de cláusulas obtenido es $\{[Rab], [\neg Rab]\}$. *La aplicación de la regla de resolución es inmediata:*

$[Rab] \quad [\neg Rab]$

$[\bot]$

Ejercicio 423 *Determinad si se cumple que*

$$\{\exists x \forall y \exists z(\neg Qx \land \neg Rxy \to Qz), \ \forall x \forall y(Rxy \to Py)\} \vdash \forall x \exists y(Qy \lor Px)$$

Se intenta construir un esquema de resolución cerrado para

$$\{\exists x \forall y \exists z(\neg Qx \land \neg Rxy \to Qz), \ \forall x \forall y(Rxy \to Py), \ \neg \forall x \exists y(Qy \lor Px)\}$$

Construimos el árbol clausular unificado:

$[\exists x \forall y \exists z(\neg Qx \land \neg Rxy \to Qz)]$ $\quad$ $[\forall x \forall y(Rxy \to Py)]$ $\quad$ $[\neg \forall x \exists y(Qy \lor Px)]$
$(x:a) \mid \delta_1$ $\quad$ $(x:a) \mid \gamma_4$ $\quad$ $(x:b) \mid \delta_2$
$[\forall y \exists z(\neg Qa \land \neg Ray \to Qz)]$ $\quad$ $[\forall y(Ray \to Py)]$ $\quad$ $[\neg \exists y(Qy \lor Pb)]$
$(y:b) \mid \gamma_3$ $\quad$ $(y:b) \mid \gamma_5$ $\quad$ $(y:a) \mid \gamma_6$
$[\exists z(\neg Qa \land \neg Rab \to Qz)]$ $\quad$ $[Rab \to Pb]$ $\quad$ $[\neg(Qa \lor Pb)]$
$(z:c) \mid \delta_3$ $\quad$ $\mid$
$[\neg Qa \land \neg Rab \to Qc]$ $\quad$ $[\neg Rab, Pb]$ $\quad$ $[\neg Qa] \quad [\neg Pb]$
$\mid$
$[\neg(\neg Qa \land \neg Rab), Qc]$
$\mid$
$[\neg\neg Qa, \neg\neg Rab, Qc]$
$\mid$
$[Qa, Rab, Qc]$

12.1. RESOLUCIÓN

El punto de dificultad es la aplicación de γ_6, ya que tenemos dos opciones para sustituir la variable cuantificada: a y c, pero como en la primera rama se obtiene la cláusula $[Qa, Rab, Qc]$, da lo mismo elegir una u otra. No es posible unificar todas las cláusulas y ésta es la mejor solución posible.

Para construir un esquema de resolución utilizaremos la estrategia del conjunto de apoyo (ver la sección 5.1.7). Probamos el esquema que comienza con $[\neg$

```
      [¬Pb]      [¬Rab, Pb]
          \      /
          [¬Rab]        [Qa, Rab, Qc]
                \      /
                [Qa, Qc]      [¬Qa]
                      \      /
                      [Qc]
```

Si probamos otro comenzando con $[\neg Qa]$, también llegamos a $[Qc]$. Como $\neg Qc$ no aparece en ninguna cláusula, no se podrá cerrar ninguno de los dos.

Ahora sólo consideramos las cláusulas que derivan de las fórmulas de las premisas $[Qa, Rab, Qc]$ y $[\neg Rab, Pb]$. A partir de estas cláusulas no es posible derivar $[\bot]$.

Como no parece posible construir un esquema de resolución cerrado, para probar la insatisfacibilidad de las tres fórmulas del árbol (y por tanto la independencia de las premisas y la conclusión del razonamiento del enunciado) sería suficiente encontrar una interpretación que haga verdaderas las premisas y falsa la conclusión:

Consideramos la estructura

$$\mathcal{A} = \langle \mathbf{A},\ P^{\mathcal{A}},\ Q^{\mathcal{A}},\ R^{\mathcal{A}}, \rangle$$

con:

$$\mathbf{A} = \{1, 2, 3\} \quad P^{\mathcal{A}} = \{3\} \quad Q^{\mathcal{A}} = \{1\} \quad R^{\mathcal{A}} = \{\langle 1, 3\rangle\}$$

Es un ejercicio comprobar que:

$$\mathcal{A} \Vdash \exists x \forall y \exists z (\neg Qx \land \neg Rxy \to Qz)$$

$$\mathcal{A} \Vdash \forall x \forall y (Rxy \to Py)$$

$$\mathcal{A} \Vdash \neg \forall x \exists y (Qy \lor Px)$$

Comentario 424 *Aunque en el ejemplo anterior hemos podido demostrar que el razonamiento no es correcto, lo hemos hecho construyendo de forma independiente un modelo de la hipótesis y la negación de la conclusión. En la lógica de primer orden no hay un procedimiento para demostrar la independencia o la satisfacibilidad, como sí lo había en la lógica proposicional. Esta diferencia proviene de que la lógica de primer orden es* indecidible. *Lo que sí permite el cálculo de resolución es probar la validez de razonamientos y la insatisfacibilidad de fórmulas o conjuntos de fórmulas.*

Ejercicio 425 *Ved si se verifica que*

$$\{\forall x \exists y (\neg Qy \to Rxy), \neg\neg\forall x \exists y Ryx\} \vdash \exists x Qx$$

Se construye un árbol de expansión clausular unificado para

$$\{\forall x \exists y (\neg Qy \to Rxy), \neg\forall x \exists y Ryx, \neg\exists x Qx\}$$

$$
\begin{array}{ccc}
[\forall x \exists y (\neg Qy \to Rxy)] & [\neg\forall x \exists y Rxy] & [\neg\exists x Qx] \\
(x:a) \mid \gamma_2 & (x:a) \mid \delta_1 & (x:b) \mid \gamma_5 \\
[\exists y (\neg Qy \to Ray)] & [\neg\exists y Ray] & [\neg Qb] \\
(y:b) \mid \delta_3 & (x:b) \mid \gamma_4 & \\
[\neg Qb \to Rab] & [\neg Rab] & \\
\mid & & \\
[\neg\neg Qb, Rab] & & \\
\mid & & \\
[Qb, Rab] & &
\end{array}
$$

Ahora tenemos un esquema de resolución cerrado:

$$
\begin{array}{cc}
[\neg Qb] \quad [Qb, Rab] \\
\diagdown \diagup \\
[Rab] \quad [\neg Rab] \\
\diagdown \diagup \\
[\bot]
\end{array}
$$

Por tanto, el razonamiento es válido.

12.1.11. Ejercicios del CD

Los ejercicios siguientes están todos resueltos en el CD que acompaña a este libro, en el capítulo 12. Por limitaciones de espacio en el libro sólo están los enunciados de un bloque de cada tipo. En nuestro caso, de:

- *RESOLUCIÓN: ALGUNOS EJERCICIOS BÁSICOS*

- *VALIDEZ DE RAZONAMIENTOS EN LA LÓGICA DE PRIMER ORDEN*

En el CD hay tres bloques de cada tipo, dos de ellos vienen con solución y del otro sólo se suministra el enunciado.

RESOLUCIÓN: ALGUNOS EJERCICIOS BÁSICOS (1)

1. En cada uno de los siguientes casos mostrad lo enunciado mediante una prueba en el cálculo de resolución:

12.1. RESOLUCIÓN

    a) $Pc \to Qc \vdash Pc \to (Tc \to Qc)$

    b) $Pc \to (Qc \to Tc) \vdash (Pc \land Qc) \to Tc$

    c) $\{(Pc \to Qc), (Pc \to \neg Qc)\} \vdash (Pc \to Tc)$

    d) $Pc \to (Qc \to Tc) \vdash Qc \to (Pc \to Tc)$

2. En cada uno de los siguientes casos mostrad lo enunciado mediante una prueba en el cálculo de resolución:

    a) $\{\forall x\,(Px \to Qx), \forall x Px\} \vdash \forall y Qy$

    b) $\forall x Px \vdash \forall y Py$

    c) $\exists x Px \vdash \exists y Py$

    d) $\forall x\,(Pc \to Qx) \vdash Pc \to \forall x Qx$

3. En cada uno de los siguientes casos mostrad lo enunciado mediante una prueba en el cálculo de resolución:

    a) $Pc \land \exists x Qx \vdash \exists x\,(Pc \land Qx)$

    b) $\exists x\,(Pc \land Qx) \vdash \exists x Px \land \exists x Qx$

    c) $Pc \vdash \forall x\,(x = c \to Px)$

    d) $\forall x\,(x = c \to Px) \vdash Pc$

4. En cada uno de los siguientes casos mostrad lo enunciado mediante una prueba en el cálculo de resolución:

    a) $\vdash \forall x\,(\neg Px \land \neg Qx) \to \exists x\,(Px \lor Qx)$

    b) $\vdash \exists x\,(Px \land Rxy) \to \neg \forall x\,(Px \to \neg Rxy)$

    c) $\vdash \neg \forall x\,(Px \to Qx) \to \exists x\,(Px \land \neg Qx)$

    d) $\vdash \neg \forall x \exists y Rxy \to \exists x \forall y \neg Rxy$

VALIDEZ DE RAZONAMIENTOS
EN LA LÓGICA DE PRIMER ORDEN: (1)

1. Demuestra con el método de resolución la validez del razonamiento siguiente y construye una prueba de independencia en el caso de no ser válido:

    Todos los que van a alguna biblioteca han leído un buen libro, *La Regenta* es un buen libro, por tanto si María no ha leído *La Regenta* es que no ha ido a ninguna biblioteca.

2. Demuestra con el método de resolución si es o no válido el razonamiento siguiente:

    Picasso es admirado por todo el que admira a alguien. No hay nadie que no admire a alguna persona. Por tanto, todos admiran a Picasso.

3. Demuestra con el método de resolución si es o no válido el razonamiento siguiente:
Algunos poetas escriben libros sólo cuando hay premios literarios. Algunos poetas no escriben libros. Es necesario que los poetas escriban libros para que haya premios literarios. Hay premios literarios sólo cuando la economía va bien. Por tanto, la economía va bien.

2. Demuestra con el método de resolución si es o no válido el razonamiento siguiente:
Algunas personas hablan alguna lengua que no es su lengua materna. No hay nadie que hable todas las lenguas. Todos hablan su lengua materna. Por tanto, hay lenguas que no las habla nadie.

3. Demuestra con el método de resolución si es o no válido el razonamiento siguiente:
Virginia Woolf escribió libros geniales sólo si Vanessa Bell pintó cuadros impresionistas. Todos los cuadros que pintó Vanessa Bell son cuadros impresionistas. Por tanto, todos los libros que escribió Virginia Woolf son libros geniales.

12.2. Deducción natural

El cálculo de deducción natural de la sección 5.2 se extiende fácilmente a un cálculo de deducción natural de primer orden. Para ello añadiremos las reglas básicas para los cuantificadores a las reglas básicas proposicionales (página 141). La deducción natural es el cálculo que modela el razonamiento informal, por ello vamos a poner cierto énfasis en la interpretación de las reglas de cuantificadores para comprobar que corresponden con conocidos principios informales. Por otro lado, usaremos también el lenguaje L^{PAR} y trataremos de entender el importantísimo papel que juegan los parámetros nuevos como formalización de un recurso fundamental de nuestro razonamiento natural.

12.2.1. Introducción

Para presentar el cálculo de deducción natural vamos a extender a la lógica de primer orden los conceptos proposicionales. Las definiciones fundamentales de *prueba* y *subprueba* serán los mismos que para la lógica proposicional. El único elemento nuevo serán las reglas de deducción básicas que han de regular a los cuantificadores.

Características de los cálculos de deducción natural de primer orden

Son prácticamente las mismas que en el caso proposicional. Recordamos brevemente:

12.2. DEDUCCIÓN NATURAL

1. Una *prueba con deducción natural* consiste en una lista finita de fórmulas donde las primeras son las premisas (o hipótesis) y la última la conclusión, las fórmulas intermedias forman la cadena de razonamiento que llevan de las premisas (o hipótesis) a la conclusión por aplicación de las *reglas del cálculo*.

2. Tienen unas pocas *reglas básicas* o *primitivas* que suelen reflejar principios del razonamiento informal. Las reglas que se derivan de las primitivas se llaman *reglas derivadas*. Todas ellas, primitivas y derivadas, se pueden aplicar en una prueba por deducción natural.

3. Contienen *subpruebas* o *subdeducciones*. Éstas consisten en la derivación de conclusiones a partir de *hipótesis* o suposiciones. Después de obtener las conclusiones que queremos, se "desechan" por completo las subpruebas para obtener resultados libres de las hipótesis.

12.2.2. Un cálculo de deducción natural de primer orden

Un cálculo de deducción natural de primer orden es usualmente la extensión de un cálculo de deducción natural proposicional por la adición de las reglas para cuantificadores. Los conceptos centrales del cálculo son los de *prueba* y *subprueba* que hemos presentado en la página 139. Cuando existe en el cálculo una prueba de una fórmula A a partir de un conjunto de fórmulas Γ diremos que A se deriva de Γ en ese cálculo y lo escribiremos $\Gamma \vdash A$.

12.2.3. Las reglas básicas para cuantificadores

En el caso proposicional las reglas se daban en parejas, una regla de introducción y una de eliminación para cada conector (y la negación de los conectores). Para los cuantificadores vamos a dar sólo la regla de eliminación para cada cuantificador y para cada negación del cuantificador. Como el resultado de extender el cálculo proposicional de la sección 5.2 con estas reglas de eliminación para los cuantificadores es un cálculo de primer orden completo (se demostrará en la sección correspondiente del apéndice D que está en el CD), podemos prescindir de dar reglas de introducción básicas y así tener un cálculo de deducción natural mucho más simple. Ahora bien, entonces las reglas de las negaciones de los cuantificadores no serán reglas redundantes, a diferencia de lo que ocurría para el cálculo proposicional. Más adelante veremos, como reglas derivadas, las que podíamos haber dado ahora como reglas de introducción de cuantificadores y podremos apreciar lo mucho que hemos simplificado nuestro cálculo al habérnoslas ahorrado.

- γ-reglas:

    - *Reglas de eliminación.*

1. ($E\forall$)   de $\forall x A$ se deduce $A(t)$ para un término cerrado[2] t cualquiera de L^{PAR}.
2. ($E\neg\exists$)   de $\neg\exists x A$ se deduce $\neg A(t)$ para un término cerrado t cualquiera de L^{PAR}.

- δ-reglas:

  - *Reglas de eliminación.*

  1. ($E\exists$)   de $\exists x A$ se deduce $A(c)$ para una constante (parámetro) c de L^{PAR} nueva en la prueba.
  2. ($E\neg\forall$)   de $\forall x A$ se deduce $\neg Ac$ para una constante (parámetro) c de L^{PAR} nueva en la prueba.

Comentario 426 *Fijaos bien en la importante diferencia entre aplicar una regla γ y aplicar una regla δ. En el primer caso la variable cuantificada se sustituye por el término cerrado que más nos convenga de L^{PAR}, pudiendo utilizar tanto términos ya aparecidos en la prueba como términos nuevos. Mientras que en la aplicación de δ, la variable cuantificada se sustituye siempre por un símbolo nuevo de constante de L^{PAR}* **que no haya aparecido antes en la prueba.**

La representación de estas reglas es:

Cuantificador	Regla de eliminación	
Universal	($E\forall$) : $\dfrac{\forall x A}{A(t)}$	para t un término cerrado cualquiera de L^{PAR}
Existencial	($E\exists$) : $\dfrac{\exists x A}{A(c)}$	para c una constante de L^{PAR} nueva en la prueba
Negación de universal	($E\neg\forall$) : $\dfrac{\neg\forall x A}{\neg A(c)}$	para c una constante de L^{PAR} nueva en la prueba
Negación de existencial	($E\neg\exists$) : $\dfrac{\neg\exists x A}{\neg A(t)}$	para t un término cerrado cualquiera de L^{PAR}

---

[2] Que no tiene variables libres.

12.2. DEDUCCIÓN NATURAL

Las reglas reflejan el razonamiento informal

Veamos que estas reglas son principios del razonamiento informal. En lo que sigue hemos escrito entrecomillada la lectura informal de las fórmulas:

- *Reglas del cuantificador universal.*
  ($E\forall$) es un principio de razonamiento informal: Si se sabe que "$\forall x A$", se deduce que "$A(t)$" para todo objeto "t" del universo de discurso.
  ($E\neg\forall$) significa que si sabemos "$\neg\forall x A$", entonces podemos deducir que hay un elemento determinado "c" del universo de discurso que verifica "$\neg A(c)$", lo cual se corresponde con la intuición de que no todo x elemento es "$A(x)$".

- *Reglas del cuantificador existencial.*
  ($E\exists$) es un principio de razonamiento informal muy intuitivo: Si se sabe que "$\exists x A$", se deduce que hay un elemento determinado "c" del universo de discurso que verifica "$A(c)$".
  ($E\neg\exists$) significa que si sabemos "$\neg\exists x A$", entonces podemos deducir que "$\neg A(t)$" para todo elemento "t" del universo de discurso, lo cual se corresponde con la intuición de que no hay ningún objeto x que cumpla "$A(x)$".

12.2.4. Estrategias de demostración

Conviene recordar las estrategias de demostración que se presentaron en la sección 5.2.5, especialmente que las pruebas se construyen de abajo hacia arriba a partir de la forma de la conclusión y de la forma de las premisas. Todas ellas se utilizarán en las pruebas de primer orden. Veremos aquí las estrategias cuando la conclusión es una fórmula cuantificada. Estas nuevas estrategias van a ser especialmente importantes, ya que desempeñarán un papel parecido al de "reglas de introducción" de los cuantificadores y la negación de cuantificadores en las pruebas de nuestro cálculo:

- *Estrategias de introducción de cuantificadores.*

  1. ($I\forall$) : Para deducir $\forall x A$ en una prueba, aplicaremos la regla ($E\neg$). Hay que abrir una subprueba (caja) con hipótesis $\neg\forall x A$ y hay que deducir en la subprueba $\bot$ (contradicción), entonces se cierra la subprueba y se obtiene $\forall x A$ aplicando ($E\neg$) a toda la subprueba (se indica con la primera y la última fórmula de la caja).
  2. ($I\exists$) : Para deducir $\exists x A$ en una prueba, aplicaremos la regla ($E\neg$). Hay que abrir una subprueba (caja) con hipótesis $\neg\exists x A$ y hay que deducir en la subprueba $\bot$ (contradicción), entonces se cierra la subprueba y se obtiene $\forall x A$ aplicando ($E\neg$) a la subprueba.

- *Estrategias de introducción de la negación de cuantificadores.*

  1. ($I\neg\forall$) : Para deducir $\neg\forall x A$ en un aprueba, aplicaremos la regla ($I\neg$). Hay que abrir una subprueba (caja) con hipótesis $\forall x A$ y hay que deducir

en la subprueba ⊥ (contradicción), entonces se cierra la subprueba y se obtiene ¬∀xA aplicando (I¬) a la subprueba (se indica con la primera y la última fórmula de la caja).

2. $(I\ \neg\exists)$: Para deducir ¬∃xA en un aprueba, aplicaremos la regla $(I\neg)$. Hay que abrir una subprueba (caja) con hipótesis ∃xA y hay que deducir en la subprueba ⊥ (contradicción), entonces se cierra la subprueba y se obtiene ∀xA aplicando (I¬) a la subprueba.

Por su importancia en las pruebas, creemos útil dar un cuadro de estas estrategias similar al de las reglas de introducción:

Cuantificador	Estrategia de introducción	
Universal	**(I ∀)**:	¬∀xA ⋮ ⊥ ∀xA
Existencial	**(I ∃)**:	¬∃xA ⋮ ⊥ ∃xA
Negación del universal	**(I ¬∀)**:	∀xA ⋮ ⊥ ¬∀xA
Negación del existencial	**(I ¬∀)**:	∃xA ⋮ ⊥ ¬∃xA

Comentario 427 *(I ∀),(I ∃),(I ¬∀) y (I ¬∃) no son reglas del cálculo, sino estrategias. Las reglas que en realidad utilizamos son las reglas proposicionales $(E\neg)$ y $(I\neg)$.*

Ejemplo de uso de las estrategias de cuantificadores

Ejemplo 428 *Mostrad que*

$$\{\forall x Px, \exists x Qx\} \vdash \exists x(Px \land Qx)$$

mediante una prueba en el cálculo de deducción natural.
Primero estudiamos la forma lógica de la conclusión, que es una cuantificación

12.2. DEDUCCIÓN NATURAL

*existencial, por tanto la estrategia 1a es **(I $\exists$)**, es decir, aplicar la regla $(E\neg)$. En segundo lugar estudiamos la forma lógica de las premisas.*

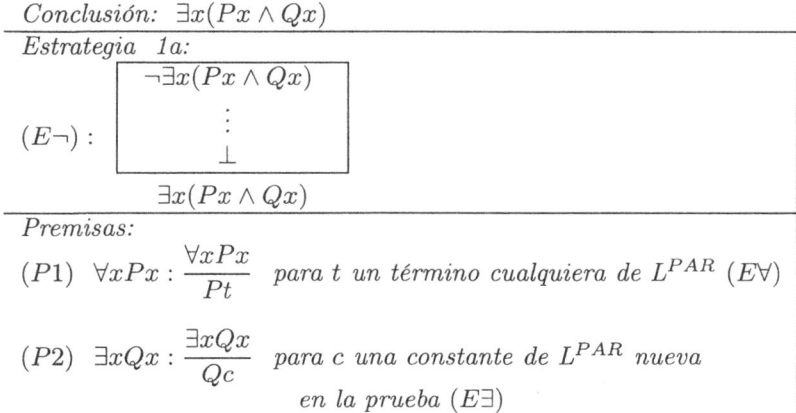

Conclusión: $\exists x(Px \wedge Qx)$
Estrategia 1a:
$(E\neg):$ $\boxed{\begin{array}{c}\neg\exists x(Px \wedge Qx) \\ \vdots \\ \bot\end{array}}$
$\exists x(Px \wedge Qx)$
Premisas:
(P1) $\forall x Px : \dfrac{\forall x Px}{Pt}$ para t un término cualquiera de L^{PAR} $(E\forall)$
(P2) $\exists x Qx : \dfrac{\exists x Qx}{Qc}$ para c una constante de L^{PAR} nueva en la prueba $(E\exists)$

Ahora iniciamos la construcción de la prueba, de abajo hacia arriba. En el paso 1 usamos la estrategia 1a. Entonces el nuevo objetivo será deducir $\bot$ a partir de la hipótesis de la subprueba y de las premisas.

$$
\begin{array}{lllr}
\underline{Paso\ 1:} & 1. & \forall x Px & (P1) \\
& 2. & \exists x Qx & (P2) \\
& 3. & \boxed{\begin{array}{c}\neg\exists x(Px \wedge Qx) \\ \vdots \\ \bot\end{array}} & \text{hipótesis} \\
& n. & & \vdots \\
& n+1. & \exists x(Px \wedge Qx) & (E\neg), 3, n
\end{array}
$$

La estrategia que normalmente se utiliza para obtener $\bot$ es:

Estrategia 2a:	$\underline{Paso\ 2:}$	1.	$\forall x Px$	(P1)
$(I\bot): \dfrac{A \quad \neg A}{\bot}$		2.	$\exists x Qx$	(P2)
		3.	$\boxed{\begin{array}{c}\neg\exists x(Px \wedge Qx) \\ \vdots \\ k.\ A \\ l.\ \neg A \\ n.\ \bot\end{array}}$	hipótesis
				$(I\bot), k, l$
		$n+1.$	$\exists x(Px \wedge Qx)$	$(E\neg), 3, n$

Por tanto, buscamos obtener una fórmula y su negación en la subprueba. Antes de buscar otras estrategias es conveniente mirar siempre a las estrategias que provienen de las premisas y de la hipótesis de la subprueba.

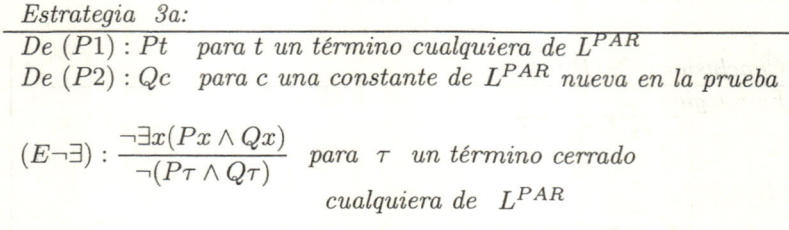

Paso 3:

1. $\forall x Px$ (P1)
2. $\exists x Qx$ (P2)
3. $\neg \exists x(Px \wedge Qx)$ hipótesis
4. Qc $(E\exists), 2, c$ es una constante nueva
5. Pc $(E\forall), 2, c$ es el término de 4
6. $\neg(Pc \wedge Qc)$ $(E\neg\exists), 3, c$ es el término de 4
7. $\neg Qc$ $(E\neg\wedge), 4, 6$
8. $\bot$ $(I\bot), 4, 7$
9. $\exists x(Px \wedge Qx)$ $(E\neg), 3, 8$

Hemos obtenido una fórmula y su negación en la subprueba, y finalmente se puede cerrar ésta y acabar la construcción de abajo hacia arriba de la prueba. Es especialmente remarcable la prioridad en el uso de las reglas de eliminación de cuantificadores, hemos aplicado primero $(E\exists)$ en la línea 4 porque es la que introduce un símbolo de constante que no puede haber aparecido antes en la prueba ni en la subprueba; mientras que $(E\forall)$ y $(E\neg\exists)$ permiten introducir el término que más nos interese, haya o no aparecido antes en la prueba, en este caso nos interesa introducir c, para poder obtener fórmulas unificadas (obsérvese que para poder aplicar $(I\bot)$ Qc y $\neg Qc$ deben contener la misma constante, esto es deben estar "unificadas").

Comentario 429 *En una prueba con este cálculo de deducción natural conviene aplicar primero $(E\exists)$ y $(E\neg\forall)$ en la descomposición de las premisas y las hipótesis (son las reglas que introducen símbolos de constantes que no pueden haber aparecido antes en la prueba), y dejar para el final la aplicación de $(E\forall)$ y $(E\neg\exists)$ (que son las reglas que permiten introducir el término o constante que más nos interese).*

12.2.5. Definiciones formales

Las definiciones de prueba y subprueba en el cálculo de deducción natural de primer orden son las mismas definiciones 198 y 199 de la página 153.

Definición 430 *Si existe una prueba de A a partir de Γ, decimos que A **se deriva de** Γ en el cálculo de deducción natural de primer orden y escribimos $\Gamma \vdash A$ para indicarlo.*
$\Gamma \vdash_{dnat} A$ expresa lo mismo, explicitando que el cálculo es el de deducción natural, pero sólo se usa cuando haya que distinguirlo de otros cálculos.

12.2. DEDUCCIÓN NATURAL

Definición 431 *Una **prueba** de A es una prueba de A a partir de $\emptyset$. Decimos que A es un **teorema del cálculo** de deducción natural de primer orden y escribimos $\vdash A$ para indicarlo.*

Comentario 432 *Recordad que para probar que A es un teorema no partimos de premisas. En este caso deberemos comenzar la prueba por una hipótesis (es decir por una subprueba).*

Definición 433 *Un conjunto de fórmulas finito Γ es **deducción natural-consistente** si $\Gamma \nvdash \bot$.*

Definición 434 *Una fórmula A es **deducción natural-consistente** si $A \nvdash \bot$.*

Ejemplos de teoremas

Para construir una prueba de un teorema en nuestro cálculo deductivo, no se parte de premisa alguna. Y, viceversa, **una prueba sin premisas** muestra siempre que la conclusión es un teorema.

Ejemplo 435 $\neg \forall x \neg A \to \exists x A$ *es un teorema del cálculo de deducción natural.*

Prueba:

1.	$\neg \forall x \neg A$	*hipótesis*
2.	$\neg \exists x A$	*hipótesis*
3.	$\neg \neg A(a)$	$(E\neg\forall), 1, a$ es constante nueva
4.	$\neg A(a)$	$(E\neg\exists), 2, a$ es el término de 3
5.	$\bot$	$(I\bot), 3, 4$
6.	$\exists x A$	$(E\neg), 2, 5$
7.	$\neg \forall x \neg A \to \exists x A$	$(I \to), 1, 6$

Ejemplo 436 $\exists x A \to \neg \forall x \neg A$ *es un teorema del cálculo de deducción natural.*

Prueba:

1.	$\exists x A$	*hipótesis*
2.	$\forall x \neg A$	*hipótesis*
3.	$A(a)$	$(E\exists), 1, a$ es constante nueva
4.	$\neg A(a)$	$(E\forall), 2, a$ es el término de 3
5.	$\bot$	$(I\bot), 3, 4$
6.	$\neg \forall x \neg A$	$(I\neg), 2, 5$
7.	$\exists x \neg A \to \neg \forall x \neg A$	$(I \to), 1, 6$

Comentario 437 *Estos dos ejemplos permiten demostrar fácilmente que* $\exists x A \leftrightarrow \neg \forall x \neg A$ *es un teorema. La consecuencia inmediata es que*

$$\exists x A \equiv \neg \forall x \neg A$$

son fórmulas lógicamente equivalentes de la lógica de primer orden. De manera similar se demuestra que $\forall x A \leftrightarrow \neg \exists x \neg A$ *es un teorema, y que por tanto*

$$\forall x A \equiv \neg \exists x \neg A$$

Podríamos dar un cálculo con reglas sólo para uno de los dos cuantificadores, pero entonces las pruebas serían más largas y menos intuitivas.

12.2.6. Reglas derivadas

Son las reglas del cálculo que pueden demostrarse a partir de las reglas básicas. En particular, vamos a ver dos importantes reglas derivadas de nuestro cálculo, que son reglas de introducción de los cuantificadores. En nuestro cálculo hemos optado por no darlas como básicas, sino como derivadas, pero en muchos otros cálculos de deducción natural las podéis encontrar como reglas básicas.

Las reglas derivadas de introducción de los cuantificadores

- *Introducción del existencial:*

$$(I\exists) : \frac{A(t)}{\exists x A}$$

con t un término cerrado de L^{PAR} y donde $A(t) := S_x^t A$ (es el resultado de sustituir las ocurrencias libres de x en A por t).

- *Introducción del universal:*

$$(I\forall) : \frac{\boxed{\begin{array}{c}(c)\\ \vdots \\ A(c)\end{array}}}{\forall x A}$$

con c una constante de L^{PAR} que no aparece fuera de la subprueba donde se introduce, $A(c) := S_x^c A$ y (c) significa que c es un símbolo de constante que no aparece fuera de la subprueba.

Esta regla necesita aclarar la notación de subprueba sin hipótesis, que es anómala. Lo que significa realmente es que si en cualquier subprueba donde se ha introducido un símbolo de constante c que no aparece fuera de la subprueba (no importa cuál sea la hipótesis de la subprueba) se puede deducir $A(c)$, entonces podemos cerrar la subprueba y deducir $\forall x A$.

Demostración:

12.2. DEDUCCIÓN NATURAL

- $(I\exists)$. Vamos a demostrar que $A(t) \vdash \exists xA$, cuando t es cualquier término cerrado de L^{PAR}. Obsérvese que en la prueba sólo podemos utilizar las reglas básicas del cálculo.

Prueba:

1.	$A(t)$	$(P1)$
2.	$\neg \exists xA$	*hipótesis*
3.	$\neg A(t)$	$(E\neg\exists), 2, t$ es el término de 1
4.	$\bot$	$(I\bot), 1, 3$
5.	$\exists xA$	$(E\neg), 2, 4$

- $(I\forall)$. Vamos a construir una prueba donde la conclusión es $\forall xA$ y donde sólo podremos usar que en cualquier subprueba donde se haya introducido un símbolo de constante c que no ocurre fuera de la subprueba, entonces se deduce $A(c)$ en la subprueba; lo cual indicamos con

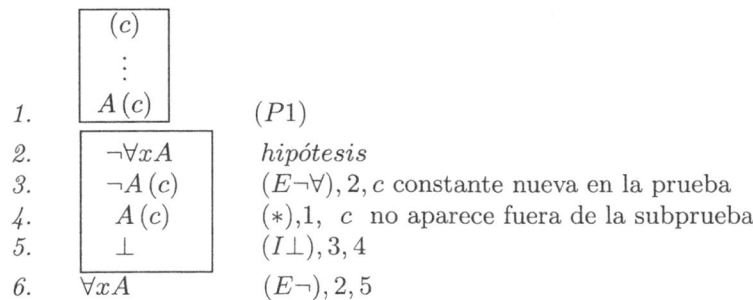

Prueba:

1.	$A(c)$	$(P1)$
2.	$\neg \forall xA$	*hipótesis*
3.	$\neg A(c)$	$(E\neg\forall), 2, c$ constante nueva en la prueba
4.	$A(c)$	$(*), 1,$ c no aparece fuera de la subprueba
5.	$\bot$	$(I\bot), 3, 4$
6.	$\forall xA$	$(E\neg), 2, 5$

Como puede verse, la regla $(I\forall)$ tiene una cierta dificultad, y aunque también refleja un principio informal, no es tan intuitiva como las otras. Esta complicación de las reglas de introducción nos ha hecho optar por dar un cálculo (equivalente) sin ellas, con el que las pruebas son mucho más cortas y fáciles de realizar. Las reglas de introducción son, sin embargo, muy importantes, y seguramente la encontraréis aquellos que estudiéis más Lógica.

12.2.7. Ejercicios propuestos con solución

Ejercicio 438 *En cada uno de los siguientes casos mostrad lo enunciado mediante una prueba en el cálculo de deducción natural.*

(a) $\forall x(Px \wedge Qx) \vdash \forall x Px \wedge \forall x Qx$

Conclusión: $\forall x Px \wedge \forall x Qx$
Estrategia 1a:
$(I\wedge)$ $\quad$ $\forall x Px$
$\qquad$ $\forall x Qx$
$\qquad\overline{\forall x Px \wedge \forall x Qx}$
Premisas:
$(P1): \forall x(Px \wedge Qx): Pt \wedge Qt$ para cualquier término cerrado t de $L^{PAR}(E\forall)$

Prueba:

1.	$\forall x(Px \wedge Qx)$	$(P1)$
2.	$\neg \forall x Px$	hipótesis
3.	$\neg Pc$	$(E\neg\forall), 2, c$ nueva en la prueba
4.	$Pc \wedge Qc$	$(E\forall), 1, c$ es el término introducido en 3
5.	Pc	$(E\wedge), 4$
6.	$\bot$	$(I\bot), 3, 5$
7.	$\forall x Px$	$(E\neg), 2, 6$
8.	$\neg \forall x Qx$	hipótesis
9.	$\neg Qa$	$(E\neg\forall), 8, a$ nueva en la prueba
10.	$Pa \wedge Qa$	$(E\forall), 1, a$ es el término introducido en 9.
11.	Qa	$(E\wedge), 10$
12.	$\bot$	$(I\bot), 9, 11$
13.	$\forall x Qx$	$(E\neg), 8, 12$
14.	$\forall x Px \wedge \forall x Qx$	$(I\wedge), 7, 13$

(b) $\forall x Px \wedge \forall x Qx \vdash \forall x(Px \wedge Qx)$

Conclusión: $\forall x(Px \wedge Qx)$
Estrategia 1a:
$(E\neg)$ $\quad$ $\neg \forall x(Px \wedge Qx)$
$\qquad\qquad\vdots$
$\qquad\qquad\bot$
$\overline{\forall x(Px \wedge Qx)}$
Premisas:
$(P1): \forall x Px$ y $\forall x Qx$ $\quad (E\wedge)$

12.2. DEDUCCIÓN NATURAL

Prueba:

1.		$\forall x Px \wedge \forall x Qx$	(P1)
2.		$\neg \forall x(Px \wedge Qx)$	hipótesis
3.		$\neg(Pc \wedge Qc)$	$(E\neg\forall), 2, c$ nueva en la prueba
4.		$\forall x Px$	$(E\wedge), 1$
5.		$\forall x Qx$	$(E\wedge), 1$
6.		Pc	$(E\forall), 4, c$ el término de 3
7.		Qc	$(E\forall), 5, c$ el término de 3
8.		$\neg Qc$	$(E\neg\wedge), 3, 6$
9.		$\bot$	$(I\bot), 7, 8$
10.		$\forall x(Px \wedge Qx)$	$(E\neg), 2, 9$

(c) $\exists x(Px \vee Qx) \vdash \exists x Px \vee \exists x Qx$

Prueba:

1.		$\exists x(Px \vee Qx)$	(P1)
2.		$\neg \exists x Px$	hipótesis
3.		$Pc \vee Qc$	$(E\exists), 1, c$ nueva en la prueba
4.		$\neg Pc$	$(E\neg\exists), 2, c$ es el término de 3
5.		$\neg \exists x Qx$	hipótesis
6.		$\neg Qc$	$(E\neg\exists), 5, c$ es el término de 3
7.		Pc	$(E\vee), 3, 6$
8.		$\bot$	$(I\bot), 4, 7$
9.		$\exists x Qx$	$(E\neg), 5, 8$
10.		$\exists x Px \vee \exists x Qx$	$(I\vee), 2, 9$

(d) $\exists x Px \vee \exists x Qx \vdash \exists x(Px \vee Qx)$

Prueba:

1.	$\exists x Px \lor \exists x Qx$	(P1)
2.	$\neg \exists x (Px \lor Qx)$	hipótesis
3.	$\exists x Px$	hipótesis
4.	Pc	$(E\exists), 4, c$ nueva en la prueba
5.	$\neg(Pc \lor Qc)$	$(E\neg\forall), 2, c$ introducida en 4
6.	$\neg Pc$	$(E\neg\lor), 5$
7.	$\bot$	$(I\bot), 3, 6$
8.	$\neg \exists x Px$	$(I\neg), 3, 7$
9.	$\exists x Qx$	$(E\lor), 1, 8$
10.	Qa	$(E\exists), 5, a$ nueva en la prueba
11.	$\neg(Pa \lor Qa)$	$(E\neg\forall), 2, a$ introducida en 10
12.	$\neg Qa$	$(E\neg\lor), 11$
13.	$\bot$	$(I\bot), 10, 12$
14.	$\exists x(Px \lor Qx)$	$(E\neg), 2, 13$

Ejercicio 439 *En cada uno de los siguientes casos mostrad que lo enunciado es un teorema del cálculo de deducción natural. (Leyes de De Morgan para cuantificadores.)*

(a) $\vdash \neg \forall x A \leftrightarrow \exists x \neg A$

Recordemos que $(\neg \forall x A \leftrightarrow \exists x \neg A) := (\neg \forall x A \to \exists x \neg A) \land (\exists x \neg A \to \neg \forall x A)$

Prueba:

1.	$\neg \forall x A$	hipótesis
2.	$\neg \exists x \neg A$	hipótesis
3.	$\neg A(a)$	$(E\neg\forall), 1, a$ nueva en la prueba
4.	$\neg\neg A(a)$	$(E\neg\exists), 2, a$ introducida en 3
5.	$\bot$	$(I\bot), 3, 4$
6.	$\exists x \neg A$	$(E\neg), 2, 5$
7.	$\neg \forall x A \to \exists x \neg A$	$(I\to), 1, 6$
8.	$\exists x \neg A$	hipótesis
9.	$\forall x A$	hipótesis
10.	$\neg A(c)$	$(E\exists), 8, c$ nueva en la prueba
11.	$A(c)$	$(E\forall), 9, c$ introducida en 10
12.	$\bot$	$(I\bot), 10, 11$
13.	$\neg \forall x A$	$(I\neg), 9, 12$
14.	$\exists x \neg A \to \neg \forall x A$	$(I\to), 8, 13$
15.	$\neg \forall x A \leftrightarrow \exists x \neg A$	$(I\land), 7, 14$

(b) $\vdash \neg \exists x A \leftrightarrow \forall x \neg A$

12.2. DEDUCCIÓN NATURAL

Recordemos que $(\neg \exists x A \leftrightarrow \forall x \neg A) := (\neg \exists x A \to \forall x \neg A) \land (\forall x \neg A \to \neg \exists x A)$

Prueba:

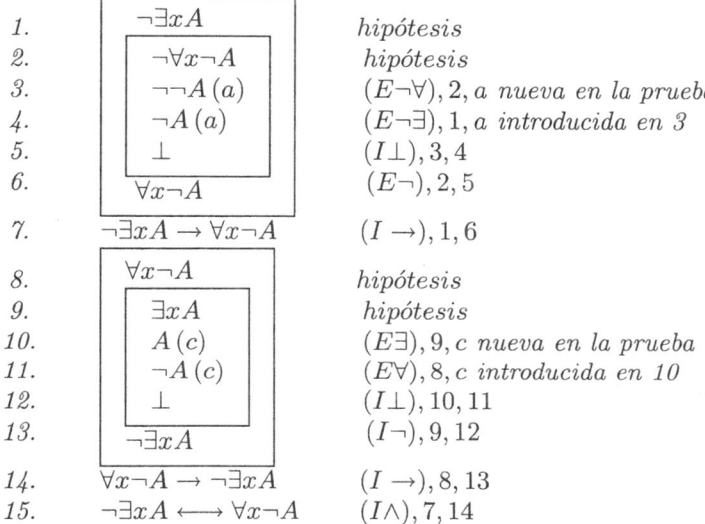

1.	$\neg \exists x A$	hipótesis
2.	$\neg \forall x \neg A$	hipótesis
3.	$\neg \neg A(a)$	$(E \neg \forall), 2, a$ nueva en la prueba
4.	$\neg A(a)$	$(E \neg \exists), 1, a$ introducida en 3
5.	$\bot$	$(I \bot), 3, 4$
6.	$\forall x \neg A$	$(E \neg), 2, 5$
7.	$\neg \exists x A \to \forall x \neg A$	$(I \to), 1, 6$
8.	$\forall x \neg A$	hipótesis
9.	$\exists x A$	hipótesis
10.	$A(c)$	$(E \exists), 9, c$ nueva en la prueba
11.	$\neg A(c)$	$(E \forall), 8, c$ introducida en 10
12.	$\bot$	$(I \bot), 10, 11$
13.	$\neg \exists x A$	$(I \neg), 9, 12$
14.	$\forall x \neg A \to \neg \exists x A$	$(I \to), 8, 13$
15.	$\neg \exists x A \longleftrightarrow \forall x \neg A$	$(I \land), 7, 14$

12.2.8. Otro cálculo de deducción natural de primer orden

El cálculo que dimos en la sección 5.2.10 es fácilmente extendible a primer orden añadiendo las reglas para cuantificadores siguientes:

Reglas básicas para cuantificadores

Cuantificador	Regla de eliminación
Universal	$(E\forall) : \dfrac{\forall x A}{A(t)}$ para t un término cerrado cualquiera de L^{par}
Existencial	$(E\exists) :$ $\begin{array}{c} \exists x A \\ \boxed{\begin{array}{c} Ac \\ \vdots \\ B \end{array}} \\ B \end{array}$ con c una constante que no ocurre fuera de la subprueba

Cuantificador	Regla de introducción	
Universal	$(I\forall):$ $\begin{array}{\|c\|}\hline (c) \\ \vdots \\ A(c) \\ \hline\end{array}$ $\forall x A$	con c una constante de L^{PAR} que es nueva en la subprueba
Existencial	$(I\exists): \dfrac{A(t)}{\exists x A}$	con t un término cerrado de L^{PAR}

Obsérvese que las diferencias con el nuestro son:

1. Hay reglas de introducción de los cuantificadores. Son reglas derivadas de nuestro cálculo (sección 12.2.6).

2. La regla de eliminación del cuantificador existencial es diferente de la nuestra (ver 12.2.3). La de eliminación del cuantificador universal es la misma que en nuestro cálculo.

3. No aparecen reglas para la negación de los cuantificadores.

Ejercicio 440 *Es un ejercicio comprobar que las reglas de nuestro cálculo son derivadas de éste y viceversa. De esa manera se muestra que ambos cálculos son equivalentes.*

12.2.9. Ejercicios del CD

Los ejercicios siguientes están todos resueltos en el CD que acompaña a este libro, en el capítulo 12. Por limitaciones de espacio en el libro sólo están los enunciados de un bloque de cada tipo. En concreto:

- *DEDUCCIÓN NATURAL: ALGUNOS EJERCICIOS BÁSICOS*
- *RAZONAMIENTOS EN LA LÓGICA DE PRIMER ORDEN*

En el CD hay tres bloques de cada tipo, dos de ellos vienen con solución y del otro sólo se suministra el enunciado.

DEDUCCIÓN NATURAL: ALGUNOS EJERCICIOS BÁSICOS (1)

1. En cada uno de los siguientes casos mostrad lo enunciado mediante una prueba en el cálculo de deducción natural:

12.2. DEDUCCIÓN NATURAL

   a) $Pc \to Qc \vdash Pc \to (Tc \to Qc)$
   b) $Pc \to (Qc \to Tc) \vdash (Pc \land Qc) \to Tc$
   c) $\{Pc \to Qc, Pc \to \neg Qc\} \vdash Pc \to Tc$
   d) $Pc \to (Qc \to Tc) \vdash Qc \to (Pc \to Tc)$

2. En cada uno de los siguientes casos mostrad lo enunciado mediante una prueba en el cálculo de deducción natural:

   a) $\{\forall x \, (Px \to Qx), \forall x Px\} \vdash \forall y Qy$
   b) $\forall x Px \vdash \forall y Py$
   c) $\exists x Px \vdash \exists y Py$
   d) $\forall x \, (Pc \to Qx) \vdash Pc \to \forall x Qx$

3. En cada uno de los siguientes casos mostrad lo enunciado mediante una prueba en el cálculo de deducción natural:

   a) $Pc \land \exists x Qx \vdash \exists x \, (Pc \land Qx)$
   b) $\exists x \, (Pc \land Qx) \vdash \exists x Px \land \exists x Qx$
   c) $Pc \vdash \forall x \, (x = c \to Px)$
   d) $\forall x \, (x = c \to Px) \vdash Pc$

4. En cada uno de los siguientes casos mostrad lo enunciado mediante una prueba en el cálculo de deducción natural:

   a) $\vdash \forall x \, (\neg Px \land \neg Qx) \to \exists x \, (Px \lor \neg Qx)$
   b) $\vdash \exists x \exists y \, (Px \land Rxy) \to \neg \forall x \forall y \, (Px \to \neg Rxy)$
   c) $\vdash \neg \forall x \, (Px \to Qx) \to \exists x \, (Px \land \neg Qx)$
   d) $\vdash \neg \forall x \exists y Rxy \to \exists x \forall y \neg Rxy$

RAZONAMIENTOS EN LA LÓGICA DE PRIMER ORDEN (1)

1. Teniendo en cuenta los siguientes enunciados en castellano:

   $A :=$ Sólo hay un mundo justo si todos los escritores geniales son felices.
   $B :=$ Virginia Woolf es una escritora genial que no ha sido feliz.
   $C :=$ Hay un mundo injusto (injusto es equivalente a no justo).

   a. Formaliza los enunciados anteriores en lógica de primer orden, usando las claves siguientes:

$a :=$ Virginia Woolf
$Jx := x$ es un mundo justo
$Gx := x$ es un escritor genial
$Fx := x$ es feliz

b. Demuestra que el razonamiento $A, B \vdash C$ es válido usando el método de resolución (con parámetros o con variables libres).

c. Demuestra que el razonamiento $A, B \vdash C$ es válido usando el método de deducción natural.

2. Entre los miembros fundadores de la Royal Academy británica había dos mujeres, pero cuando se expuso el retrato del grupo *"Los académicos de la Royal Academy"*, en el que se plasmaba para la posteridad a los miembros del grupo, ninguna de ellas aparecía entre los artistas del cuadro.

Teniendo en cuenta los siguientes enunciados de frases en castellano:

$A :=$ En el cuadro *"Los académicos de la Royal Academy"* no hay mujeres artistas.
$B :=$ Angélica Kauffman es una mujer artista académica de la Royal Academy.
$C :=$ Hay académicos de la Royal Academy que no aparecen en el cuadro *"Los académicos de la Royal Academy"*.

a. Formaliza los enunciados anteriores en lógica de primer orden, usando las claves siguientes:

$a :=$ Angélica Kauffman
$Ax := x$ es un académico de la Royal Academy
$Cx := x$ aparece en el cuadro *"Los académicos de la Royal Academy"*
$Mx := x$ es una mujer artista

b. Demuestra que el razonamiento $A, B \vdash C$ es válido usando el método de resolución (con parámetros o con variables libres).

c. Demuestra que el razonamiento $A, B \vdash C$ es válido usando el método de deducción natural.

3. Teniendo en cuenta los siguientes enunciados de frases en castellano:

A : Ni Clarice Lispector ni Virginia Woolf son escritoras banales.
B : Es necesario que todas las escritoras sean banales para que María Zambrano sea una escritora banal.

a. Formaliza los enunciados anteriores en lógica de primer orden, usando las claves siguientes:
Universo de discurso: *las escritoras*.

$a :=$ *María Zambrano*
$b :=$ *Clarice Lispector*
$c :=$ *Virginia Woolf*
$Vx := x$ es banal

12.2. DEDUCCIÓN NATURAL

b. Demuestra que el razonamiento $A \vdash B$ es válido usando el método de resolución (con parámetros. o con variables libres)

c. Demuestra que el razonamiento $A \vdash B$ es válido usando el método de deducción natural.

4. Teniendo en cuenta los siguientes enunciados de frases en castellano:

   A : Todos los personajes mitológicos son personajes fantásticos.
   B : Para que en una historia haya personajes mitológicos, necesariamente tiene que haber también personajes fantásticos.

   a. Formaliza los enunciados anteriores en lógica de primer orden, usando las claves siguientes:

   $$Mx := x \text{ es un personaje mitológico}$$
   $$Fx := x \text{ es un personaje fantástico}$$
   $$Hx := x \text{ es una historia}$$
   $$Pxy := x \text{ es un personaje de la historia } y$$

   b. Demuestra que el razonamiento $A \vdash B$ es válido usando el método de resolución (con parámetros o con variables libres).

   c. Demuestra que el razonamiento $A \vdash B$ es válido usando el método de deducción natural.

Parte IV
APÉNDICES

Apéndice A

Fundamentos de la Lógica en el siglo XX

Teoría de la demostración

Frege (1848-1925), Peano (1858-1932), Russell (1872-1970), Hilbert (1862-1943), Herbrand (1908-1931) y Gentzen (1909-1945) desarrollaron la *Teoría de la Prueba* de la lógica de primer orden. Todos ellos pretendían sistematizar el razonamiento matemático y atacar con la poderosa artillería lógica la fundamentación de la matemática.

Frege es el padre de la lógica moderna, al que debemos gran parte de las distinciones y conceptos en ella usados. El primer cálculo para la lógica de primer orden fue el *Begriffschrift* de Frege. Russell y Whitehead con su *Principia Mathematica* intentaron reducir los conceptos matemáticos —de la aritmética y el álgebra— a conceptos lógicos. Peano axiomatizó la aritmética.

La teoría de la prueba en un sentido mucho más delimitado nació con el denominado *programa de Hilbert*. La idea de Hilbert era la de explotar al máximo la naturaleza finita de las pruebas para proporcionar una fundamentación de la matemática. Podría resumirse su concepción diciendo que preconizaba una axiomatización de las teorías matemáticas de la que pudiera probarse su:

1. *Consistencia.* Es decir, que nunca se podrá demostrar como teoremas de la teoría una sentencia y su negación.

2. *Completud.* Es decir, que cada sentencia —del lenguaje en el que se axiomatizó la teoría— sea ella misma o su negación un teorema de la teoría axiomática.

3. *Decidibilidad.* Es decir, que exista un procedimiento efectivo mediante el cual, en un número finito de pasos, se determine si una sentencia del lenguaje es o no un teorema de la teoría.

Los sistemas de cálculo de Gentzen condujeron a la teoría de la prueba por sus actuales derroteros, ligada inexorablemente a la perspectiva informática. El teorema de Herbrand de 1930 y, posteriormente, el de Robinson se consideran los pilares de la *demostración automática de teoremas*.

Teoría de modelos

En el nacimiento de la lógica de primer orden participan decisivamente otro grupo de investigadores cuya orientación apuntaba a la, posteriormente bautizada, *teoría de modelos*. Löwenheim (1878-1957), Skolem (1887-1963), Gödel (1906-1978) y Tarski (1901-1983) son los pioneros de otra línea de investigación consistente en el estudio de las estructuras matemáticas considerando las leyes a las que obedecen. Löwenheim y Skolem demostraron teoremas generales acerca de la infinita variabilidad de la cardinalidad de los modelos de las teorías de primer orden, de la incapacidad manifiesta de esa lógica para caracterizar estructuras infinitas, y para distinguir entre dichas cardinalidades. Gödel demostró la completud del cálculo de la lógica de primer orden. A Tarski le debemos los conceptos fundamentales de la semántica y de la teoría de modelos. A él le cabe además el mérito de haber concebido y dirigido un programa de investigación sistemática en esta disciplina.

En 1931 Gödel demostró que si la aritmética elemental es consistente, no puede ser completa, y que en general el programa de Hilbert es irrealizable. Para demostrar este teorema, conocido como *teorema de incompletud*, Gödel introdujo el concepto de recursividad.

Comentario 441 *Estamos usando el término completud de dos formas: (1) completud de una lógica y (2) completud de una teoría. En el primer caso es una propiedad del cálculo; a saber, que es capaz de generar como teoremas a todas las fórmulas válidas. En el segundo caso es una propiedad de una teoría; a saber, la de ser tan potente que toda sentencia del lenguaje (o su negación) se derive de la teoría.*

Teoría de la recursión

¿Cuándo decimos que una función es recursiva?, ¿qué significa ser recursiva?

Hay varias definiciones precisas, equivalentes entre sí, de este concepto. La noción intuitiva correspondiente es la de ser *efectivamente computable*.

¿Cuándo decimos que una función es efectivamente computable?

Sencillamente, cuando hay un procedimiento efectivo —esto es, un algoritmo— que la computa. Éste debe cumplir una serie de requisitos. Sin embargo no le imponemos restricciones de naturaleza práctica; por ejemplo, en una función sobre los naturales, los argumentos han de serlo, pero de cualquier cardinalidad. El procedimiento ha de ser finito, pero no hay limitación previa, tampoco se prefija la cantidad de papel —o espacio de memoria— del que se dispone para realizar el cálculo. La computabilidad efectiva no es lo mismo que la práctica, lo sería en una situación ideal en la que no importase ni el tiempo ni el espacio de memoria necesario.

Los orígenes de la teoría clásica de la recursión pueden hallarse en Dedekind, cuando en 1988 introduce el estudio de las funciones definibles sobre el conjunto de los números naturales usando ecuaciones y, *recurrentemente*, la inducción sobre los números naturales que él había formulado y precisado. De ahí le viene justamente el nombre.

Por lo que respecta a su estadio presente, cuyo radio de acción cubre la totalidad de las funciones efectivamente computables, los orígenes hay que buscarlos en el grupo de Princeton; empezó con Church (1903-1995), pero si hay que atribuirle un padre, éste es Kleene. Él fue quien la impulsó, definió y acotó: suyos son los *teoremas de la forma normal* y el de *recursión*.

En cuanto a la definición misma, circulaban varias versiones de este concepto, aunque había cierta resistencia a aceptarlas como definiciones. Varios de estos conceptos aparecieron en los años 30 para caracterizar nociones que en principio parecían diferentes: la primera era la caracterización de Gödel de las funciones definidas mediante recursión, la segunda era la de función definible mediante el operador λ, que Church y Kleene introdujeron, y la tercera era la de función computable mediante una máquina abstracta, las máquinas de Turing. Pronto se demostró que las tres nociones definían las mismas funciones.

Teoría de conjuntos

En el último cuarto del siglo XIX se vivió un episodio apasionante de la historia de las matemáticas que las ligaría desde entonces a la historia de la lógica. Primero, George Boole (1815-1864) en su *Mathematical Analysis of Logic* trató de presentar la lógica como parte de las matemáticas. Poco después Gottlob Frege (1848-1925) intentó mostrar que la aritmética era parte de la lógica en su *Die Grundlagen der Arithmetik*. Cantor había demostrado que la totalidad de los números reales comprendidos en el intervalo de extremos 0 y 1 no es numerable, en el sentido de que su infinitud no es de la misma magnitud que la de los números naturales. Como una consecuencia de esa situación, Cantor creó una nueva disciplina matemática entre 1874 y 1897: la *teoría de conjuntos*. Su obra fue admirada y condenada simultáneamente por sus contemporáneos. Desde entonces los debates en el seno de la teoría de conjuntos han sido siempre apasionados, sin duda por hallarse estrechamente conectados con importantes cuestiones lógicas.

Según la definición de conjunto de Cantor, éste es *"una colección en un todo de determinados y distintos objetos de nuestra percepción o nuestro pensamiento, llamados los elementos del conjunto"*. Frege fue uno de los admiradores de la nueva teoría de Cantor, y dio una definición de conjunto similar.

En 1903 Bertrand Russell demostró que la teoría de conjuntos de Cantor era inconsistente y cuestionó la definición de conjunto en la teoría de Cantor. Pero pronto la teoría axiomática de Zermelo (1908) y refinamientos o nuevas formulaciones de ésta debidos a Fraenkel (1922), Skolem (1923), von Newman (1925) y otros, sentaron las bases para la teoría de conjuntos actual.

Es un hecho que la teoría de conjuntos forma parte de la matemática; es además la teoría utilizada para fundamentar la aritmética y el resto de teorías de la disciplina. Pero a su vez puede formalizarse en primer orden, convirtiéndose en una más, sujeta a los avatares de cualquiera de ellas.

En esta historia cruzada de las matemáticas, la lógica y los fundamentos de ambas, la teoría de conjuntos permitirá por un lado una fundación *logicista* de las matemáticas; pero por otro lado la teoría de conjuntos considerada como parte de las matemáticas proporciona el metalenguaje, el contexto o sustrato de las teorías lógicas. Finalmente, puede ser completamente expresada en un lenguaje de primer orden y sus axiomas y teoremas constituyen una teoría de primer orden a la que pueden aplicarse los resultados generales que se aplican a cualquier teoría de primer orden.

Tanto filósofos como informáticos, lógicos y psicólogos, han constatado que en muchas ocasiones nos es más fácil resolver un problema de matemáticas, física, lógica o informática usando diagramas que usando las clásicas representaciones algebraicas. De hecho, los profesores de Lógica ya eran conscientes de lo útiles que son, por ejemplo, los diagramas de Venn a la hora de resolver ciertos problemas y de mostrar ciertos teoremas en teoría de conjuntos. Ya Euler, Venn y Peirce se dieron cuenta de la importancia que tienen los diagramas en las pruebas matemáticas.

Éste es un campo de investigación reciente y muy rico, pero la bibliografía no es elemental. La referencia mejor es [1].

Para los diagramas que se estudian aquí se puede consultar el libro de Suppes anteriormente mencionado.

Apéndice B

Glosario e Índice alfabético

- **absorción**   ley de las *álgebras de Boole* que para dos elementos cualesquiera del álgebra y las operaciones duales establece lo siguiente

$$(A \blacktriangle B) \blacktriangledown A = A$$
$$(A \blacktriangledown B) \blacktriangle A = A$$

(**Inglés:** absorption law)

- **acabado, tableau**   se dice de los tableaux proposicionales *cerrados* o *completos*: cada rama está cerrada por contradicciones explícitas o todas las fórmulas de la rama se han transformado mediante *reglas de expansión*. (**Inglés:** finished tableau)

- **adecuación**

    - **del método de tableaux**   *teorema* que establece que si hay un *tableau cerrado* para un conjunto de sentencias, entonces el conjunto es *insatisfacible*. De él se deriva el teorema *de corrección*. (**Inglés:** suitability of tableau method)

    - **del método de resolución**   *teorema* que establece que si hay un *esquema de resolución cerrado* para un conjunto de sentencias, entonces el conjunto es *insatisfacible*. De él se deriva el teorema *de corrección*. (**Inglés:** suitability of resolution method)

- **alfabeto**   conjunto de signos del *lenguaje formal* algunas de cuyas sucesiones son *expresiones* del lenguaje: *términos* o *fórmulas*. (**Inglés:** alphabet)

    - **LP**   sólo contiene *letras sentenciales* y *conectores*.

    - **LPO**   contiene a los *conectores, cuantificadores, variables individuales* e *igualdad* como signos lógicos, y como signos peculiares a los *relatores, functores* y *constantes individuales*.

- **álgebra de Boole**   clase de *estructuras* caracterizadas por tener un *universo* no *vacío*, dos individuos destacados a los que llamados *cero* y *uno*, una *función* monaria y dos *operaciones* binarias

$$\langle A, 0, 1, {}^\star, \blacktriangle, \blacktriangledown \rangle$$

  que verifican las propiedades *asociativa*, *conmutativa*, *idempotencia*, *distributiva*, *De Morgan*, *leyes del cero y del uno* y *doble negación*. (**Inglés:** boolean algebra)

- **algoritmo**   procedimiento efectivo, que produce resultados en un número finitos de pasos sin que se use el azar. (**Inglés:** algorithm)

- **antecedente**   la primera de las dos fórmulas conectadas mediante un *condicional*. (**Inglés:** antecedent)

- **árbol**   esquema gráfico que se usa para generar *subfórmulas* o descomponer fórmulas en algunos *cálculos*:

  - **árboles, cálculo de**   sinónimo de *tableau*.
  - **árbol de expansión clausular**   esquema gráfico del procedimiento de descomposición de una fórmula (o conjunto de fórmulas) en *cláusulas* por aplicación de las *reglas de expansión clausular* y de *simplificación*. (**Inglés:** clause expansion tree)
  - **árbol genealógico**   procedimiento sistemático de generación de *subfórmulas*. (**Inglés:** sentence tree)

- **argumento**   dos sentidos muy diferentes:

  - justificación explícita mediante un *cálculo deductivo* de la relación de *consecuencia* entre un conjunto de *premisas* (*hipótesis*) y su *conclusión*. (**Inglés:** argument)
  - cada uno de los elementos admitidos en el *dominio* de una *función*. (**Inglés:** argument)

- **ariedad**   número de elementos o posiciones que admite cada tupla que es *argumento* de una *función* o un *functor* y de componentes de las tuplas en la *relación* o el *relator*. (**Inglés:** arity)

- **asignación**   un cierto tipo de *función*:

  - LP   que a cada *letra sentencial* le atribuye un *valor de verdad*. (**Inglés:** valuation)
  - LPM LPO   que a cada *variable* del lenguaje le otorga un elemento del *universo* de la *estructura*. (**Inglés:** assignment)

- **asociativa**   ley de las *álgebras de Boole* que para dos elementos cualesquiera del álgebra y cualquiera de las operaciones establece lo siguiente

$$(A▲B)▲C = A▲(B▲C)$$
$$(A▼B)▼C = A▼(B▼C)$$

    asociatividad. (**Inglés:** associative law)

- **atómica**   fórmula tal que ninguna parte propia suya es una *fórmula*. (**Inglés:** atomic formula)

- **axioma**   *sentencia* de un *lenguaje lógico* que se toma como hipótesis, derivándose del conjunto por ellas formado todos los *teoremas* de una *teoría*. (**Inglés:** axiom)

- **axiomatizable, propiedad**   caracterizable mediante fórmulas, de modo que poseer la propiedad y *ser modelo* suyo sea equivalente. **teoría axiomatizable.** (**Inglés:** axiomatizable)

- **básico**   teorema que establece la equivalencia entre *consecuencia* e *insatisfacibilidad* del conjunto contraejemplo (formado por las hipótesis junto a la negación de la conclusión). (**Inglés:** basic theorem)

- **bicondicional**   *forma lógica* de la fórmula cuyo signo principal sea ↔, un *bicondicionador*

$$(A \leftrightarrow B)$$

    (**Inglés:** biconditional)

- **biyectiva**   *función inyectiva* y *exhaustiva*. **biyectable. biyección.** (**Inglés:** bijective)

- **buen orden**   relación de *orden* tal que todo *subconjunto finito* y no *vacío* tiene primer elemento. (**Inglés:** well ordering)

- **cálculo**   *conjunto* de reglas de generación y/o transformación de *términos* y *fórmulas*. (**Inglés:** calculus/proof procedure)

    - **de términos y/o fórmulas**   genera los términos y las *fórmulas* del *lenguaje formal* y justifica que una sucesión determinada de signos del alfabeto pertenece a una de estas categorías.

    - **deductivo**   genera los *teoremas lógicos* de LP o de LPO o transforma los *axiomas* de una *teoría* generando sus *teoremas*.

- **cero** y **uno**   elementos distinguidos de un *álgebra de Boole* con propiedades especiales

$$A▲1 = A \quad A▼1 = 1 \quad A▲0 = 0 \quad A▼0 = A \quad 0 \neq 1$$

(**Inglés:** zero, one)

- **cerrada, rama** de un *tableau,* aquella a la que se aplicó la regla de cierre. (**Inglés:** closed branch)

- **cerrado**

  - **tableau** contiene todas sus *ramas cerradas.* (**Inglés:** closed tableau)

  - **esquema de resolución** contiene la *cláusula vacía.* (**Inglés:** closed resolution expansion)

- **cierre** regla del *cálculo* de *tableaux* que permite cerrar una rama que contiene una contradicción explícita.

- **clase de equivalencia** conjunto de todos los objetos equivalentes a uno dado con respecto a una *relación* de *equivalencia.* Si notamos **R** una relación de equivalencia sobre un conjunto **C**, la clase de equivalencia de un elemento **a** ∈ **C** es el conjunto

$$[\mathbf{a}] = \{\mathbf{c} \in \mathbf{C} \mid \langle \mathbf{a}, \mathbf{c} \rangle \in \mathbf{R}\}$$

  (**Inglés:** equivalence class)

- **cláusula** *fórmula* cuya *forma lógica* es una *disyunción* de *literales*; esto es, disyunción de fórmulas atómicas o negación de fórmulas atómicas. (**Inglés:** clause)

- **cláusula vacía** *cláusula* cuya única componente es [⊥]. (**Inglés:** empty clause)

- **coincidencia** *metateorema semántico.* (**Inglés:** coincidence)

  - que en LP establece que en la *interpretación* de un l*enguaje proposicional* los valores relevantes de la *asignación* son aquellos de las *letras sentenciales* que aparecen en la *fórmula.* (**Inglés:** replacement theorem)

  - que en LPO establece que en la *interpretación* de un l*enguaje de primer orden* los valores relevantes de la *asignación* son aquellos de las *variables libres* que aparecen en la *fórmula.* (**Inglés:** coincidence)

- **compacto** *conjunto* de fórmulas que son simultáneamente *satisfacibles* si lo es cada *subconjunto* finito suyo. **compacidad.** (**Inglés:** compactness)

- **complementario** de un conjunto, definido en relación a un universo de discurso: es el conjunto de los elementos del universo que no están en el conjunto. **complemento.** (**Inglés:** complement)

- **completo** varios sentidos muy diferentes que no se deben confundir, especialmente el primero y el segundo:

- *cálculo deductivo* que genera como *teoremas* lógicos a todas las sentencias válidas y sólo a ellas. **completud.** Comparadlo con *correcto.* (**Inglés:** complete/completeness)[1]
- *teoría* de la que cada *sentencia* del lenguaje formal (en el que está escrita) o su negación es *consecuencia* lógica.
- *rama* de un *tableau proposicional* en la que sobre todas las *fórmulas* de que consta se han aplicado las reglas de *expansión*.
- conjunto de *conectores* capaz de definir cualquier *función veritativa*.

- **conclusión**   resultado de un razonamiento o *argumento*. (**Inglés:** conclusion)

- **concluyente**   *razonamiento* caracterizado por ser no sólo *válido*, sino con *premisas* verdaderas. (**Inglés:** sound)

- **condicional**   *forma lógica* de la fórmula cuyo signo principal sea un *condicionador*

$$(A \to B)$$

(**Inglés:** conditional)

- **conector (o conectiva)**   signo lógico que se interpreta como una *función veritativa*, otorgando valores de verdad a una fórmula en función de los valores de sus componentes. (**Inglés:** connective) $\neg$ *negador*, $\vee$ *disyuntor*, $\wedge$ *conyuntor*, $\to$ *condicionador* y $\leftrightarrow$ *bicondicionador*.

- **conjunción**   *forma lógica* de la *fórmula* cuyo signo principal sea $\wedge$, una *conjunción*

$$(A \wedge B)$$

(**Inglés:** conjunction)

- **conjuntiva**   véase *forma normal conjuntiva*.

- **conjunto**   colección de objetos a los que denominamos elementos; se dice que pertenecen a él. (**Inglés:** set)

    - **conjunto vacío**   único *conjunto* que no contiene elementos. Usualmente se denota por $\emptyset$. (**Inglés:** empty set)

- **conmutativa**   ley de las *álgebras de Boole* que para dos elementos cualesquiera del álgebra y cualquiera de las operaciones establece lo siguiente

$$(A \blacktriangle B) = (B \blacktriangle A)$$
$$(A \blacktriangledown B) = (B \blacktriangledown A)$$

conmutatividad (**Inglés:** conmutative law)

---

[1] Así se define la denominada completud débil, la fuerte se extiende para abarcar consecuencia a partir de conjuntos de hipótesis cualesquiera.

- **consecuencia**   relación que se establece entre un conjunto de fórmulas que se toman como *premisas* o *hipótesis* y otra a la que se denomina *conclusión*, en virtud de la cual toda interpretación que satisface las hipótesis, satisface la conclusión. (**Inglés:** consequence)

- **consecuente**   la segunda de las dos fórmulas de un *condicional*. (**Inglés:** consequent)

- **consistente**   conjunto de fórmulas del que no se deriva en un *cálculo* determinado ninguna *contradicción*, en particular *lo falso*, $\perp$ **consistencia**. (**Inglés:** consistency)

- **consistente, diagrama**   no *inconsistente*.

- **constante individual**   signo del *lenguaje formal de primer orden* que por sí solo constituye un *designador*. (**Inglés:** constant symbol)

- **contingente**   sentencia del *lenguaje formal* que no es ni una *tautología* ni una *contradicción*, o lo que es lo mismo, es verdadera bajo unas interpretaciones y falsa en otras. (**Inglés:** contingent)

- **contradicción**   sentencia del *lenguaje formal* para la que no existe ninguna interpretación que la haga verdadera. (**Inglés:** contradiction)

- **correcto**   *cálculo deductivo* con el que sólo generamos *fórmulas válidas*. **corrección**. (**Inglés:** soundness)

- **corte**   *metateorema semántico* característico de la relación de consecuencia, establece que siempre se puede prescindir de una *premisa* si ella misma es consecuencia del resto de las *premisas*. (**Inglés:** cut)

- **cruz**   objeto básico de los *diagramas de Venn* utilizado para indicar la existencia de elementos en el área. (**Inglés:** cross)

- **curva cerrada**   objeto básico de los *diagramas de Venn*, el área que encierra representa un conjunto. (**Inglés:** closed curve)

- **cuantificador**   *signo lógico* que permite hacer referencia a la totalidad de los individuos de un universo de discurso determinando si algunos o todos cumplen una propiedad dada; hay dos: *particularizador* $\exists$ y *generalizador* $\forall$. (**Inglés:** quantifier)

- **De Morgan**   ley de las *álgebras de Boole* que para dos elementos cualesquiera del álgebra y cualquiera de las operaciones establece lo siguiente

$$(A \blacktriangle B)^\star = (B^\star \blacktriangledown A^\star)$$
$$(A \blacktriangledown B)^\star = (B^\star \blacktriangle A^\star)$$

(**Inglés:** De Morgan law)

- **decidible**   *conjunto* para el que existe un algoritmo que establece si un objeto cualquiera es elemento suyo o no. (**Inglés:** decidable)

- **definible**   una *relación* es **definible en una estructura** si existe una fórmula del lenguaje de primer orden con a lo sumo n variables libres tal que la fórmula es verdadera en la estructura cuando las variables libres se interpretan precisamente como los individuos que forman las componentes de una n-tupla de la relación. (**Inglés:** definable)

- **designadores**   *términos* del *lenguaje formal* sin *variables libres*. (**Inglés:** closed term)

- **diagrama de flechas**   representa una *relación* binaria **R** sobre un *conjunto* **C**. Consiste en marcar con puntos los elementos de **C** y en unir mediante una flecha con origen en **a** y final en **b** el *par ordenado* $\langle \mathbf{a}, \mathbf{b} \rangle \in \mathbf{R}$. (**Inglés:** arrows diagram)

- **diagrama de Hasse**   representa una *relación* binaria que es un *orden parcial*. Consiste en unir cada par de elementos relacionados $\mathbf{a} < \mathbf{b}$ con una línea ascendente que va de **a** a **b**.(**Inglés:** Hasse diagram)

- **diagrama de Venn**   representamos *conjuntos* mediante *curvas cerradas* dentro de un *rectángulo* y nos valemos de *cruces* y *sombreado* para indicar si hay o no elementos en las subáreas del diagrama. (**Inglés:** Venn diagram)

- **diagrama "hoja de trébol"**   representa en un diagrama de Venn a tres conjuntos cualesquiera, permitiendo solapamientos y cortes entre ellos.

- **diferencia**   *operación* sobre dos *conjuntos* que da como resultado un conjunto que contiene los elementos que están en el primero pero no en el segundo. (**Inglés:** difference)

- **distributiva**   ley de las *álgebras de Boole* que para dos elementos cualesquiera del álgebra y las operaciones duales establece lo siguiente

$$(A \blacktriangle B) \blacktriangledown C = (A \blacktriangledown C) \blacktriangle (B \blacktriangledown C)$$
$$(A \blacktriangledown B) \blacktriangle C = (A \blacktriangle C) \blacktriangledown (B \blacktriangle C)$$

  distributividad (**Inglés:** distributive law)

- **disyunción**   *forma lógica* de la fórmula cuyo signo principal sea $\vee$, una *disyunción*

$$(A \vee B)$$

  (**Inglés:** disjunction)

- **doble negación**   ley de las *álgebras de Boole* y regla del cálculo deductivo basada en la equivalencia entre afirmar y negar dos veces. (**Inglés:** doble negation law)

- en *álgebras de Boole*
$$(A^\star)^\star = A$$
- en el cálculo deductivo: De $\neg\neg A$ se deduce A.

- **dominio** o *universo* de discurso es el conjunto de objetos que se toman en consideración. (**Inglés:** domain)

- **dominio de una relación** *conjunto* formado por las secuencias resultado de eliminar la última componente de cada secuencia de la relación. (**Inglés:** domain)

- **epiyectiva** *función* de **A** en **B** tal que el *recorrido* de la función es todo **B**. (**Inglés:** surjective o onto)

- **equivalencia** relación binaria (**Inglés:** equivalence relation)
  - que verifica las propiedades de *reflexividad, simetría* y *transitividad*.
  - que se establece entre *fórmulas* cuyos *valores de verdad* coinciden para cualquier interpretación. (**Inglés:** logical equivalence)

- **esquema de resolución** algoritmo del *cálculo* de *resolución*, consiste en construir una *refutación* a partir de las *premisas* de un *razonamiento* y de la *negación* de la *conclusión*, por aplicación de las reglas de *expansión* y de *simplificación clausular* y la regla de *resolución*. (**Inglés:** resolution expansion, resolution tree)

- **estructura** lista de objetos de naturaleza conjuntista
$$\mathcal{A} = \left\langle \mathbf{A};\, \overrightarrow{R^{\mathcal{A}}}, \overrightarrow{f^{\mathcal{A}}}, \overrightarrow{c^{\mathcal{A}}} \right\rangle$$
formada por: (1) un *conjunto* no *vacío* llamado *universo* o *dominio* de la estructura y algunos de los siguientes (2), una serie de *relaciones* definidas sobre el universo de la estructura, (3) una serie de *funciones* definidas sobre el universo de la estructura y (4) una serie de individuos del universo destacados en la estructura. Se usa a veces la palabra *modelo* como sinónimo de *estructura*. (**Inglés:** structure)

- **exhaustiva** *epiyectiva*.

- **expansión** reglas de los *cálculos* de *tableaux* y de *resolución* que transforma las fórmulas conforme a su *forma lógica*; expresadas en *notación uniforme* en LP hay reglas de tipo α, β, σ y en LPO además las hay de tipo γ y δ. (**Inglés:** expansion rule)

- **expansión clausular** reglas de *cálculo* de *resolución* que transforma las fórmulas conforme a su *forma lógica*; expresadas en *notación uniforme* en LP hay reglas de tipo α, β, σ y en LPO además las hay de tipo γ y δ. (**Inglés:** resolution expansion rule, clause set reduction rule)

- **expresión**   sucesión finita de signos del *lenguaje formal* obtenida mediante las reglas de los *cálculos* de *fórmulas* y/o de *términos*. (**Inglés:** expression)

- **falso**   no verdadero. Usaremos $\perp$ *"lo falso"* para la proposición siempre falsa, para cualquier interpretación. (**Inglés:** false)

- **finito**   conjunto no *biyectable* con ninguna de sus partes propias. (**Inglés:** finite)

- **forma lógica**   tipo de fórmula determinado por la última regla del *cálculo de fórmulas* empleada en su construcción; concretamente hay fórmulas de estos tipos: *atómica, negación, disyunción, conjunción, condicional, bicondicional, generalización* y *particularización*. (**Inglés:** logical form)

- **forma normal**   *fórmula* cuya *forma lógica* se adapta a uno de estos casos:

    - **conjuntiva**   expresada como una *conjunción* de una o más *cláusulas*. (**Inglés:** conjunctive normal form)
    - **disyuntiva**   expresada como una *disyunción* de una o más *conjunciones* de uno o más *literales*. (**Inglés:** disjunctive normal form)
    - **prenexa**   *fórmula* del *lenguaje formal de primer orden* que no contiene *cuantificadores* o bien todos ellos están al principio de la fórmula. (**Inglés:** prenex normal form)
    - **de Skolem**   *fórmula* del *lenguaje formal de primer orden* que tiene la forma lógica

    $$\forall v_1 \cdots \forall v_n (D_1 \wedge \cdots \wedge D_k)$$

    donde cada D_i es una *cláusula* que no contiene *cuantificadores*. (**Inglés:** Skolem normal form)

- **formalización**   proceso de traducción del lenguaje natural al formal. (**Inglés:** formalization)

- **fórmula**   sucesión finita de signos del *alfabeto* construida mediante las reglas de su *cálculo de fórmulas*. Reciben distintos nombres de acuerdo a su *forma lógica*. (**Inglés:** formula)

- **función**   tipo de *relación* en la que el primer elemento del par determina unívocamente al segundo. (**Inglés:** function)

    - **veritativa**   se caracteriza por estar definida sobre el conjunto de los valores de verdad $\{0,1\}$. (**Inglés:** truht function)

- **functor**   signo lógico que precisa de *términos* para formar un *término*. (**Inglés:** function symbol)

- **generalización**   *forma lógica* de una fórmula del tipo $\forall x A$. (**Inglés:** generalization)

- **hipótesis**   *premisa*. (**Inglés:** hypothesis)

- **independencia**   no *consecuencia*. (**Inglés:** independence)

- **identidad**   relación que establece un objeto consigo mismo, pero que falla con cualquier otro. (**Inglés:** identity)

- **idempotencia**   ley de las *álgebras de Boole* que para cualquier elemento del álgebra y cualquiera de las operaciones establece lo siguiente

$$(A \blacktriangle A) = A$$
$$(A \blacktriangledown A) = A$$

(**Inglés:** idempotent law)

- **igualdad**   signo del *alfabeto* de LPO usado para referirse a la *relación* de *identidad* entre individuos. (**Inglés:** equality sign)

- **inducción**   principio que permite demostrar una propiedad para todo elemento de un conjunto infinito. (**Inglés:** induction)

  - **aritmética, principio**   establece que toda propiedad que tenga el cero y el siguiente de cualquier número que la tenga, es una propiedad de todo número natural. Variantes suyas son el principio de **inducción extendido** y **el fuerte**. (**Inglés:** arithmetical induction)

  - **estructural**   procedimiento que recurre a la *notación uniforme* para demostrar propiedades cualesquiera de *expresiones* del *lenguaje formal*.

  - **semiótica**   se basa en la definición recursiva de *términos* y *fórmulas* para demostrar propiedades cualesquiera de *expresiones* del *lenguaje*.

- **inferencia**   aplicación singular de una regla de un *cálculo deductivo*. (**Inglés:** inference)

- **infinito**   no *finito*. (**Inglés:** infinite)

- **inicio**   regla de *tableau* que permite escribir cada fórmula del conjunto inicial.

- **interpretación**   *función* definida recursivamente (sobre la construcción de las fórmulas) y que confiere al lenguaje un valor referencial o denotativo. (**Inglés:** interpretation)

- en LP   extiende una *asignación* para que todas las fórmulas adquieran *valor de verdad*.

- en LPO   par ordenado formado por una *estructura* y una *asignación* que confiere denotación a los términos del lenguaje (como individuos del universo) y valor de verdad a las fórmulas.

- **intersección**   *operación* sobre *conjuntos* que da como resultado el conjunto de los objetos que tienen en común dos conjuntos. (**Inglés:** intersection)

- **insatisfacible**   fórmula (o conjunto de fórmulas) no *satisfacible*. (**Inglés:** unsatisfiable)

- **inyectiva**   *función* en la que el primer elemento del par determina unívocamente al segundo. O lo que es lo mismo, a distintos elementos corresponden valores distintos. (**Inglés:** inyective o one-to-one).

- **inversa de una relación**   *relación* resultante de invertir el orden de las componentes de los pares ordenados de la relación (binaria) origen. (**Inglés:** inverse)

- **isomorfismo**   *función* entre los dominios de dos estructuras que conserva la interpretación de los términos y de las relaciones del lenguaje. (**Inglés:** isomorphism)

- **lema**   enunciado que se demuestra como los *teoremas* pero cuyo objetivo principal es ser utilizado para demostrar otros resultados o teoremas. (**Inglés:** lemma)

- **lenguaje formal**   constituido por un *alfabeto* y unas *reglas* de formación o *cálculo de fórmulas* y/o de *términos* que permiten construir las sucesiones de signos del *alfabeto* significativas: las *expresiones*. (**Inglés:** formal language)

    - **proposicional**   abreviadamente LP, su *alfabeto* sólo contiene *letras sentenciales* y *conectores*.

    - **de primer orden**   abreviadamente LPO, su alfabeto contiene *conectores, cuantificadores, variables individuales* e *igualdad* como signos lógicos y como signos peculiares a los *relatores, functores* y *constantes individuales* como signos.

- **lenguaje lógico**   *lenguaje formal*.

- **lenguaje objeto**   por oposición a *metalenguaje*, el lenguaje del que se habla.

- **letra sentencial**   signo del *alfabeto* de LP que por sí solo constituye una *fórmula*. (**Inglés:** sentential letter)

- **libre, variable**   no está bajo el alcance de ningún cuantificador. (**Inglés:** free variable)

- **ligada, variable**   está bajo el alcance de algún cuantificador. (**Inglés:** bound variable)

- **literal**   *fórmula* que o bien es una fórmula *atómica* o la *negación* de una fórmula atómica. (**Inglés:** literal)

- **modelo**   *estructura*. (**Inglés:** model)

  - de un *diagrama de Venn*   formada por un *universo* no *vacío* y una serie de *subconjuntos* suyos entre los que se cumple lo especificado en el diagrama.

  - de un *conjunto* de *fórmulas*   *interpretación* que las hace simultáneamente verdaderas. Cuando se trata de sentencias, el modelo se identifica con la estructura.

- **modus ponens**   nombre latino de la regla de la *eliminación del condicional* perteneciente al *cálculo* de *deducción natural*. (**Inglés:** Modus Ponens)

- **metalenguaje**   lenguaje en el cual se habla del *lenguaje objeto*. (**Inglés:** metalanguage)

- **metateorema**   teorema que no se demuestra en el cálculo deductivo. En este libro se refiere a los resultados sobre los cálculos y la semántica de la parte de Metalógica. (**Inglés:** metatheorem)

- **monotonía**   propiedad de la *relación* de *consecuencia* responsable de que se mantengan los teoremas ya demostrados pese al incremento de las hipótesis. (**Inglés:** monotonicity)

- **notación uniforme**   dispositivo que permite clasificar toda fórmula *proposicional* en estas categorías: las que actúan conjuntivamente o fórmulas α y las que lo hacen disyuntivamente o fórmulas β, el resto son las *atómicas* y las denominadas *simplificables* o fórmulas σ. En *primer orden* se añaden las que actúan universalmente o fórmulas γ y las que lo hacen existencialmente o fórmulas δ. (**Inglés:** uniform notation)

- **negación**   *forma lógica* de la fórmula cuyo signo principal sea $\neg$, un *negador*
$$\neg A$$
(**Inglés:** negation)

- **operación**   *función* cuyos argumentos tienen *ariedad* mayor que uno, normalmente son binarias. (**Inglés:** operation)

- **orden**   relación *reflexiva*, *antisimétrica* y *transitiva*. (**Inglés:** order)

- **par, ordenado**   conjunto formado por dos elementos en donde el orden importa. (**Inglés:** ordered pair)

- **parámetro**   *constante nueva*, que no pertenece al lenguaje y que se añade a éste como recurso deductivo en los cálculos de primer orden. (**Inglés:** parameter)

- **partes**   de un *conjunto*: conjunto formado por todos los subconjuntos de uno dado. También se llama **conjunto potencia.** (**Inglés:** power set)

- **particularización**   *forma lógica* de una fórmula del tipo $\exists x A$. (**Inglés:** generalization)

- **pertenencia**   *relación* que se establece entre cada uno de los elementos que integran un conjunto y éste. (**Inglés:** membership)

- **premisa**   cada una de las fórmulas utilizadas en un *argumento* para derivar de ellas una fórmula llamada *conclusión.* (**Inglés:** premise)

- **prueba con deducción natural**   algoritmo del cálculo de deducción natural que consiste en una lista finita de fórmulas donde las primeras son las premisas y la última la conclusión, las fórmulas intermedias forman la cadena de razonamiento que llevan de las premisas a la conclusión por aplicación de las reglas de deducción natural. (**Inglés:** natural deduction proof)

- **rama**   de un *tableau*: consta de todas las *fórmulas* que se encuentran en el camino trazado a partir de una fórmula de la base del árbol y continuando hacia arriba hasta incluir la columna que constituye el tableau de inicio; se entiende como una *conjunción* iterada de todas las fórmulas que contiene. (**Inglés:** branch)

    - **cerrada**   cuando contiene contradicciones explícitas. (**Inglés:** closed branch)

    - **completa**   en LP: cada sentencia de la rama es un literal o ha sido descompuesta mediante las reglas del cálculo de tableaux no habiendo contradicción en ella. (**Inglés:** completed open branch)

    - **satisfacible**   si lo es el *conjunto* de las fórmulas que en ella están. (**Inglés:** satisfiable branch)

- **razonamiento**   *argumento* (primer sentido)

- **recorrido**   de una *función* es el conjunto formado por los segundos elementos de los pares que constituyen la función. (**Inglés:** range)

- **rectángulo**   objeto básico de los *diagramas de Venn*, el área que encierra representa el universo. (**Inglés:** rectangle)

- **recursivo**   procedimiento que permite demostrar que las fórmulas de un conjunto infinito poseen una determinada propiedad, basándose en que la verifican sus partes constituyentes. (**Inglés:** recursive)

- **reflexiva**   propiedad en virtud de la cual todo elemento de un *conjunto* está relacionado consigo mismo. **reflexividad**. (**Inglés:** reflexive)

  - cuando se trata de la relación de *consecuencia*, se usa para afirmar que toda sentencia perteneciente a un conjunto de premisas es asimismo una consecuencia suya.

- **relación**   *conjunto* cuyos elementos son pares ordenados. Así definimos las relaciones binarias; cuando en vez de pares tenemos secuencias n−arias, la relación es n−aria. (**Inglés:** relation)

- **relator**   signo lógico que precisa de *términos* para formar una *fórmula*. (**Inglés:** relation symbol)

- **refutativo, cálculo**   demuestra de manera indirecta; para probar una sentencia cualquiera parte de su *negación* y llega a una contradicción; para demostrar a partir de un *conjunto* de *hipótesis* refuta el conjunto formado por las hipótesis junto a la *negación* de la *conclusión*. (**Inglés:** refutation calculus)

- **relación**   conjunto de *pares ordenados* (**relación binaria**) o de secuencias ordenadas extensionalmente definidos. (**Inglés:** relation)

- **resolución**   *cálculo deductivo* de naturaleza *refutativa* con desarrollo en una o varias estructuras de árbol. Basado en la *forma normal conjuntiva* que toda fórmula puede adoptar. Utiliza tres tipos de reglas: *expansión clausular*, *simplificación clausular* y *resolución*. (**Inglés:** resolution)

- **restricción**   (**de una relación a un conjunto**) es la relación formada por los pares ordenados de la relación binaria original cuya primera componente es un elemento del conjunto. (**Inglés:** restriction)

- **satisfacible**   *fórmula* o *conjunto* de fórmulas para el que existe una *interpretación* que las hace simultáneamente verdaderas. (**Inglés:** satisfiable)

- **semántica**   teoría que se ocupa de las relaciones entre signos y aquello que éstos designan, sus referencias o referentes. (**Inglés:** semantics)

- **semiótica**   teoría general de los signos y de los lenguajes entendidos como sistemas de signos. (**Inglés:** semiotics)

- **sentencia**   *fórmula* que carece de *variables libres*. (**Inglés:** sentence). En LP todas las fórmulas son sentencias.

- **simétrica**   propiedad en virtud de la cual si un elemento de un *conjunto* está relacionado con otro, el otro lo está también con el uno. **simetría.** (**Inglés:** symmetric)

- **simplificación clausular**   reglas de *cálculo* de *resolución* que transforma las fórmulas simplificándolas conforme a su *forma lógica*; están basadas en propiedades de equivalencia lógica entre fórmulas. (**Inglés:** clause set simplification rule)

- **sintaxis**   teoría de la construcción e identificación de secuencias de signos bien formadas. (**Inglés:** syntax)

- **sombreado**   objeto básico de los *diagramas de Venn* utilizado para indicar que el área está vacía. (**Inglés:** shaded)

- **subconjunto**   *conjunto* cuyos elementos pertenecen a otro conjunto. Se dice también que el primero está contenido en (o es un *subconjunto* de) el segundo. (**Inglés:** subset)

- **subfórmula**   subcadena de una fórmula que es a su vez una fórmula. Se pueden generar construyendo su *árbol genealógico.* (**Inglés:** subformula)

- **subpruebas** o **subdeducciones**   derivación de conclusiones a partir de hipótesis o suposiciones por aplicación de las reglas del cálculo. Forma parte de una prueba de deducción natural. (**Inglés:** subproof)

- **suficiencia**

    - **tableaux**   *teorema* que establece que para todo conjunto *insatisfacible* hay un *tableau cerrado.* De él se deriva el teorema *de completud.* (**Inglés:** completeness)

    - **resolución**   *teorema* que establece que para todo conjunto *insatisfacible* hay un *esquema de resolución cerrado.* De él se deriva el teorema *de completud.* (**Inglés:** completeness)

- **tabla de verdad**   algoritmo que otorga valor de verdad a una fórmula de LP en función de sus componentes: *subfórmulas* y *conectores.* (**Inglés:** truth table)

- **tableau**   *cálculo deductivo* de naturaleza *refutativa* con desarrollo en una estructura de árbol. Basado en la *forma normal disyuntiva* que toda fórmula puede adoptar. Utiliza tres tipos de reglas: *inicio, expansión* y *cierre.* (**Inglés:** tableau)

- **tautología**   en LP *sentencia válida,* cuya validez puede comprobarse mediante una tabla de verdad. (**Inglés:** tautology)

- **teorema**   conclusión de especial relevancia. (**Inglés:** theorem)

- en una lógica, *fórmula* generada u obtenida mediante deducción en un cálculo.
  - **teorema lógico**   se obtiene sin premisas en el cálculo deductivo
- **teoría**   *conjunto* de *sentencias* deductivamente cerrado; esto es, se caracteriza por contener como elementos a todos sus *teoremas*. (**Inglés:** theory)
- **término**   sucesión de signos del *lenguaje formal* construida siguiendo las reglas del *cálculo de términos*; es una *expresión* apropiada para referirse a un individuo. (**Inglés:** term)
  - **abierto**   si contiene variables.
  - **cerrado**   sin variables.
- **transitiva**   propiedad en virtud de la cual siempre que un elemento está relacionado con un segundo y éste a su vez con un tercero, el primero lo está con el tercero. **transitividad.** (**inglés:** transitive)
- **unificación**   procedimiento de sustitución de variables por los *términos* adecuados en dos *expresiones*, de manera que éstas resulten idénticas o bien, una la *negación* de la otra. (**Inglés:** unification)
- **unión**   *operación* sobre dos *conjuntos* que da como resultado un conjunto que contiene los elementos de ambos. (**Inglés:** union)
- **universo**   de una *estructura* es un *conjunto* no *vacío* sobre el que se definen las *funciones* y *relaciones* de la misma y se distingue a ciertos individuos, constituirá nuestro *dominio* de discurso y la *cuantificación* se entenderá referida a él. (**Inglés:** universe)
- **uso y mención**   oposición conceptual que establece una distinción entre la función referencial y la autorreferencial del lenguaje. (**Inglés:** use and mention)
- **vacío**   *conjunto vacío.*
- **válida**   *fórmula* verdadera bajo toda interpretación. **validez.** (**Inglés:** validity)
- **valor de verdad**   definiendo una *asignación* en LP y una estructura más una asignación en LPO el valor de verdad de una fórmula es *verdadero* o *falso*. (**Inglés:** truth value)
- **variable**   signo del *alfabeto* de LPO usado para construir términos (al ser interpretado se refiere a individuos cualesquiera del universo y posibilita la cuantificación). Distinguimos entre estancia *ligada* o *libre* de una variable, determinada por caer o no bajo el alcance de un *cuantificador*. (**Inglés:** variable)

- **verdad en una estructura**   una fórmula es verdadera en una estructura si existe una interpretación sobre esa estructura que asigna el valor de verdad 1 (verdadero) a la fórmula. (**Inglés:** truth in a structure)

- **verdadero**   aquello que está de acuerdo con lo que es. (**Inglés:** true)

Índice alfabético (cd indica Apéndices C y D)

$\neg$, 31
$\vee$, 31
$\wedge$, 31
$\rightarrow$, 31
$\leftrightarrow$, 31
$\bot$, 31
$\top$, 31
$\forall$, 259
$\exists$, 259
$=$, 263
$\in$, 167
$\subseteq$, 167
$\subset$, 167
$\varnothing$, 167
$\cup$, 168
$\sim$, 169
$\cap$, 168
$\wp$, 168
$|A|$, 167
$\vDash$, 52
$\nvDash$, 52
$\Vdash$, 59, 293
$\equiv$, 62, 303
$\vdash$, 95, 119, 151, 321, 372
$\vdash_{tab}$, 95
$\vdash_{res}$, 119
$\vdash_{dnat}$, 151, 372
$\nvdash$, 95, 321
$\mathcal{A}$, 288
$\Im$, 293
$\Im_x^{\mathbf{x}}$, 291
$\cong$, 310
L_0, 31
L_1, 263
L^{PAR}, 276
L^{SKO}, 354

absorción, 65
alfabeto, 31, 263
álgebra de Boole, cd:24
    propiedades, 65
álgebra de conjuntos, 168
    propiedades, 169
algoritmo, cd:66
ambigüedad, 11
antecedente, 38, 58
árbol de expansión clausular, 109, 111, 115, 352
    completado, 111, 116
    con parámetros, 348
    con variables, 355
    de un conjunto de fórmulas, 114
    extensión directa, 116, 352
árbol genealógico, 266
argumento, 15, 208
ariedad, 232, 239
Aristóteles, 6
asignación
    lógica de primer orden, 291
    lógica de relatores monarios, 204
    proposicional, 58
    variante, 204, 291
asociativa, 65
axioma, 307
axiomas de Hilbert, 155

bicondicional, 32, 265
bivalente, 30
Boole, 6
buen orden, 237

cálculo
    completo, 76
    correcto, 76

ÍNDICE ALFABÉTICO

de deducción natural, 135, 138, 157, 366, 379
de fórmulas, 31, 264
de primer orden, 347
de resolución, 108, 116, 347
   con variables libre, 354
de resolución lineal, 123
de términos, 264
de tableaux, 76, 317
deductivo, 75, 107, 135
refutativo, 108
cero y uno, 65
cláusula, 109, 111, 116, 349
   vacía, 109
clase de equivalencia, 235
clasificación de fórmulas
   con resolución, 129
   con tableaux, 90
compacidad, cd:50
complementario, 169
completud, 309
conclusión, 15, 135
condicional, 32, 265
conector, 29, 31, 257
   binario, 39, cd:24
   definible, cd:29
   interdefinición, cd:24
   monario, 39
   n-ario, cd:30
conjunción, 32, 265
conjunto, 165
   bien fundamentado, 237
   bien ordenado, 237, cd:11
   cardinal, 167
   cociente, 235
   definición por extensión, 166
   definición por intensión, 166
   finito, 242
   inductivo, cd:9
   infinito, 242
   numerable, 242
   parcialmente ordenado, 236
   potencia, 168
   totalmente ordenado, 236
   vacío, 167
conjunto de conectores

completo, cd:6
   funcionalmente completo, cd:28
conjunto de Hintikka, cd:62, cd:64
conjunto soporte, 121
conmutativa, 65
consecuencia, 4, 21, 52, 61, 207, 302
   con resolución, 128
   con tableaux, 90
   lógica, 15
   relación de, 63
   relación de (propiedades), 63, cd:19
consecuente, 38, 58
consistencia, 4, 8, 21
   de diagramas, 178
   ded. nat.- consistencia, 151, 373
   resolución-consistencia, 119
   tableau-consistencia, 95, 321
consistente
   enunciado, 12
constante, 263
   nueva, 276
contingente, 50, 60
contradicción, 51, 90
contrarecíproco, 143
corte, 63, 304
creencia, 20
cruz, 178, 181
cuantificador, 258
   equivalencias, 303
   existencial, 259
   universal, 259
curva cerrada, 178, 181

De Morgan (leyes de), 65
decidibilidad, 97, 306
decidible, 262, 307, 317
deducción, 137
deducibilidad, 21
definibilidad, 299
definible en una estructura, 299
definición recursiva, 34, 268, cd:17
designador, 254, 275
determinismo lingüístico, 10
diagrama

consistente, 178, 184, 185, 187, 188, 208
cruz, 178, 191
curva cerrada, 178
 de flechas, 234
 de Hasse, 237
 de Venn, 180
 hoja de trébol, 180, 182
 inconsistente, 185
 para hallar la conclusión, 198
 para hallar la solución, 191
 rectángulo, 178
 sombreado, 191
diferencia de conjuntos, 168
distributiva, 65
disyunción, 32, 109, 265
doble negación, 65

elementalmente equivalente, 309
enunciado, 10, 12
 contingente, 12
equivalencia
 de cálculos deductivos, 159
 de fórmulas, 64, 302, 303, cd:20
equivalencia lógica, 62
esquema de resolución, 117, 118
 cerrado, 117–119, 353, 357
 con igualdad, 360
 extensión directa, 118
 lineal, 123
estrategia
 de expansión clausular, 111
 de introducción de cuantificador, 369
 de revisión de la última decisión, 125
 del conjunto soporte, 121
estrategias
 con deducción natural, 144, 369
 con tableaux, 84, 322
estructura, 285, 288
expansión clausular, 109
EXPR(L_1), 265
expresión, 201, 265

falacia, 20

falso, 30, 31
forma conjuntiva, 111
forma lógica, 32, 201, 265
forma normal, 65, cd:32
 conjuntiva, 66, 109, 111, 116, cd:33
 de Skolem, 349, 359
 disyuntiva, 66, cd:32
 prenexa, 359
formalización, 36, 270
 en teoría de conjuntos, 170
FORM(L_0), 31
FORM(L_1), 264
fórmula, 264
 abierta, 258
 atómica, 32, 201, 265
 cerrada, 275
 clasificación, 50
 contingente, 50, 90
 contradicción, 50
 ded. nat. - consistente, 151, 373
 independiente, 61, 90, 128, 302
 insatisfacible, 60
 lógicamente equivalente, 62, 303
 proposicional, 31
 resolución-consistente, 119
 satisfacible, 51, 59, 89, 90, 128, 207
 tableau-consistente, 95, 321
 tautología, 50
 válida, 61, 207, 302
 verdadera en una estructura, 293
función, 239
 biyectiva, 240
 composición, 240
 epiyectiva, 240
 exhaustiva, 240
 identidad, 240
 imagen, 240
 inyectiva, 240
 suprayectiva, 240
 veritativa, 38, 58, 291
función de Skolem, 354
functor, 255, 263

generalización, 265

ÍNDICE ALFABÉTICO

gramática
    de primer orden, 263
    proposicional, 30

hipótesis, 75, 136, 191

idempotencia, 65
identidad, 301
igualdad, 263, 324, 360
igualdad de conjuntos, 167
inclusión, 167
inconsistencia
    prueba por resolución, 120
independencia, 52
    con resolución, 128
    con tableaux, 90
inducción, 34, 268, cd:6
    aritmética, cd:12
    estructural primer orden, 269
    estructural proposicional, 35
    extendido, cd:12
    fuerte, cd:13
    matemática, cd:6
    semiótica, 34, 268, cd:6
        de primer orden, cd:17
        proposicional, cd:14
inferencia, 108
infinito, 242
insatisfacibilidad, 52
    con resolución, 128
    con tableaux, 89
    primer orden, 293
interpretación
    lógica de primer orden, 289
    lógica de relatores monarios, 204
    proposicional, 58
intersección, 168
introducción de cuantificador, 369
isomorfismo, 309

línea, 181
LBR, 274
lenguaje, 11, 14
    de orden cero, 23, 260
    de primer orden, 23, 253, 260
    de relatores monarios, 200

    de segundo orden, 23, 260
    diagramático, 178
    formal, 12, 263
    L_0, 30
    L_1, 263
    LP, 293
    L^{PAR}, 276
    LPO, 253
    L^{SKO}, 354
    proposicional, 23, 29
letra proposicional, 31
letra sentencial, 31
literal, 32, 109, 111, 116
lógica, 3, 5, 7
    informal, 20
lógica clásica, 7
lógica de primer orden, 253
    capacidad expresiva, 305
    de relatores monarios, 179
    gramática, 263
    lenguaje, 263
    semántica, 283
lógica de relatores monarios, 200
lógica proposicional
    capacidad expresiva, 22
    gramática, 31
    interpretación, 58
    lenguaje, 29
    limitación expresiva, 260
    semántica, 47
longitud de una fórmula, cd:15

máximamente consistente, cd:74
metaconcepto, 62, 303
metalenguaje, 11, 13, 14, 60
metalógica, 5, 63, 304, cd:5
metapropiedad, 5, 305
metateorema, 304, cd:5
metavariables, 31
modelo, 207
    construcción con resolución, 126
    construcción con tableaux, 84
    de un conjunto de fórmulas, 59
    de un diagrama, 187, 188
    lógica de primer orden, 293
    proposicional, 59

modus ponens, 143
monotonía, 63
monotonía, 304

negación, 32, 265
nodo
    final, 111
    terminal, 111
notación (convenciones), 33, 267
notación uniforme, 35, 269, cd:33
numerable, 242

operación booleana, 300
operaciones con conjuntos, 168
orden, 236
orden total, 236

par ordenado, 231
    componente, 231
paradoja, 14
parámetro, 275, 319
paréntesis, 263
partes de un conjunto, 168
partición, 235
particularización, 265
pertenencia, 167
premisa, 15
primer elemento, 237
producto cartesiano, 232
prueba
    con deducción natural, 137, 150, 372
    con resolución, 119, 353
    con resolución lineal, 124
    con tableaux, 94
    de independencia, 302
    madre, 150

rama de tableau, 79
    cerrada, 92, 321
    completa, 92
    satisfacible, 92
razonamiento, 18
    concluyente, 18
    correcto, 18
    diagramático, 177, 188

    falaz, 195
    incorrecto, 18, 20
    válido, 19
    visual, 177
recorrido, 240
rectángulo, 178, 181
recursión, 34, 268
    estructural primer orden, 269
    estructural proposicional, 36
reducción al absurdo, 143
reflexividad de la consecuencia, 63
refutación, 94, 321
regla de resolución, 116
reglas
    de deducción natural
        básicas, 139, 140, 367
        de eliminación, 139, 367
        de introducción, 139, 374
        derivadas, 152, 374
        significado, 143, 368
    de expansión clausular, 110, 115, 348
    de los tableaux, 80, 320
        de cierre, 80, 92
        de expansión, 80, 91
        de inicio, 80
        significado, 82
    de resolución, 116, 348
    de simplificación clausular, 113, 115
    doble negación, 152
    modus ponens, 143
    para la igualdad (resolución), 360
    para la igualdad (tableaux), 324
    reemplazamiento, 324, 360
    reflexividad, 324, 360
relación, 232
    antisimétrica, 233
    asimétrica, 233
    binaria, 232
        propiedades, 233
    campo, 232
    conectada, 233
    de equivalencia, 235
    de orden (parcial), 236
    de orden estricto, 237

ÍNDICE ALFABÉTICO

    de orden total, 236
    dominio, 232
    euclídea, 233
    incestuosa, 233
    intransitiva, 233
    inversa, 233
    irreflexiva, 233
    n-aria, 232
    rango, 232
    reflexiva, 233
    serial, 233
    simétrica, 233
    transitiva, 233
relator, 257, 263
resolvente, 116
restricción, 233

satisfacibilidad, 21, 51, 207, 302
    con resolución, 128
    con tableaux, 89
    primer orden, 293
    proposicional, 59
satisfacible, 12
secuencia n-aria, 231
semántica
    lógica de predicados monarios, 203
    lógica de primer orden, 283
    proposicional, 58
semiótica, 268
sentencia, 256, 258, 275
    verdadera en una estructura, 294
silogística, 179, 212
    figuras, 213
    formas, 212
    modos, 213
sintaxis
    de diagramas, 181
skolemización, 359
Smullyan, 35
solución razonable, 90
sombreado, 178, 181
subconjunto, 167
subdeducción, 137
subfórmula, 33, 266
subprueba, 137, 150

    abierta, 151
    cerrada, 151
    hipótesis, 138, 150
sustitución de términos, cd:38

tabla de verdad, 39, 49
    de un conjunto de fórmulas, 51
tableau, 79, 91, 320
    acabado, 92
    cerrado, 92
    completo, 84
    extensión directa de, 91
    inicial, 91
    presentación semántica, 79
    presentación sintáctica, 94
    satisfacible, 92
    semántico, 75
tautología, 12, 50, 60, 90, 129
teorema (lógico)
    de ded. nat., 151, 372
    de resolución, 119, 353
    de tableaux, 95
teorema básico, 63, cd:6
teorema de adecuación
    de resolución primer ord., cd:57
    de resolución proposicional, 127, cd:55
    de tableaux primer orden, 326, cd:53
    de tableaux proposicional, 93, cd:51
teorema de coincidencia, cd:37
teorema de completud
    de ded. nat. primer ord., cd:74
    de ded. nat. proposicional, 153, cd:80
    de resolución primer ord., cd:70
    de resolución proposicional, 127, cd:67
    de tableaux primer orden, 328, cd:64
    de tableaux proposicional, 96, cd:61
teorema de corrección
    de ded. nat. primer ord., cd:60

de ded. nat. proposicional, 153, cd:58
de resolución primer ord., cd:57
de resolución proposicional, 127, cd:55
de tableaux primer orden, 328, cd:53
de tableaux proposicional, 96, cd:51

teorema de suficiencia
de resolución primer ord., cd:70
de resolución proposicional, 127, cd:69
de tableaux primer orden, 328, cd:66
de tableaux proposicional, 93, cd:63

teoría, 306
axiomática, 307
axiomatizable, 308
categórica, 309
completa, 309
de una estrucutra, 307
no axiomatizable, 308

teoría de modelos, 310
tercio excluso, 155
término, 201, 258, 264
abierto, 258
cerrado, 275
TERM(L_1), 264

último elemento, 237
unión, 168
unificación, 350, 356
unificador, 356
universo, 288, 299
universo de discurso, 169
uso declarativo, 29
uso y mención, 13

validez, 302
valor de verdad, 58, 291
variable, 257, 263
libre, 274
ligada, 274
verdad en

una interpretación, 59
verdad en una estructura, 203
verdadero, 30, 31

Apéndice C

Metateoremas semánticos

Por razones de espacio y porque su contenido es más avanzado que el del resto del libro, este apéndice se encuentra en el CD que acompaña a este libro. Consultad las instrucciones del CD para acceder a su totalidad; es un documento pdf.

Apéndice D

Corrección y completud

Por razones de espacio y porque su contenido es más avanzado que el del resto del libro, este apéndice se encuentra en el CD que acompaña a este libro. Consultad las instrucciones del CD para acceder a su totalidad; es un documento pdf.

Bibliografía

[1] Allwein, G., y Barwise, J. (1996). *Logical Reasoning with Diagrams.* Oxford University Press. Nueva York.

[2] Alonso, J. A; Borrego, J; Pérez, M y Ruiz, J. (1998). *Curso práctico de teoría de conjuntos.* Ediciones la Ñ. Sevilla.

[3] Badesa, C; Jané, I y Jansana, R. (1998). *Elementos de lógica formal.* Ariel Filosofía. Barcelona.

[4] Barwise, J., y Etchemendy, J. (2000). *Language, proof and Logic.* CSLI. Stanford. Seven Bridges Press. New York.

[5] Bergmann, M., Moor, J., y Nelson, J. (1980). *The Logic Book.* Random House, Nueva York.

[6] Lewis Carroll (1972). *El juego de la lógica.* Alianza Editorial. Madrid.

[7] Deaño, A. (1974). *Introducción a la Lógica Formal.* Alianza Editorial, Madrid.

[8] Devlin, K. (1993) *The Joy of Sets.* Springer-Verlag. New York.

[9] Fitting, M. (1996). *First-order logic and automated theorem proving,* Springer Graduate Texts in Computer Science. Berlín.

[10] Halmos, P.R. (1965) *Teoría intuitiva de conjuntos.* Compañía editora continental. México.

[11] Hodges, W. [1997]. *Logic.* Pelican (Penguin). Londres.

[12] Hortalá, M.T; Leach, J y Rodríguez A., M. (1998). *Matemática discreta y lógica matemática.* Editorial complutense. Madrid.

[13] Manzano, M. (1989). *Teoría de Modelos.* Alianza Universidad Textos. Alianza Editorial. Madrid.

[14] Manzano, M. (1996). *Extensions of first order logic.* Number 19 in Cambridge Tracts in Theoretical Computer Science. Cambridge University Press. Cambridge.

[15] Smullyan, R. M. (1968). *First Order Logic*. Springer. Berlín. (edición revisada, 1994)

[16] Sun-Joo Shin (1996). *"A Situation-Theoretic Account of Valid Reasoning with Venn Diagrams"* en [1].

[17] Suppes, P. (1972) *Lógica simbólica*. CECSA. México.

[18] Suppes, P. (1972) *Axiomatic Set Theory*. Dover. Nueva York.